Dios todopoderoso,
Padre de nuestro Señor Jesucristo,
concédenos, te pedimos,
que seamos cimentados y establecidos
en tu verdad
por la venida de tu Espíritu Santo
a nuestro corazón.

Lo que no sabemos,
revélanos;
lo que falta en nosotros,
complétalo;
aquello que sabemos,
confírmalo;
y guárdanos sin culpa en tu servicio,
por medio de Jesucristo nuestro Señor.

Amén.

INMERSIÓN™
—— La Biblia de lectura ——

REINOS

Tyndale House Publishers, Inc.
Carol Stream, Illinois, EE. UU.

EN ALIANZA CON

Visite Tyndale en Internet: www.bibliainmersion.com, www.BibliaNTV.com y www.tyndaleespanol.com.
Visite la página en Internet del Institute for Bible Reading: www.instituteforbiblereading.org.

Los artículos y guías de la Biblia © 2017, 2018 Institute for Bible Reading. Todos los derechos reservados.
Diseño de la portada por Company Bell. Ilustraciones © Rachael Van Dyke. Todos los derechos reservados.
Mapas © 2017, 2018 Tyndale House Publishers. Todos los derechos reservados.

Reinos, Inmersión: La Biblia de lectura es una edición de la *Santa Biblia*, Nueva Traducción Viviente.

La *Santa Biblia*, Nueva Traducción Viviente, © 2010 Tyndale House Foundation. Todos los derechos reservados.

Pueden citarse hasta 500 versículos del texto de la *Santa Biblia*, Nueva Traducción Viviente, de cualquier forma (escrita, visual, electrónica o de audio), sin el expreso permiso escrito de la editorial, siempre y cuando los versículos citados no representen más del 25 por ciento de la obra en la que son citados, y que no se cite un libro de la Biblia en su totalidad.

Cuando se cite la *Santa Biblia*, Nueva Traducción Viviente, se debe incluir uno de los siguientes párrafos en la página de derechos de autor o en la portada de la obra:

Todo el texto bíblico ha sido tomado de la *Santa Biblia*, Nueva Traducción Viviente, © 2010 Tyndale House Foundation. Usado con permiso de Tyndale House Publishers, Inc., 351 Executive Dr., Carol Stream, IL 60188, Estados Unidos de América. Todos los derechos reservados.

Todo el texto bíblico sin otra indicación ha sido tomado de la *Santa Biblia*, Nueva Traducción Viviente, © 2010 Tyndale House Foundation. Usado con permiso de Tyndale House Publishers, Inc., 351 Executive Dr., Carol Stream, IL 60188, Estados Unidos de América. Todos los derechos reservados.

El texto bíblico indicado con «NTV» ha sido tomado de la *Santa Biblia*, Nueva Traducción Viviente, © 2010 Tyndale House Foundation. Usado con permiso de Tyndale House Publishers, Inc., 351 Executive Dr., Carol Stream, IL 60188, Estados Unidos de América. Todos los derechos reservados.

Cuando se citen textos de la NTV en publicaciones gratuitas tales como boletines de iglesias, órdenes de prestación de servicios, boletines de noticias, transparencias y otras publicaciones por el estilo, no se exige el párrafo completo de derechos reservados, sino las iniciales «NTV», las cuales deben aparecer al final de cada cita.

Para citar más de 500 versículos, más del 25 por ciento de la obra o para otros casos, se deberá solicitar permiso escrito de Tyndale House Publishers, Inc. Envíe su solicitud por correo electrónico a permisos@tyndale.com.

La publicación con fines comerciales de cualquier comentario u obra de referencia bíblica en los que se use la Nueva Traducción Viviente necesitará un permiso por escrito para poder usar el texto de la NTV.

Esta Biblia compuesta en ojo *Lucerna*, diseñado por Brian Sooy & Co. exclusivamente para Tyndale House Publishers, Inc. Todos los derechos reservados.

TYNDALE, el logotipo de la pluma, *Nueva Traducción Viviente*, *NTV* y el logotipo son marcas registradas de Tyndale House Publishers, Inc. *La verdad con claridad* y *The Truth Made Clear* son marcas de Tyndale House Publishers, Inc.

Inmersión, Inmersión: La Biblia de lectura, La Biblia de lectura, Immerse, Immerse: The Reading Bible, The Reading Bible e *Immerse: The Bible Reading Experience* son marcas del Institute for Bible Reading.

Para información acerca de descuentos especiales para compras al por mayor, por favor contacte a Tyndale House Publishers a través de espanol@tyndale.com.

Library of Congress Cataloging-in-Publication Data
Names: Tyndale House Publishers.
Title: Reinos.
Other titles: Bible. Former Prophets. Spanish. New Living Translation. 2018.
| Bible. Ruth. Spanish. New Living Translation. 2018.
Description: Carol Stream, Illinois : Tyndale House Publishers, Inc., 2018. |
   Series: Inmersión : la Biblia de lectura
Identifiers: LCCN 2017040509 | ISBN 9781496430403 (sc)
Classification: LCC BS1286.5.A4 S63 2018 | DDC 222/.0520834—dc23 LC record available at
   https://lccn.loc.gov/2017040509

ISBN 978-1-4964-3040-3

Impreso en los Estados Unidos de América
Printed in the United States of America

24 23 22 21 20 19 18
7   6   5   4   3   2   1

CONTENIDO

Bienvenidos a *Inmersión: Una experiencia en la Biblia* A7
Introducción a *Reinos* A9

Estos libros relatan la historia de Israel desde la conquista de Canaán (Josué) y la lucha por radicarse en la tierra (Jueces, Rut) hasta el establecimiento de un reino bajo la dinastía de David. La historia continúa con la división de Israel y la profundización de su pecado, y termina con la caída de Jerusalén y el exilio forzoso del pueblo (Samuel–Reyes).

Josué *1*   Rut *87*
Jueces *43*   Samuel–Reyes *95*

Las historias que forman la gran historia *291*
Introducción a *Inmersión: La Biblia de lectura* *299*
Las formas literarias de la Biblia *303*
NTV: Nota de los editores *307*
Mapa: Las doce tribus de Israel y la conquista de Canaán *308*
Mapa: Los reinos unido y dividido *309*
La serie de la Biblia Inmersión *310*

―― *Bienvenidos a* ――
INMERSIÓN
Una experiencia en la Biblia

La Biblia es un enorme regalo. El Creador de todas las cosas entró en nuestra historia humana y nos habló. A lo largo de muchos siglos, inspiró a personas a que moldearan palabras y dieran forma a libros que revelan su mente y traen sabiduría a nuestra vida y luz a nuestro camino. Pero la intención principal de Dios con la Biblia es invitarnos a participar en su gran historia. Lo que Dios quiere para nosotros, más que nada, es que hagamos de la gran obra de restauración y vida nueva descrita en la Biblia la historia de nuestra vida también.

La manera adecuada de recibir un regalo como este es llegar a conocer profundamente la Biblia y perdernos en ella precisamente para poder encontrarnos en ella. En otras palabras, necesitamos sumergirnos en ella al leer las palabras de Dios a fondo y sin distracción, con una perspectiva histórica y literaria más profunda y hacerlo junto con amigos en un ritmo regular de tres años. Inmersión: Una experiencia en la Biblia ha sido diseñada especialmente para este propósito.

Inmersión: La Biblia de lectura presenta cada libro de la Biblia sin la distracción de números de capítulo y versículo, títulos temáticos, o notas al pie de página, todos los cuales fueron agregados al texto en tiempos posteriores. La *Santa Biblia*, Nueva Traducción Viviente, se presenta en formato de columna única, con un tipo de letra fácil de leer. Para brindar perspectiva pertinente, las introducciones explican el contexto histórico y literario de cada libro, y con frecuencia los libros se reordenan cronológicamente o se presentan junto con otros que comparten audiencias antiguas similares. Cada aspecto de esta Biblia singular ha sido diseñado para que los lectores puedan conectarse con las palabras de Dios con sencilla claridad.

Una explicación más completa de esta presentación singular de la Biblia se encuentra en los artículos que comienzan en la página 291.

―― *Introducción a* ――
REINOS

EN CONJUNTO, LOS LIBROS DE APERTURA de la Biblia, desde Génesis hasta Samuel–Reyes, constituyen la historia principal de Israel. Abarcan los sucesos desde la creación del mundo por Dios y sus intenciones para la humanidad, hasta el fracaso de Israel en relación con el pacto establecido por Dios y su exilio forzoso de la Tierra Prometida. Los primeros cinco libros —*Orígenes*— nos llevan al momento en que el pueblo de Dios ha sido liberado de la esclavitud en Egipto y está a punto de entrar a la tierra que le fue prometida a su antepasado Abraham.

La historia continúa en los cuatro siguientes libros (Josué, Jueces, Rut y Samuel–Reyes) cuando Israel entra a la tierra y es comisionado para ser la luz de Dios a las naciones. El plan de Dios es que su nuevo pueblo habite en un lugar nuevo con la misión de modelar para toda la humanidad lo que significa seguir a Dios, y así ayudar a que florezca el mundo. Estos libros están escritos en forma narrativa y tienen un punto de vista profético, llamando a Israel de manera continua a ser fiel al SEÑOR, su Rey Soberano.

Al inicio de estos libros, el pueblo de Dios se encuentra viviendo bajo los tres primeros pactos que Dios hizo con Noé, Abraham y Moisés. La historia avanza con una descripción de los sucesos que rodean al cuarto pacto. Este pacto es con David, el segundo rey de Israel, y promete una larga dinastía de reyes entre su descendencia.

Originalmente, los israelitas no tenían un rey humano porque Dios mismo era su Rey. Una vez que los descendientes de Abraham se convirtieron en una nación, Dios mandó a Moisés como su líder y libertador, para rescatarlos de la esclavitud en Egipto y guiarlos a la tierra de Canaán. Pero Moisés era un profeta, no un rey. Luego, un nuevo líder llamado Josué conduce a Israel a la Tierra Prometida. Él derrota a sus enemigos y divide la tierra entre las doce tribus. Pero Josué tampoco es un rey.

En los años que siguen, tal como se describe en el libro de Jueces,

Dios levanta una serie de líderes llamados «jueces» para rescatar a los israelitas cada vez que su desobediencia provoca que caigan bajo el dominio extranjero. Los israelitas se ven a sí mismos como una nación compuesta de doce tribus, y la tradición de liderazgo tribal es fuerte. No obstante, este período muestra que mientras carecían de rey «cada uno hacía lo que le parecía correcto según su propio criterio», provocando consecuencias desastrosas para toda la nación.

Anteriormente, en el libro de Deuteronomio, Moisés predijo que el pueblo iba a querer un rey, y mandó que este debía hacerse una copia del libro de la ley para leerla «todos los días de su vida» y así conducir al pueblo en fidelidad al pacto. El final del período de los jueces parece ser el tiempo adecuado para establecer un rey como una autoridad central sobre Israel y ponerle fin a la desenfrenada anarquía.

Así que, cuando Samuel —el último de los jueces— va envejeciendo, los israelitas le piden que designe un rey para ellos. Dios lo ve como un rechazo hacia él como Rey, pero cede y le indica a Samuel que unja a un hombre llamado Saúl. Con el tiempo, Saúl demuestra ser terco, pertinaz y desobediente, de manera que el SEÑOR le indica a Samuel que unja a David como rey en lugar de Saúl.

Después de muchas situaciones de intriga y peligro, David finalmente llega al trono. Él también comete graves errores, pero Dios sabe que David es un hombre «conforme a su propio corazón» porque ama y respeta profundamente a Dios y a su pacto.

La fidelidad de David al SEÑOR sirve como el patrón con el que se mide a todos sus sucesores en el largo libro de Samuel–Reyes, el cual comienza con las historias de Samuel, Saúl y David, y luego traza todo el curso siguiente del reino israelita. Sin embargo, ya que los reyes se alejan del SEÑOR y adoran a otros dioses, aparecen la violencia y la opresión y el reino se divide en dos. Más tarde, ambos reinos son conquistados por imperios extranjeros, y los israelitas se ven forzados al exilio.

En este punto, el plan de Dios parece estar amenazado seriamente. Su pueblo elegido ha fallado al no cumplir su parte en la relación de pacto y, por lo tanto, pierde su templo, su rey y su tierra. Tal como Adán y Eva fueron echados del jardín de Dios al principio de la historia, ahora Israel es exilado del nuevo Edén de Dios, la Tierra Prometida. Aquí la tensión en la historia llega a su punto máximo. Los descendientes de Abraham debían ser el medio por el cual Dios bendeciría y restauraría a todo el mundo. Pero ahora todo parece estar perdido.

Solo queda una hebra del hilo: el nuevo pacto de Dios con el rey David promete que Dios no abandonará a la familia ni al reino de David. Cualquier obra futura que Dios logrará por medio de Israel por el bien del mundo será a través de esta línea real.

INMERSOS EN JOSUÉ

LA HISTORIA DE CÓMO las tribus de Israel se convierten en un reino comienza con la conquista de la tierra de Canaán. Dios había prometido que le entregaría esta tierra a los descendientes de Abraham, y Moisés los trajo hasta la misma frontera. Pero es el sucesor de Moisés, Josué, quien realmente introduce al pueblo a la tierra y derrota las ciudades-estado que dominaban la región. El libro de Josué describe cómo lo hace.

Por toda la tierra, hay ciudades amuralladas, cada una gobernada por su propio rey. Mientras estas «ciudades reales» permanezcan en manos hostiles, los israelitas estarán bajo una amenaza constante. La amenaza más grande se encuentra inmediatamente frente a ellos al entrar a Canaán. Jericó es una fortaleza imponente que controla los vados del río Jordán. Si los israelitas logran cruzar el río, pero luego no consiguen derrotar a Jericó, el río será una barrera que los atrapará para luego ser destruidos por sus enemigos.

La situación es abrumadora, pero Dios le promete a Josué: «Yo estaré contigo como estuve con Moisés. No te fallaré ni te abandonaré. Sé fuerte y valiente, porque tú serás quien guíe a este pueblo para que tome posesión de toda la tierra que juré a sus antepasados que les daría».

El libro de Josué tiene tres secciones principales. La mayoría está en forma narrativa, pero en varios lugares hay listas importantes, incluyendo los registros de ciudades y reyes derrotados y las asignaciones de tierra para las tribus de Israel.

El libro inicia con una descripción de cómo Dios prepara a Josué y a su pueblo para la entrada a la tierra y luego los guía a través del cruce del río Jordán. Esto comienza cuando Dios comisiona y anima a Josué para la tarea, a la vez que insta a Josué y al pueblo a meditar continuamente en las instrucciones que Dios le había dado a Moisés. Josué envía espías a Canaán y luego conduce al pueblo a entrar a la tierra, cruzando el río Jordán por tierra seca. En su nueva tierra, celebran el festival de la libertad, la Pascua, y por primera vez comen alimento de la Tierra Prometida.

Luego, Israel invade la región central de Canaán y de allí se extiende a las regiones del norte y del sur. La clave para esta sección es tener en cuenta de que Dios mismo está peleando por Israel, cumpliendo así sus promesas con los antepasados de Israel. La guerra que dirige Josué es brutal, pero en el contexto de la historia, esas naciones son barridas de Canaán porque se han vuelto absolutamente corruptas, de la misma manera que más adelante el propio Israel será echado brutalmente de allí por sus propias prácticas abominables. Estos sucesos deben interpretarse en el contexto de la gran historia de redención de Dios que se está desarrollando, especialmente a la luz de la revelación suprema de Dios más adelante en el Mesías de Israel.

Una vez conquistada la tierra, la segunda sección explica cómo Josué la divide entre las tribus. A lo mejor nos preguntamos por qué hay una descripción tan detallada de la distribución de la tierra, pero esto apunta a los fundamentos del pacto. La intención de Dios siempre ha sido que su pueblo prospere en el espacio físico que le tiene preparado. La conquista de la Tierra Prometida por Israel refleja el objetivo general de Dios de recuperar toda la creación como nuestro buen hogar y su glorioso templo.

La última sección del libro se enfoca en cómo Josué conduce al pueblo en una ceremonia de renovación del pacto. Los líderes de las diversas tribus y clanes se reúnen en Siquem y son desafiados a servir solo a Dios, a obedecer la ley de Moisés y a reclamar plenamente su herencia del SEÑOR.

«Elige hoy mismo a quién servirás», los desafía Josué. «Pero en cuanto a mí y a mi familia, nosotros serviremos al SEÑOR». El pueblo, consciente de su historia y reconociendo que deben seguir cumpliéndola, responde: «Nosotros jamás abandonaríamos al SEÑOR ni serviríamos a otros dioses. [...] Nosotros también serviremos al SEÑOR, porque solo él es nuestro Dios».

Al final de la vida de Josué, el pueblo ha recibido el regalo de la tierra como se le había prometido y está preparado para cumplir el llamado como agente de la misión de Dios a todas las naciones. El SEÑOR ha cumplido sus promesas a Abraham y a Moisés. Ahora la familia de Abraham se debe proponer ser el pueblo del pacto de Dios para el bien de todo el mundo.

JOSUÉ

✢

Después de la muerte de Moisés, siervo del Señor, el Señor habló a Josué, hijo de Nun y ayudante de Moisés. Le dijo: «Mi siervo Moisés ha muerto. Por lo tanto, ha llegado el momento de que guíes a este pueblo, a los israelitas, a cruzar el río Jordán y a entrar en la tierra que les doy. Te prometo a ti lo mismo que le prometí a Moisés: "Dondequiera que pongan los pies los israelitas, estarán pisando la tierra que les he dado: desde el desierto del Neguev, al sur, hasta las montañas del Líbano, al norte; desde el río Éufrates, al oriente, hasta el mar Mediterráneo, al occidente, incluida toda la tierra de los hititas". Nadie podrá hacerte frente mientras vivas. Pues yo estaré contigo como estuve con Moisés. No te fallaré ni te abandonaré.

»Sé fuerte y valiente, porque tú serás quien guíe a este pueblo para que tome posesión de toda la tierra que juré a sus antepasados que les daría. Sé fuerte y muy valiente. Ten cuidado de obedecer todas las instrucciones que Moisés te dio. No te desvíes de ellas ni a la derecha ni a la izquierda. Entonces te irá bien en todo lo que hagas. Estudia constantemente este libro de instrucción. Medita en él de día y de noche para asegurarte de obedecer todo lo que allí está escrito. Solamente entonces prosperarás y te irá bien en todo lo que hagas. Mi mandato es: "¡Sé fuerte y valiente! No tengas miedo ni te desanimes, porque el Señor tu Dios está contigo dondequiera que vayas"».

Luego Josué les dio la siguiente orden a los jefes de Israel: «Vayan por el campamento y díganle al pueblo que preparen sus provisiones. En tres días, cruzarán el río Jordán y tomarán posesión de la tierra que el Señor su Dios les da».

Entonces Josué reunió a la tribu de Rubén, a la tribu de Gad y a la media tribu de Manasés. Les dijo:

—Recuerden lo que les mandó Moisés, siervo del Señor: "El Señor su Dios les da un lugar de descanso. Él les ha dado esta tierra". Sus esposas, hijos y animales pueden permanecer aquí, en la tierra que Moisés les asignó, al oriente del río Jordán; pero los guerreros fuertes, completamente armados, deben guiar a las otras tribus hasta el otro lado del Jordán para ayudarlas a conquistar su territorio. Quédense con sus hermanos hasta que el Señor les dé descanso a ellos, tal como se lo ha dado a ustedes, y hasta que ellos también tomen posesión de la tierra que el Señor su Dios les da. Solo entonces ustedes podrán regresar y establecerse aquí, al oriente del río Jordán, en la tierra que les asignó Moisés, siervo del Señor.

Ellos le respondieron a Josué:

—Haremos todo lo que nos ordenes e iremos a donde nos envíes. Te obedeceremos tal como obedecimos a Moisés. Que el Señor tu Dios esté contigo tal como estuvo con Moisés. Cualquiera que se rebele contra tus órdenes y no obedezca tus palabras y todo lo que tú ordenes, será ejecutado. Así que, ¡sé fuerte y valiente!

✢

Luego Josué envió en secreto a dos espías desde el campamento israelita que estaba en la arboleda de Acacias y les dio la siguiente instrucción: «Exploren bien la tierra que está al otro lado del río Jordán, especialmente alrededor de la ciudad de Jericó». Entonces los dos hombres salieron y llegaron a la casa de una prostituta llamada Rahab y pasaron allí la noche.

Pero alguien le avisó al rey de Jericó: «Unos israelitas vinieron aquí esta noche para espiar la tierra». Entonces el rey de Jericó le envío una orden a Rahab: «Saca fuera a los hombres que llegaron a tu casa, porque han venido a espiar todo el territorio».

Rahab, quien había escondido a los dos hombres, respondió: «Es cierto, los hombres pasaron por aquí, pero yo no sabía de dónde venían. Salieron de la ciudad al anochecer, cuando las puertas estaban por cerrar. No sé hacia dónde fueron. Si se apresuran, probablemente los alcancen». (En realidad, la mujer había llevado a los hombres a la azotea de su casa y los había escondido debajo de unos manojos de lino que había puesto allí). Entonces los hombres del rey buscaron a los espías por todo el camino que lleva a los vados del río Jordán. Y justo después que los hombres del rey se fueron, cerraron la puerta de Jericó.

Esa noche, antes de que los espías se durmieran, Rahab subió a la azotea para hablar con ellos. Les dijo:

—Sé que el Señor les ha dado esta tierra. Todos tenemos miedo de ustedes. Cada habitante de esta tierra vive aterrorizado. Pues hemos oído cómo el Señor les abrió un camino en seco para que atravesaran el mar Rojo cuando salieron de Egipto. Y sabemos lo que les hicieron a Sehón y a Og, los dos reyes amorreos al oriente del río Jordán, cuyos pueblos ustedes destruyeron por completo. ¡No es extraño que nuestro corazón esté lleno de temor! A nadie le queda valor para pelear después de oír semejantes cosas. Pues el Señor su Dios es el Dios supremo arriba, en los cielos, y abajo, en la tierra.

»Ahora júrenme por el Señor que serán bondadosos conmigo y con mi familia, ya que les di mi ayuda. Denme una garantía de que, cuando Jericó sea conquistada, salvarán mi vida y también la de mi padre y mi madre, mis hermanos y hermanas y sus familias.

—Te ofrecemos nuestra propia vida como garantía por la tuya —le prometieron ellos—. Si no nos delatas, cumpliremos nuestra promesa y seremos bondadosos contigo cuando el Señor nos dé la tierra.

Entonces, dado que la casa de Rahab estaba construida en la muralla de la ciudad, ella los hizo bajar por una cuerda desde la ventana.

—Huyan a la zona montañosa —les dijo—. Escóndanse allí de los hombres que los están buscando por tres días. Luego, cuando ellos hayan vuelto, ustedes podrán seguir su camino.

Antes de partir, los hombres le dijeron:

—Estaremos obligados por el juramento que te hemos hecho solo si sigues las siguientes instrucciones: cuando entremos en esta tierra, tú deberás dejar esta cuerda de color escarlata colgada de la ventana por donde nos hiciste bajar; y todos los miembros de tu familia —tu padre, tu madre, tus hermanos y todos tus parientes— deberán estar aquí, dentro de la casa. Si salen a la calle y los matan, no será nuestra culpa; pero si alguien les pone la mano encima a los que estén dentro de esta casa, nos haremos responsables de su muerte. Sin embargo, si nos delatas, quedaremos totalmente libres de lo que nos ata a este juramento.

—Acepto las condiciones —respondió ella.

Entonces Rahab los despidió y dejó la cuerda escarlata colgando de la ventana.

Los espías subieron a la zona montañosa y se quedaron allí tres días. Los hombres que los perseguían los buscaron por todas partes a lo largo del camino pero, al final, regresaron sin éxito.

Luego, los dos espías descendieron de la zona montañosa, cruzaron el río Jordán y le informaron a Josué todo lo que les había sucedido: «El Señor nos ha dado el territorio —dijeron—, pues toda la gente de esa tierra nos tiene pavor».

Temprano a la mañana siguiente, Josué y todos los israelitas salieron de la arboleda de Acacias y llegaron a la orilla del río Jordán, donde acamparon antes de cruzar. Tres días después, los jefes israelitas fueron por el campamento y dieron al pueblo las siguientes instrucciones: «Cuando vean a los sacerdotes levitas llevar el arca del pacto del Señor su Dios, dejen sus puestos y síganlos. Dado que ustedes nunca antes viajaron por este camino, ellos los guiarán. Quédense como a un kilómetro detrás de ellos, mantengan una buena distancia entre ustedes y el arca. Asegúrense de no acercarse demasiado».

Entonces Josué le dijo al pueblo: «Purifíquense, porque mañana el Señor hará grandes maravillas entre ustedes».

Por la mañana, Josué les dijo a los sacerdotes: «Levanten el arca del pacto y guíen al pueblo hasta el otro lado del río». Así que ellos se pusieron en marcha y fueron delante del pueblo.

El Señor le dijo a Josué: «A partir de hoy, empezaré a convertirte en un gran líder a los ojos de todos los israelitas. Sabrán que yo estoy contigo, tal como estuve con Moisés. Dales la siguiente orden a los sacerdotes que llevan el arca del pacto: "Cuando lleguen a la orilla del río Jordán, den unos cuantos pasos dentro del río y deténganse allí"».

Entonces Josué les dijo a los israelitas: «Vengan y escuchen lo que dice el Señor su Dios. Hoy sabrán que el Dios viviente está entre ustedes. Sin lugar a dudas, él expulsará a los cananeos, a los hititas, a los heveos, a los ferezeos, a los gergeseos, a los amorreos y a los jebuseos de delante de ustedes. ¡Miren, el arca del pacto que pertenece al Señor de toda la tierra los guiará al cruzar el río Jordán! Elijan ahora a doce hombres de las tribus de Israel, uno de cada tribu. Los sacerdotes llevarán el arca del Señor, el Señor de toda la tierra. En cuanto sus pies toquen el agua, la corriente de agua se detendrá río arriba, y el río se levantará como un muro».

Entonces los israelitas salieron del campamento para cruzar el Jordán, y los sacerdotes que llevaban el arca del pacto iban delante de ellos. Era la temporada de la cosecha, y el Jordán desbordaba su cauce. Pero en cuanto los pies de los sacerdotes que llevaban el arca tocaron el agua a la orilla del río, el agua que venía de río arriba dejó de fluir y comenzó a amontonarse a una gran distancia de allí, a la altura de una ciudad llamada Adán, que está cerca de Saretán. Y el agua que estaba río abajo desembocó en el mar Muerto hasta que el lecho del río quedó seco. Después, todo el pueblo cruzó cerca de la ciudad de Jericó.

Mientras tanto, los sacerdotes que llevaban el arca del pacto del Señor se quedaron parados en tierra seca, en medio del lecho, mientras el pueblo pasaba frente a ellos. Los sacerdotes esperaron allí hasta que toda la nación de Israel terminó de cruzar el Jordán por tierra seca.

Una vez que todo el pueblo terminó de cruzar el Jordán, el Señor le dijo a Josué: «Ahora elige a doce hombres, uno de cada tribu. Diles: "Tomen doce piedras del medio del Jordán, del mismo lugar donde están parados los sacerdotes. Llévenlas al lugar donde van a acampar esta noche y amontónenlas allí"».

Entoncés Josué convocó a los doce hombres que había elegido, uno por cada tribu de Israel. Les dijo: «Vayan a la mitad del Jordán, frente al arca del Señor su Dios. Cada uno de ustedes debe tomar una piedra y cargarla al hombro; serán doce piedras en total, una por cada tribu de Israel. Las usaremos para levantar un monumento conmemorativo. En el futuro, sus hijos les preguntarán: "¿Qué significan estas piedras?". Y ustedes podrán decirles: "Nos recuerdan que el río Jordán dejó de fluir cuando el arca del pacto del Señor cruzó por allí". Esas piedras quedarán como un recordatorio en el pueblo de Israel para siempre».

Así que los hombres hicieron lo que Josué les había ordenado. Tomaron doce piedras del medio del río Jordán, una por cada tribu, tal como el Señor le había dicho a Josué. Las llevaron al lugar donde acamparon esa noche y construyeron allí el monumento.

Josué también apiló otras doce piedras a la mitad del Jordán, en el lugar donde estaban parados los sacerdotes que llevaban el arca del pacto. Y las piedras siguen allí hasta el día de hoy.

Los sacerdotes que llevaban el arca estuvieron en medio del río hasta que se llevaron a cabo todos los mandatos del Señor que Moisés le había dado a Josué. Mientras tanto, el pueblo se apresuró a cruzar el lecho del río. Y cuando todos estaban a salvo en la otra orilla, los sacerdotes terminaron de cruzar con el arca del Señor mientras el pueblo observaba.

Los guerreros armados de la tribu de Rubén, de la tribu de Gad y de la media tribu de Manasés iban delante de los israelitas al cruzar el Jordán, tal como Moisés había indicado. Esos hombres armados —unos cuarenta mil en total— estaban listos para la guerra, y el Señor iba con ellos mientras cruzaban hacia la llanura de Jericó.

Ese día, el Señor convirtió a Josué en un gran líder a los ojos de todos los israelitas, quienes, por el resto de su vida, lo respetaron tanto como habían respetado a Moisés.

El Señor le había dicho a Josué: «Ordénales a los sacerdotes que llevan el arca del pacto que salgan del lecho del río». Así que Josué dio la orden. En cuanto los sacerdotes que llevaban el arca del pacto del Señor salieron del lecho del río y sus pies pisaron tierra firme, las aguas del Jordán volvieron a fluir y desbordaron el cauce como antes.

El pueblo cruzó el Jordán el décimo día del primer mes. Después acamparon en Gilgal, al oriente de Jericó. Fue allí, en Gilgal, donde Josué apiló las doce piedras que había tomado del río Jordán.

Entonces Josué les dijo a los israelitas: «En el futuro, sus hijos preguntarán: "¿Qué significan estas piedras?". Y ustedes podrán decirles: "Aquí es donde los israelitas cruzaron el Jordán sobre tierra seca". Pues el Señor su Dios secó el río a la vista de ustedes y lo mantuvo seco hasta que todos cruzaran, tal como hizo con el mar Rojo cuando lo secó hasta que todos terminamos de cruzar. Lo hizo para que todas las naciones de la tierra supieran que la mano del Señor es poderosa, y para que ustedes temieran al Señor su Dios para siempre».

Cuando todos los reyes amorreos al occidente del Jordán y todos los reyes cananeos que vivían a lo largo de la costa del mar Mediterráneo oyeron cómo el Señor había secado el río Jordán para que el pueblo de Israel pudiera cruzar, se desanimaron y quedaron paralizados de miedo a causa de los israelitas.

En esos días, el Señor le dijo a Josué: «Prepara cuchillos de piedra y circuncida a esta segunda generación de israelitas». Así que Josué preparó cuchillos de piedra y circuncidó a toda la población masculina de Israel en Guibeá-haaralot.

Josué tuvo que circuncidarlos, porque todos los hombres que tenían edad suficiente para ir a la guerra cuando salieron de Egipto habían muerto en el desierto. Todos los que salieron de Egipto habían sido circuncidados, pero no los que nacieron después del éxodo, durante los años en el desierto. Los israelitas anduvieron cuarenta años por el desierto hasta que murieron todos los hombres que salieron de Egipto y que tenían edad para ir a la guerra. Ellos habían desobedecido al Señor, por eso el Señor juró que no los dejaría entrar en la tierra que había prometido darnos, una tierra donde fluyen la leche y la miel. Entonces Josué circuncidó a los hijos de esos israelitas —los que habían crecido para tomar el lugar de sus padres— porque no habían sido circuncidados en el camino a la Tierra Prometida. Después de ser circuncidados, todos los varones descansaron en el campamento hasta que sanaron.

Luego el Señor le dijo a Josué: «Hoy he hecho que la vergüenza de su esclavitud en Egipto salga rodando como una piedra». Por eso, ese lugar se llama Gilgal hasta el día de hoy.

Mientras los israelitas acampaban en Gilgal, sobre la llanura de Jericó, celebraron la Pascua al atardecer del día catorce del primer mes. Justo al día siguiente, empezaron a comer pan sin levadura y grano tostado, cosechado de la tierra. El maná dejó de caer el día que empezaron a comer de las cosechas de la tierra y nunca más se vio. Así que, desde ese momento, los israelitas comieron de las cosechas de Canaán.

Cuando Josué estaba cerca de la ciudad de Jericó, miró hacia arriba y vio a un hombre parado frente a él con una espada en la mano. Josué se le acercó y le preguntó:

—¿Eres amigo o enemigo?

—Ninguno de los dos —contestó—. Soy el comandante del ejército del Señor.

Entonces Josué cayó rostro en tierra ante él con reverencia.

—Estoy a tus órdenes —dijo Josué—. ¿Qué quieres que haga tu siervo?

El comandante del ejército del Señor contestó:

—Quítate las sandalias, porque el lugar donde estás parado es santo.

Y Josué hizo lo que se le indicó.

Ahora bien, las puertas de Jericó estaban bien cerradas, porque la gente tenía miedo de los israelitas. A nadie se le permitía entrar ni salir. Pero el Señor le dijo a Josué: «Te he entregado Jericó, a su rey y a todos sus guerreros fuertes. Tú y tus hombres de guerra marcharán alrededor de la ciudad una vez al día durante seis días. Siete sacerdotes caminarán delante del arca; cada uno llevará un cuerno de carnero. El séptimo día, marcharán alrededor de la ciudad siete veces mientras los sacerdotes tocan los cuernos. Cuando oigas a los sacerdotes dar un toque prolongado con los cuernos de carnero, haz que todo el pueblo grite lo más fuerte que pueda. Entonces los muros de la ciudad se derrumbarán, y el pueblo irá directo a atacar la ciudad».

Entonces Josué reunió a los sacerdotes y les dijo: «Tomen el arca del pacto del Señor y asignen a siete sacerdotes para que caminen delante de ella, cada uno con un cuerno de carnero». Después, dio estas órdenes al pueblo: «Marchen alrededor de la ciudad, los hombres armados irán al frente, delante del arca del Señor».

Después de que Josué le habló al pueblo, los siete sacerdotes con los cuernos de carnero comenzaron a marchar en la presencia del Señor sonando los cuernos mientras marchaban, y el arca del pacto del Señor los seguía. Algunos de los hombres armados marchaban delante de los sacerdotes que llevaban los cuernos, y otros iban detrás del arca mientras los sacerdotes seguían sonando los cuernos. «No griten, ni siquiera hablen —ordenó Josué—. Que no salga ni una sola palabra de ninguno de ustedes hasta que yo les diga que griten. ¡Entonces griten!». Así que, ese día, llevaron el arca del Señor alrededor de la ciudad solo una vez, y luego todos regresaron para pasar la noche en el campamento.

Josué se levantó temprano a la mañana siguiente y, una vez más, los sacerdotes cargaron el arca del Señor. Los siete sacerdotes marcharon delante del arca del Señor sonando los cuernos de carnero. Los hombres armados marcharon delante de los sacerdotes que llevaban los cuernos y detrás del arca del Señor. Durante todo ese tiempo, los sacerdotes no dejaron de sonar los cuernos. Ese segundo día, volvieron a marchar alrededor de la ciudad solo una vez y regresaron al campamento. Hicieron lo mismo durante seis días seguidos.

El séptimo día, los israelitas se levantaron al amanecer y marcharon alrededor de la ciudad como lo habían hecho los días anteriores; pero esta vez, dieron siete vueltas alrededor de la ciudad. En la séptima vuelta, mientras los sacerdotes daban el toque prolongado con los cuernos, Josué les ordenó a los israelitas: «¡Griten, porque el Señor les ha entregado la ciudad! Jericó y todo lo que hay en la ciudad deben ser destruidos por completo como una ofrenda al Señor. Solo se les perdonará la vida a

Rahab, la prostituta, y a los que se encuentren en su casa, porque ella protegió a nuestros espías.

»No se queden con ninguna cosa que esté destinada para ser destruida, pues, de lo contrario, ustedes mismos serán destruidos por completo y traerán desgracia al campamento de Israel. Todo lo que esté hecho de plata, de oro, de bronce o de hierro pertenece al Señor y por eso es sagrado, así que colóquenlo en el tesoro del Señor».

Cuando el pueblo oyó el sonido de los cuernos de carnero, gritó con todas sus fuerzas. De repente, los muros de Jericó se derrumbaron, y los israelitas fueron directo al ataque de la ciudad y la tomaron. Con sus espadas, destruyeron por completo todo lo que había en la ciudad, incluidos hombres y mujeres, jóvenes y ancianos, ovejas, cabras, burros y todo el ganado.

Mientras tanto, Josué les dijo a los dos espías: «Cumplan su promesa con la prostituta. Vayan a su casa y sáquenla de allí junto con toda su familia».

Entonces los hombres que habían sido espías entraron en la casa y sacaron a Rahab, a su padre, a su madre, a sus hermanos y a todos los demás parientes que estaban con ella. Trasladaron a toda la familia a un lugar seguro, cerca del campamento de Israel.

Luego los israelitas quemaron la ciudad y todo lo que había en ella. Solo conservaron las cosas hechas de plata, de oro, de bronce y de hierro para el tesoro de la casa del Señor. Así que Josué le perdonó la vida a la prostituta Rahab y a los parientes que estaban en su casa, porque ella escondió a los espías que él había enviado a Jericó. Y Rahab vive con los israelitas hasta el día de hoy.

En esa ocasión, Josué pronunció la siguiente maldición:

«Que la maldición del Señor caiga sobre cualquiera
que intente reconstruir la ciudad de Jericó.
A costa de su hijo mayor
pondrá sus cimientos.
A costa de su hijo menor
pondrá sus puertas».

Así que el Señor estaba con Josué, y la fama de Josué se extendió por todo el territorio.

✛

Sin embargo, Israel desobedeció las instrucciones sobre lo que debía ser apartado para el Señor. Un hombre llamado Acán había robado algunas de esas cosas consagradas, así que el Señor estaba muy enojado con los israelitas. Acán era hijo de Carmi, un descendiente de Zimri, hijo de Zera, de la tribu de Judá.

Josué envió a algunos de sus hombres desde Jericó para que espiaran la ciudad de Hai, que está al oriente de Betel, cerca de Bet-avén. Cuando regresaron, le dijeron a Josué: «No es necesario que todos vayamos a Hai; bastará con dos mil o tres mil hombres para atacar la ciudad. Dado que ellos son tan pocos, no hagas que todo nuestro pueblo se canse teniendo que subir hasta allí».

Así que enviaron a unos tres mil guerreros, pero fueron completamente derrotados. Los hombres de Hai persiguieron a los israelitas desde la puerta de la ciudad hasta las canteras y mataron como a treinta y seis que iban en retirada por la ladera. Los israelitas quedaron paralizados de miedo ante esto, y su valentía se desvaneció.

Entonces Josué y los ancianos de Israel rasgaron sus ropas en señal de aflicción, se echaron polvo sobre la cabeza y se inclinaron rostro en tierra ante el arca del Señor hasta que cayó la tarde. Entonces Josué clamó:

—Oh Señor Soberano, ¿por qué nos hiciste cruzar el río Jordán si vas a dejar que los amorreos nos maten? ¡Si tan solo nos hubiéramos conformado con quedarnos del otro lado! Señor, ¿qué puedo decir ahora que Israel tuvo que huir de sus enemigos? Pues cuando los cananeos y todos los demás pueblos de la región oigan lo que pasó, nos rodearán y borrarán nuestro nombre de la faz de la tierra. Y entonces, ¿qué pasará con la honra de tu gran nombre?

Pero el Señor le dijo a Josué:

—¡Levántate! ¿Por qué estás ahí con tu rostro en tierra? ¡Israel ha pecado y ha roto mi pacto! Robaron de lo que les ordené que apartaran para mí. Y no solo robaron sino que además mintieron y escondieron los objetos robados entre sus pertenencias. Por esa razón, los israelitas huyen derrotados de sus enemigos. Ahora Israel mismo será apartado para destrucción. No seguiré más con ustedes a menos que destruyan esas cosas que guardaron y que estaban destinadas para ser destruidas.

»¡Levántate! Ordénale al pueblo que se purifique, a fin de prepararse para mañana. Pues esto dice el Señor, Dios de Israel: "En medio de ti, oh Israel, están escondidas las cosas apartadas para el Señor. Nunca derrotarás a tus enemigos hasta que quites esas cosas que tienes en medio de ti".

»Mañana por la mañana, deberán presentarse por tribus, y el Señor señalará a la tribu del culpable. Esa tribu, con sus clanes, deberá dar un paso al frente, y el Señor señalará al clan culpable. Entonces ese clan dará un paso al frente, y el Señor señalará a la familia culpable. Por último, cada miembro de la familia culpable deberá dar un paso al frente, uno por uno. El que haya robado de lo que estaba destinado para ser destruido será quemado con fuego, junto con todo lo que tiene, porque ha roto el pacto del SEÑOR y ha hecho algo horrible en Israel.

Temprano a la mañana siguiente, Josué presentó a las tribus de Israel delante del SEÑOR, y la tribu de Judá fue la señalada. Entonces los clanes de Judá dieron un paso al frente, y el clan de Zera fue el señalado. Luego las familias de Zera dieron un paso al frente, y la familia de Zimri fue la señalada. Por último, a cada miembro de la familia de Zimri se le hizo pasar al frente uno por uno, y Acán fue el señalado.

Entonces Josué le dijo a Acán:

—Hijo mío, da gloria al SEÑOR, Dios de Israel, y di la verdad. Confiesa y dime lo que has hecho. No me lo escondas.

Acán respondió:

—¡Es cierto! He pecado contra el SEÑOR, Dios de Israel. Entre el botín, vi un hermoso manto de Babilonia, doscientas monedas de plata y una barra de oro que pesaba más de medio kilo. Los deseaba tanto que los tomé. Está todo enterrado debajo de mi carpa; la plata la enterré aún más profundo que el resto de las cosas.

Así que Josué envió a algunos hombres para que investigaran. Ellos fueron corriendo a la carpa y encontraron allí escondidos los objetos robados, tal como Acán había dicho, con la plata enterrada debajo del resto. Entonces tomaron las cosas de la carpa y se las llevaron a Josué y a los demás israelitas. Luego las pusieron sobre el suelo, en la presencia del SEÑOR.

Después, Josué y todos los israelitas tomaron a Acán junto con la plata, el manto y la barra de oro; también tomaron a sus hijos e hijas, su ganado, sus asnos, sus ovejas, sus cabras, su carpa y todo lo que él tenía y los llevaron al valle de Acor. Luego Josué le dijo a Acán: «¿Por qué nos has traído esta desgracia? Ahora el SEÑOR te traerá desgracia a ti». Entonces todos los israelitas apedrearon a Acán y a su familia, y quemaron los cuerpos. Apilaron un montón de piedras sobre Acán, las cuales siguen allí hasta el día de hoy. Por eso, desde entonces, al lugar se le llama valle de la Aflicción. Así el SEÑOR dejó de estar enojado.

Entonces el SEÑOR le dijo a Josué: «No tengas miedo ni te desanimes. Toma a todos tus hombres de guerra y ataca la ciudad de Hai, porque te he entregado al rey de Hai, a su pueblo, su ciudad y su tierra. Los destruirás tal como destruiste a Jericó y a su rey. Pero esta vez podrán quedarse con el botín y los animales. Preparen una emboscada detrás de la ciudad».

Entonces Josué y todos los hombres de guerra salieron a atacar a Hai. Josué eligió a treinta mil de sus mejores guerreros y los envió de noche con la siguiente orden: «Escóndanse en emboscada no muy lejos detrás de la ciudad y prepárense para entrar en acción. Cuando nuestro ejército principal ataque, los hombres de Hai saldrán a pelear como lo hicieron antes, y nosotros huiremos de ellos. Dejaremos que nos persigan hasta alejarlos de la ciudad. Pues dirán: "Los israelitas huyen de nosotros como lo hicieron antes". Entonces, mientras nosotros huimos de ellos, ustedes saldrán de golpe de su escondite y tomarán posesión de la ciudad. Pues el Señor su Dios la entregará en sus manos. Prendan fuego a la ciudad, tal como el Señor lo ordenó. Esas son las instrucciones».

Entonces salieron y fueron al lugar de la emboscada, entre Betel y el lado occidental de Hai; pero esa noche, Josué se quedó con el pueblo en el campamento. Temprano a la mañana siguiente, Josué despertó a sus hombres y emprendió la marcha hacia Hai, acompañado por los ancianos de Israel. Todos los hombres de guerra que estaban con Josué marcharon por delante de la ciudad y acamparon al norte de Hai, donde un valle los separaba de la ciudad. Esa noche, Josué envió a unos cinco mil hombres para que esperaran escondidos entre Betel y Hai, al occidente de la ciudad. De esa manera, el ejército principal se estableció en el norte, y la emboscada al occidente de la ciudad. Josué, por su parte, pasó la noche en el valle.

Cuando el rey de Hai vio a los israelitas del otro lado del valle, se apresuró a salir temprano por la mañana con todo su ejército y los atacó desde un lugar con vista al valle del Jordán; pero no se dio cuenta de que había una emboscada detrás de la ciudad. Entonces Josué y el ejército israelita huyeron en retirada hacia el desierto como si los hubieran vencido por completo. Así que llamaron a todos los hombres de la ciudad, para que salieran a perseguirlos. De esa manera, los alejaron de la ciudad. No quedó ni un solo hombre en Hai o en Betel que no persiguiera a los israelitas, y la ciudad quedó completamente desprotegida.

Entonces el Señor le dijo a Josué: «Apunta hacia Hai con la lanza que tienes en la mano, porque te entregaré la ciudad». Así que Josué hizo lo que se le ordenó. En cuanto Josué dio la señal, todos los hombres que esperaban en la emboscada salieron de golpe de sus puestos e invadieron la ciudad en masa. Enseguida la sitiaron y le prendieron fuego.

Cuando los hombres de Hai miraron hacia atrás, vieron que salía tanto humo de la ciudad que cubría el cielo, y ya no tenían adónde ir. Pues los israelitas que habían huido hacia el desierto se dieron vuelta y atacaron a los que los perseguían. Cuando Josué y todos los demás israelitas vieron que la emboscada había dado resultado y que de la ciudad salía humo, se dieron vuelta y atacaron a los hombres de Hai. Mientras tanto, los israelitas que habían entrado en la ciudad salieron y atacaron al enemigo por la retaguardia. De esa manera los hombres de Hai quedaron atrapados en medio, ya que los guerreros israelitas los encerraron por ambos lados. Israel los atacó, y no sobrevivió ni escapó una sola persona. Solo al rey de Hai lo capturaron vivo y lo llevaron ante Josué.

Cuando el ejército israelita terminó de perseguir y de matar a todos los hombres de Hai en campo abierto, regresó y acabó con la gente que había quedado en la ciudad. Ese día fue exterminada toda la población de Hai, incluidos hombres y mujeres, doce mil personas en total. Pues Josué mantuvo la lanza extendida hasta que todos los habitantes de Hai fueron totalmente destruidos. Solo los animales y los tesoros de la ciudad no fueron destruidos, porque los israelitas los tomaron como botín, tal como el Señor le había ordenado a Josué. Luego Josué incendió la ciudad de Hai, la cual se convirtió en un montón de ruinas y aún sigue desolada hasta el día de hoy.

Entonces Josué atravesó al rey de Hai con un poste afilado y lo dejó allí colgado hasta la tarde. A la puesta del sol, los israelitas bajaron el cuerpo como Josué ordenó y lo arrojaron frente a la puerta de la ciudad. Apilaron un montón de piedras sobre él, las cuales todavía pueden verse hasta el día de hoy.

+

Luego Josué construyó un altar al Señor, Dios de Israel, en el monte Ebal. Siguió los mandatos que Moisés, siervo del Señor, había escrito en el libro de instrucción: «Háganme un altar con piedras sin labrar y que no hayan sido trabajadas con herramientas de hierro». Entonces presentaron sobre el altar ofrendas quemadas y ofrendas de paz al Señor. Y mientras los israelitas observaban, Josué copió en las piedras del altar las instrucciones que Moisés les había dado.

Después, todo Israel —tanto los extranjeros como los israelitas de nacimiento— junto con sus ancianos, jefes y jueces fue dividido en dos grupos. Un grupo se paró frente al monte Gerizim, y el otro, delante del monte Ebal. Ambos grupos quedaron frente a frente y, entre ellos, estaban los sacerdotes levitas que llevaban el arca del pacto del Señor. Todo se hizo de acuerdo a las órdenes que Moisés, siervo del Señor, había dado previamente para bendecir al pueblo de Israel.

Entonces Josué le leyó al pueblo todas las bendiciones y maldiciones que Moisés había escrito en el libro de instrucción. Cada palabra de cada mandato que Moisés había dado se leyó a todos los israelitas reunidos en asamblea, incluso a las mujeres, a los niños y a los extranjeros que vivían entre ellos.

+

Ahora bien, todos los reyes que estaban al occidente del río Jordán se enteraron de lo que había sucedido. Eran los reyes de los hititas, amorreos, cananeos, ferezeos, heveos y jebuseos, quienes vivían en la zona montañosa, en las colinas occidentales y a lo largo de la costa del mar Mediterráneo hasta las montañas del Líbano, al norte. Esos reyes unieron sus tropas para pelear como un solo ejército contra Josué y los israelitas.

Sin embargo, cuando los habitantes de Gabaón oyeron lo que Josué había hecho a Jericó y a la ciudad de Hai, recurrieron al engaño para salvarse la vida. Enviaron a unos representantes ante Josué y, sobre sus asnos, cargaron alforjas desgastadas y odres viejos y remendados. Se pusieron ropa harapienta y se calzaron sandalias gastadas y remendadas. Además, llevaban pan seco y mohoso. Cuando llegaron al campamento de Israel, en Gilgal, les dijeron a Josué y a los hombres de Israel:

—Venimos de una tierra lejana para pedirles que hagan un tratado de paz con nosotros.

Entonces los israelitas les respondieron a esos heveos:

—¿Cómo podemos saber que ustedes no viven cerca? Pues si viven cerca, no podemos hacer ningún tratado de paz con ustedes.

Ellos respondieron:

—Nosotros somos sus siervos.

—Pero ¿quiénes son ustedes? —preguntó Josué—. ¿De dónde vienen?

Ellos contestaron:

—Nosotros sus siervos venimos de un país muy lejano. Hemos oído del poder del SEÑOR su Dios y de todo lo que hizo en Egipto. También hemos oído de lo que les hizo a los dos reyes amorreos que vivían al oriente del río Jordán: a Sehón, rey de Hesbón, y a Og, rey de Basán (quien vivía en Astarot). Entonces nuestros ancianos y todo nuestro pueblo nos dieron las siguientes instrucciones: "Lleven provisiones para un largo viaje. Vayan al encuentro del pueblo de Israel y díganle: 'Somos sus siervos; les suplicamos que hagan un tratado con nosotros'".

»Este pan estaba caliente, recién salido del horno, cuando partimos de nuestros hogares. Pero ahora, como pueden ver, está seco y mohoso. Estos odres estaban nuevos cuando los llenamos, pero ahora están viejos y rotos. Y nuestra ropa y las sandalias que traemos puestas están desgastadas de tan largo viaje.

Entonces los israelitas revisaron el alimento de los gabaonitas pero no consultaron al SEÑOR. Así que Josué hizo un tratado de paz con ellos y les garantizó seguridad, y los líderes de la comunidad ratificaron el acuerdo mediante un juramento que los obligaba a cumplirlo.

Tres días después de hacer el tratado, ¡los israelitas se enteraron de que esa gente en realidad vivía cerca! Enseguida salieron a investigar y, en tres días, llegaron a sus ciudades, las cuales se llamaban Gabaón, Cafira, Beerot y Quiriat-jearim. Sin embargo, como los líderes israelitas habían hecho un voto en el nombre del SEÑOR, Dios de Israel, no atacaron a ninguna de las ciudades gabaonitas.

Entonces el pueblo de Israel se quejó contra sus líderes por causa del tratado. Pero los líderes respondieron: «Dado que hicimos un juramento en presencia del Señor, Dios de Israel, no podemos tocarlos. Lo que tenemos que hacer es dejarlos con vida, porque el enojo divino caería sobre nosotros si no cumpliéramos nuestro juramento. Déjenlos vivir». Así que los hicieron cortar leña y llevar agua para toda la comunidad, tal como lo indicaron los líderes israelitas.

Entonces Josué reunió a los gabaonitas y les dijo:

—¿Por qué nos mintieron? ¿Por qué dijeron que vivían en una tierra lejana, si en realidad viven aquí mismo, entre nosotros? ¡Malditos sean! De ahora en adelante, siempre serán siervos encargados de cortar madera y de llevar agua para la casa de mi Dios.

Ellos le respondieron:

—Lo hicimos porque a nosotros, sus siervos, se nos dijo con claridad que el Señor su Dios le ordenó a Moisés, siervo del Señor, que les entregara toda esta tierra y que destruyera a todos sus habitantes. Así que temimos profundamente por nuestra vida a causa de ustedes. Por eso hicimos lo que hicimos. Ahora estamos a merced de ustedes; hagan con nosotros lo que mejor les parezca.

Así que Josué no permitió que el pueblo de Israel matara a los gabaonitas; pero desde ese día, los hizo cortar la leña y llevar el agua para la comunidad de Israel y el altar del Señor, donde fuere que el Señor eligiera construirlo. Y a eso se dedican hasta el día de hoy.

Adonisedec, rey de Jerusalén, oyó que Josué había tomado y destruido por completo la ciudad de Hai y había matado a su rey, lo mismo que había hecho con la ciudad de Jericó y su rey. También se enteró de que los gabaonitas habían hecho la paz con Israel y ahora eran sus aliados. Cuando él y su pueblo oyeron todo eso, tuvieron mucho miedo, porque Gabaón era una ciudad grande, tan grande como las ciudades de la realeza y más grande que la ciudad de Hai. Además, los gabaonitas eran guerreros fuertes.

Entonces Adonisedec, rey de Jerusalén, envió mensajeros a varios otros reyes: a Hoham, rey de Hebrón, a Piream, rey de Jarmut, a Jafía, rey de Laquis y a Debir, rey de Eglón. «Vengan y ayúdenme a destruir Gabaón —les rogó—, porque hizo la paz con Josué y con el pueblo de Israel». Entonces esos cinco reyes amorreos unieron sus ejércitos para atacar en conjunto. Pusieron todas sus tropas en posición y atacaron Gabaón.

Enseguida, los hombres de Gabaón enviaron mensajeros a Josué, quien se encontraba en su campamento, en Gilgal. «¡No abandone a sus siervos ahora! —rogaron—. ¡Venga de inmediato! ¡Sálvenos! ¡Ayúdenos! Pues todos los reyes amorreos que viven en la zona montañosa unieron sus fuerzas para atacarnos».

Entonces Josué y todo su ejército, incluidos sus mejores guerreros, salieron de Gilgal hacia Gabaón. «No les tengas miedo —le dijo el Señor a Josué—, porque te he dado la victoria. Ni uno de ellos podrá hacerte frente».

Josué marchó toda la noche desde Gilgal y tomó por sorpresa a los ejércitos amorreos. El Señor llenó de pánico a los amorreos, y los israelitas masacraron a un gran número de ellos en Gabaón. Después persiguieron a sus enemigos por el camino que lleva a Bet-horón y los fueron matando a lo largo de toda la ruta a Azeca y Maceda. Mientras los amorreos estaban en retirada por el camino de Bet-horón, el Señor los destruyó mediante una terrible tormenta de granizo que envió desde el cielo, y que no paró hasta que llegaron a Azeca. El granizo mató a más enemigos de los que mataron los israelitas a filo de espada.

El día que el Señor les dio a los israelitas la victoria sobre los amorreos, Josué oró al Señor delante de todo el pueblo de Israel y dijo:

«Que el sol se detenga sobre Gabaón,
y la luna, sobre el valle de Ajalón».

Entonces el sol se detuvo y la luna se quedó en su sitio hasta que la nación de Israel terminó de derrotar a sus enemigos.

¿Acaso no está registrado ese suceso en *El libro de Jaser*? El sol se detuvo en medio del cielo y no se ocultó como en un día normal. Jamás, ni antes ni después, hubo un día como ese, cuando el Señor contestó semejante oración. ¡Sin duda, ese día el Señor peleó por Israel!

Después Josué y el ejército israelita regresaron a su campamento, en Gilgal.

Durante la batalla, los cinco reyes escaparon y se escondieron en una cueva, en Maceda. Cuando Josué oyó que los habían encontrado, dio la siguiente orden: «Cubran la abertura de la cueva con rocas grandes y pongan guardias en la entrada, para mantener adentro a los reyes. Los demás continúen persiguiendo a los enemigos y mátenlos por la retaguardia. No los dejen volver a sus ciudades, porque el Señor, Dios de ustedes, les ha dado la victoria sobre ellos».

Entonces Josué y el ejército israelita continuaron con la masacre y derrotaron al enemigo por completo. Exterminaron totalmente a los cinco ejércitos con excepción de un pequeño grupo que logró llegar a sus ciudades fortificadas. Luego los israelitas volvieron a salvo al campamento de Maceda, donde estaba Josué. Después de eso, nadie se atrevió a decir ni una sola palabra en contra de Israel.

Luego Josué dijo: «Quiten las rocas que cubren la abertura de la cueva y tráiganme a los cinco reyes». Así que hicieron salir de la cueva a los cinco reyes de las ciudades de Jerusalén, de Hebrón, de Jarmut, de Laquis y de

Eglón. Cuando los sacaron, Josué les dijo a los comandantes de su ejército: «Acérquense y pónganles el pie sobre el cuello a estos reyes». Y ellos hicieron lo que se les dijo.

«Jamás tengan miedo ni se desanimen —les dijo Josué a sus hombres—. Sean fuertes y valientes, porque el Señor hará lo mismo con todos sus enemigos». Entonces Josué mató a cada uno de los cinco reyes y los atravesó con cinco postes afilados, donde quedaron colgados hasta la tarde.

Mientras se ponía el sol, Josué mandó que descolgaran los cuerpos de los postes y que los arrojaran dentro de la cueva donde se habían escondido los reyes. Luego taparon la abertura de la cueva con un montón de rocas grandes, lo cual permanece allí hasta el día de hoy.

Ese mismo día, Josué tomó y destruyó la ciudad de Maceda. Mató a todos sus habitantes, incluso al rey, y no dejó a nadie con vida. Los destruyó a todos y mató al rey de Maceda, lo mismo que había hecho con el rey de Jericó. Después, Josué y los israelitas se dirigieron hacia Libna y la atacaron. Allí también el Señor les entregó la ciudad con su rey. Mató a todos sus habitantes sin dejar a nadie con vida. Luego Josué mató al rey de Libna, lo mismo que había hecho con el rey de Jericó.

De Libna, Josué y los israelitas fueron a Laquis y la atacaron. Igual que en las veces anteriores, el Señor les entregó Laquis. Josué la tomó el segundo día y mató a todos sus habitantes, tal como había hecho en Libna. Durante el ataque a Laquis, el rey Horam, de Gezer, llegó con su ejército para ayudar a defender la ciudad. Pero los hombres de Josué lo mataron junto con su ejército y no dejaron a nadie con vida.

Luego Josué y el ejército israelita siguieron hacia la ciudad de Eglón y la atacaron. La tomaron ese mismo día y mataron a todos sus habitantes. Josué destruyó a todos por completo, tal como había hecho en Laquis. De Eglón, Josué y el ejército israelita subieron a Hebrón y la atacaron. Tomaron la ciudad y mataron a todos sus habitantes, incluso al rey, y no dejaron a nadie con vida. Hicieron lo mismo con todas las aldeas vecinas. Y tal como había hecho en Eglón, Josué destruyó por completo a toda la población.

Después, Josué y los israelitas se volvieron y atacaron Debir. Josué tomó la ciudad con su rey y todas las aldeas vecinas. Destruyó por completo a todos sus habitantes y no dejó a nadie con vida. Hizo a Debir y a su rey lo mismo que les había hecho a Hebrón, a Libna y a su rey.

Así que Josué conquistó toda la región: a los reyes y a los pueblos de la zona montañosa, el Neguev, las colinas occidentales y las laderas de las montañas. Destruyó por completo a todos los habitantes del territorio sin dejar a nadie con vida, tal como el SEÑOR, Dios de Israel, lo había ordenado. Josué los masacró desde Cades-barnea hasta Gaza y desde la región que rodea la ciudad de Gosén hasta Gabaón. Josué venció a todos esos reyes y conquistó sus territorios en una sola campaña, porque el SEÑOR, Dios de Israel, peleaba por su pueblo.

Después Josué y el ejército israelita regresaron a su campamento, en Gilgal.

+

Cuando el rey Jabín, de Hazor, oyó lo que había sucedido, envió un mensaje a los siguientes reyes: al rey Jobab, de Madón; al rey de Simrón; al rey de Acsaf; a todos los reyes de la zona montañosa del norte; a los reyes del valle del Jordán, al sur de Galilea; a los reyes de las colinas de Galilea; a los reyes de Nafot-dor, al occidente; a los reyes de Canaán, tanto del oriente como del occidente; y a los reyes de los amorreos, de los hititas, de los ferezeos, de los jebuseos en la zona montañosa y de los heveos en las ciudades que están en las laderas del monte Hermón, en la tierra de Mizpa.

Todos esos reyes salieron a pelear. Sus ejércitos unidos formaban una inmensa multitud. Y con todos sus caballos y carros de guerra cubrieron el terreno como la arena a la orilla del mar. Los reyes unieron sus fuerzas y establecieron su campamento alrededor de las aguas que están cerca de Merom para pelear contra Israel.

Entonces el SEÑOR le dijo a Josué: «No les tengas miedo. Mañana, a esta hora, los entregaré a todos muertos en manos de Israel. Después lisia sus caballos y quema sus carros de guerra».

Así que Josué y todos sus hombres de guerra avanzaron hasta las aguas que están cerca de Merom y atacaron por sorpresa. Y el SEÑOR les dio la victoria sobre sus enemigos. Los israelitas los persiguieron tan lejos como Gran Sidón y Misrefot-maim y, hacia el oriente, por el valle de Mizpa, hasta que no quedó ningún guerrero del enemigo con vida. Después Josué lisió los caballos y quemó todos los carros de guerra, tal como el SEÑOR había indicado.

Luego Josué regresó y tomó Hazor y mató a su rey. (Hazor había sido por un tiempo la capital de todos esos reinos). Los israelitas destruyeron por completo a todo ser viviente de la ciudad, sin dejar sobrevivientes. No se le perdonó la vida a nadie. Y después Josué quemó la ciudad.

Josué masacró a todos los demás reyes y a sus pueblos, los destruyó por completo, tal como lo había ordenado Moisés, siervo del SEÑOR. Pero los israelitas no quemaron ninguna de las ciudades construidas sobre collados salvo Hazor, la cual Josué quemó. Y los israelitas se quedaron con todo el botín y con los animales de las ciudades devastadas; pero mataron a toda la gente, sin dejar a nadie con vida. Tal como el Señor le había ordenado a su siervo Moisés, también Moisés le ordenó a Josué. Y Josué hizo lo que se le indicó, obedeció cuidadosamente todos los mandatos que el Señor le había dado a Moisés.

☩

Así que Josué conquistó toda la región: la zona montañosa, todo el Neguev, toda el área que rodea la ciudad de Gosén, las colinas occidentales, el valle del Jordán, los montes de Israel y las colinas de Galilea. El territorio israelita ahora se extendía desde el monte Halac, que se eleva hacia Seir, al sur, hasta Baal-gad, al pie del monte Hermón, en el valle del Líbano, al norte. Josué mató a todos los reyes de esos territorios, después de hacer guerra por mucho tiempo para lograrlo. Ninguno de esa región hizo la paz con los israelitas salvo los heveos de Gabaón. Todos los demás fueron derrotados, porque el Señor les endureció el corazón y los hizo pelear contra los israelitas. Así que fueron totalmente destruidos sin compasión, tal como el Señor le había ordenado a Moisés.

Durante ese período, Josué destruyó a todos los descendientes de Anac, quienes vivían en la zona montañosa de Hebrón, Debir, Anab y en toda la región montañosa de Judá e Israel. Los mató a todos y destruyó sus ciudades por completo. No quedó ningún descendiente de Anac en la tierra de Israel, aunque algunos todavía permanecían en Gaza, Gat y Asdod.

Así que Josué tomó control de todo el territorio, tal como el Señor le había indicado a Moisés. Le dio la tierra al pueblo de Israel como su preciada posesión y repartió el territorio entre las tribus. Entonces por fin la tierra descansó de la guerra.

☩ ☩ ☩

Estos son los reyes del oriente del río Jordán a quienes los israelitas mataron y les quitaron sus tierras. El territorio de esos reyes se extendía desde el valle del Arnón hasta el monte Hermón y abarcaba toda la tierra situada al oriente del valle del Jordán.

Derrotaron a Sehón, rey de los amorreos, quien vivía en Hesbón. Su reino incluía Aroer, en el límite del valle del Arnón, y se extendía desde la mitad del valle del Arnón hasta el río Jaboc, el cual sirve de frontera con los amonitas. Ese territorio incluía la mitad sur del territorio de Galaad. Sehón también controlaba el valle del Jordán y algunas regiones al oriente, desde el mar de Galilea al norte, hasta el mar Muerto en el sur, incluso la ruta a Bet-jesimot y, más al sur, hasta las laderas del Pisga.

El rey Og, de Basán —el último de los refaítas— vivía en Astarot y Edrei. Gobernaba un territorio que se extendía por el norte desde el monte Hermón hasta Salca, por el oriente a todo Basán y hacia el occidente hasta la frontera con los reinos de Gesur y Maaca. Ese territorio incluía la mitad norte de Galaad tan lejos como la frontera con el rey Sehón, de Hesbón.

Moisés, siervo del Señor, y los israelitas habían destruido al pueblo del rey Sehón y al del rey Og. Moisés entregó esas tierras como posesión a la tribu de Rubén, a la tribu de Gad y a la media tribu de Manasés.

La siguiente es una lista de los reyes que Josué y los ejércitos israelitas derrotaron al occidente del Jordán, desde Baal-gad, en el valle del Líbano, hasta el monte Halac, que sube hacia Seir. (Josué les dio esa tierra como posesión a las tribus de Israel, la cual abarcaba la zona montañosa, las colinas occidentales, el valle del Jordán, las laderas de las montañas, el desierto de Judá y el Neguev. Los pueblos que vivían en esa región eran los hititas, los amorreos, los cananeos, los ferezeos, los heveos y los jebuseos). Estos son los reyes que Israel derrotó:

    el rey de Jericó,
    el rey de Hai, cerca de Betel,
    el rey de Jerusalén,
    el rey de Hebrón,
    el rey de Jarmut,
    el rey de Laquis,
    el rey de Eglón,
    el rey de Gezer,
    el rey de Debir,
    el rey de Geder,
    el rey de Horma,
    el rey de Arad,
    el rey de Libna,
    el rey de Adulam,
    el rey de Maceda,
    el rey de Betel,
    el rey de Tapúa,
    el rey de Hefer,
    el rey de Afec,
    el rey de Sarón,
    el rey de Madón,
    el rey de Hazor,
    el rey de Simron-merón,
    el rey de Acsaf,
    el rey de Taanac,
    el rey de Meguido,
    el rey de Cedes,

el rey de Jocneam (en el Carmelo),
el rey de Dor (en la ciudad de Nafot-dor),
el rey de Goyim (en Gilgal) y
el rey de Tirsa.

En total, los israelitas derrotaron a treinta y un reyes.

Cuando Josué ya era anciano, el SEÑOR le dijo: «Estás envejeciendo y todavía queda mucha tierra por conquistar. Aún faltan todas las regiones de los filisteos y de los gesureos, y el territorio más extenso de los cananeos, el cual se extiende desde el arroyo de Sihor, en la frontera con Egipto, hasta los límites de Ecrón, al norte. Abarca el territorio de los cinco gobernantes filisteos de Gaza, Asdod, Ascalón, Gat y Ecrón. También falta por conquistar la tierra de los aveos, al sur. En el norte, la siguiente área tampoco está conquistada aún: toda la tierra de los cananeos, incluso Mehara (lugar que pertenece a los sidonios), que se extiende al norte hasta Afec, en la frontera con los amorreos; la tierra de los giblitas y toda la región de montañas del Líbano, que está hacia el oriente, desde Baal-gad, al pie del monte Hermón, hasta Lebo-hamat; y toda la zona montañosa desde el Líbano hasta Misrefot-maim, incluida toda la tierra de los sidonios.

»Yo mismo iré expulsando a esos pueblos de la tierra del paso de los israelitas. Así que asegúrate de darle esta tierra a Israel como una preciada posesión, tal como te lo ordené. Incluye todo este territorio como posesión de Israel cuando repartas la tierra entre las nueve tribus y la media tribu de Manasés».

✢

La media tribu de Manasés, la tribu de Rubén y la tribu de Gad ya habían recibido sus respectivas porciones de tierra al oriente del Jordán, pues Moisés, siervo del SEÑOR, se las había asignado anteriormente.

Ese territorio se extendía desde Aroer, en el límite del valle de Arnón (incluida la ciudad que está en medio del valle), hasta la llanura que está pasando Medeba, tan lejos como Dibón. También incluía todas las ciudades de Sehón, rey de los amorreos —quien había reinado en Hesbón—, y se extendía tan lejos como las fronteras con Amón. Abarcaba Galaad, el territorio de los reinos de Gesur y Maaca, todo el monte Hermón, todo Basán hasta Salca y todo el territorio de Og, rey de Basán, quien había reinado en Astarot y Edrei. El rey Og fue el último de los refaítas, porque Moisés los había atacado y expulsado. Pero los israelitas no expulsaron a la gente de Gesur y de Maaca, así que esos pueblos siguen viviendo entre los israelitas hasta el día de hoy.

Moisés no asignó ninguna porción de tierra a los de la tribu de Leví. En cambio, como el Señor les había prometido, su porción provenía de las ofrendas quemadas en el altar del Señor, Dios de Israel.

Moisés había asignado la siguiente porción a los clanes de la tribu de Rubén:

> Ese territorio se extendía desde Aroer, en el límite del valle del Arnón (incluida la ciudad que está en medio del valle), hasta la llanura que está pasando Medeba. Incluía Hesbón y las otras ciudades de la llanura: Dibón, Bamot-baal, Bet-baal-meón, Jahaza, Cademot, Mefaat, Quiriataim, Sibma, Zaret-sahar en la colina situada sobre el valle, Bet-peor, las laderas del Pisga y Bet-jesimot.
> La tierra de Rubén también abarcaba todas las ciudades de la llanura y todo el reino de Sehón. Sehón era el rey amorreo que había reinado en Hesbón y había muerto a manos de Moisés junto con los líderes de Madián —Evi, Requem, Zur, Hur y Reba—, príncipes que vivían en la región y aliados de Sehón. Los israelitas también habían matado a Balaam, hijo de Beor, quien usaba magia para predecir el futuro. El río Jordán marcaba el límite occidental de la tribu de Rubén. A los clanes de la tribu de Rubén se les dieron las ciudades y las aldeas vecinas de ese territorio para que fueran su hogar.

Moisés había asignado la siguiente porción a los clanes de la tribu de Gad:

> Ese territorio incluía Jazer, todas las ciudades de Galaad y la mitad de la tierra de Amón tan lejos como la ciudad de Aroer, justo al occidente de Rabá. Se extendía desde Hesbón hasta Ramat-mizpa y Betonim, y desde Mahanaim hasta Lo-debar. En el valle, se encontraban las ciudades de Bet-aram, Bet-nimra, Sucot, Zafón y el resto del reino de Sehón, rey de Hesbón. La frontera occidental se extendía a lo largo del río Jordán, su extremo norte llegaba hasta la punta del mar de Galilea y luego giraba hacia el oriente. A los clanes de la tribu de Gad se les dieron las ciudades y las aldeas vecinas de ese territorio para que fueran su hogar.

Moisés había asignado la siguiente porción a los clanes de la media tribu de Manasés:

> Ese territorio se extendía desde Mahanaim y abarcaba todo Basán, todo el antiguo reino del rey Og y las sesenta ciudades de Jair, en Basán. También incluía la mitad de Galaad y Astarot y Edrei, ciudades de la realeza que pertenecían al rey Og. Todo eso se les entregó a los clanes de los descendientes de Maquir, hijo de Manasés.

Esa fue la asignación de tierras que Moisés había hecho mientras estaba en las llanuras de Moab, al otro lado del río Jordán, al oriente de Jericó. Sin embargo, Moisés no dio ninguna porción de tierra a la tribu de Leví, porque el Señor, Dios de Israel, había prometido que él mismo sería su porción.

✢

Las demás tribus de Israel recibieron porciones de tierra en Canaán asignadas por el sacerdote Eleazar, por Josué, hijo de Nun, y por los jefes de las tribus. Esas nueve tribus y media recibieron sus porciones de tierra mediante un sorteo sagrado, según el mandato que el Señor había dado por medio de Moisés. Moisés ya les había asignado una porción de tierra a las dos tribus y media que estaban al oriente del río Jordán, pero no había entregado ninguna porción a los levitas. Los descendientes de José se habían separado en dos tribus distintas: Manasés y Efraín. Y a los levitas no se les dio ninguna porción de tierra, únicamente ciudades donde vivir, rodeadas de pastizales para sus animales y posesiones. De modo que se distribuyó la tierra exactamente según las órdenes que el Señor había dado a Moisés.

Una delegación de la tribu de Judá, dirigida por Caleb, hijo de Jefone, el cenezeo, se presentó ante Josué, quien estaba en Gilgal. Caleb le dijo a Josué: «Recuerda lo que el Señor le dijo a Moisés, hombre de Dios, acerca de ti y de mí cuando estábamos en Cades-barnea. Yo tenía cuarenta años cuando Moisés, siervo del Señor, me envió desde Cades-barnea a que explorara la tierra de Canaán. Regresé y di un informe objetivo de lo que vi, pero los hermanos que me acompañaron asustaron tanto al pueblo que nadie quería entrar en la Tierra Prometida. Por mi parte, seguí al Señor mi Dios con todo mi corazón. Así que, ese día, Moisés me prometió solemnemente: "La tierra de Canaán, por donde recién caminaste, será tu porción de tierra y la de tus descendientes para siempre, porque seguiste al Señor mi Dios con todo tu corazón".

»Ahora, como puedes ver, en todos estos cuarenta y cinco años desde que Moisés hizo esa promesa, el Señor me ha mantenido con vida y buena salud tal como lo prometió, incluso mientras Israel andaba vagando por el desierto. Ahora tengo ochenta y cinco años. Estoy tan fuerte hoy como cuando Moisés me envió a esa travesía y aún puedo andar y pelear tan bien como lo hacía entonces. Así que dame la zona montañosa que el Señor me prometió. Tú recordarás que, mientras explorábamos, encontramos allí a los descendientes de Anac, que vivían en grandes ciudades amuralladas. Pero si el Señor está conmigo, yo los expulsaré de la tierra, tal como el Señor dijo».

Entonces Josué bendijo a Caleb, hijo de Jefone, y le dio Hebrón como su asignación de tierra. Hebrón todavía pertenece a los descendientes de Caleb, hijo de Jefone, el cenezeo, porque él siguió al Señor, Dios de Israel, con todo su corazón. (Antiguamente Hebrón se llamaba Quiriat-arba. Llevaba el nombre de Arba, un gran héroe de los descendientes de Anac). Y la tierra descansó de la guerra.

La asignación de tierra para los clanes de la tribu de Judá se extendía hacia el sur hasta la frontera con Edom y llegaba al desierto de Zin.

La frontera sur comenzaba en la bahía sur del mar Muerto, se extendía al sur del paso de los Escorpiones por el desierto de Zin y seguía por el sur de Cades-barnea hasta Hezrón. Luego subía hasta Adar, donde giraba hacia Carca. De allí, pasaba a Asmón hasta que finalmente alcanzaba el arroyo de Egipto y lo seguía hasta el mar Mediterráneo. Esa era la frontera sur de ellos.

El límite oriental se extendía por todo el mar Muerto hasta la desembocadura del río Jordán.

La frontera norte comenzaba en la bahía donde el río Jordán desemboca en el mar Muerto, de allí subía a Bet-hogla, luego seguía por el norte de Bet-arabá hasta la peña de Bohán. (Bohán era hijo de Rubén). Desde allí, atravesaba el valle de Acor hasta Debir y giraba al norte, hacia Gilgal, que está al otro lado de las laderas de Adumín, en el sur del valle. De allí, el límite se extendía a los manantiales de En-semes y seguía hasta En-rogel. Luego atravesaba el valle de Ben-hinom por las laderas sureñas de los jebuseos, donde está situada la ciudad de Jerusalén. La frontera luego se extendía hacia el occidente, a la cima de la montaña que está sobre el valle de Hinom, y subía hasta el extremo norte del valle de Refaim. De allí, se extendía desde la cima de la montaña hasta el manantial que hay en las aguas de Neftoa, y de allí, a las ciudades del monte Efrón. Después giraba hacia Baala (también llamada Quiriat-jearim). El límite rodeaba el occidente de Baala hacia el monte Seir, pasaba por la ciudad de Quesalón, en la ladera norte del monte Jearim, y bajaba a Bet-semes y luego a Timna. Después seguía hasta la ladera de la colina que está al norte de Ecrón, donde giraba hacia Sicrón y el monte Baala. Pasaba Jabneel y terminaba en el mar Mediterráneo.

La frontera occidental era la costa del mar Mediterráneo.

Esos son los límites para los clanes de la tribu de Judá.

El Señor le ordenó a Josué que le asignara una parte del territorio de Judá a Caleb, hijo de Jefone. Así que Caleb recibió la ciudad de Quiriat-arba (también llamada Hebrón), que llevaba el nombre del antepasado de Anac. Caleb expulsó a los tres grupos de anaceos, que son descendientes de Sesai, de Ahimán y de Talmai, hijos de Anac.

De allí, salió a luchar contra los habitantes de la ciudad de Debir (antiguamente llamada Quiriat-sefer). Caleb dijo: «Daré a mi hija Acsa en matrimonio al que ataque y tome Quiriat-sefer». Otoniel, hijo de Cenaz, un hermano de Caleb, fue quien conquistó la ciudad; así que Acsa pasó a ser esposa de Otoniel.

Cuando Acsa se casó con Otoniel, ella insistió en que él le pidiera un campo a su padre. Mientras ella se bajaba de su burro, Caleb le preguntó:

—¿Qué te pasa?

Ella contestó:

—Concédeme otro regalo. Ya me regalaste tierras en el Neguev; ahora te ruego que también me des manantiales.

Entonces Caleb le entregó tanto los manantiales de la parte alta como los de la parte baja.

Esta fue la tierra asignada a los clanes de la tribu de Judá para que fuera su hogar.

> Las ciudades de Judá situadas a lo largo de la frontera con Edom, en el extremo sur eran: Cabseel, Edar, Jagur, Cina, Dimona, Adada, Cedes, Hazor, Itnán, Zif, Telem, Bealot, Hazor-hadata, Queriot-hezrón (también llamada Hazor), Amam, Sema, Molada, Hazar-gada, Hesmón, Bet-pelet, Hazar-sual, Beerseba, Bizotia, Baala, Iim, Ezem, Eltolad, Quesil, Horma, Siclag, Madmana, Sansana, Lebaot, Silhim, Aín y Rimón; veintinueve ciudades con sus aldeas vecinas.
>
> Las siguientes ciudades situadas en las colinas occidentales también se le entregaron a Judá: Estaol, Zora, Asena, Zanoa, En-ganim, Tapúa, Enam, Jarmut, Adulam, Soco, Azeca, Saaraim, Aditaim, Gedera y Gederotaim; catorce ciudades con sus aldeas vecinas.
>
> También estaban incluidas: Zenán, Hadasa, Migdal-gad, Dileán, Mizpa, Jocteel, Laquis, Boscat, Eglón, Cabón, Lahmam, Quitlis, Gederot, Bet-dagón, Naama y Maceda; dieciséis ciudades con sus aldeas vecinas.
>
> Además de esas, estaban Libna, Eter, Asán, Jifta, Asena, Nezib, Keila, Aczib y Maresa; nueve ciudades con sus aldeas vecinas.
>
> El territorio de la tribu de Judá también incluía la ciudad de Ecrón con los asentamientos y las aldeas que la rodeaban. De Ecrón, el límite se extendía al occidente e incluía las ciudades cercanas a Asdod con sus aldeas vecinas. También incluía Asdod con los asentamientos y las aldeas que la rodeaban, y Gaza con sus respectivos asentamientos

y aldeas, tan lejos como el arroyo de Egipto y a lo largo de la costa del mar Mediterráneo.

Judá también recibió las siguientes ciudades en la zona montañosa: Samir, Jatir, Soco, Dana, Quiriat-sana (también llamada Debir), Anab, Estemoa, Anim, Gosén, Holón y Gilo; once ciudades con sus aldeas vecinas.

También estaban incluidas las siguientes ciudades: Arab, Duma, Esán, Janum, Bet-tapúa, Afeca, Humta, Quiriat-arba (también llamada Hebrón) y Sior; nueve ciudades con sus aldeas vecinas.

Además de esas, estaban Maón, Carmelo, Zif, Juta, Jezreel, Jocdeam, Zanoa, Caín, Guibeá y Timna; diez ciudades con sus aldeas vecinas.

Además estaban Halaul, Bet-sur, Gedor, Maarat, Bet-anot y Eltecón; seis ciudades con sus aldeas vecinas.

También estaban Quiriat-baal (también llamada Quiriat-jearim) y Rabá; dos ciudades con sus aldeas vecinas.

En el desierto se encontraban las ciudades de Bet-arabá, Midín, Secaca, Nibsán, la Ciudad de la Sal y En-gadi; seis ciudades con sus aldeas vecinas.

Sin embargo, la tribu de Judá no pudo expulsar a los jebuseos, que vivían en la ciudad de Jerusalén; así que los jebuseos viven entre el pueblo de Judá hasta el día de hoy.

✢

La porción de tierra asignada a los descendientes de José se extendía desde el río Jordán, cerca de Jericó, en el oriente de los manantiales de Jericó, atravesaba el desierto y seguía por la zona montañosa de Betel. De Betel (también llamada Luz), iba hacia Atarot, en el territorio de los arquitas. Descendía hacia el occidente, al territorio de los jafletitas, hasta Bet-horón de abajo, luego a Gezer y llegaba al mar Mediterráneo.

Esa fue la tierra asignada a las familias de Manasés y de Efraín, los hijos de José, para que fuera su hogar.

El siguiente territorio se le entregó a los clanes de la tribu de Efraín para que fuera su hogar:

El límite comenzaba en Atarot-adar, al oriente. De allí, iba a Bet-horón de arriba y seguía hacia el mar Mediterráneo. Desde Micmetat, en el norte, el límite formaba una curva hacia el oriente y pasaba Taanat-silo, al oriente de Janoa. De Janoa, giraba hacia el sur hasta Atarot y Naarat, tocaba Jericó y terminaba en el río Jordán. Desde Tapúa, el límite se extendía hacia el occidente a lo largo del barranco de Caná y luego al mar Mediterráneo. Esa es la tierra asignada a los clanes de la tribu de Efraín para que fuera su hogar.

Además, algunas ciudades con sus aldeas vecinas en el territorio asignado a la media tribu de Manasés fueron separadas para la tribu de Efraín. Los de Efraín, sin embargo, no expulsaron a los cananeos de la ciudad de Gezer, así que sus habitantes viven como esclavos entre el pueblo de Efraín hasta el día de hoy.

La siguiente porción de tierra se le entregó a la media tribu de Manasés, los descendientes del hijo mayor de José. Maquir, el hijo mayor de Manasés, fue el padre de Galaad. Dado que sus descendientes eran soldados con experiencia, ya se les había asignado la región de Galaad y la región de Basán, al oriente del Jordán. Así que la porción de tierra al occidente del Jordán quedó asignada a las familias restantes dentro de los clanes de la tribu de Manasés: Abiezer, Helec, Asriel, Siquem, Hefer y Semida. Estos clanes representan a los descendientes varones de Manasés, hijo de José.

Sin embargo, Zelofehad, un descendiente de Hefer, hijo de Galaad, hijo de Maquir, hijo de Manasés, no tuvo hijos varones. Solo tuvo hijas, las cuales se llamaban Maala, Noa, Hogla, Milca y Tirsa. Ellas se presentaron ante el sacerdote Eleazar, ante Josué, hijo de Nun, y ante los líderes israelitas y les dijeron: «El Señor le ordenó a Moisés que nos diera una porción de tierra al igual que a los hombres de nuestra tribu».

Así que Josué les dio una porción de tierra junto con la de sus tíos, como el Señor había ordenado. Por lo tanto, todo el territorio asignado a la tribu de Manasés llegó a ser de diez porciones de tierra, además de la tierra de Galaad y de Basán, que estaba al otro lado del río Jordán, porque las descendientes de Manasés también recibieron una porción de tierra al igual que los descendientes varones. (La tierra de Galaad se les entregó a los otros descendientes varones de Manasés).

El límite de la tribu de Manasés se extendía desde la frontera con Aser hasta Micmetat, cerca de Siquem. Luego se dirigía al sur, desde Micmetat hasta el asentamiento que está cerca del manantial de Tapúa. Los alrededores de la tierra de Tapúa pertenecían a Manasés, pero la ciudad de Tapúa en sí, situada en la frontera de Manasés, era de la tribu de Efraín. Desde el manantial de Tapúa, la frontera de Manasés seguía por el barranco de Caná hasta el mar Mediterráneo. Varias ciudades al sur del barranco estaban dentro del territorio de Manasés, pero en realidad pertenecían a la tribu de Efraín. En términos generales, la tierra situada al sur del barranco pertenecía a Efraín y la tierra al norte del barranco era de Manasés. El límite de

Manasés se extendía por el norte del barranco y terminaba en el mar Mediterráneo. Al norte de Manasés, se encontraba el territorio de Aser, y hacia el oriente, estaba el territorio de Isacar.

Sin embargo, las siguientes ciudades dentro del territorio de Isacar y del de Aser se le entregaron a Manasés: Bet-sán, Ibleam, Dor (también llamada Nafot-dor), Endor, Taanac y Meguido, cada una con sus asentamientos vecinos.

Pero los descendientes de Manasés no pudieron conquistar esas ciudades porque los cananeos estaban decididos a quedarse en esa región. Sin embargo, tiempo después, cuando los israelitas se hicieron más poderosos, forzaron a los cananeos a que trabajaran como esclavos; pero no los expulsaron de la tierra.

Los descendientes de José se presentaron ante Josué y le preguntaron:

—¿Por qué nos diste solamente una porción de tierra para habitar si el Señor nos bendijo con tanta gente?

Josué contestó:

—Si ustedes son tantos y la zona montañosa de Efraín no les alcanza, despejen sectores de tierra en el bosque, donde viven los ferezeos y los refaítas.

Los descendientes de José respondieron:

—Es cierto que la zona montañosa no es lo suficientemente grande para nosotros. Pero todos los cananeos de las tierras bajas tienen carros de guerra hechos de hierro, tanto los que viven en Bet-sán y en sus asentamientos vecinos como los que habitan el valle de Jezreel. Son demasiado poderosos para nosotros.

Entonces Josué dijo a la tribu de Efraín y a la de Manasés, los descendientes de José:

—Ya que ustedes son tan fuertes y numerosos, se les dará más de una porción de tierra. Los bosques de la zona montañosa también serán suyos. Despejen toda la tierra que quieran de allí y tomen posesión de sus extremos más lejanos. Y también expulsarán a los cananeos de los valles, aunque ellos sean fuertes y tengan carros de guerra hechos de hierro.

+

Ahora que la tierra estaba bajo el control de los israelitas, toda la comunidad de Israel se reunió en Silo y levantó el tabernáculo. Sin embargo, aún había siete tribus a las que no se les había asignado sus porciones de tierra.

Entonces Josué les preguntó: «¿Cuánto tiempo más van a esperar para tomar posesión del resto de la tierra que el Señor, Dios de sus antepasados, les ha dado? Elijan a tres hombres de cada tribu, y yo los enviaré a que exploren la tierra y tracen un mapa de ella. Cuando regresen, me traerán un informe escrito con la división que proponen para repartir la nueva tierra que será su hogar. Que dividan la tierra en siete partes sin incluir el territorio de Judá, en el sur, ni el de José, en el norte. Y cuando tengan por escrito las siete divisiones de la tierra y me las traigan, haré un sorteo sagrado en presencia del Señor nuestro Dios para asignarle tierra a cada tribu.

»Sin embargo, los levitas no recibirán ninguna porción de tierra. Su porción consiste en ser sacerdotes del Señor. Y la tribu de Gad, la tribu de Rubén y la media tribu de Manasés no recibirán más tierra, porque ya recibieron sus respectivas porciones, las cuales Moisés, siervo del Señor, les dio al oriente del río Jordán».

Al comenzar los hombres su recorrido para trazar el mapa de la tierra, Josué les ordenó: «Vayan y exploren la tierra y hagan una descripción de ella por escrito. Después, vuelvan a verme, y yo repartiré la tierra entre las tribus por medio de un sorteo sagrado en presencia del Señor aquí, en Silo». Así que los hombres hicieron lo que se les ordenó y trazaron un mapa de todo el territorio dividido en siete partes, con una lista de las ciudades que había en cada una de las partes. Pusieron todo por escrito y luego regresaron a ver a Josué, al campamento de Silo. Y allí, en Silo, Josué hizo un sorteo sagrado en presencia del Señor para determinar a qué tribu le correspondía cada parte.

La primera porción de tierra se entregó a los clanes de la tribu de Benjamín. Se encontraba entre el territorio asignado a la tribu de Judá y el territorio de José.

> El límite norte de la tierra de Benjamín comenzaba en el río Jordán, pasaba por el norte de la ladera de Jericó y, hacia el occidente, atravesaba la zona montañosa y el desierto de Bet-avén. De allí, el límite iba al sur, hasta la ciudad de Luz (también llamada Betel), y descendía a Atarot-adar, en la colina que está al sur de Bet-horón de abajo.
>
> Luego el límite daba un giro hacia el sur por la cima occidental de la colina que está frente a Bet-horón y terminaba en la aldea de Quiriat-baal (también llamada Quiriat-jearim), la cual pertenecía a la tribu de Judá. Ese era el límite occidental.
>
> El límite sur comenzaba en las afueras de Quiriat-jearim. Desde ese punto occidental, se dirigía al manantial de las aguas de Neftoa y bajaba al pie de la montaña que está junto al valle de Ben-hinom, en el extremo norte del valle de Refaim. De allí, descendía por el valle de Hinom, cruzaba por el sur de la ladera donde vivían los jebuseos y

continuaba en descenso hasta En-rogel. De En-rogel, el límite seguía en dirección norte, llegaba a En-semes y continuaba hacia Gelilot (que está al otro lado de las laderas de Adumín). Después bajaba a la peña de Bohán. (Bohán fue hijo de Rubén). De allí, pasaba por el norte de la ladera que mira al valle del Jordán. El límite luego descendía al valle, recorría y pasaba la ladera norte de Bet-hogla y terminaba en la bahía norte del mar Muerto, que corresponde al extremo sur del río Jordán. Ese era el límite sur.

El límite oriental era el río Jordán.

Esa fue la frontera de la tierra asignada a los clanes de la tribu de Benjamín para que fuera su hogar.

Las siguientes son las ciudades que se le entregaron a los clanes de la tribu de Benjamín:

Jericó, Bet-hogla, Emec-casis, Bet-arabá, Zemaraim, Betel, Avim, Pará, Ofra, Quefar-haamoni, Ofni y Geba; doce ciudades con sus aldeas vecinas. También: Gabaón, Ramá, Beerot, Mizpa, Cafira, Mozah, Requem, Irpeel, Tarala, Zela, Elef, la ciudad jebusea (es decir, Jerusalén), Guibeá y Quiriat-jearim; catorce ciudades con sus aldeas vecinas.

Esa fue la tierra asignada a los clanes de la tribu de Benjamín para que fuera su hogar.

La segunda asignación de tierra se entregó a los clanes de la tribu de Simeón para que fuera su hogar. Su territorio estaba rodeado por el de Judá.

El territorio de Simeón incluía las ciudades de Beerseba, Seba, Molada, Hazar-sual, Bala, Ezem, Eltolad, Betul, Horma, Siclag, Bet-marcabot, Hazar-susa, Bet-lebaot y Saruhén; trece ciudades con sus aldeas vecinas. También incluía: Aín, Rimón, Eter y Asán; cuatro ciudades con sus aldeas, entre ellas, todas las aldeas vecinas hacia el sur hasta Baalat-beer (también conocida como Ramat del Neguev).

Esa fue la tierra asignada a los clanes de la tribu de Simeón para que fuera su hogar. La porción provino de una parte de la tierra que se le había entregado a Judá, porque el territorio de la tribu de Judá era demasiado grande para ellos. Así que la tribu de Simeón recibió su porción de tierra, dentro del territorio de Judá.

La tercera asignación de tierra se entregó a los clanes de la tribu de Zabulón para que fuera su hogar.

El límite del territorio de Zabulón comenzaba en Sarid. De allí, se dirigía al occidente, pasaba Marala, tocaba Dabeset y seguía hasta el arroyo situado al oriente de Jocneam. En dirección opuesta, el límite iba al oriente, desde Sarid hasta la frontera de Quislot-tabor, y desde allí a Daberat, de donde subía hasta Jafía. Continuaba por el oriente hasta Gat-hefer, Itacazín y Rimón, y luego giraba hacia Nea. El límite norte de Zabulón pasaba Hanatón y terminaba en el valle de Jefte-el. Algunas de las ciudades que se incluían eran: Catat, Naalal, Simrón, Idala y Belén; en total eran doce ciudades con sus aldeas vecinas.

La tierra asignada a los clanes de la tribu de Zabulón para que fuera su hogar incluía esas ciudades con sus aldeas vecinas.

La cuarta asignación de tierra se entregó a los clanes de la tribu de Isacar.

Su territorio incluía las siguientes ciudades: Jezreel, Quesulot, Sunem, Hafaraim, Sihón, Anaharat, Rabit, Quisión, Abez, Remet, En-ganim, En-hada y Bet-pases. El límite también tocaba Tabor, Sahazima y Bet-semes, y terminaba en el río Jordán; en total eran dieciséis ciudades con sus aldeas vecinas.

La tierra asignada a los clanes de la tribu de Isacar para que fuera su hogar incluía esas ciudades con sus aldeas vecinas.

La quinta asignación de tierra se entregó a los clanes de la tribu de Aser.

Su territorio incluía las siguientes ciudades: Helcat, Halí, Betén, Acsaf, Alamelec, Amad y Miseal. El límite occidental tocaba Carmelo y Sihor-libnat, luego giraba al oriente, hacia Bet-dagón, se extendía tan lejos como Zabulón, en el valle de Jefte-el, e iba al norte, hasta Bet-emec y Neiel. Después continuaba al norte, hacia Cabul, Abdón, Rehob, Hamón y Caná tan lejos como Gran Sidón. Luego el límite giraba en dirección a Ramá y a la fortaleza de Tiro, donde daba un giro hacia Hosa y llegaba al mar Mediterráneo. El territorio también incluía Majaleb, Aczib, Uma, Afec y Rehob; en total eran veintidós ciudades con sus aldeas vecinas.

La tierra asignada a los clanes de la tribu de Aser para que fuera su hogar incluía esas ciudades con sus aldeas vecinas.

La sexta asignación de tierra se entregó a los clanes de la tribu de Neftalí.

Su límite iba desde Helef, desde el roble de Saananim, y se extendía por Adami-neceb y Jabneel tan lejos como Lacum, y terminaba en el río Jordán. El límite occidental pasaba Aznot-tabor, luego Hucoc y tocaba la frontera con Zabulón al sur; la frontera con Aser al occidente; y el río Jordán al oriente. Las ciudades fortificadas que se incluían en ese territorio eran: Sidim, Zer, Hamat, Racat, Cineret, Adama, Ramá, Hazor, Cedes, Edrei, En-hazor, Irón, Migdal-el, Horem, Bet-anat y Bet-semes; en total eran diecinueve ciudades con sus aldeas vecinas.

La tierra asignada a los clanes de la tribu de Neftalí para que fuera su hogar incluía esas ciudades con sus aldeas vecinas.

La séptima asignación se entregó a los clanes de la tribu de Dan.

La tierra asignada para que fuera su hogar incluía las siguientes ciudades: Zora, Estaol, Ir-semes, Saalabín, Ajalón, Jetla, Elón, Timna, Ecrón, Elteque, Gibetón, Baalat, Jehúd, Bene-berac, Gat-rimón, Mejarcón, Racón y el territorio situado al otro lado de Jope.

Pero los de la tribu de Dan tuvieron dificultades para tomar posesión de su tierra, así que atacaron la ciudad de Lais. La tomaron, masacraron a todos sus habitantes y se establecieron allí. Entonces cambiaron el nombre de la ciudad y le pusieron Dan en honor a su antepasado.

La tierra asignada a los clanes de la tribu de Dan para que fuera su hogar incluía esas ciudades con sus aldeas vecinas.

Una vez que toda la tierra quedó dividida entre las tribus, los israelitas le dieron una porción a Josué. Pues el Señor había dicho que Josué podía tener la ciudad que quisiera. Entonces él eligió Timnat-sera en la zona montañosa de Efraín. Reconstruyó la ciudad y vivió allí.

Esos son los territorios que el sacerdote Eleazar, Josué, hijo de Nun, y los jefes de las tribus les asignaron a las tribus de Israel como porciones de tierra mediante un sorteo sagrado en presencia del Señor a la entrada del tabernáculo, en Silo. Así se dio por terminada la división de la tierra.

✢

El Señor le dijo a Josué: «Ahora diles a los israelitas que designen ciudades de refugio, tal como le indiqué a Moisés. Cualquier persona que mate a otra por accidente y sin intención podrá huir a una de esas ciudades; serán lugares para refugiarse de parientes que busquen venganza por la muerte de un familiar.

»Al llegar a una de esas ciudades, el que causó la muerte se presentará ante los ancianos en la puerta de la ciudad y les expondrá su caso. Ellos deberán permitirle la entrada a la ciudad y darle un lugar para vivir entre sus habitantes. Si los parientes de la víctima llegan para vengar la muerte, los líderes no les entregarán al acusado. Pues el acusado mató al otro sin intención y sin enemistad previa. Pero tendrá que quedarse en esa ciudad y ser juzgado por la asamblea local, la cual dará el veredicto. Y seguirá viviendo allí hasta que muera el sumo sacerdote que estaba ejerciendo su cargo cuando ocurrió el accidente. Solo entonces será libre para regresar a su hogar en la ciudad de donde huyó».

Entonces se designaron las siguientes ciudades de refugio: Cedes de Galilea, en la zona montañosa de Neftalí; Siquem, en la zona montañosa de Efraín; y Quiriat-arba (también llamada Hebrón), en la zona montañosa de Judá. Al oriente del río Jordán, frente a Jericó, se designaron las siguientes ciudades: Beser, en la llanura desértica de la tribu de Rubén; Ramot, en Galaad, en el territorio de la tribu de Gad; y Golán, en Basán, en la tierra de la tribu de Manasés. Esas ciudades quedaron apartadas para todos los israelitas y también para los extranjeros que vivían entre ellos. Cualquier persona que matara a otra por accidente podía refugiarse en una de esas ciudades; de esa manera, evitaba que le quitaran la vida por venganza antes de ser juzgada frente a la asamblea local.

+

Entonces los líderes de la tribu de Leví fueron a consultar un asunto con el sacerdote Eleazar, con Josué, hijo de Nun, y con los líderes de las otras tribus de Israel. Se presentaron ante ellos en Silo, en la tierra de Canaán y dijeron: «El Señor le ordenó a Moisés que nos diera ciudades donde vivir y pastizales para nuestros animales». Así que, por orden del Señor, el pueblo de Israel —de sus propias porciones de tierra— les dio a los levitas las siguientes ciudades con pastizales:

A los descendientes de Aarón —que eran miembros del clan coatita dentro de la tribu de Leví— se les entregaron trece ciudades que, en un principio, habían sido asignadas a las tribus de Judá, de Simeón y de Benjamín. A las otras familias del clan coatita se les entregaron diez ciudades de las tribus de Efraín y de Dan, y de la media tribu de Manasés.

Al clan de Gersón se le entregaron trece ciudades de las tribus de Isacar, de Aser y de Neftalí, y de la media tribu de Manasés que estaba en Basán.

Al clan de Merari se le entregaron doce ciudades de las tribus de Rubén, de Gad y de Zabulón.

Así que los israelitas obedecieron la orden que el Señor le había dado a Moisés y les asignaron a los levitas esas ciudades con pastizales por medio de un sorteo sagrado.

Los israelitas les dieron las siguientes ciudades de las tribus de Judá y de Simeón a los descendientes de Aarón —que eran miembros del clan coatita dentro de la tribu de Leví—, porque ellos fueron los primeros en salir sorteados. Recibieron Quiriat-arba (también llamada Hebrón), en la zona montañosa de Judá, junto con los pastizales que la rodeaban. (Arba era un antepasado de Anac). Pero los campos abiertos en las afueras de la ciudad y de las aldeas vecinas se le dieron como posesión a Caleb, hijo de Jefone.

Las siguientes ciudades con sus pastizales se les entregaron a los descendientes del sacerdote Aarón: Hebrón (una ciudad de refugio para los que mataban a otra persona por accidente), Libna, Jatir, Estemoa, Holón, Debir, Aín, Juta y Bet-semes; nueve ciudades de parte de esas dos tribus.

De la tribu de Benjamín, se les dieron a los sacerdotes las siguientes ciudades junto con sus pastizales: Gabaón, Geba, Anatot y Almón, cuatro ciudades. Así que, a los sacerdotes, los descendientes de Aarón, se les dieron un total de trece ciudades con sus pastizales.

Al resto del clan coatita de la tribu de Leví se le asignaron las siguientes ciudades con sus pastizales de la tribu de Efraín: Siquem, en la zona montañosa de Efraín (una ciudad de refugio para los que mataban a otra persona por accidente), Gezer, Kibsaim y Bet-horón, cuatro ciudades.

De la tribu de Dan, se les asignaron a los sacerdotes las siguientes ciudades con sus pastizales: Elteque, Gibetón, Ajalón y Gat-rimón, cuatro ciudades.

La media tribu de Manasés les entregó a los sacerdotes las siguientes ciudades con sus pastizales: Taanac y Gat-rimón, dos ciudades. Así que, al resto del clan coatita se le asignaron un total de diez ciudades con sus pastizales.

Los descendientes de Gersón, otro clan dentro la tribu de Leví, recibieron de parte de la media tribu de Manasés las siguientes ciudades con sus pastizales: Golán, en Basán (una ciudad de refugio para los que mataban a otra persona por accidente) y Beestera, dos ciudades.

De la tribu de Isacar, recibieron las siguientes ciudades con sus pastizales: Quisión, Daberat, Jarmut y En-ganim, cuatro ciudades.

De la tribu de Aser, recibieron las siguientes ciudades con sus pastizales: Miseal, Abdón, Helcat y Rehob, cuatro ciudades.

De la tribu de Neftalí, recibieron las siguientes ciudades con sus pastizales: Cedes, en Galilea (una ciudad de refugio para los que mataban a otra persona por accidente), Hamot-dor y Cartán, tres ciudades. Así que, al clan de Gersón se le asignaron un total de trece ciudades con sus pastizales.

Al resto de los levitas —al clan de Merari— se le dieron, de parte de la tribu de Zabulón, las siguientes ciudades con sus pastizales: Jocneam, Carta, Dimna y Naalal, cuatro ciudades.

De la tribu de Rubén, recibieron las siguientes ciudades con sus pastizales: Beser, Jahaza, Cademot y Mefaat, cuatro ciudades.

De la tribu de Gad, recibieron las siguientes ciudades con sus pastizales: Ramot, en Galaad (una ciudad de refugio para los que mataban a otra persona por accidente), Mahanaim, Hesbón y Jazer, cuatro ciudades. Así que, al clan de Merari se le asignaron un total de doce ciudades.

En su totalidad, a los levitas se les entregaron cuarenta y ocho ciudades con pastizales dentro del territorio israelita. Cada una de esas ciudades tenía pastizales a su alrededor.

+

Así que el Señor le entregó a Israel toda la tierra que había jurado darles a sus antepasados, y los israelitas la tomaron para sí y se establecieron en ella. Y el Señor les dio descanso en todo el territorio, tal como se lo había prometido solemnemente a los antepasados de ellos. Ningún enemigo pudo hacerles frente, porque el Señor los ayudó a conquistar a todos sus enemigos. Ni una sola de todas las buenas promesas que el Señor le había hecho a la familia de Israel quedó sin cumplirse; todo lo que él había dicho se hizo realidad.

+ + +

Entonces Josué convocó a la tribu de Rubén, a la tribu de Gad y a la media tribu de Manasés. Les dijo: «Ustedes hicieron lo que Moisés, siervo del Señor, les mandó, y obedecieron cada orden que yo les di. Durante todo este tiempo, no abandonaron a las otras tribus. Se aseguraron de obedecer los mandatos del Señor su Dios hasta el día de hoy. Y ahora el Señor su Dios ha dado descanso a las otras tribus, tal como se lo prometió. Así que vuelvan a su hogar, a la tierra que Moisés, el siervo del Señor, les dio como posesión al oriente del río Jordán. Pero asegúrense de obedecer todos los mandatos y las instrucciones que Moisés les dio. Amen al Señor su Dios, anden en todos sus caminos, obedezcan sus mandatos, aférrense a él y sírvanlo con todo el corazón y con toda el alma». Entonces Josué los bendijo y los despidió, y ellos volvieron a sus hogares.

A la media tribu de Manasés, Moisés le había dado la tierra de Basán, al oriente del río Jordán. (A la otra mitad de la tribu se le entregó tierra al occidente del Jordán). Cuando Josué los bendijo y los despidió, les dijo: «Vuelvan a sus hogares con toda la riqueza que tomaron de sus enemigos: las numerosas manadas de animales, la plata, el oro, el bronce y el hierro, y la enorme cantidad de ropa. Compartan el botín con sus parientes».

Entonces los hombres de Rubén, de Gad y de la media tribu de Manasés dejaron al resto del pueblo de Israel en Silo, en la tierra de Canaán. Emprendieron el viaje de regreso a su propia tierra de Galaad, el territorio que les pertenecía de acuerdo con el mandato que el Señor había dado por medio de Moisés.

Sin embargo, mientras todavía estaban en Canaán, los hombres de Rubén, de Gad y de la media tribu de Manasés se detuvieron al llegar a un lugar llamado Gelilot, cerca del río Jordán, para construir un altar grande e imponente.

Entonces el resto de Israel oyó que los hombres de Rubén, de Gad y de la media tribu de Manasés habían construido un altar en Gelilot, a orillas de la tierra de Canaán, en el lado occidental del río Jordán. Entonces toda la comunidad de Israel se reunió en Silo y se preparó para salir a la guerra contra ellos. Pero antes enviaron una delegación a cargo de Finees, hijo del sacerdote Eleazar, para hablar con la tribu de Rubén, la tribu de Gad y la media tribu de Manasés. La delegación estaba formada por diez líderes de Israel, cada uno pertenecía a una de las diez tribus y era cabeza de su familia dentro de los clanes de Israel.

Cuando llegaron a la tierra de Galaad, les dijeron a la tribu de Rubén, a la tribu de Gad y a la media tribu de Manasés:

—Toda la comunidad del Señor exige saber por qué están traicionando al Dios de Israel. ¿Cómo pudieron apartarse del Señor y construirse un altar en rebeldía contra él? ¿Acaso no fue suficiente el pecado que cometimos en Peor? Hasta el día de hoy, no estamos completamente limpios de ese pecado, incluso después de la plaga que azotó a toda la comunidad del Señor. Y ahora ustedes le dan la espalda al Señor. Si hoy ustedes se rebelan contra el Señor, mañana él se enojará con todos nosotros.

»Si necesitan el altar porque la tierra de ustedes es impura, entonces únanse a nosotros en la tierra del Señor, donde se encuentra el tabernáculo del Señor, y compartan nuestra tierra. Pero no se rebelen contra el Señor ni contra nosotros al construir un altar diferente del altar único y verdadero del Señor nuestro Dios. ¿Acaso no cayó el enojo divino sobre toda la comunidad de Israel cuando Acán, un miembro del clan de Zera, pecó al robar las cosas que habían sido apartadas para el Señor? Él no fue el único que murió a causa de su pecado.

Entonces la gente de Rubén, de Gad y de la media tribu de Manasés les respondieron a esos líderes, cabezas de los clanes de Israel:

—¡El Señor, el Poderoso, es Dios! ¡El Señor, el Poderoso, es Dios! Él conoce la verdad, ¡y que Israel también la sepa! Nosotros no construimos el altar por traición o en rebeldía contra el Señor. Si fuera así, no nos perdonen la vida ni un día más. Si en verdad construimos un altar para nosotros, para apartarnos del Señor o para presentar ofrendas quemadas, ofrendas de grano u ofrendas de paz, que el Señor mismo nos castigue.

»La verdad es que construimos este altar porque tenemos miedo de que, en el futuro, sus descendientes les digan a los nuestros: "¿Qué derecho tienen ustedes de adorar al Señor, Dios de Israel? El Señor ha puesto el río Jordán como una barrera entre nuestra gente y ustedes, gente de Rubén y de Gad. Ustedes no tienen derecho de afirmar que pertenecen al Señor". Así, los descendientes de ustedes podrían impedirles a los nuestros que adoraran al Señor.

»Por eso decidimos construir el altar, no para presentar ofrendas quemadas o sacrificios, sino como un monumento conmemorativo. Les recordará a nuestros descendientes y a los de ustedes que nosotros también tenemos el derecho de adorar al Señor en su santuario con nuestros sacrificios, nuestras ofrendas quemadas y ofrendas de paz. Entonces sus descendientes no podrán decirles a los nuestros: "Ustedes no tienen derecho de afirmar que pertenecen al Señor".

»Si ellos dicen eso, nuestros descendientes podrán responder: "Miren esta réplica del altar del Señor que construyeron nuestros antepasados. No es para sacrificios ni ofrendas quemadas, es para recordarnos la relación que ambos tenemos con el Señor". Lejos esté de nosotros rebelarnos contra el Señor o apartarnos de él al construir nuestro propio altar para presentar sacrificios, ofrendas quemadas y ofrendas de grano. Únicamente el altar del Señor nuestro Dios —que está delante del tabernáculo— puede usarse para ese propósito.

Cuando el sacerdote Finees y los líderes de la comunidad —cabezas de los clanes de Israel— oyeron eso de boca de la tribu de Rubén, de la tribu de Gad y de la media tribu de Manasés, quedaron conformes. Finees, hijo del sacerdote Eleazar, les respondió:

—Hoy sabemos que el Señor está entre nosotros, porque ustedes no han cometido esa traición contra el Señor como nosotros habíamos pensado. En cambio, han rescatado a Israel de ser destruido por mano del Señor.

Después Finees, hijo del sacerdote Eleazar, y los otros líderes dejaron a la tribu de Rubén y a la tribu de Gad en Galaad y regresaron a la tierra de Canaán para contarles a los israelitas lo que había sucedido. Entonces todos los israelitas quedaron conformes y alabaron a Dios y no hablaron más de hacer guerra contra Rubén y Gad.

La gente de Rubén y de Gad le puso al altar el nombre de «Testigo», porque dijeron: «Es un testigo entre nosotros y ellos de que el Señor es también nuestro Dios».

✢

Pasaron los años, y el Señor le había dado al pueblo de Israel descanso de todos sus enemigos. Josué, quien ya era muy viejo, reunió a todos los ancianos, a los líderes, a los jueces y a los oficiales de Israel. Les dijo: «Ya estoy muy viejo. Ustedes han visto todo lo que el Señor su Dios hizo por ustedes a lo largo de mi vida. El Señor su Dios peleó por ustedes en contra de sus enemigos. Yo les he repartido, para que sea su hogar, toda la tierra de las naciones que aún no están conquistadas y también la de aquellas que ya hemos conquistado, desde el río Jordán hasta el mar Mediterráneo, donde se pone el sol. Esta tierra será de ustedes, porque el Señor su Dios, él mismo expulsará a toda la gente que ahora vive allí. Ustedes tomarán posesión de esta tierra, tal como el Señor su Dios lo prometió.

»Por lo tanto, asegúrense de seguir todo lo que Moisés escribió en el libro de instrucción. No se desvíen de esas palabras ni a la derecha ni a la izquierda. Asegúrense de no tener nada que ver con los otros pueblos que aún quedan en esta tierra. Ni siquiera mencionen los nombres de sus dioses y mucho menos juren por ellos, ni los sirvan, ni los adoren. Por el contrario, aférrense bien al Señor su Dios como lo han hecho hasta ahora.

»Pues el Señor ha expulsado a naciones grandes y poderosas a favor de ustedes, y hasta ahora nadie ha podido derrotarlos. Cada uno de ustedes hará huir a mil hombres del enemigo, porque el Señor su Dios pelea por ustedes tal como lo prometió. Así que asegúrense de amar al Señor su Dios.

»Pero si se apartan de él y se aferran a las costumbres de los sobrevivientes de esas naciones que aún quedan entre ustedes y se unen en matrimonio con ellos, entonces tengan por seguro que el Señor su Dios ya no expulsará a esos pueblos de su tierra. En cambio, ellos serán como una red y una trampa para ustedes, como un látigo en la espalda y como zarzas con espinas en los ojos, y ustedes desaparecerán de la buena tierra que el Señor su Dios les ha dado.

»Dentro de poco moriré, seguiré el camino de todo ser viviente en este mundo. En lo profundo del corazón, ustedes saben que cada promesa del Señor su Dios se ha cumplido. ¡Ni una sola ha fallado! Pero así como el Señor su Dios les ha dado las buenas cosas que prometió, también traerá calamidad sobre ustedes si lo desobedecen. Los destruirá hasta eliminarlos por completo de esta buena tierra que les ha dado. Si rompen el pacto del Señor su Dios al adorar y al servir a otros dioses, su enojo arderá contra ustedes y pronto desaparecerán de la buena tierra que él les ha dado».

Entonces Josué convocó a todas las tribus de Israel en Siquem, junto con los ancianos, los líderes, los jueces y los oficiales. Así que todos se reunieron y se presentaron ante Dios.

Josué le dijo al pueblo:

—Esto dice el Señor, Dios de Israel: Hace mucho, tus antepasados, entre ellos Taré, el padre de Abraham y Nacor, vivían del otro lado del río Éufrates y rindieron culto a otros dioses. Pero yo tomé a tu antepasado

Abraham de la tierra que está al otro lado del Éufrates y lo guié a la tierra de Canaán. Le di muchos descendientes por medio de su hijo Isaac. A Isaac, le di a Jacob y a Esaú. A Esaú le di las montañas de Seir, mientras que Jacob y sus hijos descendieron a Egipto.

»Luego envié a Moisés y a Aarón, y mandé plagas espantosas sobre Egipto; y después te saqué de allí como un pueblo libre. Pero cuando tus antepasados llegaron al mar Rojo, los egipcios te persiguieron con sus carros de guerra y sus jinetes. Cuando tus antepasados clamaron al Señor, puse oscuridad entre ti y los egipcios. Hice que el mar cayera sobre los egipcios y los ahogara. Con tus propios ojos viste lo que hice. Luego viviste muchos años en el desierto.

»Finalmente, te llevé a la tierra de los amorreos, al oriente del Jordán. Ellos pelearon contra ti, pero yo los destruí delante de tus ojos. Te di la victoria sobre ellos, y tomaste posesión de su tierra. Después Balac, hijo de Zipor, rey de Moab, empezó una guerra contra Israel. Llamó a Balaam, hijo de Beor, para que te maldijera, pero yo no lo quise escuchar. En cambio, hice que Balaam te bendijera y entonces te rescaté de Balac.

»Cuando cruzaste el río Jordán y llegaste a Jericó, los hombres de Jericó pelearon contra ti, como lo hicieron los amorreos, los ferezeos, los cananeos, los hititas, los gergeseos, los heveos y los jebuseos. Pero yo te di la victoria sobre ellos. Y envié terror antes de que llegaras, para expulsar a los dos reyes amorreos. No fueron tus espadas ni tus arcos los que te dieron la victoria. Yo te di tierra que no habías trabajado y ciudades que no construiste, en las cuales vives ahora. Te di viñedos y huertos de olivos como alimento, aunque tú no los plantaste.

»Por lo tanto, teme al Señor y sírvelo con todo el corazón. Echa fuera para siempre los ídolos que tus antepasados adoraron cuando vivían del otro lado del río Éufrates y en Egipto. Sirve únicamente al Señor. Pero si te niegas a servir al Señor, elige hoy mismo a quién servirás. ¿Acaso optarás por los dioses que tus antepasados sirvieron del otro lado del Éufrates? ¿O preferirás a los dioses de los amorreos, en cuya tierra ahora vives? Pero en cuanto a mí y a mi familia, nosotros serviremos al Señor.

El pueblo respondió:

—Nosotros jamás abandonaríamos al Señor ni serviríamos a otros dioses. Pues el Señor nuestro Dios es el que nos rescató a nosotros y a nuestros antepasados de la esclavitud en la tierra de Egipto. Él hizo milagros poderosos ante nuestros propios ojos. Cuando andábamos por el desierto, rodeados de enemigos, él nos protegió. Fue el Señor quien expulsó a los amorreos y a las otras naciones que vivían aquí, en esta tierra. Por lo tanto, nosotros también serviremos al Señor, porque solo él es nuestro Dios.

Entonces Josué advirtió a los israelitas:

—Ustedes no son capaces de servir al Señor, porque él es Dios santo y celoso. No les perdonará su rebelión ni sus pecados. Si abandonan al Señor y sirven a otros dioses, él se pondrá en contra de ustedes y los destruirá, aunque les haya hecho tanto bien en el pasado.

Pero los israelitas respondieron a Josué:

—¡Eso no! Nosotros serviremos al Señor.

—Ustedes son testigos de su propia decisión —les dijo Josué—. Hoy han elegido servir al Señor.

—Claro que sí —respondieron—, somos testigos de lo que dijimos.

—Muy bien —dijo Josué—, entonces destruyan los ídolos que tienen entre ustedes y entréguenle el corazón al Señor, Dios de Israel.

Entonces los israelitas le dijeron a Josué:

—Serviremos al Señor nuestro Dios. Lo obedeceremos solo a él.

Entonces, ese día en Siquem, Josué hizo un pacto con ellos, el cual los comprometía a seguir los decretos y las ordenanzas del Señor. Josué escribió todas esas cosas en el libro de instrucción de Dios. Como recordatorio del acuerdo, tomó una piedra enorme y la llevó rodando hasta debajo del árbol de terebinto que estaba junto al tabernáculo del Señor.

Josué le dijo a todo el pueblo:

—Esta piedra escuchó todo lo que el Señor nos dijo. Será un testigo en contra de ustedes si no cumplen lo que le prometieron a Dios.

Después Josué mandó que todo israelita regresara a su tierra, cada uno a su hogar.

Después de eso, Josué, hijo de Nun y siervo del Señor, murió a los ciento diez años de edad. Lo enterraron en Timnat-sera, tierra que se le había asignado en la zona montañosa de Efraín, al norte del monte Gaas.

El pueblo de Israel sirvió al Señor durante toda la vida de Josué y de los ancianos que murieron después de él, los cuales habían vivido en persona todo lo que el Señor había hecho por Israel.

Los huesos de José —los cuales los israelitas llevaron consigo cuando salieron de Egipto— fueron enterrados en Siquem, en la parcela que Jacob le había comprado a los hijos de Hamor por cien piezas de plata. Esa tierra estaba situada en el territorio asignado a los descendientes de José.

Murió también Eleazar, hijo de Aarón. Fue enterrado en la zona montañosa de Efraín, en la ciudad de Guibeá, la cual se le había entregado a su hijo Finees.

INMERSOS EN JUECES

EL LIBRO DE JUECES DESCRIBE el período de la historia de Israel entre su conquista de la Tierra Prometida y el ungimiento del primer rey de la nación. Con cada nueva generación, se repite la misma pregunta: ¿seguirá Israel comprometido en su relación de pacto con Dios? Al responder esa pregunta fundamental, el libro de Jueces expresa dos temas. Muestra que Israel tiene un problema recurrente con la idolatría y el alejamiento de Dios, y plantea el hecho de que la nación se beneficiaría de tener un único líder fuerte, especialmente uno de la tribu de Judá.

El estado del vínculo del pacto de Dios con su pueblo es una preocupación central en toda la Biblia. En este punto de la gran historia, el libro de los Jueces parece sugerir que, bajo la guía de un rey fuerte y digno, Israel podría ser conducido a un cumplimiento más fiel del pacto.

Las tres secciones principales en la estructura literaria del libro ayudan a justificar el establecimiento de una monarquía en Israel. La breve apertura del libro se centra en la cuestión de la lealtad de Israel a Dios y al pacto en el período después de la muerte de Josué. ¿Seguirá el pueblo las instrucciones de Dios? ¿Tomará plena posesión de la tierra? En un patrón que se repite a lo largo del libro, Israel no cumple el plan de Dios y entonces sufre las inevitables consecuencias.

La segunda y más extensa parte del libro relata la historia de doce jueces (o rescatadores) elegidos por Dios para salvar a Israel de sus enemigos. El número coincide con el de las doce tribus de Israel y parece destinado a mostrar que la nación seguirá desunida y confundida mientras se apoye en líderes temporarios que surgen solamente para enfrentar una crisis inminente.

Hay un patrón definido en los relatos sobre los jueces, un círculo deprimente en el que Israel no guarda el pacto con Dios, el pueblo cae bajo el juicio de Dios y clama en angustia, después de lo cual Dios levanta a un rescatador para salvarlos. Ese ciclo se repite una y otra vez, mostrando que, en su condición actual como confederación de tribus, Israel no está viviendo a la altura del llamado delineado en el pacto. El pueblo olvida constantemente su identidad como pueblo elegido por Dios y no demuestra con su vida que Dios es su Rey.

Las historias individuales de los jueces de Israel son interesantes por sí mismas. En los relatos de líderes como Gedeón, Débora, Sansón y otros, leemos historias de incertidumbre, ingenio militar, acciones decisivas y la soberanía de Dios en la manera que obra a favor de su pueblo a pesar de las concesiones y el fracaso moral de Israel. Pero se ha puesto en evidencia que Israel necesita un nuevo tipo de líder para unificar a las tribus en una obediencia fiel a Dios centrada en el pacto.

La tercera y última sección de Jueces se enfoca en dos historias de fracaso moral y desastres inimaginables, poniendo en evidencia la desesperada necesidad de un cambio en Israel. Tanto al inicio como al final de ambas historias, se observa que «en esos días, Israel no tenía rey; cada uno hacía lo que le parecía correcto según su propio criterio».

Por lo tanto, el argumento general del libro de los Jueces plantea que la nación necesita no simplemente *individuos*, sino una *institución* —la monarquía— para protegerla y ayudarla a mantener su fidelidad al Señor. Específicamente, el libro tiene en mente el linaje real de David.

Tanto al comienzo como al final de Jueces, los israelitas le preguntan a Dios qué tribu debería dirigirlos en la batalla. Dios responde: «Judá debe ir primero». La inserción de esos episodios está destinada a confirmar que, para gobernar sobre todo Israel, la elección de Dios es el linaje de David de la tribu de Judá. En contraste, la tribu de Benjamín, la tribu del primer rey de Israel, Saúl, generalmente se muestra de forma negativa.

Israel tendrá un rey, pero no cualquier rey. Ya que Israel ha rechazado al Señor como rey, un rey humano adecuado tendrá que conducir al pueblo a adorar y honrar fielmente a Dios. Esto trae la historia de Israel al punto donde Dios está preparado para hacer su cuarto pacto, en el que establecerá a David como rey de Israel y fundador de una dinastía real.

JUECES

✟

Después de la muerte de Josué, los israelitas le preguntaron al Señor:
—¿Cuál de las tribus debe ser la primera en atacar a los cananeos?
El Señor contestó:
—Judá, porque yo le he dado la victoria sobre la tierra.
Entonces los hombres de Judá les dijeron a sus parientes de la tribu de Simeón: «Vengan con nosotros a luchar contra los cananeos que viven en el territorio que se nos asignó. Después nosotros los ayudaremos a ustedes a conquistar su territorio». Así que los hombres de Simeón fueron con los de Judá.

Cuando los hombres de Judá atacaron, el Señor les dio la victoria sobre los cananeos y los ferezeos, y mataron a diez mil guerreros enemigos en la ciudad de Bezec. Mientras estaban en Bezec, se toparon con el rey Adoni-bezec y lucharon contra él, y derrotaron a los cananeos y a los ferezeos. Adoni-bezec escapó, pero los israelitas pronto lo capturaron y le cortaron los pulgares de las manos y los dedos gordos de los pies.

Adoni-bezec dijo: «Una vez yo tuve setenta reyes sin los pulgares de las manos y los dedos gordos de los pies, comiendo migajas debajo de mi mesa. Ahora Dios me devolvió lo que les hice». Y se lo llevaron a Jerusalén, donde murió.

Los hombres de Judá atacaron a Jerusalén y la tomaron; mataron a todos sus habitantes y prendieron fuego a la ciudad. Luego descendieron para combatir contra los cananeos que vivían en la zona montañosa, en el Neguev y en las colinas occidentales. Judá marchó contra los cananeos en Hebrón (antiguamente llamada Quiriat-arba) y derrotó a las fuerzas de Sesai, Ahimán y Talmai.

De allí salieron a luchar contra los habitantes de la ciudad de Debir (antiguamente llamada Quiriat-sefer). Caleb dijo: «Daré a mi hija Acsa en matrimonio al que ataque y tome Quiriat-sefer». Otoniel, hijo de Cenaz, un hermano menor de Caleb, fue quien conquistó la ciudad; así que Acsa pasó a ser esposa de Otoniel.

Cuando Acsa se casó con Otoniel, ella insistió en que él le pidiera un campo a Caleb, su padre. Mientras ella se bajaba de su burro, Caleb le preguntó:

—¿Qué te pasa?

Ella contestó:

—Concédeme otro obsequio. Ya me regalaste tierras en el Neguev; ahora te ruego que también me des manantiales.

Entonces Caleb le entregó tanto los manantiales de la parte alta como los de la parte baja.

Cuando los miembros de la tribu de Judá salieron de Jericó —la ciudad de las palmeras—, los ceneos (que eran descendientes del suegro de Moisés) los acompañaron al desierto de Judá y se establecieron entre la gente del lugar, cerca de la ciudad de Arad, en el Neguev.

Luego Judá se unió con Simeón para luchar contra los cananeos que vivían en Sefat, y destruyeron la ciudad por completo. Por eso la ciudad fue llamada Horma. Además Judá tomó las ciudades de Gaza, Ascalón y Ecrón, junto con los territorios vecinos.

El Señor estaba con los de Judá, y ellos tomaron posesión de la zona montañosa; pero no lograron expulsar a los habitantes de las llanuras, quienes tenían carros de guerra hechos de hierro. Caleb recibió la ciudad de Hebrón, tal como Moisés le había prometido, y expulsó a todos sus habitantes, que eran descendientes de los tres hijos de Anac.

Sin embargo, la tribu de Benjamín no logró expulsar a los jebuseos, quienes vivían en Jerusalén. Por eso, hasta el día de hoy, los jebuseos viven en Jerusalén junto con el pueblo de Benjamín.

Los descendientes de José atacaron la ciudad de Betel, y el Señor estuvo con ellos. Enviaron espías a Betel (antes conocida como Luz), quienes abordaron a un hombre que salía del poblado y le dijeron: «Muéstranos cómo entrar en la ciudad, y tendremos compasión de ti». Entonces él les mostró una vía de acceso, y ellos mataron a todos en la ciudad, menos a ese hombre y a su familia. Más tarde, el hombre se trasladó a la tierra de los hititas, donde estableció una ciudad a la que llamó Luz. Este nombre lo conserva hasta el día de hoy.

La tribu de Manasés no logró expulsar a la gente que vivía en Bet-sán, Taanac, Dor, Ibleam, Meguido y en todos los asentamientos vecinos, porque los cananeos estaban decididos a quedarse en esa región. Con el tiempo, cuando los israelitas se fortalecieron, obligaron a los cananeos a trabajar como esclavos, pero nunca los expulsaron de la tierra por completo.

La tribu de Efraín no logró expulsar a los cananeos que vivían en Gezer, así que los cananeos siguieron viviendo allí, en medio de los de Efraín.

La tribu de Zabulón no logró expulsar a los habitantes de Quitrón y de Naalal, así que los cananeos siguieron viviendo en medio de los de Zabulón, pero los cananeos fueron obligados a trabajar como esclavos para ellos.

La tribu de Aser no logró expulsar a los habitantes de Aco, Sidón, Ahlab, Aczib, Helba, Afec ni Rehob. Así que los de Aser se establecieron entre los cananeos, quienes controlaban la tierra, debido a que no lograron expulsarlos.

Asimismo, la tribu de Neftalí no logró expulsar a los habitantes de Bet-semes ni a los de Bet-anat. Así que Neftalí se estableció entre los cananeos, quienes controlaban la tierra. Sin embargo, los habitantes de Bet-semes y los de Bet-anat fueron obligados a trabajar como esclavos para la gente de Neftalí.

En cuanto a la tribu de Dan, los amorreos los obligaron a retirarse a la zona montañosa y no los dejaban descender a las llanuras. Los amorreos estaban decididos a quedarse en el monte Heres, en Ajalón y en Saalbim; pero cuando los descendientes de José aumentaron en fuerza, obligaron a los amorreos a trabajar como esclavos. La frontera de los amorreos iba desde el paso de los Escorpiones hasta Sela y desde allí se extendía hacia arriba.

El ángel del Señor subió de Gilgal a Boquim y dijo a los israelitas: «Yo los saqué de Egipto y los traje a esta tierra que juré dar a sus antepasados, y dije que nunca rompería mi pacto con ustedes. Por su parte, ustedes no debían hacer ningún pacto con los habitantes de esta tierra, sino destruir sus altares. Pero desobedecieron mi mandato. ¿Por qué lo hicieron? Ahora declaro que ya no expulsaré a los pueblos que viven en la tierra de ustedes. Ellos les serán espinas clavadas en el costado, y sus dioses serán una tentación constante para ustedes».

Cuando el ángel del Señor terminó de hablar a los israelitas, el pueblo lloró a gritos. Por eso llamaron al lugar Boquim (que significa «llanto»), y allí le ofrecieron sacrificios al Señor.

+ + +

Después que Josué despidió al pueblo, cada una de las tribus salió para tomar posesión del territorio que se le había asignado. Los israelitas sirvieron al Señor todo el tiempo que vivieron Josué y los líderes que lo sobrevivieron, aquellos que habían visto todas las grandes cosas que el Señor había hecho por Israel.

Entonces Josué, hijo de Nun y siervo del Señor, murió a los ciento diez años de edad. Lo enterraron en Timnat-sera, tierra que se le había asignado en la zona montañosa de Efraín, al norte del monte Gaas.

Después de que murieron todos los de esa generación, creció otra que no conocía al Señor ni recordaba las cosas poderosas que él había hecho por Israel.

Los israelitas hicieron lo malo a los ojos del Señor y sirvieron a las imágenes de Baal. Abandonaron al Señor, Dios de sus antepasados, quien los había sacado de Egipto. Siguieron y rindieron culto a otros dioses —los dioses de los pueblos vecinos— y así provocaron el enojo del Señor. Abandonaron al Señor para servir a Baal y a las imágenes de Astoret, lo cual hizo que el Señor ardiera de enojo contra Israel y que los entregara en manos de saqueadores, quienes les robaron sus posesiones. Los vendió a los enemigos que tenían a su alrededor, y ya no podían vencerlos. Cada vez que los israelitas salían a la batalla, el Señor peleaba en contra de ellos e hizo que sus enemigos los derrotaran, tal como él les había advertido. Y el pueblo estaba muy angustiado.

Entonces el Señor levantó jueces para rescatar a los israelitas de la mano de sus agresores. Sin embargo, Israel no hizo caso a los jueces, sino que se prostituyó rindiendo culto a otros dioses. ¡Qué pronto se apartaron del camino de sus antepasados, los cuales habían obedecido los mandatos del Señor!

Cada vez que el Señor levantaba un juez sobre Israel, él estaba con ese juez y rescataba al pueblo de sus enemigos durante toda la vida del juez. Pues el Señor tenía compasión de su pueblo, que estaba sobrecargado de opresión y sufrimiento. Pero al morir el juez, la gente no solo volvía a sus prácticas corruptas, sino que se comportaba peor que sus antepasados. Seguía a otros dioses: los servía y les rendía culto. Además se negaba a abandonar sus prácticas malvadas y sus tercos caminos.

Por eso el Señor ardió de enojo contra Israel y dijo: «Ya que este pueblo ha violado mi pacto que hice con sus antepasados y no ha hecho caso a mis mandatos, ya no expulsaré a las naciones que Josué dejó sin conquistar cuando murió. Lo hice para poner a prueba a Israel: para ver si seguiría o no los caminos del Señor, como lo hicieron sus antepasados». Por esa razón el Señor dejó esas naciones donde estaban. No las expulsó de inmediato, ni permitió que Josué las conquistara a todas.

El Señor dejó a ciertas naciones en la tierra para poner a prueba a los israelitas que no habían conocido las guerras de Canaán. Lo hizo para enseñar a pelear en la guerra a las generaciones de israelitas que no tenían experiencia en el campo de batalla. Estas son las naciones: los filisteos (que vivían bajo el dominio de los cinco gobernantes filisteos), todos los cananeos, los sidonios, y los heveos que vivían en las montañas del Líbano, desde el monte Baal-hermón hasta Lebo-hamat. El Señor dejó a estos pueblos con el fin de poner a prueba a los israelitas para ver si obedecían los mandatos que él les había dado a sus antepasados por medio de Moisés.

Así que los israelitas vivieron entre los cananeos, los hititas, los amorreos, los ferezeos, los heveos y los jebuseos, y se unieron en matrimonio con ellos: los hijos de los israelitas se casaron con las hijas de esos pueblos, y las hijas de los israelitas fueron dadas en matrimonio a sus hijos. Y los israelitas sirvieron a los dioses de esas naciones.

✢

Los israelitas hicieron lo malo a los ojos del Señor. Se olvidaron del Señor su Dios y sirvieron a las imágenes de Baal y a los postes dedicados a la diosa Asera. Entonces el Señor ardió de enojo contra Israel y lo entregó en manos de Cusán-risataim, rey de Aram-naharaim. Y los israelitas sirvieron a Cusán-risataim durante ocho años.

Pero cuando el pueblo de Israel clamó al Señor por ayuda, el Señor levantó a un libertador para salvarlos. Se llamaba Otoniel, hijo de Cenaz, un hermano menor de Caleb. El Espíritu del Señor vino sobre él, y comenzó a ser juez de Israel. Entró en guerra contra Cusán-risataim, rey de Aram, y el Señor le dio la victoria sobre él. Y hubo paz en la tierra durante cuarenta años. Luego murió Otoniel, hijo de Cenaz.

✢

De nuevo los israelitas hicieron lo malo a los ojos del Señor y, por la maldad de ellos, el Señor le dio dominio sobre Israel al rey Eglón, de Moab. Eglón se alió con los amonitas y los amalecitas y salió a pelear, derrotó a Israel y tomó posesión de Jericó, la ciudad de las palmeras. Entonces los israelitas sirvieron a Eglón, rey de Moab, durante dieciocho años.

Sin embargo, cuando el pueblo de Israel clamó al Señor por ayuda, el Señor nuevamente levantó a un libertador para salvarlos. Se llamaba Aod, hijo de Gera, quien era un hombre zurdo, de la tribu de Benjamín. Los israelitas enviaron a Aod a entregar el dinero del tributo al rey Eglón, de Moab. Así que Aod hizo una daga de dos filos, de unos treinta centímetros de largo, la ató a su muslo derecho y la escondió debajo de la ropa. Luego le llevó el dinero del tributo a Eglón, quien era muy gordo.

Después de entregar el pago, Aod emprendió el regreso junto con los que le habían ayudado a llevar el tributo. Pero cuando Aod llegó a donde estaban los ídolos de piedra, cerca de Gilgal, se regresó. Se presentó ante Eglón y le dijo: «Tengo un mensaje secreto para usted». Entonces el rey les ordenó a sus sirvientes que se callaran y que todos salieran de la habitación.

Así que Aod se acercó a Eglón, quien estaba sentado solo en una habitación fresca de la planta alta, y le dijo: «¡Tengo un mensaje de Dios para usted!». Cuando el rey Eglón se levantó de su asiento, Aod sacó con la mano izquierda la daga que tenía atada al muslo derecho y se la clavó al rey en el vientre. La daga entró tan profundo, que la empuñadura se hundió bajo la gordura del rey. Así que Aod no sacó la daga, y al rey se le vaciaron los intestinos. Entonces Aod cerró las puertas de la habitación, les puso llave y escapó por la letrina.

Aod ya se había ido cuando los sirvientes del rey regresaron y encontraron cerradas las puertas de la habitación de la planta alta. Pensaron que tal vez el rey estaba usando la letrina dentro del cuarto, así que esperaron. Pero al ver que el rey tardaba mucho en salir, se preocuparon y buscaron una llave. Cuando abrieron las puertas, encontraron a su amo muerto en el suelo.

Mientras los sirvientes esperaban, Aod escapó y pasó por los ídolos de piedra rumbo a Seirat. Cuando llegó a la zona montañosa de Efraín, llamó a tomar las armas. Después encabezó un grupo de israelitas colina abajo.

«Síganme —les dijo—, porque el Señor les ha dado la victoria sobre Moab, su enemigo». Así que los israelitas lo siguieron y tomaron control de los vados del río Jordán que cruzan hacia Moab, y no dejaron que nadie pasara.

Atacaron a los moabitas y mataron a unos diez mil de sus guerreros más fuertes y robustos; no escapó ni uno de ellos. Así que Israel conquistó a Moab en aquel día, y hubo paz en la tierra durante ochenta años.

✢

Después de Aod fue Samgar, hijo de Anat, quien rescató a Israel. En una ocasión mató a seiscientos filisteos con una aguijada para bueyes.

✢

Muerto Aod, los israelitas volvieron a hacer lo malo a los ojos del Señor. Entonces el Señor los entregó a Jabín, un rey cananeo de Hazor. El comandante de su ejército era Sísara, que vivía en Haroset-goim. Sísara, quien tenía novecientos carros de guerra hechos de hierro, oprimió a los israelitas sin piedad durante veinte años, hasta que el pueblo de Israel clamó al Señor por ayuda.

Débora, la esposa de Lapidot, era una profetisa que en ese tiempo juzgaba a Israel. Solía sentarse bajo la Palmera de Débora, entre Ramá y Betel, en la zona montañosa de Efraín, y los israelitas acudían a ella para que los juzgara. Un día Débora mandó a buscar a Barac, hijo de Abinoam, quien vivía en Cedes, en el territorio de Neftalí y le dijo:

—El Señor, Dios de Israel, te ordena: reúne en el monte Tabor a diez mil guerreros de las tribus de Neftalí y de Zabulón. Y yo haré que Sísara, el comandante del ejército de Jabín, vaya al río Cisón junto con sus carros de guerra y sus guerreros. Allí te daré la victoria sobre él.

Barac le dijo:

—Yo iré, pero solo si tú vienes conmigo.

—Muy bien —dijo ella—, iré contigo. Pero tú no recibirás honra en esta misión, porque la victoria del Señor sobre Sísara quedará en manos de una mujer.

Así que Débora fue con Barac a Cedes. En Cedes, Barac reunió a las tribus de Zabulón y de Neftalí, y diez mil guerreros subieron con él. Débora también lo acompañó.

Ahora bien, Heber el ceneo, un descendiente de Hobab, cuñado de Moisés, se había separado de los demás miembros de su tribu y armó su carpa junto al roble de Saananim, cerca de Cedes.

Cuando le dijeron a Sísara que Barac, hijo de Abinoam, había subido al monte Tabor, mandó llamar a sus novecientos carros de guerra hechos de hierro y a todos sus guerreros, y marcharon desde Haroset-goim hasta el río Cisón.

Entonces Débora le dijo a Barac: «¡Prepárate! Hoy es el día en que el Señor te dará la victoria sobre Sísara, porque el Señor marcha delante de ti». Así que Barac descendió las laderas del monte Tabor al frente de sus diez mil guerreros para entrar en batalla. Cuando Barac atacó, el Señor llenó de pánico a Sísara y a todos sus carros de guerra y a sus guerreros. Sísara saltó de su carro de guerra y escapó a pie. Entonces Barac persiguió a los carros y al ejército enemigo hasta Haroset-goim, y mató a todos los guerreros de Sísara. Ni uno solo quedó con vida.

Mientras tanto, Sísara corrió hasta la carpa de Jael, la esposa de Heber, el ceneo, porque la familia de Heber tenía amistad con el rey Jabín, de Hazor. Jael salió al encuentro de Sísara y le dijo:

—Entre en mi carpa, señor. Venga. No tenga miedo.

Así que él entró en la carpa, y ella lo cubrió con una manta.

—Dame un poco de agua, por favor —le dijo él—. Tengo sed.

Así que ella le dio leche de una bolsa de cuero y volvió a cubrirlo.

—Párate en la puerta de la carpa —le dijo a ella—. Si alguien viene y pregunta si hay alguien adentro, dile que no.

Pero cuando Sísara se durmió por tanto agotamiento, Jael se le acercó en silencio con un martillo y una estaca en la mano. Entonces le clavó la estaca en la sien hasta que quedó clavada en el suelo, y así murió.

Cuando Barac llegó en busca de Sísara, Jael salió a su encuentro y le dijo:

«Ven, te mostraré al hombre que buscas». Entonces él entró en la carpa tras ella, y allí encontró a Sísara muerto, tendido en el suelo con la estaca atravesada en la sien.

Por lo tanto, ese día Israel vio a Dios derrotar a Jabín, el rey cananeo. Y a partir de entonces, Israel se hizo cada vez más fuerte contra el rey Jabín hasta que finalmente lo destruyó.

Ese día, Débora y Barac, hijo de Abinoam, entonaron el siguiente cántico:

> «Los líderes de Israel tomaron el mando,
>   y el pueblo los siguió con gusto.
> ¡Alabado sea el Señor!
>
> »¡Escuchen, ustedes reyes!
>   ¡Presten atención, ustedes gobernantes poderosos!
> Pues cantaré al Señor;
>   tocaré música para el Señor, Dios de Israel.
>
> »Señor, cuando saliste de Seir
>   y marchaste por los campos de Edom,
> la tierra tembló,
>   y los cielos nublados derramaron lluvias torrenciales.
> Las montañas temblaron ante la presencia del Señor,
>   Dios del monte Sinaí,
> ante la presencia del Señor,
>   Dios de Israel.
>
> »En los días de Samgar, hijo de Anat,
>   y en los días de Jael,
> la gente evitaba las rutas principales
>   y los viajeros no salían de los caminos sinuosos.
> Ya quedaba poca gente en las aldeas de Israel,
>   hasta que Débora surgió como una madre para Israel.
> Cuando Israel escogió nuevos dioses,
>   la guerra estalló a las puertas de la ciudad.
> ¡Sin embargo, no se veía ni un escudo ni una lanza
>   entre cuarenta mil guerreros de Israel!
> Mi corazón está con los comandantes de Israel,
>   con los que se ofrecieron para la guerra.
> ¡Alabado sea el Señor!
>
> »Piensen en esto, ustedes que cabalgan en burros selectos,
>   ustedes que se sientan sobre elaboradas mantas de caballo
>   y ustedes que andan por el camino.

Escuchen a los músicos de las aldeas,
   que están reunidos junto a los abrevaderos.
Relatan las justas victorias del S<small>EÑOR</small>
   y los triunfos de sus aldeanos en Israel.
Entonces el pueblo del S<small>EÑOR</small>
   descendió a las puertas de la ciudad.

»¡Despierta, Débora, despierta!
   ¡Despierta, despierta y entona un cántico!
¡Levántate, Barac!
   ¡Llévate a tus cautivos, hijo de Abinoam!

»De Tabor descendieron los pocos para juntarse con los nobles;
   el pueblo del S<small>EÑOR</small> marchó colina abajo contra poderosos
      guerreros.
Descendieron de Efraín,
   tierra que antes pertenecía a los amalecitas;
   te siguieron a ti, Benjamín, con tus tropas.
De Maquir los comandantes descendieron a paso de marcha;
   desde Zabulón llegaron los que llevan el bastón de mando.
Los príncipes de Isacar estuvieron con Débora y Barac;
   siguieron a Barac a toda prisa hasta el valle.
Pero en la tribu de Rubén
   hubo gran indecisión.
¿Por qué se quedaron sentados en su casa entre los rediles,
   para oír a los pastores silbar a sus rebaños?
Así es, en la tribu de Rubén
   hubo gran indecisión.
Galaad permaneció al oriente del Jordán.
   Y ¿por qué Dan se quedó en su casa?
Aser se sentó sin moverse a la orilla del mar,
   y permaneció en sus puertos.
Pero Zabulón arriesgó la vida,
   igual que Neftalí, en las alturas del campo de batalla.

»Los reyes de Canaán llegaron y pelearon
   en Taanac, cerca de los manantiales de Meguido,
   pero no se llevaron tesoros de plata.
Desde el cielo lucharon las estrellas;
   las estrellas en sus órbitas pelearon contra Sísara.
El río Cisón arrasó con ellos,
   ese antiguo torrente llamado Cisón.
¡Marcha hacia adelante con valor, alma mía!

Luego los cascos de los caballos martillaron el suelo:
   el galope resonante de los poderosos corceles de Sísara.
"Que sean malditos los habitantes de Meroz —dijo el ángel del
   Señor—.
Que sean completamente malditos,
porque no vinieron para ayudar al Señor,
   para ayudar al Señor contra los poderosos guerreros".

»La más bendita entre las mujeres es Jael,
   la esposa de Heber, el ceneo.
   Bendita sea más que todas las mujeres que viven en carpas.
Sísara le pidió agua,
   y ella le dio leche.
En un tazón digno de nobles,
   le trajo yogur.
Después tomó una estaca con la mano izquierda,
   y con la derecha, el martillo del trabajador.
Golpeó a Sísara con el martillo y le aplastó la cabeza;
   con un terrible golpe le atravesó las sienes.
Él se desplomó, cayó,
   quedó inmóvil, tendido a sus pies;
y allí donde cayó,
   quedó muerto.

»Por la ventana se asomó la madre de Sísara.
   Desde la ventana esperaba su regreso mientras decía:
"¿Por qué tarda tanto en llegar su carro?
   ¿Por qué no oímos el sonido de las ruedas del carro?".

»Sus sabias mujeres le responden,
   y ella se repite estas palabras a sí misma:
"Seguramente están repartiendo el botín que capturaron,
   que tendrá una o dos mujeres para cada hombre.
Habrá túnicas llenas de todos los colores para Sísara,
   y para mí, coloridas túnicas con bordados.
Seguro que en el botín hay
   túnicas de colores y bordadas de ambos lados".

»¡Señor, que todos tus enemigos mueran como Sísara;
   pero los que te aman, que se levanten como el sol cuando brilla
      con toda su fuerza!».

Después hubo paz en la tierra durante cuarenta años.

✢

Los israelitas hicieron lo malo a los ojos del Señor. Entonces el Señor los entregó a los madianitas durante siete años. Los madianitas eran tan crueles que los israelitas hicieron escondites en los montes, en las cuevas y en lugares fortificados. Cada vez que los israelitas sembraban sus cultivos, venían saqueadores de Madián, de Amalec y del pueblo del oriente, y atacaban a Israel. Acampaban en territorio israelita y destruían las cosechas hasta la región de Gaza. Se llevaban todas las ovejas, las cabras, el ganado y los burros, y dejaban a los israelitas sin qué comer. Estas multitudes enemigas, que venían con sus animales y sus carpas, eran como una plaga de langostas; llegaban en numerosas manadas de camellos, imposibles de contar, y no se iban hasta que la tierra quedaba desolada. Así que Israel se moría de hambre en manos de los madianitas. Entonces los israelitas clamaron al Señor por ayuda.

Cuando clamaron al Señor a causa de Madián, el Señor les envió un profeta, quien dijo al pueblo de Israel: «Esto dice el Señor, Dios de Israel: "Yo te saqué de la esclavitud en Egipto. Te rescaté de los egipcios y de todos los que te oprimían. Expulsé a tus enemigos y te di sus tierras. Te dije: 'Yo soy el Señor, tu Dios. No debes rendir culto a los dioses de los amorreos, en cuya tierra ahora vives'. Pero no me hiciste caso"».

Después el ángel del Señor vino y se sentó debajo del gran árbol de Ofra que pertenecía a Joás, del clan de Abiezer. Gedeón, hijo de Joás, estaba trillando trigo en el fondo de un lagar para esconder el grano de los madianitas. Entonces el ángel del Señor se le apareció y le dijo:

—¡Guerrero valiente, el Señor está contigo!

—Señor —respondió Gedeón—, si el Señor está con nosotros, ¿por qué nos sucede todo esto? ¿Y dónde están todos los milagros que nos contaron nuestros antepasados? ¿Acaso no dijeron: "El Señor nos sacó de Egipto"? Pero ahora el Señor nos ha abandonado y nos entregó en manos de los madianitas.

Entonces el Señor lo miró y le dijo:

—Ve tú con la fuerza que tienes y rescata a Israel de los madianitas. ¡Yo soy quien te envía!

—Pero, Señor —respondió Gedeón—, ¿cómo podré yo rescatar a Israel? ¡Mi clan es el más débil de toda la tribu de Manasés, y yo soy el de menor importancia en mi familia!

El Señor le dijo:

—Yo estaré contigo, y destruirás a los madianitas como si estuvieras luchando contra un solo hombre.

—Si de verdad cuento con tu favor —respondió Gedeón—, muéstrame una señal para asegurarme de que es realmente el Señor quien habla conmigo. No te vayas hasta que te traiga mi ofrenda.

Él respondió:

—Aquí me quedaré hasta que regreses.

Entonces Gedeón fue de prisa a su casa. Asó un cabrito y horneó pan sin levadura con una medida de harina. Luego llevó la carne en una canasta y el caldo en una olla. Puso todo delante del ángel, quien estaba bajo el gran árbol.

Así que el ángel de Dios le dijo: «Pon la carne y el pan sin levadura sobre esta piedra y derrama el caldo sobre ellos». Y Gedeón hizo lo que se le indicó. Entonces el ángel del Señor tocó la carne y el pan con la punta de la vara que tenía en la mano, y de la piedra salió fuego que consumió todo lo que Gedeón había llevado. Y el ángel del Señor desapareció.

Cuando Gedeón se dio cuenta de que era el ángel del Señor, clamó:

—¡Oh Señor Soberano, estoy condenado! ¡He visto cara a cara al ángel del Señor!

—No te preocupes —le contestó el Señor—. No tengas miedo; no morirás.

Entonces Gedeón construyó un altar al Señor en ese lugar y lo llamó Yahveh-shalom (que significa «el Señor es paz»). Ese altar sigue en Ofra, en la tierra del clan de Abiezer, hasta el día de hoy.

Esa noche el Señor le dijo a Gedeón: «Toma el segundo toro del rebaño de tu padre, el que tiene siete años. Derriba el altar que tu padre levantó a Baal y corta el poste dedicado a la diosa Asera que está junto al altar. Después construye un altar al Señor tu Dios en el santuario de esta misma cima, colocando cada piedra con cuidado. Sacrifica el toro como ofrenda quemada sobre el altar, y usa como leña el poste dedicado a la diosa Asera que cortaste».

Entonces Gedeón llevó a diez de sus criados e hizo lo que el Señor le había ordenado; pero lo hizo de noche, porque les tenía miedo a los demás miembros de la casa de su padre y a la gente de la ciudad.

Temprano a la mañana siguiente, mientras los habitantes de la ciudad se despertaban, alguien descubrió que el altar de Baal estaba derribado y que habían cortado el poste dedicado a la diosa Asera que estaba al lado. En su lugar se había construido un nuevo altar, y sobre ese altar estaban los restos del toro que se había sacrificado. Los habitantes se preguntaban unos a otros: «¿Quién hizo esto?». Y después de preguntar por todas partes y hacer una búsqueda cuidadosa, se enteraron de que había sido Gedeón, el hijo de Joás.

—Saca a tu hijo —le exigieron a Joás los hombres de la ciudad—.

Tendrá que morir por haber destruido el altar de Baal y haber cortado el poste dedicado a la diosa Asera.

Sin embargo, Joás gritó a la turba que lo enfrentaba:

—¿Por qué defienden a Baal? ¿Acaso abogarán por él? ¡Todo el que defienda su causa será ejecutado antes del amanecer! Si de verdad Baal es un dios, ¡que se defienda a sí mismo y destruya al que derribó su altar!

A partir de entonces a Gedeón lo llamaron Jerobaal, que significa «que Baal se defienda a sí mismo», porque él destruyó el altar de Baal.

Poco tiempo después, los ejércitos de Madián, de Amalec y del pueblo del oriente formaron una alianza en contra de Israel; cruzaron el Jordán y acamparon en el valle de Jezreel. Entonces el Espíritu del Señor vistió a Gedeón de poder. Gedeón tocó el cuerno de carnero como un llamado a tomar las armas, y los hombres del clan de Abiezer se le unieron. También envió mensajeros por todo Manasés, Aser, Zabulón y Neftalí para convocar a sus guerreros, y todos ellos respondieron.

Después Gedeón le dijo a Dios: «Si de veras vas a usarme para rescatar a Israel como lo prometiste, demuéstramelo de la siguiente manera: esta noche pondré una lana de oveja en el suelo del campo de trillar; si por la mañana la lana está mojada con el rocío, pero el suelo está seco, entonces sabré que me ayudarás a rescatar a Israel como lo prometiste». Y eso fue exactamente lo que sucedió. Cuando Gedeón se levantó temprano a la mañana siguiente, exprimió la lana y sacó un tazón lleno de agua.

Luego Gedeón le dijo a Dios: «Por favor, no te enojes conmigo, pero deja que te haga otra petición. Permíteme usar la lana para una prueba más. Esta vez, que la lana se quede seca, mientras que el suelo alrededor esté mojado con el rocío». Así que esa noche, Dios hizo lo que Gedeón le pidió. A la mañana siguiente, la lana estaba seca, pero el suelo estaba cubierto de rocío.

Entonces Jerobaal (es decir, Gedeón) y su ejército se levantaron temprano y fueron hasta el manantial de Harod. El campamento de los ejércitos de Madián estaba al norte de ellos, en el valle cercano a la colina de More. Entonces el Señor le dijo a Gedeón: «Tienes demasiados guerreros contigo. Si dejo que todos ustedes peleen contra los madianitas, los israelitas se jactarán ante mí de que se salvaron con su propia fuerza. Por lo tanto, dile al pueblo: "A todo aquel que le falte valentía o que tenga miedo, que abandone este monte y se vaya a su casa"». Así que veintidós mil de ellos se fueron a su casa, y quedaron solo diez mil dispuestos a pelear.

Pero el Señor le dijo a Gedeón: «Todavía son demasiados. Hazlos descender al manantial, y yo los pondré a prueba para determinar quién irá contigo y quién no». Cuando Gedeón bajó con sus guerreros hasta el agua, el Señor le dijo: «Divide a los hombres en dos grupos. En un grupo, pon a todos los que beban el agua en sus manos lamiéndola como hacen los perros. En el otro grupo, pon a todos los que se arrodillan para beber directamente del arroyo». Solo trescientos de los hombres bebieron con las manos. Los demás se arrodillaron para beber con la boca en el arroyo.

Entonces el Señor le dijo a Gedeón: «Con estos trescientos hombres, rescataré a Israel y te daré la victoria sobre los madianitas. Envía a todos los demás a su casa». Así que Gedeón recogió las provisiones y los cuernos de carnero de los otros guerreros y mandó a cada uno de ellos a su casa, pero se quedó con los trescientos hombres.

El campamento madianita estaba en el valle, directamente abajo de donde se encontraba Gedeón. Esa noche el Señor le dijo: «¡Levántate! ¡Desciende al campamento madianita, porque te he dado la victoria sobre ellos! Pero si tienes miedo de atacar, desciende al campamento con tu siervo Fura. Escucha lo que dicen los madianitas, y cobrarás mucho ánimo. Entonces estarás ansioso por atacar».

Así que Gedeón, acompañado por Fura, descendió hasta el límite del campamento enemigo. Los ejércitos de Madián, de Amalec y del pueblo del oriente se habían establecido en el valle como un enjambre de langostas. Sus camellos eran como los granos de arena a la orilla del mar, ¡imposibles de contar! Entonces Gedeón se acercó sigilosamente, justo cuando un hombre le contaba un sueño a su compañero.

—Tuve un sueño —decía el hombre— en el cual un pan de cebada venía rodando cuesta abajo hacia el campamento madianita; ¡entonces cuando golpeaba una carpa, la volteaba y la aplastaba!

Su compañero le respondió:

—Tu sueño solo puede significar una cosa: ¡Dios le ha dado a Gedeón, hijo de Joás, el israelita, la victoria sobre Madián y todos sus aliados!

Cuando Gedeón oyó el sueño y la interpretación, se inclinó en adoración ante el Señor. Luego regresó al campamento israelita y gritó: «¡Levántense, porque el Señor les ha dado la victoria sobre las multitudes madianitas!». Así que dividió a los trescientos hombres en tres grupos y le dio a cada hombre un cuerno de carnero y una vasija de barro con una antorcha adentro.

Después les dijo: «Fíjense en mí. Cuando yo llegue al límite del campamento, hagan lo mismo que yo. En cuanto yo y los que están conmigo toquemos los cuernos de carnero, ustedes también toquen sus cuernos alrededor de todo el campamento y griten: "¡Por el Señor y por Gedeón!"».

Fue apenas pasada la medianoche, después del cambio de guardia, cuando Gedeón y los cien hombres que iban con él llegaron al límite del campamento madianita. Entonces de un momento al otro, tocaron los cuernos de carnero y rompieron las vasijas de barro. Enseguida los tres grupos tocaron juntos los cuernos y rompieron las vasijas. Con la mano izquierda sostenían la antorcha ardiente, y en la mano derecha llevaban el cuerno, y todos gritaban: «¡Una espada por el Señor y también por Gedeón!».

Cada hombre permaneció en su puesto alrededor del campamento, y observaron cómo los madianitas corrían de un lado a otro, llenos de pánico y gritando mientras se daban a la fuga. Cuando los trescientos israelitas tocaron los cuernos de carnero, el Señor hizo que los guerreros del campamento pelearan entre sí con sus espadas. Los que quedaron con vida huyeron a lugares tan lejanos como Bet-sita, cerca de Zerera, y hasta la frontera de Abel-mehola, cerca de Tabat.

Entonces Gedeón mandó a buscar a los guerreros de Neftalí, de Aser y de Manasés, quienes se unieron para dar caza al ejército de Madián. Gedeón también envió mensajeros por toda la zona montañosa de Efraín que decían: «Desciendan para atacar a los madianitas. Frénenlos antes de que lleguen a los vados del río Jordán en Bet-bara».

Así que los hombres de Efraín hicieron lo que se les dijo. Capturaron a Oreb y a Zeeb, los dos comandantes de los madianitas, y mataron a Oreb en la roca de Oreb, y a Zeeb en el lagar de Zeeb; y no dejaron de perseguir a los madianitas. Después los israelitas le llevaron las cabezas de Oreb y Zeeb a Gedeón, quien estaba junto al río Jordán.

Entonces la gente de Efraín le preguntó a Gedeón:

—¿Por qué nos has tratado así? ¿Por qué no nos llamaste desde el principio cuando saliste a pelear con los madianitas?

Y tuvieron una fuerte discusión con Gedeón.

Pero Gedeón les contestó:

—¿Qué he logrado yo comparado con lo que han hecho ustedes? ¿Acaso los racimos olvidados de la cosecha de Efraín no son mucho mejores que todos los cultivos de mi pequeño clan de Abiezer? Dios les dio a ustedes la victoria sobre Oreb y Zeeb, los comandantes del ejército madianita. ¿Qué he logrado yo en comparación con eso?

Cuando los hombres de Efraín oyeron la respuesta de Gedeón, se calmó su enojo.

Luego Gedeón cruzó el río Jordán con sus trescientos hombres y, aunque estaban agotados, continuaron persiguiendo al enemigo. Cuando llegaron a Sucot, Gedeón les pidió a los líderes de la ciudad:

—Por favor, denles algo de comer a mis guerreros. Están muy cansados. Estoy persiguiendo a Zeba y a Zalmuna, los reyes de Madián.

Pero los líderes de Sucot le respondieron:

—Primero captura a Zeba y a Zalmuna, y después alimentaremos a tu ejército.

Entonces Gedeón les dijo:

—Cuando el Señor me dé la victoria sobre Zeba y Zalmuna, volveré y les desgarraré la carne con espinos y zarzas del desierto.

Desde allí Gedeón subió a Peniel y una vez más pidió alimentos, pero obtuvo la misma respuesta. Así que le dijo a la gente de Peniel: «Cuando vuelva victorioso, derribaré esta torre».

Para entonces, Zeba y Zalmuna se encontraban en Carcor con unos quince mil guerreros, que era todo lo que quedaba de los ejércitos aliados del oriente, porque ya habían matado a ciento veinte mil. Entonces Gedeón rodeó por la ruta de las caravanas que está al oriente de Noba y Jogbeha, y tomó al ejército madianita por sorpresa. Así que Zeba y Zalmuna, los dos reyes madianitas, huyeron, pero Gedeón los persiguió y capturó a todos sus guerreros.

Después, Gedeón regresó de la batalla por el paso de Heres. Allí capturó a un joven de Sucot y le exigió que pusiera por escrito los nombres de los setenta y siete líderes y ancianos de la ciudad. Luego regresó a Sucot y les dijo a los líderes: «Aquí están Zeba y Zalmuna. Cuando pasamos por aquí antes, ustedes se burlaron de mí diciendo: "Primero captura a Zeba y a Zalmuna, y después alimentaremos a tu agotado ejército"». Entonces Gedeón tomó a los ancianos de la ciudad y los castigó con espinas y zarzas del desierto para darles una lección. También derribó la torre de Peniel y mató a todos los hombres de la ciudad.

Después les preguntó a Zeba y a Zalmuna:

—Los hombres que ustedes mataron en Tabor, ¿cómo eran?

—Se parecían a ti —le contestaron—, todos tenían el aspecto de un hijo de rey.

—¡Eran mis hermanos, los hijos de mi propia madre! —exclamó Gedeón—. Tan cierto como que el Señor vive, les aseguro que no los mataría si ustedes no los hubieran matado a ellos.

Volviéndose a Jeter, su hijo mayor, le dijo:

—¡Mátalos!

Pero Jeter no sacó la espada, porque era apenas un muchacho y tenía miedo.

Entonces Zeba y Zalmuna le dijeron a Gedeón:

—¡Sé hombre! ¡Mátanos tú mismo!

Entonces Gedeón los mató a los dos y tomó los adornos reales que sus camellos llevaban en el cuello.

Entonces los israelitas dijeron a Gedeón:

—¡Gobiérnanos! Tú y tu hijo y tu nieto serán nuestros gobernantes, porque nos has rescatado de Madián.

Pero Gedeón respondió:

—Yo no los gobernaré ni tampoco mi hijo. ¡El Señor los gobernará! Sin embargo, tengo una petición que hacerles: que cada uno de ustedes me dé un arete del botín que recogieron de sus enemigos caídos.

(Como los enemigos eran ismaelitas, todos usaban aretes de oro).

—¡Con todo gusto! —le contestaron.

Así que extendieron un manto, y cada uno de ellos echó un arete de oro que había recogido del botín. Todos los aretes de oro pesaron unos diecinueve kilos, sin contar los ornamentos reales ni los pendientes ni la ropa de púrpura usada por los reyes de Madián, ni las cadenas que sus camellos llevaban en el cuello.

Entonces Gedeón hizo un efod sagrado con el oro y lo puso en Ofra, su pueblo natal. Pero pronto todos los israelitas se prostituyeron al rendir culto a ese efod, el cual se convirtió en una trampa para Gedeón y su familia.

Esa es la historia de cómo el pueblo de Israel derrotó a Madián, y este nunca se recuperó. Y hubo paz en la tierra durante el resto de la vida de Gedeón, unos cuarenta años más.

Luego Gedeón, hijo de Joás, volvió a su casa. Le nacieron setenta hijos varones, porque tuvo muchas esposas. Además tuvo una concubina en Siquem que le dio un hijo, a quien él llamó Abimelec. Gedeón murió muy anciano, y fue enterrado en la tumba de su padre Joás, en Ofra, en la tierra del clan de Abiezer.

✢

En cuanto murió Gedeón, los israelitas se prostituyeron al rendir culto a las imágenes de Baal y al hacer a Baal-berit su dios. Se olvidaron del Señor su Dios, quien los había rescatado de todos los enemigos que los rodeaban. Tampoco mostraron lealtad alguna con la familia de Jerobaal (es decir, Gedeón), a pesar de todo el bien que él había hecho por Israel.

Un día Abimelec, hijo de Gedeón, fue a Siquem para visitar a sus tíos, los hermanos de su madre. Les dijo a ellos y al resto de su familia materna: «Pregúntenles a los ciudadanos prominentes de Siquem si prefieren ser gobernados por los setenta hijos de Gedeón o por un solo hombre. ¡Y recuerden que soy de la misma sangre que ustedes!».

Entonces los tíos de Abimelec transmitieron ese mensaje a los ciudadanos de Siquem. Y después de escuchar la propuesta, el pueblo de Siquem decidió por Abimelec, porque era pariente de ellos. Le dieron setenta monedas de plata del templo de Baal-berit, las cuales él usó para contratar a unos hombres alborotadores e imprudentes que aceptaron seguirlo. Fue a la casa de su padre en Ofra y allí, sobre una misma piedra, mató a sus setenta medios hermanos, los hijos de Gedeón. Pero Jotam, el hermano menor, escapó y se escondió.

Entonces todos los ciudadanos prominentes de Siquem y de Bet-milo convocaron una reunión bajo el roble que está junto a la columna de Siquem y proclamaron rey a Abimelec.

Cuando Jotam se enteró, subió a la cima del monte Gerizim y gritó:

«¡Escúchenme, ciudadanos de Siquem!
 ¡Escúchenme a mí si quieren que Dios los escuche a ustedes!
Cierta vez los árboles decidieron elegir un rey.
 Primero le dijeron al olivo:
 "¡Reina sobre nosotros!".
Pero el olivo se negó diciendo:
"¿Dejaría yo de producir el aceite de oliva
 que bendice a Dios y a la gente,
 solo para mecerme por encima de los árboles?".

»Entonces le dijeron a la higuera:
 "¡Reina sobre nosotros!".
Pero la higuera también se negó diciendo:
"¿Dejaría yo de producir mi dulce fruto,
 solo para mecerme por encima de los árboles?".

»Entonces le dijeron a la vid:
 "¡Reina sobre nosotros!".
Pero la vid también se negó diciendo:
"¿Dejaría yo de producir el vino
 que alegra a Dios y a la gente,
 solo para mecerme por encima de los árboles?".

»Finalmente todos los árboles le dijeron al espino:
 "¡Reina sobre nosotros!".
Y el espino les respondió a los árboles:
"Si realmente quieren que yo sea su rey,
 vengan a refugiarse bajo mi sombra.
Si no, que salga fuego de mí
 y consuma los cedros del Líbano"».

Jotam continuó: «Ahora asegúrense de haber actuado honorablemente y de buena fe al elegir como rey a Abimelec, y de haberse portado bien con Gedeón y todos sus descendientes. ¿Lo trataron con la honra que se merece por todo lo que realizó? Pues él luchó por ustedes y arriesgó su vida cuando los rescató de los madianitas. Pero hoy ustedes se rebelaron contra mi padre y sus descendientes al matar a sus setenta hijos sobre una misma piedra. Y escogieron a Abimelec, hijo de su esclava, para que sea rey de ustedes, solo porque es su pariente.

»Si hoy han actuado honorablemente y de buena fe hacia Gedeón y sus descendientes, entonces que tengan alegría con Abimelec y que él tenga alegría con ustedes. Pero si no han actuado de buena fe, ¡que salga fuego de Abimelec y consuma a los ciudadanos prominentes de Siquem y de Bet-milo, y que salga fuego de los ciudadanos de Siquem y de Bet-milo y consuma a Abimelec!».

Entonces Jotam huyó y se fue a vivir a Beer, porque le tenía miedo a su hermano Abimelec.

Tres años después de que Abimelec comenzó a gobernar a Israel, Dios envió un espíritu que generó conflictos entre Abimelec y los ciudadanos prominentes de Siquem, quienes finalmente se rebelaron. Dios estaba castigando a Abimelec por haber asesinado a los setenta hijos de Gedeón, y a los ciudadanos de Siquem por apoyarlo en esa traición de asesinar a sus hermanos. Los ciudadanos de Siquem le tendieron una emboscada a Abimelec en las cumbres de las colinas y robaban a todo el que pasara por allí. Pero alguien alertó a Abimelec acerca de la conspiración.

Un día Gaal, hijo de Ebed, se mudó a Siquem con sus hermanos y se ganó la confianza de los ciudadanos prominentes de Siquem. Durante el festival anual de la cosecha en Siquem, celebrado en el templo del dios local, hubo vino en abundancia, y todos comenzaron a maldecir a Abimelec. «¿Quién es ese Abimelec? —gritó Gaal—. No es un hijo legítimo de Siquem. Entonces, ¿por qué debemos ser sus siervos? Él no es más que un hijo de Gedeón, y ese Zebul solo es su ayudante. Sirvan a los verdaderos hijos de Hamor, el fundador de Siquem. ¿Por qué tenemos que servir a Abimelec? Si yo fuera el encargado aquí, me desharía de Abimelec. Le diría: "¡Búscate unos soldados y sal a pelear!"».

Pero cuando Zebul, el jefe de la ciudad, oyó lo que Gaal decía, se puso furioso. Le envió mensajeros a Abimelec, quien estaba en Aruma, para decirle: «Gaal, hijo de Ebed, y sus hermanos se han mudado a Siquem, y ahora están incitando a la ciudad a rebelarse contra ti. Ven con un ejército esta noche y escóndete en los campos. Por la mañana, a la salida del sol, ataca la ciudad. Cuando Gaal y los que lo acompañan salgan contra ti, podrás hacer con ellos lo que quieras».

Entonces Abimelec y todos sus hombres fueron de noche, se dividieron en cuatro grupos y se posicionaron alrededor de Siquem. Gaal estaba parado junto a las puertas de la ciudad cuando Abimelec y su ejército salieron de su escondite. Al verlos, Gaal le dijo a Zebul:

—¡Mira, hay gente bajando de las cumbres!

—Parecen hombres pero son nada más sombras reflejadas en las colinas —contestó Zebul.

Pero Gaal insistió:

—¡No! Hay gente bajando de las colinas. Y otro grupo viene por el camino que pasa por el Roble de los Adivinos.

Entonces Zebul se volvió contra él y preguntó:

—¿Y qué pasó con esa boca grande tuya que presume tanto? Acaso no fuiste tú el que dijo: "¿Quién es ese Abimelec y por qué debemos ser sus siervos?". ¡Te burlaste de esos hombres, y ahora están en las afueras de la ciudad! ¡Sal a pelear contra ellos!

Entonces Gaal marchó al frente de los ciudadanos prominentes de Siquem a la batalla contra Abimelec. Pero Abimelec lo persiguió, y muchos de los hombres de Siquem cayeron heridos por el camino cuando se retiraban hacia la entrada de la ciudad. Entonces Abimelec regresó a Aruma, y Zebul expulsó de Siquem a Gaal y a sus hermanos.

Al día siguiente, la gente de Siquem salió a los campos para pelear. Cuando Abimelec se enteró, dividió a sus hombres en tres grupos y tendió una emboscada en los campos. Cuando vio que algunos hombres salían de la ciudad, él y su grupo saltaron de su escondite y los atacaron. Abimelec y sus hombres tomaron por asalto la puerta de la ciudad para impedir que los de Siquem volvieran a entrar, mientras los otros dos grupos de Abimelec mataban a la gente en los campos. La batalla duró todo el día, hasta que finalmente Abimelec tomó la ciudad. Entonces mató a los habitantes, redujo la ciudad a escombros y esparció sal por todo el suelo.

Cuando los ciudadanos prominentes que vivían en la torre de Siquem se enteraron de lo sucedido, corrieron a esconderse en el templo de Baal-berit. Alguien le informó a Abimelec que los ciudadanos se habían juntado en el templo, entonces él llevó a sus tropas al monte Salmón. Tomó un hacha, cortó ramas de un árbol y se las puso al hombro. «¡Rápido, hagan lo mismo que hice yo!», dijo a sus hombres. Entonces, siguiendo el ejemplo de Abimelec, cada uno de ellos cortó ramas. Amontonaron las ramas contra las paredes del templo y les prendieron fuego. Así murieron todos los que vivían en la torre de Siquem, unas mil personas, tanto hombres como mujeres.

Luego Abimelec atacó la ciudad de Tebes y la tomó. Pero había una torre fuerte dentro de la ciudad, y todos los habitantes, hombres y mujeres, corrieron a refugiarse allí. Se atrincheraron en su interior y subieron al techo de la torre. Entonces Abimelec los siguió para atacar la torre; pero cuando se preparaba para prenderle fuego a la entrada, desde el techo, una mujer tiró una piedra de molino, que cayó sobre la cabeza de Abimelec, y le partió el cráneo.

Enseguida él le dijo a su joven escudero: «¡Saca tu espada y mátame! ¡Que no se diga que una mujer mató a Abimelec!». Así que el joven lo atravesó con su espada, y él murió. Cuando los hombres de Abimelec lo vieron muerto, se desbandaron y regresaron a sus casas.

De esa forma, Dios castigó a Abimelec por el mal que había hecho contra su padre al matar a sus setenta hermanos. Dios también castigó a los hombres de Siquem por toda su maldad. Así se cumplió la maldición de Jotam, hijo de Gedeón.

✢

Después de la muerte de Abimelec, la siguiente persona que rescató a Israel fue Tola, hijo de Púa, hijo de Dodo. Era de la tribu de Isacar pero vivía en la ciudad de Samir, en la zona montañosa de Efraín. Fue juez de Israel durante veintitrés años. Cuando murió, lo enterraron en Samir.

✢

Después de la muerte de Tola, Jair, de Galaad, fue juez de Israel durante veintidós años. Sus treinta hijos cabalgaban sobre treinta burros y eran dueños de treinta ciudades en la tierra de Galaad, que aún se llaman las Ciudades de Jair. Cuando murió Jair, lo enterraron en Camón.

✢

Una vez más, los israelitas hicieron lo malo a los ojos del Señor. Sirvieron a las imágenes de Baal y de Astoret, y a los dioses de Aram, de Sidón, de Moab, de Amón y de Filistea. Abandonaron al Señor y dejaron de servirle por completo. Entonces el Señor ardió de enojo contra los israelitas y los entregó en manos de los filisteos y los amonitas, quienes comenzaron a oprimirlos ese mismo año. Durante dieciocho años oprimieron a los israelitas que vivían al oriente del río Jordán, en la tierra de los amorreos (es decir, Galaad). Los amonitas también cruzaron al lado occidental del Jordán y atacaron a Judá, a Benjamín y a Efraín.

Los israelitas estaban muy angustiados. Finalmente clamaron al Señor por ayuda y dijeron:

—Hemos pecado contra ti, porque te hemos abandonado como nuestro Dios para servir a las imágenes de Baal.

El Señor respondió:

—¿Acaso no los rescaté yo de los egipcios, los amorreos, los amonitas, los filisteos, los sidonios, los amalecitas y los maonitas? Cuando ellos los oprimían, ustedes clamaban a mí por ayuda, y yo los rescataba. Sin embargo, ustedes me abandonaron y sirvieron a otros dioses. Así que ya no los rescataré más. ¡Vayan a clamar a los dioses que han escogido! ¡Que los rescaten ellos de este momento de angustia!

Pero los israelitas rogaron al Señor diciendo:

—Hemos pecado. Castíganos como bien te parezca, pero rescátanos hoy de nuestros enemigos.

Entonces los israelitas dejaron los dioses ajenos para servir al Señor, y él se entristeció a causa del sufrimiento que experimentaban.

En esa ocasión, los ejércitos de Amón se habían juntado para la guerra y acampaban en Galaad, y el pueblo de Israel se congregó y acampó en Mizpa. Los líderes de Galaad se dijeron unos a otros: «El primero que ataque a los amonitas será proclamado gobernante de todo el pueblo de Galaad».

Jefté era un gran guerrero de la región de Galaad. Era hijo de Galaad, pero su madre era una prostituta. La esposa de Galaad tuvo varios hijos, y cuando esos medios hermanos de Jefté crecieron, lo echaron del territorio. «Tú no recibirás ninguna parte de la herencia de nuestro padre —le dijeron—, porque eres hijo de una prostituta». Así que Jefté huyó de sus hermanos y vivió en la tierra de Tob. En poco tiempo, tuvo una banda de rebeldes despreciables que lo seguían.

Por ese entonces, los amonitas comenzaron a hacer guerra contra Israel. Así que cuando los amonitas atacaron, los ancianos de Galaad mandaron a buscar a Jefté a la tierra de Tob y le dijeron:

—¡Ven y sé nuestro comandante! ¡Ayúdanos a pelear contra los amonitas!

Pero Jefté les respondió:

—¿Acaso no son ustedes los mismos que me odiaban y me echaron de la casa de mi padre? ¿Por qué vienen a buscarme ahora que están en apuros?

—Porque te necesitamos —contestaron los ancianos—. Si marchas al frente de nosotros a la batalla contra los amonitas, te proclamaremos gobernante de todo el pueblo de Galaad.

Jefté les dijo a los ancianos:

—A ver si entiendo bien: si voy con ustedes y el Señor me da la victoria sobre los amonitas, ¿de veras me harán gobernante de todo el pueblo?

—El Señor es nuestro testigo —contestaron los ancianos—. Prometemos hacer todo lo que tú digas.

Entonces Jefté fue con los ancianos de Galaad, y el pueblo lo proclamó gobernante y comandante del ejército. En Mizpa, en presencia del Señor, Jefté repitió lo que les había dicho a los ancianos.

Luego Jefté envió mensajeros al rey de Amón, para preguntarle:

—¿Por qué has salido a pelear contra mi tierra?

El rey de Amón contestó a los mensajeros de Jefté:

—Cuando los israelitas salieron de Egipto, me robaron la tierra desde el río Arnón hasta el río Jaboc, y desde allí hasta el Jordán. Así que ahora, devuélvanme mi tierra pacíficamente.

En respuesta, Jefté le envió al rey amonita el siguiente mensaje:

«Esto es lo que dice Jefté: Israel no robó ninguna tierra ni a Moab ni a Amón. Cuando los israelitas llegaron a Cades, en su viaje desde Egipto, después de cruzar el mar Rojo, enviaron mensajeros al rey de Edom para pedirle que les permitiera pasar por su tierra. Pero su petición fue denegada. Entonces le pidieron lo mismo al rey de Moab, pero él tampoco los dejó pasar por su tierra. Por eso el pueblo de Israel se quedó en Cades.

»Finalmente, se fueron rodeando por el desierto los territorios de Edom y Moab. Viajaron a lo largo de la frontera oriental de Moab y acamparon al otro lado del río Arnón. Pero ni una sola vez cruzaron el río Arnón para entrar en Moab, porque el Arnón era la frontera de Moab.

»Después Israel envió mensajeros al rey Sehón, de los amorreos, quien reinaba desde Hesbón, a fin de pedirle permiso para atravesar su territorio y llegar a su destino. Pero el rey Sehón no confiaba lo suficiente en Israel para dejarlo pasar por su tierra. En cambio, movilizó a su ejército en Jahaza y atacó a los israelitas. Pero el SEÑOR, Dios de Israel, le dio a su pueblo la victoria sobre el rey Sehón. Entonces Israel se apoderó de la tierra de los amorreos, quienes vivían en aquella región, desde el río Arnón hasta el río Jaboc, y desde el desierto oriental hasta el Jordán.

»Así que, como ves, fue el SEÑOR, Dios de Israel, quien les quitó la tierra a los amorreos y se la dio a Israel. Entonces, ¿por qué tendríamos que devolvértela a ti? Tú quédate con todo lo que te dé tu dios Quemos, y nosotros nos quedaremos con todo lo que nos dé el SEÑOR nuestro Dios. ¿Acaso eres tú mejor que Balac, hijo de Zipor, rey de Moab? ¿Intentó él presentar argumentos contra Israel por territorios en conflicto? ¿Entró en guerra con los israelitas?

»Hace trescientos años que Israel vive aquí, tanto en Hesbón como en los asentamientos de alrededor, hasta Aroer y sus asentamientos, y en todas las ciudades a lo largo del río Arnón. ¿Por qué no has hecho ningún esfuerzo hasta ahora para recuperar la tierra? Por lo tanto, yo no pequé contra ti. Más bien, tú me hiciste daño al atacarme. Que el

Señor, quien es juez, decida hoy quién de nosotros tiene la razón: si Amón o Israel».

Pero el rey de Amón no hizo caso al mensaje de Jefté.

En esa ocasión, el Espíritu del Señor vino sobre Jefté, y él recorrió toda la tierra de Galaad y de Manasés, incluida Mizpa en Galaad y, desde allí, lideró al ejército contra los amonitas. Y Jefté hizo un voto al Señor: «Si me das la victoria sobre los amonitas, yo entregaré al Señor al primero que salga de mi casa para recibirme cuando regrese triunfante. Lo sacrificaré como ofrenda quemada».

Así que Jefté dirigió al ejército contra los amonitas, y el Señor le dio la victoria. Aplastó a los amonitas, devastó unas veinte ciudades desde Aroer hasta una zona cerca de Minit, y desde allí hasta Abel-keramim. De esa forma, Israel derrotó a los amonitas.

Cuando Jefté volvió a su casa en Mizpa, su hija salió a recibirlo tocando una pandereta y danzando de alegría. Ella era su hija única, ya que él no tenía más hijos ni hijas. Cuando la vio, se rasgó la ropa en señal de angustia.

—¡Hija mía! —clamó—. ¡Me has destruido por completo! ¡Me has traído una gran calamidad! Pues hice un voto al Señor y no puedo dejar de cumplirlo.

Y ella le dijo:

—Padre, si hiciste un voto al Señor, debes hacer conmigo lo que prometiste, porque el Señor te ha dado una gran victoria sobre tus enemigos, los amonitas. Pero antes, permíteme hacer una sola cosa: déjame subir a deambular por las colinas y a llorar con mis amigas durante dos meses, porque moriré virgen.

—Puedes ir —le dijo Jefté.

Y la dejó salir por el término de dos meses. Ella y sus amigas subieron a las colinas y lloraron porque ella nunca tendría hijos. Cuando volvió a su casa, su padre cumplió el voto que había hecho, y ella murió virgen.

Así que se hizo costumbre en Israel que las jóvenes israelitas se ausentaran cuatro días cada año para lamentar la desgracia de la hija de Jefté.

Luego los hombres de Efraín movilizaron a un ejército y cruzaron el río Jordán hasta Zafón. Entonces enviaron el siguiente mensaje a Jefté:

—¿Por qué no nos llamaste para que te ayudáramos a luchar contra los amonitas? ¡Quemaremos tu casa contigo adentro!

Jefté respondió:

—¡Yo los convoqué cuando comenzó el conflicto, pero ustedes se negaron a venir! No quisieron ayudarnos a luchar contra Amón. De modo que, al ver que no vendrían, arriesgué mi vida y salí a combatir sin ustedes, y el Señor me dio la victoria sobre los amonitas. Así que, ¿por qué vienen ahora a pelear conmigo?

La gente de Efraín contestó:

—Ustedes, los de Galaad, no son más que fugitivos de Efraín y de Manasés.

Entonces Jefté reunió a todos los hombres de Galaad, atacó a los hombres de Efraín y los derrotó.

Jefté tomó control de los vados del río Jordán y cada vez que un fugitivo de Efraín trataba de cruzar para volver a su tierra, los hombres de Galaad lo desafiaban preguntándole: «¿Eres miembro de la tribu de Efraín?». Si decía el hombre: «No, no lo soy», ellos le pedían que pronunciara la palabra «shibolet». Si era de Efraín, diría «sibolet», porque a la gente de Efraín le cuesta pronunciar bien esa palabra. Entonces se lo llevaban y lo mataban en los vados del Jordán. En total mataron a cuarenta y dos mil de la tribu de Efraín en esos días.

Jefté fue juez de Israel durante seis años. Cuando murió, lo enterraron en una de las ciudades de Galaad.

+

Después de la muerte de Jefté, Ibzán, de Belén, fue juez de Israel. Tuvo treinta hijos y treinta hijas. Envió a sus hijas a casarse con hombres que no pertenecían a su clan, y trajo treinta mujeres jóvenes que tampoco eran de su clan para que se casaran con sus hijos. Ibzán fue juez de Israel durante siete años. Cuando murió, lo enterraron en Belén.

+

Después de la muerte de Ibzán, Elón, de la tribu de Zabulón, fue juez de Israel durante diez años. Cuando murió, lo enterraron en Ajalón, en la tierra de Zabulón.

+

Después de la muerte de Elón, fue juez de Israel Abdón, hijo de Hilel, de Piratón. Tuvo cuarenta hijos varones y treinta nietos varones, quienes cabalgaban sobre setenta burros. Fue juez en Israel por ocho años. Cuando murió, lo enterraron en Piratón, en Efraín, en la zona montañosa de los amalecitas.

+

Una vez más, los israelitas hicieron lo malo a los ojos del Señor, así que el Señor los entregó en manos de los filisteos, quienes los oprimieron durante cuarenta años.

En esos días, vivía en la ciudad de Zora un hombre llamado Manoa, de la tribu de Dan. Su esposa no podía quedar embarazada, y no tenían hijos. Entonces el ángel del Señor se le apareció a la esposa de Manoa y le dijo: «Aunque no has podido tener hijos, pronto quedarás embarazada y darás a luz un hijo varón. Así que ten cuidado; no debes beber vino ni ninguna otra bebida alcohólica ni comer ninguno de los alimentos prohibidos. Quedarás embarazada y darás a luz un hijo, a quien jamás se le debe cortar el cabello. Pues él será consagrado a Dios como nazareo desde su nacimiento. Él comenzará a rescatar a Israel de manos de los filisteos».

La mujer corrió a decirle a su esposo: «¡Se me apareció un hombre de Dios! Tenía el aspecto de uno de los ángeles de Dios, daba miedo verlo. No le pregunté de dónde era, y no me dijo su nombre. Pero me dijo: "Quedarás embarazada y darás a luz un hijo. No debes beber vino ni ninguna otra bebida alcohólica, ni comer ninguno de los alimentos prohibidos. Pues tu hijo será consagrado a Dios como nazareo desde el día de su nacimiento hasta el día de su muerte"».

Entonces Manoa oró al Señor diciendo: «Señor, te pido que el hombre de Dios vuelva a nosotros y nos dé más instrucciones acerca del hijo que nacerá».

Dios respondió a la oración de Manoa, y el ángel de Dios se le apareció otra vez a la esposa mientras estaba sentada en el campo; pero Manoa, su esposo, no estaba con ella. Así que, enseguida ella fue corriendo a contarle a su esposo: «¡El hombre que se me apareció el otro día está aquí de nuevo!».

Manoa regresó corriendo con su esposa y preguntó:

—¿Eres el hombre que le habló a mi esposa el otro día?

—Sí —contestó él—, soy yo.

Entonces Manoa le preguntó:

—Cuando tus palabras se hagan realidad, ¿qué reglas deben gobernar la vida y el trabajo del muchacho?

El ángel del Señor le contestó:

—Asegúrate de que tu esposa siga las instrucciones que le di. No debe comer uvas ni pasas ni beber vino u otra bebida alcohólica, ni comer ningún alimento prohibido.

Entonces Manoa le dijo al ángel del Señor:

—Por favor, quédate aquí hasta que preparemos un cabrito para que comas.

—Me quedaré —le contestó el ángel del Señor—, pero no comeré nada. En cambio, puedes preparar una ofrenda quemada como sacrificio al Señor.

(Manoa no se daba cuenta de que era el ángel del Señor).

Entonces Manoa le preguntó al ángel del Señor:

—¿Cómo te llamas? Pues queremos honrarte cuando todo esto se haga realidad.

—¿Para qué preguntas mi nombre? —contestó el ángel del Señor—. Es demasiado maravilloso para que tú lo comprendas.

Después Manoa tomó un cabrito y una ofrenda de grano, y ofreció todo sobre una piedra como sacrificio al Señor. Y mientras Manoa y su esposa observaban, el Señor hizo algo asombroso: cuando las llamas del altar se elevaron hacia el cielo, el ángel del Señor ascendió en medio del fuego. Al verlo, Manoa y su esposa se postraron rostro en tierra.

El ángel no volvió a aparecerse a Manoa y a su esposa. Entonces Manoa finalmente se dio cuenta de que era el ángel del Señor, y le dijo a su esposa:

—¡Seguramente moriremos, porque hemos visto a Dios!

Pero su esposa dijo:

—Si el Señor hubiera querido matarnos, no habría aceptado nuestra ofrenda quemada ni nuestra ofrenda de grano. No se nos hubiera aparecido, ni habría dicho algo tan maravilloso, ni hecho estos milagros.

Así que cuando nació su hijo, ella lo llamó Sansón. Y el Señor lo bendijo, y el niño creció. Y el Espíritu del Señor comenzó a manifestarse en él mientras se encontraba viviendo en Mahne-dan, entre las ciudades de Zora y Estaol.

Cierto día, estando Sansón en Timna, se vio atraído por una mujer filistea. Cuando volvió a su casa, dijo a su padre y a su madre:

—Me gusta una joven filistea de Timna y quiero casarme con ella. Consíganmela.

Pero su padre y su madre se opusieron.

—¿Acaso no hay una sola mujer de nuestra tribu o entre todas las israelitas con la que puedas casarte? —preguntaron—. ¿Por qué tienes que ir a los filisteos paganos a buscar una esposa?

Sin embargo, Sansón le dijo a su padre:

—¡Consíguemela! A mí me gusta ella.

Su padre y su madre no se daban cuenta de que el Señor estaba obrando en todo esto, con el fin de crear una oportunidad para actuar contra los filisteos, que en ese tiempo gobernaban a Israel.

Cuando Sansón y sus padres descendían hacia Timna, de repente un león joven atacó a Sansón cerca de los viñedos de Timna. En ese instante, el Espíritu del Señor vino con poder sobre él y despedazó las quijadas del león a mano limpia; tan fácilmente como si hubiera sido un cabrito. Pero no contó nada de lo sucedido ni a su padre ni a su madre. Cuando Sansón llegó a Timna, conversó con la mujer y quedó encantado con ella.

Más tarde, cuando volvió a Timna para la boda, se apartó del camino para ver el cadáver del león. Y encontró un enjambre de abejas que había hecho miel en los restos del animal. Entonces tomó un poco de miel con las manos y la fue comiendo por el camino. También dio un poco a su padre y a su madre, y ellos comieron; pero no les dijo que había tomado la miel del cadáver del león.

Mientras su padre finalizaba los detalles para el casamiento, Sansón dio una fiesta en Timna, como era costumbre de los jóvenes de la alta sociedad. Cuando los padres de la novia vieron a Sansón, seleccionaron a treinta jóvenes de la ciudad para que fueran sus acompañantes.

Sansón les dijo a estos jóvenes:

—Les propongo un acertijo. Si lo resuelven durante estos siete días de celebración, les daré treinta mantos de lino fino y treinta trajes de ropa para fiesta. Pero si no pueden encontrar la solución, entonces ustedes me darán a mí treinta mantos de lino fino y treinta trajes de ropa para fiesta.

—Muy bien —dijeron ellos—, dinos tu acertijo.

Entonces él recitó:

—Del que come, salió algo para comer;
y del fuerte, salió algo dulce.

Tres días más tarde, seguían intentando resolver el acertijo. Al cuarto día le dijeron a la mujer de Sansón: «Seduce a tu esposo para que nos explique el acertijo; de lo contrario, quemaremos la casa de tu padre contigo adentro. ¿O acaso nos invitaste a esta fiesta solo para empobrecernos?».

Entonces la mujer de Sansón fue a verlo y con lágrimas le dijo:

—Tú no me amas; ¡me odias! Le propusiste un acertijo a mi gente, pero no me contaste a mí la solución.

—Ni a mi padre ni a mi madre les di la respuesta —contestó él—. ¿Por qué te la revelaría a ti?

Entonces ella no dejaba de llorar cada vez que estaba con él, y siguió llorando hasta el último día de la celebración. Finalmente, cuando llegó el séptimo día, él le dio la respuesta, porque lo estaba fastidiando con tanta insistencia. Y ella les explicó el acertijo a los jóvenes.

Entonces, ese séptimo día, antes de que se pusiera el sol, los hombres de la ciudad se acercaron a Sansón con su respuesta:

—¿Qué es más dulce que la miel?
¿Qué es más fuerte que un león?

Y Sansón respondió:

—¡Si no hubieran arado con mi novilla, jamás habrían descifrado mi acertijo!

Entonces el Espíritu del Señor vino con poder sobre Sansón, quien descendió a la ciudad de Ascalón, mató a treinta hombres, les quitó las pertenencias, y dio la ropa a los hombres que habían resuelto el acertijo. Pero Sansón estaba furioso por lo que había sucedido y se volvió a la casa de sus padres, a vivir con ellos. Entonces su mujer fue dada en matrimonio a quien había sido el padrino de Sansón en la boda.

Más tarde, durante la cosecha del trigo, Sansón fue y llevó un cabrito de regalo a su mujer y dijo:
—Voy al cuarto de mi esposa para acostarme con ella.
Pero el padre de la mujer no lo dejó entrar. Y le explicó:
—En verdad creí que la odiabas así que la entregué en matrimonio a tu padrino de boda. Pero mira, su hermana menor es más hermosa todavía. Cásate con ella en su lugar.
Sansón dijo:
—Esta vez no podrán culparme de todo lo que les haré a ustedes, filisteos.
Entonces salió y atrapó trescientas zorras. Les ató las colas por parejas y amarró una antorcha a cada par de colas. Después, encendió las antorchas y soltó las zorras para que corrieran por los campos de grano de los filisteos. Así les quemó todo el grano hasta reducirlo a cenizas, aun las gavillas y el grano sin cortar. También les destruyó los viñedos y los olivares.
—¿Quién hizo esto? —preguntaron los filisteos.
—Sansón —respondieron—, porque su suegro de Timna entregó a su esposa en matrimonio al que fue el padrino de su boda.
Entonces los filisteos fueron a buscar a la mujer y a su padre, y los quemaron vivos.
—¡Por esto que hicieron —juró Sansón—, no descansaré hasta vengarme de ustedes!
Luego atacó a los filisteos, lleno de furia, y mató a muchos de ellos. Después se fue a vivir a una cueva en la roca de Etam.
En represalia, los filisteos armaron su campamento en Judá y se extendieron hasta cerca de la ciudad de Lehi. Entonces los hombres de Judá les preguntaron a los filisteos:
—¿Por qué nos atacan?
—Vinimos para capturar a Sansón —contestaron los filisteos—, y a vengarnos por lo que nos hizo.
Entonces tres mil hombres de Judá bajaron a buscar a Sansón, dentro de la cueva en la roca de Etam, y le dijeron:
—¿No te das cuenta de que los filisteos nos gobiernan? ¿Qué nos estás haciendo?
Pero Sansón les contestó:
—Yo solamente les hice a ellos lo que ellos me hicieron a mí.

Pero los hombres de Judá le dijeron:

—Vinimos para amarrarte y entregarte a los filisteos.

—Está bien —les dijo Sansón—. Pero prométanme que no me matarán ustedes.

—Nosotros solo te amarraremos y te entregaremos a los filisteos —respondieron ellos—. No te mataremos.

Así que lo amarraron con dos sogas nuevas y lo sacaron de la roca.

Cuando Sansón llegó a Lehi, los filisteos salieron gritando de triunfo. Sin embargo, el Espíritu del SEÑOR vino con poder sobre Sansón, y él rompió las sogas que tenía atadas en los brazos como si fueran hilos de lino quemados, y cayeron de las muñecas. Luego Sansón encontró la quijada de un burro recién matado. La levantó, y la usó para matar a mil filisteos. Después dijo:

> «¡Con la quijada de un burro,
>   los he apilado en montones!
> ¡Con la quijada de un burro,
>   he matado a mil hombres!».

Cuando acabó de jactarse, tiró la quijada; y a ese lugar se le llamó «Colina de la Quijada».

Después Sansón tuvo mucha sed y clamó al SEÑOR: «Has logrado esta gran victoria por medio de la fuerza de tu siervo, ¿y ahora tengo que morir de sed y caer en manos de estos paganos?». Entonces Dios hizo que brotara agua a chorros de un hoyo en el suelo de Lehi, y Sansón se reanimó al beber. Luego llamó a ese lugar «Manantial del que Clamó», el cual todavía se encuentra en Lehi hasta el día de hoy.

Sansón fue juez de Israel por veinte años, durante el tiempo en que los filisteos dominaban la tierra.

Cierto día Sansón fue a la ciudad filistea de Gaza y pasó la noche con una prostituta. Pronto corrió la voz de que Sansón estaba allí, así que los hombres de Gaza se reunieron y esperaron toda la noche en las puertas de la ciudad. Se mantuvieron en silencio durante la noche mientras se decían: «Con la luz de la mañana, lo mataremos».

Pero Sansón estuvo acostado solamente hasta la medianoche. Luego se levantó, agarró las puertas de la ciudad con los dos postes y las levantó con tranca y todo. Se las puso sobre los hombros y las llevó a cuestas hasta la cima de la colina situada frente a Hebrón.

Tiempo después, Sansón se enamoró de una mujer llamada Dalila, que vivía en el valle de Sorec. Los gobernantes de los filisteos fueron a verla y le dijeron: «Seduce a Sansón para que te diga qué lo hace tan fuerte, y cómo es posible dominarlo y atarlo sin que se suelte. Luego, cada uno de nosotros te dará mil cien piezas de plata».

Así que Dalila le dijo a Sansón:

—Dime, por favor, qué te hace tan fuerte, y con qué podrían amarrarte sin que te liberes.

Sansón respondió:

—Si me ataran con siete cuerdas de arco que sean nuevas y que aún no se hayan secado, me volvería tan débil como cualquier otro hombre.

Entonces los gobernantes filisteos le llevaron a Dalila siete cuerdas nuevas, y con ellas ató a Sansón. Dalila había escondido a algunos hombres en una de las habitaciones internas de su casa, y gritó: «¡Sansón! ¡Los filisteos han venido a capturarte!»; pero Sansón rompió las cuerdas de arco como se rompe una cuerda cuando la quema el fuego. Así que no descubrieron el secreto de su fuerza.

Después Dalila le dijo:

—¡Hasta ahora te has burlado de mí y me has dicho mentiras! Así que, por favor, dime cómo es posible amarrarte sin que te liberes.

Sansón respondió:

—Si me ataran con sogas totalmente nuevas, que nunca se hayan usado, me volvería tan débil como cualquier otro hombre.

Así que Dalila tomó sogas nuevas y ató a Sansón con ellas. Los hombres estaban escondidos en otra habitación como antes, y de nuevo Dalila gritó: «¡Sansón! ¡Los filisteos han venido a capturarte!»; pero otra vez Sansón rompió las sogas que le ataban los brazos como si fueran hilos.

Entonces Dalila dijo:

—¡Hasta ahora te has burlado de mí y me has dicho mentiras! Dime ya cómo es posible amarrarte sin que te liberes.

Sansón respondió:

—Si entretejieras las siete trenzas de mi cabello con la tela del telar y lo aseguraras con la lanzadera del telar, me volvería tan débil como cualquier otro hombre.

Así que, mientras él dormía, Dalila le entretejió las siete trenzas del cabello con la tela. Después lo aseguró con la lanzadera del telar. Una vez más gritó: «¡Sansón! ¡Los filisteos han venido a capturarte!»; pero Sansón se despertó, arrancó la lanzadera del telar y sacó de un tirón su cabello del telar y de la tela.

Entonces Dalila, haciendo pucheros, le dijo: «¿Cómo puedes decirme "te amo" si no me confías tus secretos? ¡Ya te has burlado de mí tres veces y aún no me has dicho lo que te hace tan fuerte!». Día tras día lo estuvo fastidiando hasta que Sansón se hartó de tanta insistencia.

Entonces finalmente Sansón le reveló su secreto: «Nunca se me ha cortado el cabello —le confesó—, porque fui consagrado a Dios como nazareo desde mi nacimiento. Si me raparan la cabeza, perdería la fuerza, y me volvería tan débil como cualquier otro hombre».

Así que Dalila se dio cuenta de que por fin Sansón le había dicho la verdad, y mandó llamar a los gobernantes filisteos. «Vuelvan una vez más —les dijo—, porque al fin me reveló su secreto». Entonces los gobernantes filisteos volvieron con el dinero en las manos. Dalila arrulló a Sansón hasta dormirlo con la cabeza sobre su regazo, y luego hizo entrar a un hombre para que le afeitara las siete trenzas del cabello. De esa forma, ella comenzó a debilitarlo, y la fuerza lo abandonó.

Entonces ella gritó: «¡Sansón! ¡Los filisteos han venido a capturarte!».

Cuando se despertó, pensó: «Haré como antes y enseguida me liberaré»; pero no se daba cuenta de que el Señor lo había abandonado.

Así que los filisteos lo capturaron y le sacaron los ojos. Se lo llevaron a Gaza, donde lo ataron con cadenas de bronce y lo obligaron a moler grano en la prisión.

Pero en poco tiempo, el cabello comenzó a crecerle otra vez.

Entonces los gobernantes filisteos se juntaron para celebrar un gran festival, en el que ofrecían sacrificios y alababan a su dios Dagón diciendo: «¡Nuestro dios nos ha dado la victoria sobre Sansón, nuestro enemigo!».

Cuando el pueblo vio a Sansón, también alabó a su dios diciendo: «¡Nuestro dios nos ha entregado a nuestro enemigo! ¡El que mató a tantos de nosotros ahora está en nuestro poder!».

Los presentes, ya medio borrachos, exigieron: «¡Traigan a Sansón para que nos divierta!». Así que lo sacaron de la prisión para que los entretuviera, y lo pusieron de pie entre las columnas que sostenían la azotea.

Sansón le dijo al joven sirviente que lo llevaba de la mano: «Pon mis manos sobre las columnas que sostienen el templo. Quiero recostarme en ellas». Ahora bien, el templo estaba totalmente lleno de gente. Todos los gobernantes filisteos estaban presentes, y en la azotea había cerca de tres mil hombres y mujeres, mirando el entretenimiento de Sansón.

Entonces Sansón oró al Señor: «Señor Soberano, acuérdate de mí otra vez. Oh Dios, te ruego que me fortalezcas solo una vez más. Con un solo golpe, déjame vengarme de los filisteos por la pérdida de mis dos ojos». Entonces Sansón apoyó las manos sobre las dos columnas centrales que sostenían el templo; las empujó con ambas manos y pidió en oración: «Déjame morir con los filisteos». Y el templo se derrumbó sobre los gobernantes filisteos y todos los demás presentes. De esa manera, Sansón mató más personas al morir, que las que había matado durante toda su vida.

Más tarde, sus hermanos y otros parientes descendieron a la ciudad para recoger su cuerpo. Lo llevaron de regreso a su tierra y lo enterraron entre

Zora y Estaol, donde estaba enterrado Manoa, su padre. Sansón fue juez de Israel durante veinte años.

+ + +

Había un hombre llamado Micaía que vivía en la zona montañosa de Efraín. Un día le dijo a su madre:

—Te oí maldecir a la persona que te robó mil cien piezas de plata. Bueno, yo tengo el dinero; fui yo quien lo tomó.

—El Señor te bendiga por haberlo admitido —respondió la madre.

Entonces él le devolvió el dinero, y ella dijo:

—Ahora consagro estas monedas de plata al Señor. En honor a mi hijo, haré tallar una imagen y fundir un ídolo.

Así que, cuando Micaía le devolvió el dinero a su madre, ella tomó doscientas monedas de plata y se las dio a un platero, quien las convirtió en una imagen y un ídolo. Y los pusieron en la casa de Micaía. Micaía construyó un santuario para el ídolo e hizo un efod sagrado y algunos ídolos de familia y nombró como su sacerdote personal a uno de sus hijos.

En esos días, Israel no tenía rey; cada uno hacía lo que le parecía correcto según su propio criterio.

Cierto día llegó a la región un joven levita que vivía en Belén de Judá. Había salido de Belén en busca de otro lugar donde vivir y, viajando, llegó a la zona montañosa de Efraín. Mientras estaba de paso, se detuvo por casualidad en la casa de Micaía.

—¿De dónde vienes? —le preguntó Micaía.

Él contestó:

—Soy un levita de Belén de Judá, y busco un lugar para vivir.

—Quédate aquí, conmigo —le dijo Micaía—, y podrás ser un padre y sacerdote para mí. Te daré diez piezas de plata al año, además de una muda de ropa y comida.

El joven levita aceptó y pasó a ser como uno de los hijos de Micaía.

Luego Micaía lo nombró su sacerdote personal, y el levita vivió en la casa de Micaía. «Sé que el Señor ahora me bendecirá —dijo Micaía—, porque tengo un levita como sacerdote personal».

En esos días, Israel no tenía rey. Y la tribu de Dan buscaba un lugar donde establecerse, porque aún no había entrado en el territorio que se le había asignado cuando se hizo la división de la tierra entre las tribus de Israel. Así que los hombres de Dan escogieron de entre sus clanes a cinco guerreros competentes de las ciudades de Zora y Estaol para que exploraran algún territorio donde la tribu pudiera establecerse.

Cuando los guerreros llegaron a la zona montañosa de Efraín, entraron en la casa de Micaía y allí pasaron la noche. Estando en la casa de Micaía, reconocieron el acento del joven levita, así que se le acercaron y le preguntaron:

—¿Quién te trajo aquí? ¿Qué haces en este lugar? ¿Por qué estás aquí?

Él les contó de su acuerdo con Micaía, quien lo había contratado como su sacerdote personal.

Entonces ellos dijeron:

—Pregúntale a Dios si nuestro viaje tendrá éxito.

—Vayan en paz —respondió el sacerdote— porque el Señor estará vigilando el camino por donde van.

Así que los cinco hombres siguieron hasta la ciudad de Lais, donde vieron que los habitantes llevaban una vida despreocupada, igual que los sidonios; eran pacíficos y vivían seguros. También eran ricos, porque su tierra era muy fértil. Además vivían a gran distancia de Sidón y no tenían ningún aliado cerca.

Cuando los hombres regresaron a Zora y a Estaol, sus parientes les preguntaron:

—¿Qué encontraron?

Los hombres les contestaron:

—¡Vamos, ataquémoslos! Hemos visto la tierra, y es muy buena. ¿Qué esperan? No duden en ir y tomar posesión de ella. Cuando lleguen, verán que los habitantes llevan una vida despreocupada. Dios nos ha dado un territorio espacioso y fértil, ¡que no carece de nada!

Entonces seiscientos hombres de la tribu de Dan salieron de Zora y de Estaol armados para la guerra. Acamparon en un lugar situado al occidente de Quiriat-jearim, en Judá, por eso hasta el día de hoy se llama Mahne-dan. Desde allí siguieron hasta la zona montañosa de Efraín y llegaron a la casa de Micaía.

Los cinco hombres que habían explorado la tierra alrededor de Lais les explicaron a los demás: «En una de estas casas hay un efod sagrado, algunos ídolos de familia, una imagen tallada y un ídolo fundido. ¿Qué les parece que deberían hacer?». Entonces los cinco hombres se desviaron del camino y fueron hasta la casa de Micaía, donde vivía el joven levita, y lo saludaron amablemente. Mientras los seiscientos guerreros armados de la tribu de Dan vigilaban la entrada de la puerta, los cinco espías entraron al santuario y tomaron la imagen tallada, el efod sagrado, los ídolos de familia y el ídolo fundido. Ahora bien, el sacerdote también estaba en la puerta con los seiscientos guerreros armados.

Cuando el sacerdote vio que los hombres se llevaban todos los objetos sagrados del santuario de Micaía, les dijo:

—¿Qué hacen?

—Cállate y ven con nosotros —le dijeron—. Sé un padre y sacerdote para todos nosotros. ¿Acaso no es mejor ser el sacerdote de toda una tribu y un clan de Israel, que de la casa de un solo hombre?

Entonces el joven sacerdote estuvo más que dispuesto a ir con ellos, y se llevó consigo el efod sagrado, los ídolos de familia y la imagen tallada. El grupo dio la vuelta y siguió su viaje con sus hijos, el ganado y las posesiones al frente.

Cuando los de la tribu de Dan estaban ya bastante lejos de la casa de Micaía, los vecinos de Micaía salieron a perseguirlos. Estaban gritando cuando los alcanzaron. Entonces los hombres de Dan se dieron vuelta y le dijeron a Micaía:

—¿Qué te pasa? ¿Por qué has reunido a estos hombres y nos persiguen de esta forma?

—¿Cómo me preguntan: "¿Qué te pasa?"? —contestó Micaía—. ¡Ustedes se han llevado todos los dioses que yo hice y a mi sacerdote, y no me queda nada!

Los hombres de Dan le dijeron:

—¡Ten cuidado con lo que dices! Por aquí hay unos hombres de mal genio que podrían enojarse y matarte a ti y a tu familia.

Así que los hombres de Dan siguieron su camino. Cuando Micaía vio que eran demasiados para atacarlos, dio la vuelta y regresó a su casa.

Luego los hombres de Dan, con los ídolos de Micaía y su sacerdote, llegaron a la ciudad de Lais, donde los habitantes eran pacíficos y vivían seguros. Entonces los atacaron con espadas y quemaron la ciudad hasta reducirla a cenizas. No hubo quien rescatara a los habitantes porque vivían a gran distancia de Sidón y no tenían aliados cerca. Esto sucedió en el valle cerca de Bet-rehob.

Después la gente de la tribu de Dan reconstruyó la ciudad para vivir allí y le cambiaron el nombre. La llamaron Dan en honor a su antepasado, el hijo de Israel, aunque originalmente la ciudad se llamaba Lais.

Luego colocaron la imagen tallada y nombraron como sacerdote a Jonatán, hijo de Gersón, hijo de Moisés. Los miembros de esta familia continuaron siendo sacerdotes para la tribu de Dan hasta el tiempo del destierro. Así que la tribu de Dan rindió culto a la imagen tallada de Micaía todo el tiempo que el tabernáculo de Dios permaneció en Silo.

+

En esos días, Israel no tenía rey. Hubo un hombre de la tribu de Leví que vivía en un lugar remoto de la zona montañosa de Efraín. Cierto día se llevó a su casa a una mujer de Belén de Judá, para que fuera su concubina. Pero ella se enojó con él y volvió a la casa de su padre, en Belén.

Unos cuatro meses después, su marido viajó a Belén para hablar personalmente con ella y convencerla de que regresara. Llevó consigo a un siervo y a un par de burros. Cuando llegó a la casa del padre, este lo vio y le dio la bienvenida. Su suegro, el padre de la joven, insistió en que se quedara por un tiempo, así que pasó allí tres días, comiendo, bebiendo y durmiendo.

Al cuarto día, el hombre se levantó temprano y estaba listo para partir, pero el padre de la joven le dijo a su yerno: «Come algo antes de irte». Así que los dos hombres se sentaron a comer y beber juntos. Luego el padre de la joven le dijo: «Quédate, por favor, otra noche y diviértete». El hombre se levantó para irse, pero su suegro siguió insistiendo en que se quedara, así que al final cedió y pasó allí otra noche.

A la mañana del quinto día, el hombre se levantó temprano nuevamente, listo para partir, pero una vez más el padre de la joven le dijo: «Come algo; después podrás irte esta tarde». Así que se pasaron otro día de festejo. Más tarde, mientras el hombre, su concubina y el siervo se preparaban para marcharse, el suegro le dijo: «Mira, está atardeciendo. Quédate esta noche y diviértete. Mañana podrás levantarte temprano y marcharte».

Pero esta vez, el hombre estaba decidido a irse. Así que tomó a sus dos burros ensillados y a su concubina, y se dirigió a Jebús (es decir, Jerusalén). Ya era tarde cuando se acercaron a Jebús, y el siervo le dijo:

—Paremos en esta ciudad jebusea y pasemos aquí la noche.

—No —le dijo su amo—, no podemos quedarnos en esta ciudad extranjera donde no hay israelitas. Seguiremos, en cambio, hasta Guibeá. Vamos, tratemos de llegar hasta Guibeá o Ramá, y pasaremos la noche en una de esas ciudades.

Así que siguieron adelante. El sol se ponía cuando llegaron a Guibeá, una ciudad situada en Benjamín, y se detuvieron allí para pasar la noche. Descansaron en la plaza de la ciudad, pero nadie los invitó a su casa para pasar la noche.

Esa noche un anciano regresaba a su hogar después del trabajo en los campos. Era de la zona montañosa de Efraín, pero vivía en Guibeá, donde la gente era de la tribu de Benjamín. Cuando vio a los viajeros sentados en la plaza de la ciudad, les preguntó de dónde venían y hacia dónde iban.

—Regresamos de Belén, en Judá —le contestó el hombre—, y vamos hacia una zona remota de la región montañosa de Efraín, donde yo vivo. Viajé a Belén y ahora voy de regreso a mi hogar. Pero nadie nos ha invitado a su casa para pasar la noche, aunque traemos todo lo que necesitamos. Tenemos paja y forraje para nuestros burros, y bastante pan y vino para nosotros.

—Serán bienvenidos en mi casa —les dijo el anciano—. Yo les daré todo lo que pudiera faltarles; pero no se les ocurra pasar la noche en la plaza.

Entonces los llevó a su casa y dio alimento a los burros. Después de lavarse los pies, comieron y bebieron juntos.

Mientras disfrutaban el momento, un grupo de alborotadores de la ciudad rodeó la casa. Comenzaron a golpear la puerta y a gritarle al anciano:

—Saca al hombre que se hospeda contigo para que podamos tener sexo con él.

Entonces el anciano salió para hablar con ellos.

—No, hermanos míos, no hagan algo tan perverso. Pues este hombre es huésped en mi casa, y semejante acto sería vergonzoso. Miren, llévense a mi hija virgen y a la concubina de este hombre. Yo se las sacaré, y ustedes podrán abusar de ellas y hacerles lo que quieran. Pero no cometan semejante vergüenza contra este hombre.

Sin embargo, ellos no le hicieron caso. Entonces el levita tomó a su concubina y la empujó por la puerta. Los hombres de la ciudad abusaron de ella toda la noche, violándola uno por uno hasta la mañana. Finalmente, al amanecer, la soltaron. Cuando ya amanecía, la mujer regresó a la casa donde estaba hospedado su esposo y se desplomó en la puerta de la casa, y permaneció allí hasta que hubo luz.

Cuando su esposo abrió la puerta para salir, allí encontró a su concubina, tirada, con las manos en el umbral. «¡Levántate, vamos!», le dijo. Pero no hubo respuesta. Entonces subió el cuerpo de la mujer a su burro y se la llevó a su casa.

Cuando llegó a su casa, tomó un cuchillo y cortó el cuerpo de su concubina en doce pedazos. Después envió un pedazo a cada tribu por todo el territorio de Israel.

Todos los que lo veían exclamaban: «En todo este tiempo, desde que Israel salió de Egipto, nunca se había cometido un crimen tan horrible. ¡Pensémoslo bien! ¿Qué vamos a hacer? ¿Quién lo denunciará?».

Entonces todos los israelitas se unieron como un solo hombre, desde Dan, al norte, hasta Beerseba, al sur, incluidos los del otro lado del Jordán, en la tierra de Galaad. Toda la comunidad se reunió en asamblea ante la presencia del Señor en Mizpa. Los líderes de todo el pueblo, de todas las tribus de Israel —cuatrocientos mil guerreros armados con espadas—, ocuparon sus puestos en la asamblea del pueblo de Dios. (Pronto llegó la noticia a la tierra de Benjamín de que las otras tribus habían subido a Mizpa). Entonces los israelitas preguntaron cómo había sucedido ese crimen tan terrible.

El levita, el esposo de la mujer asesinada, explicó:

—Mi concubina y yo nos detuvimos para pasar la noche en Guibeá, una ciudad que pertenece a la tribu de Benjamín. Esa noche, algunos de los ciudadanos prominentes de Guibeá rodearon la casa con la intención de matarme, y violaron a mi concubina hasta que quedó muerta. Entonces corté su cuerpo en doce pedazos y envié los pedazos por todo el territorio asignado a Israel, porque esos hombres han cometido un crimen terrible y vergonzoso. Ahora bien, todos ustedes —la comunidad entera de Israel— tienen que decidir aquí y ahora qué debe hacerse al respecto.

Y todo el pueblo se puso de pie al mismo tiempo y proclamó a una voz:

—¡Ninguno de nosotros volverá a su hogar! ¡No, ni una sola persona! En cambio, haremos lo siguiente con Guibeá: echaremos suertes para decidir quién la atacará. Una décima parte de los hombres de cada tribu se encargará de abastecer a los guerreros con provisiones; los demás nos vengaremos de Guibeá, en Benjamín, por la infamia que sus hombres han cometido en Israel.

Así que los israelitas estaban en total unanimidad, y se juntaron para atacar la ciudad.

Los israelitas enviaron mensajeros a la tribu de Benjamín, diciendo: «¡Qué acto tan terrible se ha cometido en medio de ustedes! Entréguennos a esos hombres malvados, a esos perturbadores de Guibeá, para que los ejecutemos y así purifiquemos a Israel de semejante maldad».

Pero los de Benjamín no quisieron escuchar. En cambio, salieron de sus ciudades y se juntaron en Guibeá para pelear contra los israelitas. En total, de toda la tribu de Benjamín, llegaron a Guibeá veintiséis mil guerreros armados con espadas, los cuales se sumaron a los setecientos guerreros selectos que vivían allí. Entre las tropas selectas de Benjamín había setecientos hombres zurdos, capaces de tirar una piedra con la honda y acertar en un cabello sin errar el blanco. Israel, a su vez, tenía cuatrocientos mil soldados con experiencia en la guerra, armados con espadas, sin contar a los guerreros de Benjamín.

Antes de la batalla, los israelitas fueron a Betel y le preguntaron a Dios:

—¿Cuál de las tribus debe ser la primera en atacar a la gente de Benjamín?

El Señor contestó:

—Judá debe ir primero.

Entonces los israelitas salieron temprano a la mañana siguiente y acamparon cerca de Guibeá. Después avanzaron hacia Guibeá para atacar a los hombres de Benjamín. Pero los guerreros de Benjamín, que estaban defendiendo la ciudad, salieron y mataron ese día a veintidós mil israelitas en el campo de batalla.

Sin embargo, los israelitas se animaron unos a otros y otra vez tomaron sus posiciones en el mismo lugar donde habían luchado el día anterior. Pues habían subido a Betel y habían llorado en presencia del Señor hasta la noche. Le habían preguntado al Señor:

—¿Debemos salir nuevamente a pelear contra nuestros parientes de Benjamín?

Y el Señor había dicho:

—Salgan a pelear contra ellos.

Así que, al día siguiente, volvieron a pelear contra los hombres de Benjamín, pero los hombres de Benjamín mataron a otros dieciocho mil israelitas, todos ellos expertos en el uso de la espada.

Entonces todos los israelitas subieron a Betel y lloraron en presencia del Señor, y ayunaron hasta la noche. También le llevaron al Señor ofrendas quemadas y ofrendas de paz. Los israelitas fueron a buscar dirección del Señor. (En esos días el arca del pacto de Dios estaba en Betel, y el sacerdote era Finees, hijo de Eleazar y nieto de Aarón). Los israelitas le preguntaron al Señor:

—¿Debemos volver a pelear contra nuestros parientes de Benjamín o debemos detenernos?

El Señor dijo:

—¡Vayan! Mañana se los entregaré.

Entonces los israelitas armaron una emboscada alrededor de Guibeá. Salieron al tercer día, y tomaron sus posiciones en los mismos lugares que antes. Cuando los hombres de Benjamín salieron a atacar, fueron alejados de la ciudad. Y tal como habían hecho antes, comenzaron a matar a los israelitas. Unos treinta israelitas murieron en campo abierto y por los dos caminos, uno que lleva a Betel, y el otro que lleva de vuelta a Guibeá.

Entonces los guerreros de Benjamín gritaron: «¡Los estamos derrotando igual que antes!»; pero los israelitas habían planeado huir de antemano, para que los hombres de Benjamín salieran a perseguirlos por los caminos y quedaran alejados de la ciudad.

Cuando los guerreros israelitas llegaron a Baal-tamar, se dieron vuelta y tomaron sus posiciones de batalla. Mientras tanto, los israelitas que estaban escondidos en emboscada al occidente de Guibeá salieron de repente a pelear. Sumaban diez mil los guerreros israelitas selectos que avanzaron contra Guibeá. El enfrentamiento fue tan intenso, que Benjamín no se dio cuenta del desastre que se avecinaba. Y el Señor ayudó a Israel a derrotar a Benjamín, y ese día los israelitas mataron a veinticinco mil cien guerreros de Benjamín, todos expertos en el manejo de la espada. Entonces los hombres de Benjamín se dieron cuenta de que estaban vencidos.

Los israelitas habían retrocedido frente a los guerreros de Benjamín para que los que estaban escondidos en emboscada tuvieran más terreno para maniobrar contra Guibeá. Entonces los que estaban escondidos en los alrededores se lanzaron contra la ciudad y mataron a todos los habitantes. Habían acordado hacer una gran columna de humo desde la ciudad como señal. Cuando los israelitas vieron el humo, se dieron vuelta y atacaron a los guerreros de Benjamín.

Para entonces, los guerreros de Benjamín habían matado a unos treinta israelitas y gritaban: «¡Los estamos derrotando como en la primera batalla!». Pero cuando los guerreros de Benjamín miraron hacia atrás y vieron el humo que se elevaba al cielo desde todos los rincones de la ciudad, los hombres de Israel giraron y los atacaron. En ese instante, los hombres de Benjamín se aterrorizaron, porque se dieron cuenta de que se les venía el desastre encima. Así que dieron media vuelta y huyeron frente a los israelitas hacia el desierto. Pero no pudieron escapar de la batalla, y la gente que salió de las ciudades cercanas también pereció. Los israelitas cercaron a los hombres de Benjamín y los persiguieron sin tregua, hasta que por fin los alcanzaron al oriente de Guibeá. Ese día murieron en batalla dieciocho mil de los guerreros más fuertes de Benjamín. Los sobrevivientes huyeron al desierto, hacia la roca de Rimón, pero Israel mató a cinco mil de ellos a lo largo del camino. Los israelitas continuaron persiguiéndolos hasta que mataron a otros dos mil cerca de Gidom.

Ese día la tribu de Benjamín perdió veinticinco mil guerreros fuertes armados con espada, y quedaron solo seiscientos hombres, quienes escaparon a la roca de Rimón, donde vivieron durante cuatro meses. Entonces los israelitas regresaron al territorio de Benjamín y en todas las ciudades masacraron a todo ser viviente: a la gente, a los animales y a todo lo que encontraron. También quemaron por completo todas las ciudades por las que pasaron.

Los israelitas habían jurado en Mizpa: «Nunca daremos nuestras hijas en matrimonio a ningún hombre de la tribu de Benjamín». Entonces el pueblo de Israel fue a Betel y permaneció en presencia de Dios hasta la noche, llorando amargamente en voz alta. «Oh Señor, Dios de Israel —clamaban—, ¿por qué ha sucedido esto en Israel? ¡Ahora Israel ha perdido una de sus tribus!».

Temprano a la mañana siguiente, el pueblo construyó un altar y allí presentó sus ofrendas quemadas y ofrendas de paz. Entonces se preguntaron: «¿Quién de entre las tribus de Israel no estuvo con nosotros en Mizpa cuando nos reunimos en asamblea en presencia del Señor?». En esa ocasión, habían hecho un juramento solemne ante el Señor de que matarían a todo el que se negara a presentarse.

Los israelitas sintieron lástima por su hermano Benjamín y dijeron: «Hoy ha sido cortada una de las tribus de Israel. ¿Cómo podemos encontrar esposas para los pocos hombres que quedan, ya que hemos jurado por el Señor que no les daríamos nuestras hijas en matrimonio?».

Así que preguntaron: «¿Quién de entre las tribus de Israel no estuvo con nosotros en Mizpa cuando nos reunimos en asamblea en presencia del Señor?». Y descubrieron que ninguno de Jabes de Galaad había asistido a la asamblea. Pues luego de contar a todos los presentes, no había nadie de Jabes de Galaad.

Entonces la asamblea envió a doce mil de sus mejores guerreros a Jabes de Galaad con órdenes de matar a todos los habitantes, entre ellos mujeres y niños. «Lo que harán —les dijeron— es destruir por completo a todos los varones y a las mujeres que no sean vírgenes». Entre los habitantes de Jabes de Galaad, encontraron a cuatrocientas muchachas vírgenes, que nunca se habían acostado con un hombre, y las llevaron al campamento en Silo, que está en la tierra de Canaán.

Así que la asamblea de Israel envió una delegación de paz a los hombres que habían quedado de Benjamín, y que estaban viviendo en la roca de Rimón. Entonces los hombres de Benjamín volvieron a sus hogares y recibieron como esposas a las cuatrocientas mujeres de Jabes de Galaad, a quienes se les había perdonado la vida. Pero no hubo suficientes mujeres para todos los hombres.

El pueblo sintió lástima por Benjamín, porque el Señor había dejado un vacío en las tribus de Israel. A raíz de eso, los ancianos de la asamblea preguntaron: «¿Cómo podemos conseguir esposas para los pocos que quedan, ya que las mujeres de la tribu de Benjamín están muertas? Los sobrevivientes deben tener herederos, para que no quede exterminada toda una tribu de Israel. Pero no podemos darles a nuestras hijas en matrimonio porque hemos jurado solemnemente que quien lo haga caerá bajo la maldición de Dios».

Entonces se acordaron del festival anual del Señor que se celebra en Silo, al sur de Lebona y al norte de Betel, por el lado oriente del camino que va de Betel a Siquem. Así que les dijeron a los hombres de Benjamín que aún necesitaban esposa: «Vayan y escóndanse en los viñedos. Cuando vean que las jóvenes de Silo salen a danzar, salgan corriendo de los viñedos, y entonces cada uno de ustedes llévese a una de ellas a la tierra de Benjamín, para que sea su esposa. Cuando los padres y los hermanos de las muchachas vengan a reclamarnos, nosotros les diremos: "Sean comprensivos, por favor. Dejen que se queden con sus hijas, porque no encontramos esposas para todos ellos cuando destruimos Jabes de Galaad. Y ustedes no son culpables de romper el voto, ya que, en realidad, no les entregaron a sus hijas en matrimonio"».

Así que los hombres de Benjamín hicieron lo que se les dijo. Cada hombre tomó a una de las mujeres mientras danzaban en la celebración, y se la llevó para que fuera su esposa. Regresaron a su propia tierra, reedificaron sus ciudades y vivieron en ellas.

Luego el pueblo de Israel se retiró por tribus y familias, y cada uno volvió a su propia casa.

En esos días, Israel no tenía rey; cada uno hacía lo que le parecía correcto según su propio criterio.

INMERSOS EN RUT

EL LIBRO DE JUECES TERMINA con una perturbadora descripción de lo malo que habían llegado a estar las cosas: «En esos días, Israel no tenía rey; cada uno hacía lo que le parecía correcto según su propio criterio». Pero el libro de Rut demuestra que Israel no estaba totalmente corrupto; en realidad, algunos israelitas seguían los caminos misericordiosos y compasivos de Dios «en los días en que los jueces gobernaban Israel».

Al relatar esta asombrosa historia de Rut, el libro revela un lazo fundamental entre el período de los jueces y las historias de los reyes de Israel, que vienen a continuación en el libro de Samuel–Reyes. Termina con una sorprendente conexión con la futura llegada del famoso rey David de Israel.

El libro de Rut relata una historia única y está escrita como un breve drama teatral. Primero se establece el escenario narrativo, y luego aparecen una serie de breves escenas dramáticas. A causa de una hambruna en la tierra, una mujer israelita llamada Noemí se muda al país vecino de Moab con su esposo y sus hijos en busca de alimento. Allí se establecen y sus hijos se casan con mujeres moabitas. El conflicto de la historia surge a raíz de las varias tragedias que sufre Noemí y su lucha por sobrevivir.

A medida que se desenvuelve la historia, Noemí decide volver a su hogar en Israel. «Me fui llena», dice Noemí tristemente a sus amigos, «pero el SEÑOR me ha traído vacía a casa». Noemí, ahora acompañada por Rut, su nuera moabita, enfrenta la dura prueba de ser una viuda, sin ningún heredero masculino, en una cultura patriarcal antigua.

Descubrimos que tanto Noemí como Rut tienen una reserva profunda de fortaleza interior e ingenio. Ellas enfrentan los desafíos significantes de sus vidas con valentía, audacia y trabajo duro. En el camino, encuentran a Booz, un israelita fiel y compasivo que resulta ser un refugio para las mujeres al cumplir las cláusulas de la ley israelita para ayudar a los pobres. Vemos que Dios está obrando durante toda la historia por la forma en que la gente sigue apareciendo en el lugar correcto justo en el momento ideal.

Podemos aprender mucho de esta breve pero finamente elaborada historia de Rut y Noemí. Dios está directamente involucrado en nuestros dramas humanos, obrando de maneras que no siempre podemos ver ni entender. Por lo tanto, debemos seguir adelante fielmente y desempeñar bien nuestro papel en la historia, usando con creatividad todos los recursos y dones que Dios provee, incluyendo la ayuda de otra gente que vive en la historia de Dios.

Este libro también demuestra la fidelidad de Dios hacia su pacto. Para decirlo sencillamente, el libro de Rut —al igual que el libro de Jueces— apoya el derecho de la casa de David para reinar en Israel. Pero hay un problema. Como lo revela la genealogía al final del libro, David es el bisnieto de Rut, la moabita. Como los moabitas se habían negado a proveer alimento y agua a los israelitas cuando estos huían de Egipto, en la ley de Moisés había una cláusula que establecía que ninguno de sus descendientes podía ser aceptado en la comunidad israelita por diez generaciones. David era un descendiente de cuarta generación de una moabita. ¿Cómo podía entonces ser un rey legítimo de Israel?

El libro de Rut demuestra que la antepasada moabita de David fue una mujer de verdadera fe en el Dios de Israel. Además de eso, efectivamente proveyó para una israelita desesperada (Noemí) la ayuda que necesitaba, y de esa forma, Rut rectificó los errores de sus antepasados. Al final del libro, las mujeres de Belén aceptan a Rut y oran para que sea otra gran antepasada de la comunidad «como Raquel y Lea, ¡de quienes descendió toda la nación de Israel!». Esas oraciones reciben su respuesta cuando Rut se convierte en una madre en el linaje real de David. Es significativo que la genealogía al final del libro enumera diez generaciones que conducen al rey David, mostrando que la antigua prohibición en relación con los moabitas es superada por los propósitos más amplios de Dios de traer bendición a todas las naciones de la tierra.

RUT

✢

En los días en que los jueces gobernaban Israel, un hambre severa azotó la tierra. Por eso, un hombre de Belén de Judá dejó su casa y se fue a vivir a la tierra de Moab, junto con su esposa y sus dos hijos. El hombre se llamaba Elimelec, y el nombre de su esposa era Noemí. Sus dos hijos se llamaban Mahlón y Quelión. Eran efrateos de Belén, en la tierra de Judá. Así que cuando llegaron a Moab se establecieron allí.

Tiempo después murió Elimelec, y Noemí quedó sola con sus dos hijos. Ellos se casaron con mujeres moabitas. Uno se casó con una mujer llamada Orfa y el otro con una mujer llamada Rut. Pero unos diez años después murieron tanto Mahlón como Quelión. Entonces, Noemí quedó sola, sin sus dos hijos y sin su esposo.

Estando en Moab, Noemí se enteró de que el Señor había bendecido a su pueblo en Judá al volver a darle buenas cosechas. Entonces Noemí y sus nueras se prepararon para salir de Moab y regresar a su tierra natal. Acompañada por sus dos nueras, partió del lugar donde vivía y tomó el camino que las llevaría de regreso a Judá.

Sin embargo, ya puestas en camino, Noemí les dijo a sus dos nueras:

—Vuelva cada una a la casa de su madre, y que el Señor las recompense por la bondad que mostraron a sus esposos y a mí. Que el Señor las bendiga con la seguridad de un nuevo matrimonio.

Entonces les dio un beso de despedida y todas se echaron a llorar desconsoladas.

—No —le dijeron—, queremos ir contigo a tu pueblo.

Pero Noemí respondió:

—¿Por qué habrían de continuar conmigo? ¿Acaso puedo tener más hijos que crezcan y sean sus esposos? No, hijas mías, regresen a la casa de sus padres, porque ya soy demasiado vieja para volverme a casar. Aunque fuera posible, y me casara esta misma noche y tuviera hijos varones, entonces, ¿qué? ¿Esperarían ustedes hasta que ellos crecieran y se negarían a casarse con algún otro? ¡Por supuesto que no, hijas mías! La situación es mucho más amarga para mí que para ustedes, porque el Señor mismo ha levantado su puño contra mí.

Entonces volvieron a llorar juntas y Orfa se despidió de su suegra con un beso, pero Rut se aferró con firmeza a Noemí.

—Mira —le dijo Noemí—, tu cuñada regresó a su pueblo y a sus dioses. Tú deberías hacer lo mismo.

Pero Rut respondió:

—No me pidas que te deje y regrese a mi pueblo. A donde tú vayas, yo iré; dondequiera que tú vivas, yo viviré. Tu pueblo será mi pueblo, y tu Dios será mi Dios. Donde tú mueras, allí moriré y allí me enterrarán. ¡Que el Señor me castigue severamente si permito que algo nos separe, aparte de la muerte!

Cuando Noemí vio que Rut estaba decidida a irse con ella, no insistió más.

De modo que las dos siguieron el viaje. Cuando entraron a Belén, todo el pueblo se conmocionó por causa de su llegada.

—¿De verdad es Noemí? —preguntaban las mujeres.

—No me llamen Noemí —contestó ella—. Más bien llámenme Mara, porque el Todopoderoso me ha hecho la vida muy amarga. Me fui llena, pero el Señor me ha traído vacía a casa. ¿Por qué llamarme Noemí cuando el Señor me ha hecho sufrir y el Todopoderoso ha enviado semejante tragedia sobre mí?

Así que Noemí regresó de Moab acompañada de su nuera Rut, la joven moabita. Llegaron a Belén a fines de la primavera, al comienzo de la cosecha de la cebada.

Había en Belén un hombre rico y muy influyente llamado Booz que era pariente de Elimelec, el esposo de Noemí.

Un día Rut la moabita le dijo a Noemí:

—Déjame ir a los campos de cosecha a ver si alguien en su bondad me permite recoger las espigas de grano dejadas atrás.

Noemí respondió:

—Está bien, hija mía, puedes ir.

Así que Rut salió a recoger espigas detrás de los cosechadores, y resultó que lo hizo en un campo que pertenecía a Booz, el pariente de su suegro, Elimelec.

Mientras estaba allí, llegó Booz de Belén y saludó a los cosechadores:

—¡El Señor sea con ustedes! —les dijo.

—¡El Señor lo bendiga! —respondieron los cosechadores.

Entonces Booz le preguntó a su capataz:

—¿Quién es esa joven que veo allá? ¿De quién es?

Y el capataz le contestó:

—Es la joven moabita que volvió con Noemí. Esta mañana me pidió permiso para recoger grano detrás de los segadores. Desde que llegó no ha dejado de trabajar con esmero, excepto por unos momentos de descanso en el refugio.

Booz se acercó a Rut y le dijo:

—Escucha, hija mía. Quédate aquí mismo con nosotros cuando recojas grano; no vayas a ningún otro campo. Sigue muy de cerca a las jóvenes que trabajan en mi campo. Fíjate en qué parcela están cosechando y síguelas. Advertí a los hombres que no te traten mal. Y cuando tengas sed, sírvete del agua que hayan sacado del pozo.

Entonces Rut cayó a sus pies muy agradecida.

—¿Qué he hecho para merecer tanta bondad? —le preguntó—. No soy más que una extranjera.

—Sí, lo sé —respondió Booz—; pero también sé todo lo que has hecho por tu suegra desde la muerte de tu esposo. He oído que dejaste a tu padre y a tu madre, y a tu tierra natal, para vivir aquí entre gente totalmente desconocida. Que el Señor, Dios de Israel, bajo cuyas alas viniste a refugiarte, te recompense abundantemente por lo que hiciste.

—Espero continuar siendo de su agrado, señor —respondió ella—. Usted me consoló al hablarme con tanta bondad, aunque ni siquiera soy una de sus trabajadoras.

Después, a la hora de comer, Booz la llamó:

—Ven aquí y sírvete de la comida. Puedes mojar tu pan en el vinagre.

De modo que Rut se sentó junto a los cosechadores, y Booz le dio a comer grano tostado. Ella comió todo lo que quiso y hasta le sobró.

Cuando Rut regresó a trabajar, Booz ordenó a sus trabajadores:

—Déjenla recoger espigas aun entre las gavillas, y no se lo impidan. Además, arranquen de los manojos algunas espigas de cebada y déjenlas caer a propósito. ¡Permítanle recogerlas y no la molesten!

Así que Rut recogió cebada allí todo el día y cuando la desgranó por la tarde, llenó toda una canasta. Luego la cargó de vuelta al pueblo y la mostró a su suegra. También le dio el grano tostado que le había sobrado de su comida.

—¿Dónde recogiste todo este grano hoy? —preguntó Noemí—. ¿Dónde trabajaste? ¡Que el Señor bendiga al que te ayudó!

Entonces Rut le contó a su suegra acerca del hombre en cuyo campo había trabajado. Le dijo:

—El hombre con quien trabajé hoy se llama Booz.

—¡Que el Señor lo bendiga! —le dijo Noemí a su nuera—. Nos muestra su bondad no solo a nosotras sino también a tu marido que murió. Ese hombre es uno de nuestros parientes más cercanos, uno de los redentores de nuestra familia.

Entonces Rut dijo:

—Es más, Booz me dijo que volviera y me quedara con sus trabajadores hasta que termine la cosecha.

—¡Excelente! —exclamó Noemí—. Haz lo que te dijo, hija mía. Quédate con las jóvenes hasta que termine la cosecha. En otros campos podrían molestarte, pero con él estarás segura.

De modo que Rut trabajó junto a las mujeres en los campos de Booz y recogió grano con ellas hasta el final de la cosecha de cebada. Luego siguió trabajando con ellas durante la cosecha de trigo, a comienzos del verano. Y todo ese tiempo vivió con su suegra.

Un día Noemí le dijo a Rut:

—Hija mía, es tiempo de que yo te encuentre un hogar permanente para que tengas un porvenir asegurado. Booz es nuestro pariente cercano, y él ha sido muy amable al dejarte recoger grano con las jóvenes. Esta noche estará aventando cebada en el campo de trillar. Mira, haz lo que te digo. Báñate, perfúmate y vístete con tu ropa más linda. Después baja al campo de trillar pero no dejes que Booz te vea hasta que termine de comer y de beber. Fíjate bien dónde se acuesta; después acércate a él, destapa sus pies y acuéstate allí. Entonces él te dirá lo que debes hacer.

—Haré todo lo que me dices —respondió Rut.

Así que esa noche bajó al campo donde se trilla el grano y siguió las instrucciones de su suegra.

Después de que Booz terminó de comer y de beber y estuvo de buen ánimo, se acostó al otro extremo del montón de grano y se durmió. Entonces Rut se acercó sin hacer ruido, le destapó los pies y se acostó. Alrededor de la medianoche, Booz se despertó de pronto y se dio vuelta. Entonces se sorprendió, ¡al encontrar a una mujer acostada a sus pies!

—¿Quién eres? —preguntó.

—Soy Rut, su sierva —contestó ella—. Extienda sobre mí el borde de su manto ya que usted es el redentor de mi familia.

—¡El Señor te bendiga, hija mía! —exclamó Booz—. Muestras aún más lealtad familiar ahora que antes, pues no has ido tras algún hombre más joven, sea rico o pobre. Ahora, hija mía, no te preocupes por nada. Yo haré lo que sea necesario, porque todo el pueblo sabe que eres una mujer virtuosa. Pero aunque es cierto que yo soy uno de los redentores de tu familia, hay un pariente más cercano que yo. Quédate aquí esta noche, y por la mañana hablaré con él. Si está dispuesto a redimirte, muy bien; que se case contigo. Pero si no está dispuesto a hacerlo, entonces, ¡tan cierto como que el Señor vive, yo mismo te redimiré! Ahora acuéstate aquí hasta la mañana.

Entonces Rut se acostó a los pies de Booz hasta la mañana, pero ella se levantó muy temprano, antes de que hubiera suficiente luz para que una persona pudiera reconocer a otra; pues Booz había dicho:

—Nadie debe saber que estuvo una mujer aquí en el campo de trillar.

Luego Booz le dijo:

—Trae tu manto y extiéndelo.

Entonces él midió seis medidas de cebada sobre el manto y lo colocó sobre las espaldas de ella. Después él regresó al pueblo.

Cuando Rut volvió a donde estaba su suegra, Noemí le preguntó:

—¿Qué sucedió, hija mía?

Rut le contó a Noemí todo lo que Booz había hecho por ella y agregó:

—Me dio estas seis medidas de cebada y dijo: "No vuelvas a tu suegra con las manos vacías".

Entonces Noemí le dijo:

—Ten paciencia, hija mía, hasta que sepamos lo que pasa. El hombre no descansará hasta dejar resuelto el asunto hoy mismo.

Booz fue a la puerta de la ciudad y allí se sentó. En ese momento, pasó por ese lugar el redentor de la familia que Booz había mencionado, así que lo llamó:

—Amigo, ven, siéntate aquí. Quiero hablar contigo.

Así que se sentaron juntos. Enseguida Booz llamó a diez líderes del pueblo y les pidió que se sentaran allí como testigos. Entonces Booz le dijo al redentor de la familia:

—Tú conoces a Noemí, la que volvió de Moab. Está por vender el terreno que pertenecía a Elimelec, nuestro pariente. Pensé que yo debía hablar contigo para que pudieras redimir la tierra si deseas hacerlo. Si quieres la tierra, entonces cómprala ahora en presencia de estos testigos. Pero si no quieres la tierra, házmelo saber ahora mismo, porque, después de ti, soy el pariente más cercano para redimirla.

El hombre respondió:

—Muy bien, yo la redimo.

Entonces le dijo Booz:

—Por supuesto, al comprar tú la tierra de Noemí, estás obligado a casarte con Rut, la viuda moabita. De esta manera ella podrá tener hijos que lleven el nombre de su esposo y así conservar la tierra para su familia.

—Entonces no puedo redimir la tierra —respondió el pariente redentor— porque esto pondría en peligro mi propia herencia. Redime tú la tierra; yo no lo puedo hacer.

En esos días era costumbre en Israel que cualquiera que transfiriera un derecho de compra se quitara la sandalia y se la entregara a la otra parte. Esto hacía válida la transacción de una manera pública. Entonces el otro redentor de la familia se quitó la sandalia mientras le decía a Booz:

—Compra tú la tierra.

Entonces Booz les dijo a los ancianos y a la gente que estaba alrededor:

—Ustedes son testigos de que hoy le compré a Noemí toda la propiedad de Elimelec, Quelión y Mahlón. Además, junto con la tierra adquirí a Rut, la viuda moabita de Mahlón, para que sea mi esposa. De este modo ella podrá tener un hijo para que el nombre de la familia de su difunto esposo continúe y herede aquí, en su pueblo natal, la propiedad de su familia. Hoy todos ustedes son testigos.

Entonces los ancianos y toda la gente que estaba en la puerta respondieron:

—¡Somos testigos! ¡Que el Señor haga que esta mujer que va a ser parte de tu hogar sea como Raquel y Lea, de quienes descendió toda la nación de Israel! Que prosperes en Efrata y que seas famoso en Belén. Y que el Señor te dé descendientes por medio de esta joven que sean como los de nuestro antepasado Fares, el hijo de Tamar y Judá.

Así que Booz llevó a Rut a su casa y la hizo su esposa. Cuando se acostó con ella, el Señor permitió que quedara embarazada y diera a luz un hijo. Entonces las mujeres del pueblo le dijeron a Noemí: «¡Alabado sea el Señor, que te ha dado ahora un redentor para tu familia! Que este niño sea famoso en Israel. Que él restaure tu juventud y te cuide en tu vejez. ¡Pues es el hijo de tu nuera que te ama y que te ha tratado mejor que siete hijos!».

Entonces Noemí tomó al niño, lo abrazó contra su pecho y cuidó de él como si fuera su propio hijo. Las vecinas decían: «¡Por fin ahora Noemí tiene nuevamente un hijo!». Y le pusieron por nombre Obed. Él llegó a ser el padre de Isaí y abuelo de David.

✣

Este es el registro genealógico de su antepasado Fares:

Fares fue el padre de Hezrón.
Hezrón fue el padre de Ram.
Ram fue el padre de Aminadab.
Aminadab fue el padre de Naasón.
Naasón fue el padre de Salmón.
Salmón fue el padre de Booz.
Booz fue el padre de Obed.
Obed fue el padre de Isaí.
Isaí fue el padre de David.

INMERSOS EN SAMUEL-REYES

LOS LIBROS QUE HOY SE CONOCEN como 1 y 2 Samuel y 1 y 2 Reyes fueron originalmente un único libro, posteriormente dividido debido a limitaciones en el tamaño de los rollos antiguos. En su unidad original, Samuel-Reyes relata la historia de la monarquía israelita de principio a fin.

La tradición hebrea nos dice que esta gran obra fue compuesta a lo largo del tiempo a partir de los registros de los profetas —como Samuel, Natán y Gad— que eran mensajeros de Dios al pueblo de Israel. Estos profetas presenciaron los momentos cruciales en la vida de la nación, interpretaron los hechos a la luz de los pactos de Dios y registraron sus observaciones para la posteridad. Por lo tanto, la historia real de Samuel-Reyes es también la historia de la palabra del SEÑOR, hablada por medio de sus profetas en respuesta a las necesidades de los gobernantes de Israel.

Aunque Samuel-Reyes se basa en los registros de diversos profetas, compilados para enfrentar las preocupaciones de diferentes períodos históricos, un patrón estructural literario único recorre toda la obra. Una fórmula repetida describe la duración del reinado de cada rey, dónde reinó y la edad que tenían cuando comenzó a reinar.

Pero las dos mitades de Samuel-Reyes también tienen preocupaciones independientes. Podemos entender la intención de la primera mitad recordando uno de los propósitos de los libros anteriores: predecir y defender la monarquía en Israel. El libro de Deuteronomio hizo preparativos para los requerimientos del futuro rey. El libro de Jueces le recordó a Israel lo malo que estaban las cosas antes de su primer rey. La historia de Rut reveló que el descendiente de una moabita todavía podía ser el «ungido de Dios».

De manera similar, la primera mitad de Samuel-Reyes también es una *defensa de la monarquía*. Le recuerda al pueblo que ellos pidieron un rey, a pesar de que el profeta Samuel les advirtió que un rey les exigiría impuestos y trabajo duro. Específicamente, describe el establecimiento de la monarquía y luego explica por qué Dios finalmente rechazó a Saúl, el primer rey.

Pero lo más importante es que la primera mitad de Samuel–Reyes describe el cuarto pacto, dándole más estructura a la historia que se desarrolla en la Biblia. El segundo rey de Israel, David, es un hombre conforme al corazón de Dios, y Dios promete que de David saldrá una perdurable dinastía de reyes. Por lo tanto, el futuro de Israel está atado al destino de David y sus descendientes.

La segunda mitad de Samuel–Reyes vuelve a poner el foco en el pacto anterior de Dios con Israel, el que hizo por medio de Moisés. Ese pacto les prometía bendiciones o maldiciones dependiendo de su fidelidad o infidelidad a sus instrucciones. Las historias de los sucesivos reyes de Israel demuestran que la monarquía iba de mal en peor mientras rey tras rey fracasaba en su deber de guiar al pueblo hacia una lealtad incondicional a Dios. De manera que los profetas presentan una extensa «demanda» en que acusan tanto a los reyes como al pueblo porque el pueblo no ha cumplido con su parte del pacto. En consecuencia, la nación primero se divide en dos y luego se reduce el territorio de cada parte. Al final, ambos reinos —ahora llamados Israel y Judá— son conquistados por imperios extranjeros. Jerusalén es saqueada; sus murallas, derribadas; y el templo, hecho cenizas. El pueblo es echado de su tierra. En otras palabras, la segunda mitad de Samuel–Reyes es una *defensa del exilio*.

Samuel–Reyes aparentemente termina con esta nota de fracaso: el fracaso de Israel, de los planes de Dios para Israel y, definitivamente, de los planes de Dios para el mundo por medio de Israel. Pero al final de toda la obra, Joaquín, el heredero sobreviviente del trono de David, es liberado de prisión y tratado como un súbdito de honor por el rey del Imperio babilónico. Queda un delgado rayo de esperanza.

La Biblia describe al Señor como el Creador de la tierra, el verdadero Rey de todas las naciones. Con Israel ahora en ruinas, la pregunta vuelve a Dios mismo. ¿Cómo cumplirá su promesa de redimir y restaurar al mundo, ahora que su instrumento elegido se ha caído?

SAMUEL-REYES

---✝---

Había un hombre llamado Elcana que vivía en Ramá, en la región de Zuf ubicada en la zona montañosa de Efraín. Era hijo de Jeroham, hijo de Eliú, hijo de Tohu, hijo de Zuf, de la tribu de Efraín. Elcana tenía dos esposas: Ana y Penina. Penina tenía hijos, pero Ana no.

Cada año Elcana viajaba a la ciudad de Silo para adorar al Señor de los Ejércitos Celestiales y ofrecerle sacrificios en el tabernáculo. Los sacerdotes del Señor en ese tiempo eran los dos hijos de Elí: Ofni y Finees. Cuando Elcana presentaba su sacrificio, les daba porciones de esa carne a Penina y a cada uno de sus hijos. Sin embargo, a Ana, aunque la amaba, solamente le daba una porción selecta porque el Señor no le había dado hijos. De manera que Penina se mofaba y se reía de Ana porque el Señor no le había permitido tener hijos. Año tras año sucedía lo mismo: Penina se burlaba de Ana mientras iban al tabernáculo. En cada ocasión, Ana terminaba llorando y ni siquiera quería comer.

«¿Por qué lloras, Ana? —le preguntaba Elcana—. ¿Por qué no comes? ¿Por qué estás desanimada? ¿Solo por no tener hijos? Me tienes a mí, ¿acaso no es mejor que tener diez hijos?».

Una vez, después de comer lo que fue ofrecido como sacrificio en Silo, Ana se levantó y fue a orar. El sacerdote Elí estaba sentado en su lugar de costumbre junto a la entrada del tabernáculo. Ana, con una profunda angustia, lloraba amargamente mientras oraba al Señor e hizo el siguiente voto: «Oh Señor de los Ejércitos Celestiales, si miras mi dolor y contestas mi oración y me das un hijo, entonces te lo devolveré. Él será tuyo durante toda su vida, y como señal de que fue dedicado al Señor, nunca se le cortará el cabello».

Mientras Ana oraba al Señor, Elí la observaba y la veía mover los labios. Pero como no oía ningún sonido, pensó que estaba ebria.

—¿Tienes que venir borracha? —le reclamó—. ¡Abandona el vino!

—¡Oh no, señor! —respondió ella—. No he bebido vino ni nada más fuerte. Pero como estoy muy desanimada, derramaba ante el Señor lo que hay en mi corazón. ¡No piense que soy una mujer perversa! Pues he estado orando debido a mi gran angustia y a mi profundo dolor.

—En ese caso —le dijo Elí—, ¡ve en paz! Que el Dios de Israel te conceda lo que le has pedido.

—¡Oh, muchas gracias! —exclamó ella.

Así que se fue, comenzó a comer de nuevo y ya no estuvo triste.

Temprano a la mañana siguiente, la familia se levantó y una vez más fue a adorar al Señor. Después regresaron a su casa en Ramá. Ahora bien, cuando Elcana se acostó con Ana, el Señor se acordó de la súplica de ella, y a su debido tiempo dio a luz un hijo a quien le puso por nombre Samuel, porque dijo: «Se lo pedí al Señor».

Al año siguiente, Elcana y su familia hicieron su viaje anual para ofrecer sacrificio al Señor y para cumplir su voto. Pero Ana no los acompañó y le dijo a su esposo:

—Esperemos hasta que el niño sea destetado. Entonces lo llevaré al tabernáculo y lo dejaré allí con el Señor para siempre.

—Haz lo que mejor te parezca —acordó Elcana—. Quédate aquí por ahora, y que el Señor te ayude a cumplir tu promesa.

Así que ella se quedó en casa y amamantó al niño hasta que lo destetó.

Cuando el niño fue destetado, Ana lo llevó al tabernáculo en Silo. Ellos llevaron un toro de tres años para el sacrificio, una canasta de harina y un poco de vino. Después de sacrificar el toro, llevaron al niño a Elí. «Señor, ¿se acuerda de mí? —preguntó Ana—. Soy aquella misma mujer que estuvo aquí hace varios años orando al Señor. Le pedí al Señor que me diera este niño, y él concedió mi petición. Ahora se lo entrego al Señor, y le pertenecerá a él toda su vida». Y allí ellos adoraron al Señor.

Luego Ana oró:

«¡Mi corazón se alegra en el Señor!
    El Señor me ha fortalecido.
Ahora tengo una respuesta para mis enemigos;
    me alegro porque tú me rescataste.
¡Nadie es santo como el Señor!
    Aparte de ti, no hay nadie;
    no hay Roca como nuestro Dios.

»¡Dejen de ser tan orgullosos y altaneros!
    ¡No hablen con tanta arrogancia!
Pues el Señor es un Dios que sabe lo que han hecho;
    él juzgará sus acciones.
El arco de los poderosos está quebrado,
    y los que tropezaban ahora son fuertes.
Los que estaban bien alimentados ahora tienen hambre,
    y los que se morían de hambre ahora están saciados.

La mujer que no podía tener hijos ahora tiene siete,
   y la mujer con muchos hijos se consume.
El Señor da tanto la muerte como la vida;
   a unos baja a la tumba y a otros levanta.
El Señor hace a algunos pobres y a otros ricos;
   a unos derriba y a otros levanta.
Él levanta al pobre del polvo
   y al necesitado del basurero.
Los pone entre los príncipes
   y los coloca en los asientos de honor.
Pues toda la tierra pertenece al Señor,
   y él puso en orden el mundo.

»Él protegerá a sus fieles,
   pero los perversos desaparecerán en la oscuridad.
Nadie tendrá éxito solamente por la fuerza.
   Los que pelean contra el Señor, serán destrozados.
Él retumba contra ellos desde el cielo;
   el Señor juzga en toda la tierra.
Él da poder a su rey;
   aumenta la fuerza de su ungido».

Después Elcana regresó a su casa en Ramá sin Samuel, y el niño servía al Señor como ayudante del sacerdote Elí.

Ahora bien, los hijos de Elí eran unos sinvergüenzas que no le tenían respeto al Señor ni a sus obligaciones sacerdotales. Cada vez que alguien ofrecía un sacrificio, los hijos de Elí enviaban a un sirviente con un tenedor grande de tres dientes. Mientras la carne del animal sacrificado aún se cocía, el sirviente metía el tenedor en la olla y exigía que todo lo que sacara con el tenedor fuera entregado a los hijos de Elí. Así trataban a todos los israelitas que llegaban a Silo para adorar. Algunas veces el sirviente llegaba aun antes de que la grasa del animal fuera quemada sobre el altar. Exigía carne cruda antes de que hubiera sido cocida, para poder asarla.

Si el hombre que ofrecía el sacrificio respondía: «Toma toda la que quieras, pero solo después de quemarse la grasa», el sirviente insistía: «No, dámela ahora o la tomaré por la fuerza». Así que el pecado de estos jóvenes era muy serio ante los ojos del Señor, porque trataban las ofrendas del Señor con desprecio.

Pero Samuel, aunque era solo un niño, servía al Señor; vestía una túnica de lino como la del sacerdote. Cada año su madre le hacía un pequeño abrigo y se lo llevaba cuando iba con su esposo para el sacrificio. Antes de que ellos regresaran a su casa, Elí bendecía a Elcana y a su esposa diciendo:

«Que el Señor les dé otros hijos para que tomen el lugar de este que ella entregó al Señor». Entonces el Señor bendijo a Ana, y ella concibió y dio a luz tres hijos y dos hijas. Entre tanto, Samuel crecía en la presencia del Señor.

Ahora bien, Elí era muy viejo, pero estaba consciente de lo que sus hijos le hacían al pueblo de Israel. Por ejemplo, sabía que sus hijos seducían a las jóvenes que ayudaban a la entrada del tabernáculo. Elí les dijo: «He oído lo que la gente dice acerca de las cosas perversas que ustedes hacen. ¿Por qué siguen pecando? ¡Basta, hijos míos! Los comentarios que escucho del pueblo del Señor no son buenos. Si alguien peca contra otra persona, Dios puede mediar por el culpable. Pero si alguien peca contra el Señor, ¿quién podrá interceder?». Sin embargo, los hijos de Elí no hicieron caso a su padre, porque el Señor ya había decidido quitarles la vida.

Mientras tanto, el niño Samuel crecía en estatura física y en el favor del Señor y en el de toda la gente.

Cierto día un hombre de Dios vino a Elí y le dio el siguiente mensaje del Señor: «Yo me revelé a tus antepasados cuando eran esclavos del faraón en Egipto. Elegí a tu antepasado Aarón de entre todas las tribus de Israel para que fuera mi sacerdote, ofreciera sacrificios sobre mi altar, quemara incienso y vistiera el chaleco sacerdotal, cuando me servía. Y les asigné las ofrendas de los sacrificios a ustedes, los sacerdotes. Entonces, ¿por qué menosprecian mis sacrificios y ofrendas? ¿Por qué les das más honor a tus hijos que a mí? ¡Pues tú y ellos han engordado con lo mejor de las ofrendas de mi pueblo Israel!

»Por lo tanto, el Señor, Dios de Israel, dice: prometí que los de tu rama de la tribu de Leví me servirían siempre como sacerdotes. Sin embargo, honraré a los que me honran y despreciaré a los que me menosprecian. Llegará el tiempo cuando pondré fin a tu familia para que ya no me sirva en el sacerdocio. Todos los miembros de tu familia morirán antes de tiempo; ninguno llegará a viejo. Con envidia mirarás cuando derrame prosperidad sobre el pueblo de Israel, pero ningún miembro de tu familia jamás cumplirá sus días. Los pocos que no sean excluidos de servir en mi altar sobrevivirán, pero solamente para que sus ojos queden ciegos y se les rompa el corazón, y sus hijos morirán de muerte violenta. Y para comprobar que lo que dije se hará realidad, ¡haré que tus dos hijos, Ofni y Finees, mueran el mismo día!

»Entonces levantaré a un sacerdote fiel, quien me servirá y hará lo que yo deseo. Estableceré para él una descendencia duradera, y ellos serán por siempre sacerdotes para mis reyes ungidos. Así pues, todos los que sobrevivan de tu familia se inclinarán ante él, mendigando dinero y comida. Dirán: "Le rogamos que nos dé trabajo entre los sacerdotes para que tengamos suficiente para comer"».

Mientras tanto, el niño Samuel servía al Señor ayudando a Elí. Ahora bien, en esos días los mensajes del Señor eran muy escasos y las visiones eran poco comunes.

Una noche, Elí, que para entonces estaba casi ciego, ya se había acostado. La lámpara de Dios aún no se había apagado, y Samuel estaba dormido en el tabernáculo cerca del arca de Dios. De pronto el Señor llamó:

—¡Samuel!

—Sí —respondió Samuel—. ¿Qué quiere?

Se levantó y corrió hasta donde estaba Elí.

—Aquí estoy. ¿Me llamó usted?

—Yo no te llamé —dijo Elí—. Vuelve a la cama.

Entonces, Samuel se volvió a acostar. Luego, el Señor volvió a llamar:

—¡Samuel!

Nuevamente Samuel se levantó y fue a donde estaba Elí.

—Aquí estoy. ¿Me llamó usted?

—Yo no te llamé, hijo mío —respondió Elí—. Vuelve a la cama.

Samuel todavía no conocía al Señor, porque nunca antes había recibido un mensaje de él. Así que el Señor llamó por tercera vez, y una vez más Samuel se levantó y fue a donde estaba Elí.

—Aquí estoy. ¿Me llamó usted?

En ese momento Elí se dio cuenta de que era el Señor quien llamaba al niño. Entonces le dijo a Samuel:

—Ve y acuéstate de nuevo y, si alguien vuelve a llamarte, di: "Habla, Señor, que tu siervo escucha".

Así que Samuel volvió a su cama. Y el Señor vino y llamó igual que antes:

—¡Samuel! ¡Samuel!

Y Samuel respondió:

—Habla, que tu siervo escucha.

Entonces el Señor le dijo a Samuel:

—Estoy por hacer algo espantoso en Israel. Llevaré a cabo todas mis amenazas contra Elí y su familia, de principio a fin. Le advertí que viene juicio sobre su familia para siempre, porque sus hijos blasfeman a Dios y él no los ha disciplinado. Por eso juré que los pecados de Elí y los de sus hijos jamás serán perdonados ni por medio de sacrificios ni ofrendas.

Entonces Samuel se quedó en la cama hasta la mañana; luego se levantó y abrió las puertas del tabernáculo, como de costumbre. Tenía miedo de contarle a Elí lo que el Señor le había dicho. Pero Elí lo llamó:

—Samuel, hijo mío.

—Aquí estoy —respondió Samuel.

—¿Qué te dijo el Señor? Dímelo todo. ¡Y que el Señor te castigue, y aun te mate, si me ocultas algo!

Entonces Samuel le contó todo a Elí; no le ocultó nada.

—Es la voluntad del Señor —respondió Elí—. Que él haga lo que mejor le parezca.

El Señor estaba con Samuel mientras crecía, y todo lo que Samuel decía se cumplía. Entonces todo Israel, desde Dan en el norte hasta Beerseba en el sur, supo que Samuel había sido confirmado como profeta del Señor. El Señor siguió apareciéndose en Silo y le daba mensajes a Samuel allí en el tabernáculo. Y las palabras de Samuel llegaban a todo el pueblo de Israel.

✢

En aquel tiempo, Israel estaba en guerra con los filisteos. El ejército israelita acampaba cerca de Ebenezer y los filisteos estaban en Afec. Los filisteos atacaron al ejército de Israel y lo derrotaron matando a cuatro mil hombres. Terminada la batalla, las tropas se retiraron a su campamento, y los ancianos de Israel se preguntaban: «¿Por qué permitió el Señor que los filisteos nos derrotaran?». Después dijeron: «Traigamos de Silo el arca del pacto del Señor. Si la llevamos con nosotros a la batalla, nos salvará de nuestros enemigos».

Así que enviaron hombres a Silo para que trajeran el arca del pacto del Señor de los Ejércitos Celestiales, quien está entronizado entre los querubines. Los hijos de Elí, Ofni y Finees, también estaban allí con el arca del pacto de Dios. Cuando los israelitas vieron que el arca del pacto del Señor llegaba al campamento, ¡su grito de alegría fue tan fuerte que hizo temblar la tierra!

«¿Qué estará pasando? —se preguntaron los filisteos—. ¿Qué es todo ese griterío en el campamento de los hebreos?». Cuando les dijeron que era porque el arca del Señor había llegado al campamento, entraron en pánico. «¡Los dioses han llegado a su campamento! —exclamaron—. ¡Esto es un desastre! ¡Nunca antes nos hemos enfrentado a algo así! ¡Socorro! ¿Quién podrá librarnos de los dioses poderosos de Israel? Son los mismos dioses que destruyeron a los egipcios con plagas cuando Israel estaba en el desierto. ¡Filisteos, peleen como nunca antes! ¡Si no lo hacen, seremos esclavos de los hebreos así como ellos han sido esclavos nuestros! ¡Peleen como hombres!».

Así que los filisteos pelearon con desesperación, y de nuevo derrotaron a Israel. La matanza fue grande; ese día murieron treinta mil soldados israelitas. Los sobrevivientes dieron la vuelta y huyeron, cada uno a su carpa. Entonces los filisteos capturaron el arca de Dios y mataron a Ofni y a Finees, los dos hijos de Elí.

Un hombre de la tribu de Benjamín corrió desde el campo de batalla y, más tarde ese mismo día, llegó a Silo. Había rasgado su ropa y echado polvo sobre su cabeza en señal de dolor. Elí esperaba junto al camino para oír noticias de la batalla, pues estaba tan preocupado por la seguridad del arca de Dios que le temblaba el corazón. Cuando llegó el mensajero y contó lo que había sucedido, un clamor resonó por todo el pueblo.

«¿A qué se debe todo ese ruido?», preguntó Elí.

Entonces el mensajero corrió a donde estaba Elí, quien tenía noventa y ocho años de edad y ya estaba ciego, y le dijo:

—Acabo de llegar del campo de batalla; estuve allí hoy mismo.

—¿Qué pasó, hijo mío? —preguntó Elí.

—Israel fue derrotado por los filisteos —le contestó el mensajero—. Masacraron a la gente, también mataron a sus dos hijos, Ofni y Finees, y capturaron el arca de Dios.

Cuando el mensajero mencionó lo que había sucedido al arca de Dios, Elí cayó de espaldas de su asiento junto a la puerta. Se quebró la nuca y murió, porque era viejo y demasiado gordo. Durante cuarenta años había sido el juez de Israel.

La nuera de Elí, esposa de Finees, estaba embarazada y próxima a dar a luz. Cuando se enteró de que habían capturado el arca de Dios y que su suegro y su esposo habían muerto, entró en trabajo de parto y dio a luz. Ella murió después del parto, pero antes de que muriera las parteras trataron de animarla. «No tengas miedo —le dijeron—. ¡Tienes un varón!». Pero ella no contestó ni les prestó atención.

Al niño le puso por nombre Icabod (que significa «¿dónde está la gloria?») porque dijo: «La gloria de Israel se ha ido». Le puso ese nombre porque el arca de Dios había sido capturada y porque murieron su suegro y su esposo. Y luego dijo: «La gloria se ha ido de Israel, porque el arca de Dios ha sido capturada».

Después de que los filisteos capturaran el arca de Dios, la llevaron del campo de batalla en Ebenezer hasta la ciudad de Asdod. Llevaron el arca de Dios al templo del dios Dagón y la pusieron junto a una estatua de Dagón. Pero cuando los ciudadanos de Asdod fueron a verla a la mañana siguiente, ¡la estatua de Dagón había caído boca abajo delante del arca del Señor! Así que levantaron a Dagón y nuevamente lo colocaron en su lugar. Pero temprano al día siguiente sucedió lo mismo: de nuevo Dagón había caído boca abajo frente al arca del Señor. Esta vez su cabeza y sus manos se habían quebrado y estaban a la entrada; solo el tronco de su cuerpo quedó intacto. Por eso, hasta el día de hoy, ni los sacerdotes de Dagón ni nadie más que entra al templo de Dagón, en Asdod, pisan el umbral.

Entonces la mano dura del Señor hirió a la gente de Asdod y de las aldeas cercanas con una plaga de tumores. Cuando el pueblo se dio cuenta

de lo que sucedía, exclamó: «¡No podemos quedarnos con el arca del Dios de Israel ni un minuto más! ¡Él está en contra de nosotros! Todos seremos destruidos junto con Dagón, nuestro dios». De modo que convocaron a los gobernantes de las ciudades filisteas y les preguntaron:
—¿Qué debemos hacer con el arca del Dios de Israel?
Los gobernantes deliberaron y contestaron:
—Trasládenla a la ciudad de Gat.

Así que trasladaron el arca del Dios de Israel a Gat. Pero cuando el arca llegó a Gat, la mano dura del Señor cayó sobre sus hombres, jóvenes y mayores; los hirió con una plaga de tumores, y hubo gran pánico.

Entonces enviaron el arca de Dios a la ciudad de Ecrón, pero cuando los habitantes de Ecrón vieron que se acercaba, clamaron: «¡Traen el arca del Dios de Israel a nuestra ciudad para matarnos a nosotros también!». Entonces el pueblo volvió a llamar a los gobernantes filisteos y les suplicó: «¡Por favor, regresen el arca del Dios de Israel a su propio país, o nos matará a todos!». Pues ya había comenzado la plaga mortal enviada por Dios, y un gran temor se apoderaba del pueblo. Los que no morían, sufrían de tumores; y el clamor del pueblo ascendió al cielo.

Así que el arca del Señor permaneció en territorio filisteo por un total de siete meses. Entonces los filisteos mandaron llamar a sus sacerdotes y adivinos, y les preguntaron:
—¿Qué debemos hacer con el arca del Señor? Díganos cómo devolverla a su propio país.
—Devuelvan el arca del Dios de Israel junto con un regalo —les dijeron—. Envíen una ofrenda por la culpa, para que la plaga se detenga. Entonces, si se sanan, sabrán que fue la mano de Dios la que causó esta plaga.
—¿Qué clase de ofrenda por la culpa debemos enviar? —preguntaron.
Entonces les respondieron:
—Ya que la plaga los hirió a ustedes y a sus cinco gobernantes, elaboren cinco tumores de oro y cinco ratas de oro como los que asolaron la tierra. Hagan estas cosas para demostrar su respeto al Dios de Israel. Tal vez entonces él deje de afligirlos a ustedes, a sus dioses y a su tierra. No sean tercos y rebeldes como lo fueron faraón y los egipcios. Cuando Dios terminó con ellos, estaban deseosos de dejar ir a Israel.

»Así que construyan una carreta nueva y busquen dos vacas que acaben de tener cría. Asegúrense de que las vacas nunca hayan llevado yugo. Engánchenlas a la carreta, pero encierren sus becerros en un corral. Pongan el arca del Señor en la carreta, y junto a ella coloquen un cofre con las ratas de oro y los tumores de oro que estarán enviando como ofrenda por la culpa. Después dejen que las vacas vayan por donde quieran. Si cruzan la frontera de nuestra tierra y van hacia Bet-semes, sabremos que fue el

Señor quien trajo este terrible desastre sobre nosotros. Si no la cruzan, sabremos que no fue la mano de Dios que causó esta plaga; más bien sucedió por pura casualidad.

Así que llevaron a cabo las instrucciones. Engancharon dos vacas a la carreta y encerraron sus crías en un corral. Luego pusieron el arca del Señor en la carreta junto con el cofre que contenía los tumores y las ratas de oro. Y efectivamente, las vacas, sin desviarse a ningún lado, siguieron directo por el camino hacia Bet-semes, mugiendo por todo el camino. Los gobernantes filisteos las siguieron hasta los límites de Bet-semes.

Ahora bien, los habitantes de Bet-semes estaban cosechando trigo en el valle y, cuando vieron el arca, ¡se llenaron de alegría! La carreta entró en el campo de un hombre llamado Josué y se detuvo junto a una roca grande. Entonces la gente hizo pedazos la madera de la carreta para leña, mató a las dos vacas y las sacrificó al Señor como ofrenda quemada. Varios hombres de la tribu de Leví levantaron de la carreta el arca del Señor y el cofre —que contenía las ratas y los tumores de oro— y los pusieron sobre la roca grande. En ese día el pueblo de Bet-semes ofreció muchos sacrificios y ofrendas quemadas al Señor. Los cinco gobernantes filisteos observaron todo esto y luego regresaron a Ecrón ese mismo día.

Los cinco tumores de oro enviados por los filisteos al Señor, como ofrenda por la culpa, eran regalos de los gobernantes de Asdod, Gaza, Ascalón, Gat y Ecrón. Las cinco ratas de oro representaban las cinco ciudades filisteas junto con sus aldeas vecinas, que eran controladas por los cinco gobernantes. La gran roca de Bet-semes, donde colocaron el arca del Señor, todavía está en el campo de Josué como un testimonio de lo que sucedió allí.

Pero el Señor mató a setenta hombres de Bet-semes porque miraron dentro del arca del Señor. Y el pueblo hizo gran duelo por lo que el Señor había hecho. «¿Quién puede estar en la presencia del Señor, este Dios santo? —clamaron—. ¿Adónde podremos enviar el arca desde aquí?».

Así que enviaron mensajeros a la gente de Quiriat-jearim y le dijeron: «Los filisteos han devuelto el arca del Señor. ¡Vengan y llévensela!».

Entonces los hombres de Quiriat-jearim fueron por el arca del Señor. La llevaron a la casa de Abinadab que estaba en las laderas y comisionaron a su hijo Eleazar para que se encargara de ella. El arca permaneció en Quiriat-jearim mucho tiempo: veinte años en total. Durante ese tiempo todos los israelitas se lamentaron porque parecía que el Señor los había abandonado.

Entonces Samuel le dijo a todo el pueblo de Israel: «Si de todo corazón desean volver al Señor, deshágansede sus dioses ajenos y de las imágenes de Astoret. Dediquen su corazón al Señor y obedézcanlo solamente a él;

entonces él los rescatará de los filisteos». Así que los israelitas se deshicieron de todas sus imágenes de Baal y de Astoret y adoraron únicamente al Señor.

Después Samuel les dijo: «Reúnan a todo Israel en Mizpa, y yo oraré al Señor por ustedes». De manera que se reunieron en Mizpa y, en una gran ceremonia, sacaron agua de un pozo y la derramaron delante del Señor. Asimismo no comieron durante todo el día y confesaron que habían pecado contra el Señor. (Fue en Mizpa donde Samuel se convirtió en juez de Israel).

Cuando los gobernantes filisteos se enteraron de que Israel se había reunido en Mizpa, movilizaron a su ejército y avanzaron. El miedo invadió a los israelitas cuando supieron que los filisteos se acercaban. «¡No dejes de rogarle al Señor nuestro Dios que nos salve de los filisteos!», le suplicaron a Samuel. Entonces Samuel tomó un cordero y lo ofreció al Señor como ofrenda quemada entera. Rogó al Señor que ayudara a Israel, y el Señor le contestó.

Entonces, justo en el momento en que Samuel sacrificaba la ofrenda quemada, llegaron los filisteos para atacar a Israel. Pero ese día el Señor habló con una poderosa voz de trueno desde el cielo y causó tal confusión entre los filisteos, que los israelitas los derrotaron. Los hombres de Israel los persiguieron desde Mizpa hasta un lugar abajo de Bet-car, matándolos a lo largo del camino.

Luego Samuel tomó una piedra grande y la colocó entre las ciudades de Mizpa y Jesana. La llamó Ebenezer (que significa «la piedra de ayuda») porque dijo: «¡Hasta aquí el Señor nos ha ayudado!».

De modo que los filisteos fueron sometidos y no volvieron a invadir a Israel por algún tiempo. Y durante toda la vida de Samuel la mano poderosa del Señor se levantó contra los filisteos. Entonces fueron restituidas a Israel las aldeas cercanas a Ecrón y Gat que los filisteos habían tomado, junto con el resto del territorio que habían tomado de Israel. Y en esos días hubo paz entre los israelitas y los amorreos.

Samuel continuó como juez de Israel por el resto de su vida. Cada año hacía un recorrido y establecía su tribunal, primero en Betel, luego en Gilgal y después en Mizpa. Juzgaba al pueblo de Israel en cada uno de estos lugares. Luego regresaba a su hogar en Ramá, donde también atendía otros casos. En Ramá, Samuel construyó un altar al Señor.

✜

Cuando Samuel envejeció, nombró a sus hijos como jueces de Israel. Joel y Abías, sus hijos mayores, establecieron su corte en Beerseba. Pero ellos no eran como su padre, porque codiciaban el dinero; aceptaban sobornos y pervertían la justicia.

Finalmente, todos los ancianos de Israel se reunieron en Ramá para hablar del asunto con Samuel. «Mira, Samuel —le dijeron—, ya eres anciano y tus hijos no son como tú. Danos un rey para que nos juzgue así como lo tienen las demás naciones».

Samuel se disgustó con esta petición y fue al Señor en busca de orientación. «Haz todo lo que te digan —le respondió el Señor—, porque me están rechazando a mí y no a ti; ya no quieren que yo siga siendo su rey. Desde que los saqué de Egipto me han abandonado continuamente y han seguido a otros dioses. Y ahora te tratan a ti de la misma manera. Haz lo que te pidan, pero adviérteles seriamente acerca de la manera en que reinará sobre ellos un rey».

Entonces Samuel transmitió la advertencia del Señor al pueblo que pedía un rey.

—Esta es la manera en que un rey gobernará sobre ustedes —les dijo—. El rey reclutará en el ejército a los hijos de ustedes y los asignará a los carros de guerra y a sus conductores, y los hará correr delante de sus carros. Algunos serán generales y capitanes del ejército, otros serán obligados a arar y a cosechar los cultivos del rey, y otros harán las armas y el equipo para los carros de guerra. El rey tomará a las hijas de ustedes y las obligará a cocinar, a hornear y a hacer perfumes para él. Les quitará a ustedes lo mejor de sus campos, viñedos y huertos de olivos, y se los dará a sus oficiales. Tomará una décima parte de su grano y de sus cosechas de uvas y la repartirá entre sus oficiales y miembros de la corte. Les quitará sus esclavos y esclavas, y les exigirá lo mejor de sus ganados y burros para su propio uso. Les exigirá la décima parte de sus rebaños, y ustedes serán sus esclavos. Cuando llegue ese día, suplicarán ser aliviados de este rey que ahora piden, pero entonces el Señor no los ayudará.

Sin embargo, el pueblo se negó a escuchar la advertencia de Samuel.

—Aun así, todavía queremos un rey —dijeron ellos—. Nuestro deseo es ser como las naciones que nos rodean. El rey nos juzgará y será nuestro líder en las batallas.

Así que Samuel le repitió al Señor lo que el pueblo dijo, y el Señor respondió: «Haz lo que te piden y dales un rey». Entonces Samuel estuvo de acuerdo y los envió a sus casas.

Había un hombre rico e influyente llamado Cis, de la tribu de Benjamín. Era hijo de Abiel, hijo de Zeror, hijo de Becorat, hijo de Afía, de la tribu de Benjamín. Su hijo Saúl era el hombre más apuesto en Israel; era tan alto que los demás apenas le llegaban a los hombros.

Cierto día, los burros de Cis se extraviaron, y él le dijo a Saúl: «Lleva a un siervo contigo y ve a buscar los burros». Así que Saúl tomó a un siervo y anduvo por la zona montañosa de Efraín, por la tierra de Salisa, por el área de Saalim y por toda la tierra de Benjamín, pero no pudieron encontrar los burros por ninguna parte.

Finalmente, entraron a la región de Zuf y Saúl le dijo a su siervo:

—Volvamos a casa. ¡Es probable que ahora mi padre esté más preocupado por nosotros que por los burros!

Pero el siervo dijo:

—¡Se me ocurre algo! En esta ciudad vive un hombre de Dios. La gente lo tiene en gran estima porque todo lo que dice se cumple. Vayamos a buscarlo; tal vez pueda decirnos por dónde ir.

—Pero no tenemos nada que ofrecerle —respondió Saúl—. Hasta nuestra comida se acabó y no tenemos nada para darle.

—Bueno —dijo el siervo—, tengo una pequeña pieza de plata. ¡Al menos, se la podemos ofrecer al hombre de Dios y ver qué pasa!

(En esos días, si la gente quería recibir un mensaje de Dios, decía: «Vamos a preguntarle al vidente», porque los profetas solían ser llamados «videntes»).

—Está bien —aceptó Saúl—, ¡hagamos el intento!

Así que se encaminaron hacia la ciudad donde vivía el hombre de Dios. Al ir subiendo la colina hacia la ciudad, se encontraron con unas jóvenes que salían a sacar agua. Entonces Saúl y su siervo les preguntaron:

—¿Se encuentra por aquí el vidente?

—Sí —les contestaron—, sigan por este camino; él está junto a las puertas de la ciudad. Acaba de llegar para participar de un sacrificio público que se realizará arriba, en el lugar de adoración. Apúrense para que lo puedan encontrar antes de que suba a comer. Los invitados no comenzarán a comer hasta que él llegue para bendecir los alimentos.

De modo que llegaron a la ciudad y, mientras entraban por las puertas, Samuel iba saliendo hacia ellos para subir al lugar de adoración.

Ahora bien, el SEÑOR le había dicho a Samuel el día anterior: «Mañana a esta hora te enviaré a un hombre de la tierra de Benjamín. Úngelo para que sea el líder de mi pueblo, Israel. Él lo librará de los filisteos, porque desde lo alto he mirado a mi pueblo con misericordia y he oído su clamor».

Cuando Samuel vio a Saúl, el SEÑOR le dijo: «¡Ese es el hombre del que te hablé! Él gobernará a mi pueblo».

Justo en ese momento, Saúl se acercó a Samuel a las puertas de la ciudad y le preguntó:

—¿Podría decirme, por favor, dónde está la casa del vidente?

—¡Yo soy el vidente! —contestó Samuel—. Sube al lugar de adoración delante de mí. Allí comeremos juntos; en la mañana te diré lo que quieres saber y te enviaré de regreso. Y no te preocupes por esos burros que se perdieron hace tres días, porque ya los encontraron. Además, estoy aquí para decirte que tú y tu familia son el centro de todas las esperanzas de Israel.

Saúl respondió:

—¡Pero solo soy de la tribu de Benjamín, la más pequeña de Israel, y mi familia es la menos importante de todas las familias de la tribu! ¿Por qué me habla usted de esa manera?

Luego Samuel llevó a Saúl y a su siervo al comedor y los sentó en la cabecera de la mesa, y así los honró más que a los treinta invitados especiales. Después Samuel dio instrucciones al cocinero para que le sirviera a Saúl el mejor corte de carne, la porción que había sido reservada para el invitado de honor. El cocinero trajo la carne y la puso frente a Saúl. «Adelante, come —le dijo Samuel—, ¡lo había apartado para ti aun antes de que invitara a los demás!». Así que ese día Saúl comió con Samuel.

Cuando bajaron del lugar de adoración y regresaron a la ciudad, Samuel llevó a Saúl a la azotea de la casa y allí le preparó una cama. Al amanecer del día siguiente, Samuel llamó a Saúl: «¡Levántate! ¡Es hora de que sigas tu viaje!». Así que Saúl se preparó y salió de la casa junto a Samuel. Cuando llegaron a las afueras de la ciudad, Samuel le dijo a Saúl que mandara a su siervo que se adelantara. Después de que el siervo se fue, Samuel dijo: «Quédate aquí, porque he recibido un mensaje especial para ti de parte de Dios».

Entonces Samuel tomó un frasco de aceite de oliva y lo derramó sobre la cabeza de Saúl. Besó a Saúl y dijo: «Hago esto porque el Señor te ha designado para que gobiernes a Israel, su posesión más preciada. Cuando me dejes hoy, verás a dos hombres junto a la tumba de Raquel en Selsa, en los límites del territorio de Benjamín. Ellos te dirán que los burros fueron encontrados y que tu padre dejó de preocuparse por ellos, pero que ahora está preocupado por ti. Está preguntando: "¿Han visto a mi hijo?".

»Cuando llegues al roble de Tabor, te encontrarás con tres hombres que van camino a Betel para adorar a Dios. Uno llevará tres cabritos, otro tendrá tres panes y el tercero un odre lleno de vino. Los tres hombres te saludarán y te ofrecerán dos panes, los cuales debes aceptar.

»Cuando llegues a Guibeá de Dios, donde está la guarnición de los filisteos, encontrarás a un grupo de profetas que desciende del lugar de adoración. Estarán tocando un arpa, una pandereta, una flauta y una lira, y estarán profetizando. En ese momento el Espíritu del Señor vendrá poderosamente sobre ti y profetizarás con ellos. Serás transformado en una persona diferente. Después de que sucedan estas señales, haz lo que deba hacerse, porque Dios está contigo. Luego desciende a Gilgal delante de mí. Allí me encontraré contigo para sacrificar ofrendas quemadas y ofrendas de paz. Deberás esperar siete días hasta que yo llegue y te dé más instrucciones».

Mientras Saúl se daba vuelta para irse, Dios le dio un nuevo corazón, y todas las señales de Samuel se cumplieron en ese día. Cuando Saúl y su siervo llegaron a Guibeá, vieron a un grupo de profetas que se les acercaba. Entonces el Espíritu de Dios vino poderosamente sobre Saúl, y él también comenzó a profetizar. Cuando los que conocían a Saúl se enteraron de lo sucedido, exclamaron: «¿Qué? ¿Hasta Saúl es profeta? ¿Cómo se convirtió el hijo de Cis en profeta?».

Además, uno de los que estaban allí dijo: «¿Cualquiera puede convertirse en profeta, sin importar quien sea su padre?». Este es el origen del dicho: «¿Hasta Saúl es profeta?».

Cuando Saúl terminó de profetizar, subió al lugar de adoración.

—¿Dónde han estado? —les preguntó el tío de Saúl a él y a su siervo.

—Estábamos buscando a los burros —le respondió Saúl—, pero no pudimos encontrarlos. Así que acudimos a Samuel para preguntarle dónde estaban.

—¡Ah! ¿Y qué dijo? —le preguntó su tío.

—Nos dijo que ya habían encontrado los burros —contestó Saúl.

Pero Saúl no le contó a su tío lo que Samuel había dicho acerca del reino.

Después Samuel convocó a todo el pueblo de Israel para que se reuniera delante del Señor en Mizpa, y dijo: «Esto es lo que el Señor, Dios de Israel, ha declarado: "Los saqué de Egipto; los rescaté de los egipcios y de todas las naciones que los oprimían. Pero aunque los rescaté de su miseria y aflicción, hoy han rechazado a su Dios y han dicho: '¡No, en lugar de Dios queremos un rey!'. Por lo tanto, preséntense ahora delante del Señor por tribus y clanes"».

Entonces Samuel reunió a todas las tribus de Israel delante del Señor, y por sorteo se eligió a la tribu de Benjamín. Después llevó a cada familia de la tribu de Benjamín delante del Señor, y se eligió a la familia de los Matri. Finalmente de entre ellos fue escogido Saúl, hijo de Cis. Pero cuando lo buscaron, ¡había desaparecido! Entonces le preguntaron al Señor:

—¿Dónde está?

Y el Señor contestó:

—Está escondido entre el equipaje.

Así que lo encontraron y lo sacaron. Era tan alto que los demás apenas le llegaban al hombro.

Luego Samuel dijo a todo el pueblo: «Este es el hombre que el Señor ha escogido como su rey. ¡No hay nadie como él en todo Israel!».

Y todo el pueblo gritó: «¡Viva el rey!».

Después, Samuel le explicó al pueblo cuales eran los derechos y las obligaciones de un rey. Los escribió en un rollo y lo puso delante del Señor. Luego Samuel envió al pueblo a sus casas.

Cuando Saúl regresó a su casa en Guibeá lo acompañó un grupo de hombres a quienes Dios les había tocado el corazón. Sin embargo, había unos sinvergüenzas que se quejaban: «¿Cómo puede este hombre salvarnos?». Y lo despreciaban y se negaban a llevarle regalos; pero Saúl no les hizo caso.

[Nahas, rey de los amonitas, había estado oprimiendo gravemente a los habitantes de Gad y de Rubén que vivían al oriente del río Jordán. Les sacó el ojo derecho a todos los israelitas que vivían allí, y no permitía que nadie viniera a rescatarlos. De hecho, de todos los israelitas que vivían al oriente del río Jordán, no había uno solo a quien Nahas no le hubiera sacado el ojo derecho. Pero había siete mil hombres que habían escapado de los amonitas y se habían establecido en Jabes de Galaad].

Como un mes después, el rey Nahas de Amón dirigió a su ejército contra la ciudad israelita llamada Jabes de Galaad. Pero los habitantes de Jabes pidieron paz.

—Haz un tratado con nosotros y seremos tus siervos —rogaron.

—Está bien —dijo Nahas—, pero con una sola condición. ¡Le sacaré el ojo derecho a cada uno de ustedes para deshonrar a todo Israel!

—¡Danos siete días para enviar mensajeros por todo Israel! —respondieron los ancianos de Jabes—. Si nadie viene a salvarnos, aceptaremos tus condiciones.

Cuando los mensajeros llegaron a Guibeá de Saúl y le contaron al pueblo acerca de su aprieto, todos se echaron a llorar. Saúl había estado arando un campo con sus bueyes y, cuando regresó a la ciudad, preguntó: «¿Qué les pasa? ¿Por qué están llorando?». Así que le contaron del mensaje de Jabes.

Entonces el Espíritu de Dios vino con poder sobre Saúl y se enojó mucho. Así que, tomó dos bueyes, los cortó en pedazos y envió mensajeros para que los llevaran por todo Israel con el siguiente mensaje: «¡Esto es lo que le pasará a los bueyes del que se niegue a seguir a Saúl y a Samuel a la batalla!». Entonces el SEÑOR hizo que la gente tuviera miedo del enojo de Saúl, por lo tanto, todos salieron a la guerra como un solo hombre. Cuando Saúl los movilizó en Bezec, se dio cuenta de que había trescientos mil hombres de Israel y treinta mil de Judá.

Entonces Saúl envió a los mensajeros de regreso a Jabes de Galaad para decir: «¡Los rescataremos mañana antes del mediodía!». Cuando llegó el mensaje, ¡hubo gran alegría en toda la ciudad!

Así que los hombres de Jabes dijeron a sus enemigos: «Mañana iremos a ustedes y podrán hacer con nosotros lo que quieran». Pero a la mañana siguiente, antes del amanecer, Saúl llegó con su ejército dividido en tres destacamentos. Entonces atacó por sorpresa a los amonitas y los masacró durante toda la mañana. El resto del ejército amonita quedó tan disperso que no había dos de ellos juntos.

Entonces la gente clamó a Samuel:

—¿Ahora, dónde están esos hombres que decían: "¿Por qué debe Saúl gobernarnos?"? ¡Tráiganlos aquí y los mataremos!

Pero Saúl respondió:

—Nadie será ejecutado hoy, ¡porque este día el Señor rescató a Israel!

Luego Samuel dijo a la gente:

—¡Vengan, vamos todos a Gilgal para renovar el reino!

Así que todos fueron a Gilgal y en una ceremonia solemne delante del Señor proclamaron rey a Saúl. Después ofrecieron ofrendas de paz al Señor, y Saúl y todos los israelitas se llenaron de alegría.

Entonces Samuel se dirigió a todo Israel:

—He hecho lo que me han pedido y les he dado un rey. Ahora el rey es su líder. Estoy aquí delante de ustedes —un hombre ya viejo y canoso— y mis hijos les sirven. He sido su líder desde mi niñez hasta el día de hoy. Ahora testifiquen contra mí en presencia del Señor y ante su ungido. ¿A quién le he robado un buey o un burro? ¿Alguna vez he estafado a alguno de ustedes? ¿Alguna vez los he oprimido? ¿Alguna vez he aceptado soborno o he pervertido la justicia? Díganmelo y corregiré cualquier cosa incorrecta que haya hecho.

—No —le contestaron ellos—, nunca nos has engañado ni oprimido y nunca has aceptado soborno alguno.

—El Señor y su ungido son mis testigos hoy —declaró Samuel— de que mis manos están limpias.

—Sí, él es nuestro testigo —respondieron.

—Fue el Señor quien designó a Moisés y a Aarón —continuó Samuel—. Él sacó a sus antepasados de la tierra de Egipto. Ahora, permanezcan aquí en silencio delante del Señor mientras les recuerdo todas las grandes cosas que el Señor ha hecho por ustedes y por sus antepasados.

»Cuando los israelitas estaban en Egipto y clamaron al Señor, él envió a Moisés y a Aarón para rescatarlos de Egipto y traerlos a esta tierra. Sin embargo, los israelitas pronto se olvidaron del Señor su Dios, entonces él los entregó a Sísara, el comandante del ejército de Hazor, y también a los filisteos y al rey de Moab, quienes lucharon contra ellos.

»Entonces clamaron al Señor nuevamente y confesaron: "Hemos pecado al apartarnos del Señor y al rendir culto a las imágenes de Baal y Astoret. Pero te adoraremos a ti y solo a ti si nos rescatas de nuestros enemigos". Luego el Señor envió a Gedeón, a Bedán, a Jefté y a Samuel para salvarlos, y ustedes vivieron a salvo.

»Pero cuando tuvieron miedo de Nahas, rey de Amón, vinieron a mí y dijeron que querían un rey para que gobernara sobre ustedes, aun cuando el Señor su Dios ya era su rey. Está bien, aquí está el rey que han escogido. Ustedes lo pidieron y el Señor se lo concedió.

»Ahora, si ustedes temen al Señor y lo adoran, si escuchan su voz y no se rebelan contra sus mandatos, entonces tanto ustedes como su rey demostrarán que reconocen al Señor como su Dios. Pero si se rebelan contra los mandatos del Señor y rehúsan escucharlo, entonces su mano será tan dura con ustedes como ha sido con sus antepasados.

»Ahora quédense aquí y vean la maravilla que el Señor está a punto de hacer. Ustedes saben que nunca llueve en esta época del año durante la cosecha de trigo. Le pediré al Señor que hoy envíe truenos y lluvia. ¡Entonces se darán cuenta de qué tan perversos han sido al pedirle al Señor un rey!

Entonces Samuel clamó al Señor, y ese mismo día envió truenos y lluvia. Y todo el pueblo quedó aterrado del Señor y de Samuel.

—¡Ora al Señor tu Dios por nosotros o moriremos! —le dijeron a Samuel—. A nuestras faltas hemos agregado el pecado de pedir un rey.

—No teman —los tranquilizó Samuel—, de verdad han hecho mal, pero ahora asegúrense de adorar al Señor con todo el corazón y no le den la espalda. No vuelvan a rendir culto a ídolos despreciables que no pueden ayudarlos o rescatarlos, ¡son completamente inútiles! El Señor no abandonará a su pueblo, porque eso traería deshonra a su gran nombre. Pues le agradó al Señor hacerlos su pueblo.

»En cuanto a mí, ciertamente no pecaré contra el Señor al dejar de orar por ustedes. Y seguiré enseñándoles lo que es bueno y correcto. Por su parte, asegúrense de temer al Señor y de servirlo fielmente. Piensen en todas las cosas maravillosas que él ha hecho por ustedes. Pero si siguen pecando, ustedes y su rey serán destruidos.

+ + +

Saúl tenía treinta años cuando subió al trono, y reinó durante cuarenta y dos años.

Saúl eligió a tres mil soldados selectos del ejército de Israel y mandó a los demás hombres a casa. Llevó consigo a dos mil de los hombres escogidos a Micmas y a la zona montañosa de Betel. Los otros mil fueron con Jonatán, el hijo de Saúl, a Guibeá en la tierra de Benjamín.

Poco tiempo después, Jonatán atacó y derrotó la guarnición de los filisteos en Geba. La noticia corrió rápidamente entre los filisteos. Entonces Saúl tocó el cuerno de carnero por toda la tierra, y dijo: «¡Hebreos, escuchen esto! ¡Levántense! ¡Sublévense!». Así que todo Israel oyó la noticia que Saúl había destruido la guarnición filistea en Geba y que ahora los filisteos odiaban a los israelitas más que nunca. Entonces todo el ejército israelita fue llamado para unirse a Saúl en Gilgal.

Los filisteos reunieron un ejército poderoso de tres mil carros de guerra, seis mil hombres para conducirlos, y ¡tantos guerreros como los granos de arena a la orilla del mar! Acamparon en Micmas, al oriente de Bet-avén. Los hombres de Israel vieron el gran aprieto en el que se encontraban y, como estaban fuertemente presionados por el enemigo, trataron de esconderse en cuevas, matorrales, rocas, hoyos y cisternas. Algunos cruzaron el río Jordán y escaparon a la tierra de Gad y de Galaad.

Mientras tanto, Saúl se quedó en Gilgal, y sus hombres temblaban de miedo. Durante siete días Saúl esperó allí, según las instrucciones de Samuel, pero aun así Samuel no llegaba. Saúl se dio cuenta de que sus tropas habían comenzado a desertar, de modo que ordenó: «¡Tráiganme la ofrenda quemada y las ofrendas de paz!». Y Saúl mismo sacrificó la ofrenda quemada.

Precisamente cuando Saúl terminaba de sacrificar la ofrenda quemada, llegó Samuel. Saúl salió a recibirlo, pero Samuel preguntó:

—¿Qué has hecho?

Saúl le contestó:

—Vi que mis hombres me abandonaban, y que tú no llegabas cuando prometiste, y que los filisteos ya están en Micmas, listos para la batalla. Así que dije: "¡Los filisteos están listos para marchar contra nosotros en Gilgal, y yo ni siquiera he pedido ayuda al Señor!". De manera que me vi obligado a ofrecer yo mismo la ofrenda quemada antes de que tú llegaras.

—¡Qué tontería! —exclamó Samuel—. No obedeciste al mandato que te dio el Señor tu Dios. Si lo hubieras obedecido, el Señor habría establecido tu reinado sobre Israel para siempre. Pero ahora tu reino tiene que terminar, porque el Señor ha buscado a un hombre conforme a su propio corazón. El Señor ya lo ha nombrado para ser líder de su pueblo, porque tú no obedeciste el mandato del Señor.

Después Samuel salió de Gilgal y siguió su camino, pero el resto de las tropas fue con Saúl a encontrarse con el ejército. De Gilgal subieron a Guibeá en la tierra de Benjamín. Cuando Saúl contó los hombres que todavía estaban con él, ¡descubrió que solo quedaban seiscientos! Saúl, Jonatán y las tropas acampaban en Geba, en la tierra de Benjamín; mientras que los filisteos levantaron su campamento en Micmas. Tres destacamentos de asalto pronto salieron del campamento de los filisteos. Uno fue al norte hacia Ofra, en la tierra de Sual; otro fue al occidente, a Bet-horón, y el tercero avanzó hacia la frontera sobre el valle de Seboim, cerca del desierto.

No había herreros en la tierra de Israel en esos días. Los filisteos no los permitían, por miedo a que forjaran espadas y lanzas para los hebreos. Entonces cada vez que los israelitas necesitaban afilar sus rejas de arado, picos, hachas y hoces, tenían que llevarlos a un herrero filisteo. Lo que cobraban era lo siguiente: ocho gramos de plata por afilar una reja de arado o un pico, y cuatro gramos por afilar un hacha o hacer la punta de una aguijada para bueyes. Por eso el día de la batalla, nadie del pueblo de Israel tenía espada o lanza, excepto Saúl y Jonatán.

El paso de Micmas, mientras tanto, había sido asegurado por un contingente del ejército filisteo.

Cierto día, Jonatán le dijo a su escudero: «Ven, vamos a donde está la avanzada de los filisteos». Pero Jonatán no le dijo a su padre lo que pensaba hacer.

Mientras tanto, Saúl y sus seiscientos hombres acamparon en las afueras de Guibeá alrededor del árbol de granadas de Migrón. Entre los hombres de Saúl estaba Ahías, el sacerdote, que vestía el efod, el chaleco sacerdotal. Ahías era hijo de Ahitob, hermano de Icabod, hijo de Finees, hijo de Elí, sacerdote del Señor que había servido en Silo.

Nadie se dio cuenta de que Jonatán había dejado el campamento israelita. Para llegar al puesto de avanzada de los filisteos, Jonatán tuvo que descender de entre dos peñascos llamados Boses y Sene. Un peñasco estaba al norte, frente a Micmas; el otro estaba al sur, delante de Geba.

—Crucemos hasta la avanzada de esos paganos —le dijo Jonatán a su escudero—. Tal vez el Señor nos ayude, porque nada puede detener al Señor. ¡Él puede ganar la batalla ya sea que tenga muchos guerreros o solo unos cuantos!

—Haz lo que mejor te parezca —respondió el escudero—. Estoy contigo, decidas lo que decidas.

—Muy bien —le dijo Jonatán—. Cruzaremos y dejaremos que nos vean. Si nos dicen: "Quédense donde están o los mataremos", entonces nos detendremos y no subiremos hacia ellos. Pero si nos dicen: "Suban y peleen", entonces subiremos. Esa será la señal del Señor de que nos ayudará a derrotarlos.

Cuando los filisteos vieron que se acercaban, gritaron: «¡Miren, los hebreos salen de sus escondites!». Entonces los hombres de la avanzada le gritaron a Jonatán: «¡Suban aquí y les daremos una lección!».

«Vamos, sube detrás de mí —le dijo Jonatán a su escudero—, ¡porque el Señor nos ayudará a derrotarlos!».

Así que escalaron usando pies y manos. Entonces los filisteos caían ante Jonatán, y su escudero mataba a los que venían por detrás. Mataron a unos veinte hombres en total, y sus cuerpos quedaron dispersos en un espacio de cuarta hectárea.

De repente, el ejército de los filisteos se llenó de pánico, tanto los que estaban en el campamento como los que estaban en el campo, hasta las avanzadas y los destacamentos de asalto. Y en ese preciso momento hubo un terremoto, y todos quedaron aterrorizados.

Entonces los centinelas de Saúl en Guibeá de Benjamín vieron algo muy extraño: el inmenso ejército filisteo comenzó a dispersarse en todas direcciones. «Pasen lista y averigüen quién falta», ordenó Saúl. Y cuando hicieron el recuento, descubrieron que Jonatán y su escudero no estaban.

Entonces Saúl le gritó a Ahías: «¡Trae el efod aquí!». Pues en ese tiempo Ahías llevaba puesto el efod delante de los israelitas. Pero mientras Saúl hablaba con el sacerdote, la confusión en el campamento de los filisteos era cada vez más fuerte. Entonces Saúl le dijo al sacerdote: «No importa, ¡vamos ya!».

Enseguida Saúl y sus hombres corrieron a la batalla y encontraron que los filisteos estaban matándose unos a otros. Había una terrible confusión en todas partes. Aun los hebreos, que anteriormente se habían unido al ejército filisteo, se rebelaron y se unieron a Saúl, a Jonatán y al resto de los israelitas. De igual manera, los hombres de Israel que estaban escondidos en la zona montañosa de Efraín, cuando vieron que los filisteos huían, se unieron a la persecución. Así que en ese día el Señor salvó a Israel, y la recia batalla se extendió aún más allá de Bet-avén.

Ahora bien, ese día los hombres de Israel quedaron agotados porque Saúl los había puesto bajo juramento diciendo: «Que caiga una maldición sobre cualquiera que coma antes del anochecer, antes de que me vengue por completo de mis enemigos». De manera que nadie comió nada en todo el día, aun cuando en el suelo del bosque todos habían encontrado panales de miel. Así que no se atrevieron a tocar la miel por miedo al juramento que habían hecho.

Pero Jonatán no había escuchado la orden de su padre, y metió la punta de su vara en un panal y comió la miel. Después de haberla comido, cobró nuevas fuerzas. Pero uno de los hombres lo vio y le dijo:

—Tu padre obligó al ejército que hiciera un juramento estricto que cualquiera que comiera algún alimento hoy sería maldito. Por eso todos están cansados y desfallecidos.

—¡Mi padre nos ha creado dificultades a todos! —exclamó Jonatán—. Una orden como esa solo puede causarnos daño. ¡Miren cómo he cobrado nuevas fuerzas después de haber comido un poco de miel! Si a los hombres se les hubiera permitido comer libremente del alimento que encontraran entre nuestros enemigos, ¡imagínese a cuántos filisteos más habríamos podido matar!

Así que los israelitas persiguieron y mataron a los filisteos todo el día desde Micmas hasta Ajalón, pero los soldados iban debilitándose. Esa noche se apresuraron a echar mano del botín y mataron ovejas, cabras, ganado y becerros, pero los comieron sin escurrirles la sangre. Entonces alguien le informó a Saúl:

—Mira, los hombres están pecando contra el Señor al comer carne que todavía tiene sangre.

—¡Eso está muy mal! —dijo Saúl—. Busquen una piedra grande y háganla rodar hasta aquí. Luego vayan entre las tropas y díganles: "Tráiganme el ganado, las ovejas y las cabras. Mátenlos aquí y escúrranles la sangre antes de comérselos. No pequen contra el Señor al comer carne que aún tiene sangre".

Así que esa noche las tropas llevaron sus animales y los mataron allí. Luego Saúl construyó un altar al Señor; fue el primer altar que él le construyó al Señor.

Después Saúl dijo:

—Persigamos a los filisteos toda la noche y saqueemos sus bienes hasta el amanecer. Destruyamos hasta el último hombre.

Sus hombres respondieron:

—Haremos lo que mejor te parezca.

Pero el sacerdote dijo:

—Primero consultemos a Dios.

Entonces Saúl le preguntó a Dios:

—¿Debemos perseguir a los filisteos? ¿Nos ayudarás a derrotarlos?

Pero Dios no respondió ese día.

Entonces Saúl les dijo a los líderes:

—¡Algo anda mal! Que vengan aquí todos los comandantes de mi ejército. Debemos descubrir qué pecado se ha cometido hoy. Juro por el nombre del Señor, quien rescató a Israel, que el pecador morirá, ¡aun si fuera mi propio hijo Jonatán!

Pero nadie se atrevía a decirle cuál era el problema.

Entonces Saúl dijo:

—Jonatán y yo nos pondremos aquí, y todos ustedes se pondrán allá.

Y el pueblo respondió a Saúl:

—Lo que mejor te parezca.

Entonces Saúl oró:

—Oh Señor, Dios de Israel, por favor, muéstranos quién es culpable y quién es inocente.

Entonces hicieron un sorteo sagrado, y Jonatán y Saúl fueron señalados como los culpables, y los demás declarados inocentes.

Después dijo Saúl:

—Ahora hagan otro sorteo para señalar si es Jonatán o soy yo.

Entonces, Jonatán fue indicado como el culpable.

—Dime lo que has hecho —le preguntó Saúl a Jonatán.

—Probé un poco de miel —admitió Jonatán—. Fue solo un poco en la punta de mi vara. ¿Merece eso la muerte?

—Sí, Jonatán —dijo Saúl—, ¡debes morir! Que Dios me castigue e incluso me mate si no mueres por esto.

Pero la gente intervino y le dijo a Saúl:

—Jonatán ganó esta gran victoria para Israel. ¿Debe morir? ¡De ningún modo! Tan cierto como que el Señor vive, que ni un solo cabello de su cabeza será tocado, porque hoy Dios lo ayudó a hacer esta gran proeza.

De modo que la gente salvó a Jonatán de la muerte.

Entonces Saúl llamó a su ejército y no persiguieron más a los filisteos, y los filisteos volvieron a sus casas.

Cuando Saúl aseguró su posición de rey sobre Israel, peleó contra sus enemigos en todas las direcciones: contra Moab, Amón, Edom, los reyes de Soba y los filisteos. Y dondequiera que iba, obtenía la victoria. Realizó grandes proezas y conquistó a los amalecitas y así salvó a Israel de todos aquellos que lo habían saqueado.

Los hijos de Saúl eran Jonatán, Is-boset y Malquisúa. También tuvo dos hijas, Merab, la mayor, y Mical. La esposa de Saúl era Ahinoam, la hija de Ahimaas. El comandante del ejército de Saúl era Abner, hijo de Ner, tío de Saúl. Cis, el padre de Saúl, y Ner, el padre de Abner, eran hijos de Abiel.

Los israelitas pelearon constantemente con los filisteos durante toda la vida de Saúl. Así que cada vez que Saúl veía a un joven fuerte y valiente, lo reclutaba en su ejército.

✝

Cierto día, Samuel le dijo a Saúl: «Fue el Señor quien me dijo que te ungiera como rey de su pueblo, Israel. ¡Ahora escucha este mensaje del Señor! Esto es lo que el Señor de los Ejércitos Celestiales ha declarado: "He decidido ajustar cuentas con la nación de Amalec por oponerse a Israel cuando salió de Egipto. Ve ahora y destruye por completo a toda la nación amalecita: hombres, mujeres, niños, recién nacidos, ganado, ovejas, cabras, camellos y burros"».

Entonces Saúl movilizó a su ejército en Telaim. Eran doscientos mil soldados de Israel y diez mil hombres de Judá. Después Saúl y su ejército fueron a una ciudad de los amalecitas y se pusieron al acecho en el valle. Saúl envió esta advertencia a los ceneos: «Apártense de donde viven los amalecitas o morirán junto con ellos. Pues ustedes fueron bondadosos con el pueblo de Israel cuando salió de Egipto». Así que los ceneos empacaron sus cosas y se fueron.

Luego Saúl mató a los amalecitas desde Havila hasta llegar a Shur, al oriente de Egipto. Capturó a Agag, el rey amalecita, pero destruyó por completo a todos los demás. Saúl y sus hombres le perdonaron la vida a Agag y se quedaron con lo mejor de las ovejas y las cabras, del ganado, de los becerros gordos y de los corderos; de hecho, con todo lo que les atrajo. Solo destruyeron lo que no tenía valor o que era de mala calidad.

Luego el Señor le dijo a Samuel: «Lamento haber hecho a Saúl rey, porque no me ha sido leal y se ha negado a obedecer mi mandato». Al oírlo, Samuel se conmovió tanto que clamó al Señor durante toda la noche.

Temprano a la mañana siguiente Samuel fue a buscar a Saúl. Alguien le dijo: «Saúl fue a la ciudad de Carmelo a levantar un monumento en su propio honor y después continuó a Gilgal».

Cuando por fin Samuel lo encontró, Saúl lo saludó con alegría.

—Que el Señor te bendiga —le dijo—. Llevé a cabo el mandato del Señor.

—Entonces, ¿qué es todo ese balido de ovejas y cabras, y ese mugido de ganado que oigo? —le preguntó Samuel.

—Es cierto que los soldados dejaron con vida lo mejor de las ovejas, las cabras y el ganado —admitió Saúl—, pero van a sacrificarlos al Señor tu Dios. Hemos destruido todo lo demás.

Entonces Samuel le dijo a Saúl:

—¡Basta! ¡Escucha lo que el Señor me dijo anoche!

—¿Qué te dijo? —preguntó Saúl.

Y Samuel le dijo:

—Aunque te tengas en poca estima, ¿acaso no eres el líder de las tribus de Israel? El Señor te ungió como rey de Israel, te envió en una misión y te dijo: "Ve y destruye por completo a los pecadores —a los amalecitas— hasta que todos estén muertos". ¿Por qué no obedeciste al Señor? ¿Por qué te apuraste a tomar del botín y a hacer lo que es malo a los ojos del Señor?

—¡Pero yo sí obedecí al Señor! —insistió Saúl—. ¡Cumplí la misión que él me encargó! Traje al rey Agag, pero destruí a todos los demás. Entonces mis tropas llevaron lo mejor de las ovejas, de las cabras, del ganado y del botín para sacrificarlos al Señor tu Dios en Gilgal.

Pero Samuel respondió:

—¿Qué es lo que más le agrada al Señor:
   tus ofrendas quemadas y sacrificios,
   o que obedezcas a su voz?
¡Escucha! La obediencia es mejor que el sacrificio,
   y la sumisión es mejor que ofrecer la grasa de carneros.
La rebelión es tan pecaminosa como la hechicería,
   y la terquedad, tan mala como rendir culto a ídolos.

Así que, por cuanto has rechazado el mandato del Señor,
él te ha rechazado como rey.

Entonces Saúl le confesó a Samuel:

—Es cierto, he pecado. He desobedecido tus instrucciones y el mandato del Señor, porque tuve miedo del pueblo y por eso hice lo que ellos me pidieron. Pero ahora, por favor, perdona mi pecado y regresa conmigo para que pueda adorar al Señor.

Pero Samuel respondió:

—¡No volveré contigo! Ya que tú rechazaste el mandato del Señor, él te ha rechazado como rey de Israel.

Cuando Samuel se dio vuelta para irse, Saúl trató de detenerlo y rasgó el borde de su túnica. Entonces Samuel le dijo:

—Hoy el Señor te ha arrancado el reino de Israel y se lo ha dado a otro: a uno que es mejor que tú. Y aquel que es la Gloria de Israel, no mentirá ni cambiará de parecer porque no es humano para que cambie de parecer.

Entonces Saúl volvió a implorar:

—Sé que he pecado. Pero al menos te ruego que me honres ante los ancianos de mi pueblo y ante Israel al volver conmigo para que adore al Señor tu Dios.

Entonces Samuel por fin accedió y regresó con él, y Saúl adoró al Señor.

Luego Samuel dijo:

—Tráiganme al rey Agag.

Agag llegó lleno de esperanza, porque pensó: «¡Seguramente ya pasó lo peor, y he sido librado de la muerte!». Pero Samuel le dijo:

—Como tu espada ha matado a los hijos de muchas madres, ahora tu madre se quedará sin hijos.

Y Samuel cortó a Agag en pedazos delante del Señor en Gilgal.

Después Samuel fue a su casa en Ramá, y Saúl regresó a su casa en Guibeá de Saúl. Samuel nunca más volvió a ver a Saúl, pero lloraba por él constantemente. Y el Señor se lamentó de haber hecho a Saúl rey de Israel.

Ahora bien, el Señor le dijo a Samuel:

—Ya has hecho suficiente duelo por Saúl. Lo he rechazado como rey de Israel, así que llena tu frasco con aceite de oliva y ve a Belén. Busca a un hombre llamado Isaí que vive allí, porque he elegido a uno de sus hijos para que sea mi rey.

Pero Samuel le preguntó:

—¿Cómo puedo hacerlo? Si Saúl llega a enterarse, me matará.

—Lleva contigo una novilla —le contestó el Señor— y di que has venido para ofrecer un sacrificio al Señor. Invita a Isaí al sacrificio, y te mostraré a cuál de sus hijos ungirás para mí.

Así que Samuel hizo como el Señor le indicó. Cuando llegó a Belén, los ancianos del pueblo salieron a su encuentro temblando.

—¿Qué pasa? —le preguntaron—. ¿Vienes en son de paz?

—Sí —contestó Samuel—, vine para ofrecer un sacrificio al Señor. Purifíquense y vengan conmigo al sacrificio.

Luego Samuel realizó el rito de purificación para Isaí y sus hijos y también los invitó al sacrificio.

Cuando llegaron, Samuel se fijó en Eliab y pensó: «¡Seguramente este es el ungido del Señor!».

Pero el Señor le dijo a Samuel:

—No juzgues por su apariencia o por su estatura, porque yo lo he rechazado. El Señor no ve las cosas de la manera en que tú las ves. La gente juzga por las apariencias, pero el Señor mira el corazón.

Entonces Isaí le dijo a su hijo Abinadab que caminara delante de Samuel. Pero Samuel dijo:

—Este no es el que el Señor ha elegido.

Después Isaí llamó a Simea, pero Samuel dijo:

—Tampoco es este a quien el Señor ha elegido.

De la misma manera, Isaí le presentó sus siete hijos a Samuel. Pero Samuel le dijo:

—El Señor no ha elegido a ninguno de ellos.

Después Samuel preguntó:

—¿Son estos todos los hijos que tienes?

—Queda todavía el más joven —contestó Isaí—. Pero está en el campo cuidando las ovejas y las cabras.

—Manda llamarlo de inmediato —dijo Samuel—. No nos sentaremos a comer hasta que él llegue.

Entonces Isaí mandó a buscarlo. El joven era trigueño y apuesto, y de hermosos ojos.

Y el Señor dijo:

—Este es, úngelo.

Al estar David de pie entre sus hermanos, Samuel tomó el frasco de aceite de oliva que había traído y ungió a David con el aceite. Y el Espíritu del Señor vino con gran poder sobre David a partir de ese día. Luego Samuel regresó a Ramá.

Ahora bien, el Espíritu del Señor se había apartado de Saúl, y el Señor envió un espíritu atormentador.

Algunos de los siervos de Saúl le dijeron:

—Un espíritu atormentador de parte de Dios te está afligiendo. Busquemos a un buen músico para que toque el arpa cada vez que el espíritu atormentador te aflija. Tocará música relajante, y dentro de poco estarás bien.

—Me parece bien —dijo Saúl—. Búsquenme a alguien que toque bien y tráiganlo aquí.

Entonces un siervo le dijo a Saúl:

—Uno de los hijos de Isaí de Belén tiene mucho talento para tocar el arpa. No solo eso, es un guerrero valiente, un hombre de guerra y de buen juicio. También es un joven bien parecido y el Señor está con él.

Entonces Saúl mandó mensajeros a Isaí para decirle: «Envíame a tu hijo David, el pastor». Isaí hizo caso y envió a su hijo David a Saúl, junto con un cabrito, un burro cargado de pan y un cuero lleno de vino.

Así que David llegó a donde estaba Saúl y quedó a su servicio. Saúl llegó a apreciar mucho a David, y el joven se convirtió en su escudero.

Luego Saúl mandó un recado a Isaí con una petición: «Por favor, permite que David quede a mi servicio, porque me simpatiza mucho».

Y cada vez que el espíritu atormentador de parte de Dios afligía a Saúl, David tocaba el arpa. Entonces Saúl se sentía mejor, y el espíritu atormentador se iba.

Los filisteos reunieron su ejército para la batalla y acamparon en Efesdamim, que queda entre Soco en Judá y Azeca. Saúl respondió reuniendo a las tropas israelitas cerca del valle de Ela. De modo que los filisteos y los israelitas quedaron frente a frente en montes opuestos, separados por el valle.

Luego Goliat, un campeón filisteo de Gat, salió de entre las filas de los filisteos para enfrentarse a las fuerzas de Israel. ¡Medía casi tres metros de altura! Llevaba un casco de bronce y su cota de malla, hecha de bronce, pesaba cincuenta y siete kilos. También tenía puestos protectores de bronce en las piernas y llevaba una jabalina de bronce sobre el hombro. El asta de su lanza era tan pesada y gruesa como un rodillo de telar, con una punta de hierro que pesaba casi siete kilos. Su escudero iba delante de él.

Entonces Goliat se detuvo y gritó mofándose de los israelitas: «¿Por qué salen todos ustedes a pelear? Yo soy el campeón filisteo, pero ustedes no son más que siervos de Saúl. ¡Elijan a un hombre para que venga aquí a pelear conmigo! Si me mata, entonces seremos sus esclavos; pero si yo lo mato a él, ¡ustedes serán nuestros esclavos! ¡Hoy desafío a los ejércitos de Israel! ¡Envíenme a un hombre que me enfrente!». Cuando Saúl y los israelitas lo escucharon, quedaron aterrados y profundamente perturbados.

Ahora bien, David era hijo de un hombre llamado Isaí, un efrateo de Belén, en la tierra de Judá. En ese tiempo Isaí era anciano y tenía ocho hijos. Sus tres hijos mayores —Eliab, Abinadab y Simea— ya se habían unido al ejército de Saúl para pelear contra los filisteos. David era el menor de los hijos. Sus tres hermanos mayores se quedaron con el ejército de Saúl, pero David iba y venía para ayudar a su padre con las ovejas en Belén.

Durante cuarenta días, cada mañana y cada tarde, el campeón filisteo se paseaba dándose aires delante del ejército israelita.

Un día, Isaí le dijo a David: «Toma esta canasta de grano tostado y estos diez panes, y llévaselos de prisa a tus hermanos. Y dale estos diez pedazos de queso a su capitán. Averigua cómo están tus hermanos y tráeme un informe de cómo les va». Los hermanos de David estaban con Saúl y el ejército israelita en el valle de Ela, peleando contra los filisteos.

Así que temprano a la mañana siguiente, David dejó las ovejas al cuidado de otro pastor y salió con los regalos, como Isaí le había indicado. Llegó al campamento justo cuando el ejército de Israel salía al campo de batalla dando gritos de guerra. Poco tiempo después las fuerzas israelitas y filisteas quedaron frente a frente, ejército contra ejército. David dejó sus cosas con el hombre que guardaba las provisiones y se apresuró a ir hacia las filas para saludar a sus hermanos. Mientras hablaba con ellos, Goliat, el campeón filisteo de Gat, salió de entre las tropas filisteas. En ese momento, David lo escuchó gritar sus ya acostumbradas burlas al ejército de Israel.

Tan pronto como las tropas israelitas lo vieron, comenzaron a huir espantadas.

—¿Ya vieron al gigante? —preguntaban los hombres—. Sale cada día a desafiar a Israel. El rey ha ofrecido una enorme recompensa a cualquiera que lo mate. ¡A ese hombre le dará una de sus hijas como esposa y toda su familia quedará exonerada de pagar impuestos!

David les preguntó a los soldados que estaban cerca de él:

—¿Qué recibirá el hombre que mate al filisteo y ponga fin a su desafío contra Israel? Y a fin de cuentas, ¿quién es este filisteo pagano, al que se le permite desafiar a los ejércitos del Dios viviente?

Estos hombres le dieron a David la misma respuesta. Le dijeron:

—Efectivamente, esa es la recompensa por matarlo.

Pero cuando Eliab, el hermano mayor de David, lo oyó hablar con los hombres, se enojó.

—¿Qué estás haciendo aquí? —le reclamó—. ¿Qué pasó con esas pocas ovejas que se supone que deberías estar cuidando? Conozco tu orgullo y tu engaño. ¡Solo quieres ver la batalla!

—¿Qué hice ahora? —contestó David—. ¡Solo hacía una pregunta!

Entonces caminó hacia otros y les preguntó lo mismo, y recibió la misma respuesta. Entonces le contaron a Saúl la pregunta de David, y el rey mandó llamarlo.

—No se preocupe por este filisteo —le dijo David a Saúl—. ¡Yo iré a pelear contra él!

—¡No seas ridículo! —respondió Saúl—. ¡No hay forma de que tú puedas pelear contra ese filisteo y ganarle! Eres tan solo un muchacho, y él ha sido un hombre de guerra desde su juventud.

Pero David insistió:

—He estado cuidando las ovejas y las cabras de mi padre. Cuando un león o un oso viene para robar un cordero del rebaño, yo lo persigo con un palo y rescato el cordero de su boca. Si el animal me ataca, lo tomo de la quijada y lo golpeo hasta matarlo. Lo he hecho con leones y con osos, y lo haré también con este filisteo pagano, ¡porque ha desafiado a los ejércitos del Dios viviente! ¡El mismo Señor que me rescató de las garras del león y del oso me rescatará de este filisteo!

Así que Saúl por fin accedió:

—Está bien, adelante. ¡Y que el Señor esté contigo!

Después Saúl le dio a David su propia armadura: un casco de bronce y una cota de malla. David se los puso, se ciñó la espada y probó dar unos pasos porque nunca antes se había vestido con algo semejante.

—No puedo andar con todo esto —le dijo a Saúl—. No estoy acostumbrado a usarlo.

Así que David se lo quitó. Tomó cinco piedras lisas de un arroyo y las metió en su bolsa de pastor. Luego, armado únicamente con su vara de pastor y su honda, comenzó a cruzar el valle para luchar contra el filisteo.

Goliat caminaba hacia David con su escudero delante de él, mirando con desdén al muchacho de mejillas sonrosadas.

—¿Soy acaso un perro —le rugió a David— para que vengas contra mí con un palo?

Y maldijo a David en nombre de sus dioses.

—¡Ven aquí, y les daré tu carne a las aves y a los animales salvajes! —gritó Goliat.

David le respondió al filisteo:

—Tú vienes contra mí con espada, lanza y jabalina, pero yo vengo contra ti en nombre del Señor de los Ejércitos Celestiales, el Dios de los ejércitos de Israel, a quien tú has desafiado. Hoy el Señor te conquistará, y yo te mataré y te cortaré la cabeza. Y luego daré los cadáveres de tus hombres a las aves y a los animales salvajes, ¡y todo el mundo sabrá que hay un Dios en Israel! Todos los que están aquí reunidos sabrán que el Señor rescata a su pueblo, pero no con espada ni con lanza. ¡Esta es la batalla del Señor, y los entregará a ustedes en nuestras manos!

Cuando Goliat se acercó para atacarlo, David fue corriendo para enfrentarse con él. Metió la mano en su bolsa de pastor, sacó una piedra, la lanzó con su honda y golpeó al filisteo en la frente. La piedra se le incrustó allí y Goliat se tambaleó y cayó de cara al suelo.

Así David triunfó sobre el filisteo con solo una honda y una piedra, porque no tenía espada. Después David corrió y sacó de su vaina la espada de Goliat y la usó para matarlo y cortarle la cabeza.

Cuando los filisteos vieron que su campeón estaba muerto, se dieron la vuelta y huyeron. Así que los hombres de Israel y Judá dieron un gran grito de triunfo y corrieron tras los filisteos, persiguiéndolos tan lejos como Gat y hasta las puertas de Ecrón. Los cuerpos de los filisteos muertos y heridos estuvieron esparcidos a lo largo del camino de Saaraim, hasta Gat y Ecrón. Luego el ejército de Israel regresó y saqueó el campamento abandonado de los filisteos. (David llevó la cabeza del filisteo a Jerusalén, pero guardó la armadura en su propia carpa).

Al observar a David pelear contra el filisteo, Saúl le preguntó a Abner, el comandante de su ejército:

—Abner, ¿quién es el padre de este muchacho?

—En realidad no lo sé —declaró Abner.

—Bueno, ¡averigua quién es! —le dijo el rey.

Tan pronto como David regresó de matar a Goliat, Abner lo llevó ante Saúl con la cabeza del filisteo todavía en la mano.

—Dime quién es tu padre, muchacho —le dijo Saúl.

—Su nombre es Isaí, y vivimos en Belén —contestó David.

Después de que David terminó de hablar con Saúl, conoció a Jonatán, el hijo del rey. De inmediato se creó un vínculo entre ellos, pues Jonatán amó a David como a sí mismo. A partir de ese día Saúl mantuvo a David con él y no lo dejaba volver a su casa. Jonatán hizo un pacto solemne con David, porque lo amaba tanto como a sí mismo. Para sellar el pacto quitó su manto y se lo dio a David junto con su túnica, su espada, su arco y su cinturón.

Todo lo que Saúl le pedía a David que hiciera, él lo hacía con éxito. Como resultado, Saúl lo hizo comandante sobre los hombres de guerra, un nombramiento que fue bien recibido tanto por el pueblo como por los oficiales de Saúl.

+

Cuando el ejército de Israel regresaba triunfante después que David mató al filisteo, mujeres de todas las ciudades de Israel salieron para recibir al rey Saúl. Cantaron y danzaron de alegría con panderetas y címbalos. Este era su canto:

«Saúl mató a sus miles,
 ¡y David, a sus diez miles!».

Esto hizo que Saúl se enojara mucho. «¿Qué es esto? —dijo—. Le dan crédito a David por diez miles y a mí solamente por miles. ¡Solo falta que lo hagan su rey!». Desde ese momento Saúl miró con recelo a David.

Al día siguiente, un espíritu atormentador de parte de Dios abrumó a Saúl, y comenzó a desvariar como un loco en su casa. David tocaba el arpa, tal como lo hacía cada día. Pero Saúl tenía una lanza en la mano, y de repente se la arrojó a David, tratando de clavarlo en la pared, pero David lo esquivó dos veces.

Después Saúl tenía miedo de David porque el Señor estaba con David pero se había apartado de él. Finalmente lo echó de su presencia y lo nombró comandante sobre mil hombres, y David dirigía fielmente a las tropas en batalla.

David siguió teniendo éxito en todo lo que hacía porque el Señor estaba con él. Cuando Saúl reconoció esto, le tuvo aún más miedo. Pero todos en Israel y en Judá amaban a David porque tenía tanto éxito al dirigir a sus tropas en batalla.

Cierto día, Saúl le dijo a David:

—Estoy listo para darte a mi hija mayor, Merab, por esposa. Pero antes deberás demostrar que eres un guerrero de verdad al pelear las batallas del Señor.

Pues Saúl pensó: «Voy a enviar a David contra los filisteos y dejar que ellos lo maten, en vez de hacerlo yo mismo».

—¿Quién soy yo, y quién es mi familia en Israel para que yo sea el yerno del rey? —exclamó David—. ¡La familia de mi padre no es nadie!

Así que, cuando llegó el momento para que Saúl le diera su hija Merab en matrimonio a David, Saúl se la dio a Adriel, un hombre de Mehola.

Mientras tanto, Mical, otra hija de Saúl, se había enamorado de David, y cuando Saúl se enteró se puso contento. «¡Me da otra oportunidad para que los filisteos lo maten!», se dijo Saúl a sí mismo; pero a David le dijo:

—Hoy tienes una segunda oportunidad para llegar a ser mi yerno.

Después Saúl instruyó a sus siervos para que le dijeran a David: «El rey te aprecia mucho, al igual que nosotros. ¿Por qué no aceptas lo que el rey te ofrece y te conviertes en su yerno?».

Cuando los hombres de Saúl le dijeron estas cosas a David, él respondió: «¿Cómo puede un hombre pobre y de familia humilde reunir la dote por la hija de un rey?».

Cuando los hombres de Saúl le informaron al rey, él les dijo: «Díganle a David que lo único que quiero por dote son los prepucios de cien filisteos. Vengarme de mis enemigos es todo lo que realmente quiero». Pero lo que Saúl tenía en mente era que mataran a David en la pelea.

David estuvo encantado de aceptar la oferta. Antes de que se cumpliera la fecha límite, él y sus hombres salieron y mataron a doscientos filisteos. Así que David cumplió con el requisito del rey entregándole los prepucios de ellos. Entonces Saúl le entregó a su hija Mical por esposa.

Cuando Saúl se dio cuenta de que el Señor estaba con David, y cuánto su hija Mical lo amaba, le tuvo aún más miedo y quedó como enemigo de David por el resto de su vida.

Cada vez que los comandantes filisteos atacaban, David tenía más éxito en contra de ellos que todos los demás oficiales de Saúl; por eso el nombre de David llegó a ser muy famoso.

Saúl les dijo a sus siervos y a su hijo Jonatán que asesinaran a David; pero Jonatán, debido a su profundo cariño por David, le contó acerca de los planes de su padre. «Mañana por la mañana —lo previno—, deberás encontrar un lugar donde esconderte en el campo. Yo le pediré a mi padre que vaya allí conmigo y le hablaré de ti. Luego te informaré todo lo que pueda averiguar».

A la mañana siguiente, Jonatán habló con su padre acerca de David, diciéndole muchas cosas buenas de él.

—El rey no debe pecar contra su siervo David —le dijo Jonatán—. Él nunca ha hecho nada para dañarte. Siempre te ha ayudado en todo lo que ha podido. ¿Te has olvidado de aquella vez cuando arriesgó su vida para matar al gigante filisteo y de cómo el Señor le dio, como resultado, una gran victoria a Israel? Ciertamente estabas muy contento en aquel entonces. ¿Por qué habrías de matar a un hombre inocente como David? ¡No hay ningún motivo en absoluto!

Así que Saúl escuchó a Jonatán y juró:

—Tan cierto como que el Señor vive, David no será muerto.

Después Jonatán llamó a David y le contó lo que había sucedido. Luego lo llevó ante Saúl, y David sirvió en la corte igual que antes.

Entonces la guerra se desató nuevamente, y David dirigió a sus tropas contra los filisteos. Los atacó con tanta furia que todos huyeron.

Pero cierto día, cuando Saúl estaba sentado en su casa con una lanza en la mano, de repente el espíritu atormentador de parte del Señor vino sobre él como antes. Mientras David tocaba el arpa, Saúl le arrojó su lanza, pero David la esquivó y, dejando la lanza clavada en la pared, huyó y escapó en medio de la noche.

Entonces Saúl mandó tropas para que vigilaran la casa de David. Se les dio la orden de que mataran a David cuando saliera a la mañana siguiente, pero Mical, la esposa de David, le advirtió: «Si no te escapas esta noche, te matarán por la mañana». Así que ella lo ayudó a salir por una ventana, y él huyó y escapó. Luego ella tomó un ídolo y lo puso en la cama de su esposo, lo cubrió con mantas y puso un cojín de pelo de cabra sobre la cabeza.

Cuando las tropas llegaron para arrestar a David, ella les dijo que estaba enfermo y que no podía levantarse de la cama.

Pero Saúl envió a las tropas de nuevo para prender a David y les ordenó: «¡Tráiganmelo con cama y todo para que lo mate!». Pero cuando llegaron para llevarse a David, descubrieron que lo que estaba en la cama era solo un ídolo con un cojín de pelo de cabra en la cabeza.

—¿Por qué me traicionaste así y dejaste escapar a mi enemigo? —le reprochó Saúl a Mical.

—Tuve que hacerlo —contestó ella—. Me amenazó con matarme si no lo ayudaba.

Así que David escapó y fue a Ramá para ver a Samuel, y le contó todo lo que Saúl le había hecho. Entonces Samuel llevó a David a vivir con él en Naiot. Cuando Saúl se enteró de que David estaba en Naiot de Ramá, envió tropas para capturarlo. Pero cuando llegaron y vieron que Samuel dirigía a un grupo de profetas que estaban profetizando, el Espíritu de Dios vino sobre los hombres de Saúl y ellos también comenzaron a profetizar. Cuando Saúl se enteró de lo que había pasado, envió a otras tropas, ¡pero ellos también profetizaron! Lo mismo sucedió por tercera vez. Finalmente, Saúl mismo fue a Ramá y llegó al gran pozo en Secú.

—¿Dónde están Samuel y David? —preguntó.

—Están en Naiot de Ramá —le informó alguien.

Pero camino a Naiot de Ramá, el Espíritu de Dios vino incluso sobre Saúl, ¡y él también comenzó a profetizar por todo el camino hasta Naiot! Se quitó la ropa a tirones y quedó desnudo acostado sobre el suelo todo el día y toda la noche, profetizando en presencia de Samuel. La gente que lo vio exclamó: «¿Qué? ¿Hasta Saúl es profeta?».

En ese momento David huyó de Naiot de Ramá y encontró a Jonatán.

—¿Qué he hecho? —exclamó—. ¿Cuál es mi delito? ¿Cómo ofendí a tu padre para que esté tan decidido a matarme?

—¡No es cierto! —contestó Jonatán—. No vas a morir. Mi padre siempre me cuenta todo lo que piensa hacer, aun las cosas más pequeñas. Sé que mi padre no me ocultaría algo como esto. ¡Sencillamente no es cierto!

Entonces David hizo un juramento delante de Jonatán y le dijo:

—Tu padre sabe perfectamente bien acerca de nuestra amistad, por lo tanto, se dijo a sí mismo: "No le diré nada a Jonatán, ¿para qué lastimarlo?". ¡Pero te juro que estoy a solo un paso de la muerte! ¡Te lo juro por el Señor y por tu propia alma!

—Dime cómo puedo ayudarte —exclamó Jonatán.

—Mañana celebraremos el festival de luna nueva —respondió David—. Siempre he comido con el rey en esa ocasión, pero mañana me esconderé en el campo y me quedaré allí hasta la tarde del tercer día. Si tu padre pregunta dónde estoy, dile que pedí permiso para ir a mi casa en Belén para un sacrificio anual que celebra mi familia. Si él dice: "¡Está bien!", sabrás que todo realmente está bien; pero si se enoja y pierde los estribos, sabrás que está decidido a matarme. Muéstrame la lealtad de quien juró ser mi amigo —porque hicimos un pacto solemne delante del Señor— o mátame tú mismo si he pecado contra tu padre. ¡Pero te ruego que no me traiciones entregándome a él!

—¡Jamás! —exclamó Jonatán—. Tú sabes que si tuviera la menor idea de que mi padre pensara matarte, te lo diría de inmediato.

Entonces David le preguntó:

—¿Cómo podré saber si tu padre está enojado o no?

—Ven al campo conmigo —le respondió Jonatán.

Entonces salieron juntos al campo y Jonatán le dijo a David:

—Te prometo por el Señor, Dios de Israel, que para mañana a esta hora, o a más tardar, pasado mañana, hablaré con mi padre e inmediatamente te haré saber qué piensa acerca de ti. Si él habla bien de ti, te lo haré saber. Pero si está enojado y quiere matarte, que el Señor me castigue y aun me mate si no te advierto para que puedas escapar y vivir. Que el Señor esté contigo como antes estaba con mi padre. Y que tú me trates con el fiel amor del Señor mientras que yo viva. Pero si muero, trata a mi familia con este fiel amor, aun cuando el Señor elimine a todos tus enemigos de la faz de la tierra.

Entonces Jonatán hizo un pacto solemne con David diciendo:

—¡Que el Señor destruya a todos tus enemigos!

Y Jonatán hizo que David reafirmara su voto de amistad, porque amaba a David tanto como a sí mismo.

Después Jonatán dijo:

—Mañana celebramos el festival de luna nueva. Te extrañarán cuando vean que tu lugar a la mesa está desocupado. Pasado mañana, al atardecer, ve al lugar donde antes te escondiste y espera allí junto al montón de piedras. Yo saldré y dispararé tres flechas hacia un lado del montón de piedras, como si estuviera disparándole a un blanco. Enseguida enviaré a un niño para que me traiga las flechas. Si oyes que le digo: "Están de este lado", entonces sabrás, tan cierto como que el Señor vive, que todo está bien y que no hay ningún problema. Pero si le digo: "Ve más lejos, las flechas están más adelante", significará que tendrás que irte de inmediato, porque es el Señor quien desea que te vayas. Y que el Señor nos haga cumplir las promesas que nos hicimos el uno al otro, porque él fue testigo de ellas.

Entonces David se escondió en el campo. Cuando comenzó el festival de luna nueva, el rey se sentó a comer en su lugar de siempre, contra la pared, con Jonatán sentado enfrente y Abner a su lado. Pero el lugar de David estaba desocupado. Ese día Saúl no dijo nada acerca de ello, pero pensó: «Algo debe haber hecho que David quedara ceremonialmente impuro». Pero cuando el lugar de David siguió desocupado al día siguiente, Saúl le preguntó a Jonatán:

—¿Por qué el hijo de Isaí no vino a comer ni ayer ni hoy?

Jonatán le contestó:

—David me rogó que lo dejara ir a Belén. Me dijo: "Por favor, déjame ir, porque mi familia celebrará un sacrificio. Mi hermano me exigió que estuviera presente. Así que te ruego que me dejes ir a ver a mis hermanos". Por eso no está a la mesa del rey.

Entonces Saúl se puso muy furioso con Jonatán.

—¡Tú, estúpido hijo de prostituta! —lo maldijo—. ¿Acaso piensas que no sé que tú quieres que él sea rey en lugar de ti, para vergüenza tuya y de tu madre? Mientras ese hijo de Isaí esté vivo, jamás serás rey. ¡Ahora ve y búscalo para que lo mate!

—¿Pero por qué tiene que morir? —le preguntó Jonatán a su padre—. ¿Qué ha hecho?

Entonces Saúl le arrojó su lanza a Jonatán con la intención de matarlo. Por fin Jonatán se dio cuenta de que su padre realmente había decidido matar a David.

Así que Jonatán dejó la mesa enfurecido y se negó a comer durante ese segundo día del festival, porque estaba destrozado por la vergonzosa conducta de su padre hacia David.

A la mañana siguiente, como habían acordado, Jonatán salió al campo acompañado por un muchachito para que le recogiera las flechas. «Comienza a correr —le dijo al niño— para que puedas encontrar las flechas mientras las voy disparando». Entonces el niño corrió y Jonatán disparó una flecha más allá de donde estaba el muchacho. Cuando el niño casi llegaba a donde estaba la flecha, Jonatán gritó: «La flecha está más adelante. Rápido, apresúrate, no te detengas». Así que con prisa el niño recogió las flechas y regresó corriendo a su amo. El muchacho, por supuesto, no sospechaba nada; solo Jonatán y David entendieron la señal. Después Jonatán le dio su arco y sus flechas al niño y le dijo que los regresara a la ciudad.

En cuanto se fue el niño, David salió de su escondite cerca del montón de piedras y se inclinó ante Jonatán tres veces, rostro en tierra. Mientras se abrazaban y se despedían, los dos lloraban, especialmente David.

Finalmente, Jonatán le dijo a David: «Ve en paz, porque nos hemos jurado lealtad el uno al otro en el nombre del SEÑOR. Él es testigo del vínculo que hay entre nosotros y nuestros hijos para siempre». Después David se fue, y Jonatán regresó a la ciudad.

David fue a la ciudad de Nob para ver al sacerdote Ahimelec. Cuando Ahimelec lo vio, se puso a temblar.

—¿Por qué estás solo? —le preguntó—. ¿Por qué nadie te acompaña?

—El rey me envió en un asunto privado —dijo David—. Me pidió que no le contara a nadie por qué estoy aquí. Les dije a mis hombres dónde buscarme después. Ahora bien, ¿qué hay de comer? Dame cinco panes o cualquier otra cosa que tengas.

—No tenemos nada de pan común —respondió el sacerdote—. Pero aquí está el pan sagrado, el cual pueden comer si tus jóvenes no se han acostado con alguna mujer recientemente.

—No te preocupes —le aseguró David—. Nunca permito que mis hombres estén con mujeres cuando estamos en plena campaña. Y ya que se mantienen limpios, aun durante misiones normales, ¡cuánto más en esta!

Como no había otro alimento disponible, el sacerdote le dio el pan sagrado: el pan de la Presencia que se ponía delante del Señor en el tabernáculo. Justo en ese día había sido reemplazado por pan recién horneado.

Aquel día estaba allí Doeg el edomita, jefe de los pastores de Saúl, que había sido detenido delante del Señor.

David le preguntó a Ahimelec:

—¿Tienes una lanza o una espada? El asunto del rey era tan urgente que ¡ni siquiera me dio tiempo de tomar un arma!

—Solo tengo la espada de Goliat el filisteo, a quien tú mataste en el valle de Ela —le contestó el sacerdote—. Está envuelta en una tela detrás del efod. Tómala si quieres, porque es la única que tengo.

—¡Esta espada es sin igual —respondió David—, dámela!

Entonces David escapó de Saúl y fue donde el rey Aquis de Gat. Pero a los oficiales de Aquis no les agradaba que David estuviera allí. «¿No es este David, el rey de la tierra? —preguntaron—. ¿No es este a quien el pueblo honra con danzas, y canta:

"Saúl mató a sus miles,
 y David, a sus diez miles"?».

David oyó esos comentarios y tuvo mucho miedo de lo que el rey Aquis de Gat pudiera hacer con él. Así que se hizo pasar por loco, arañando las puertas y dejando que la saliva escurriera por su barba.

Finalmente, el rey Aquis le dijo a sus hombres:

—¿Tienen que traerme a un loco? ¡Ya tenemos suficientes de ellos aquí! ¿Por qué habría de permitir que alguien como él sea huésped en mi casa?

Entonces David salió de Gat y escapó a la cueva de Adulam. Al poco tiempo sus hermanos y demás parientes se unieron a él allí. Luego, comenzaron a llegar otros —hombres que tenían problemas o que estaban endeudados o que simplemente estaban descontentos—, y David llegó a ser capitán de unos cuatrocientos hombres.

Después David se dirigió a Mizpa de Moab, donde le pidió al rey: «Por favor, permite que mi padre y mi madre vivan aquí contigo hasta que sepa lo que Dios tiene pensado para mí». Así que los padres de David se quedaron en Moab con el rey durante todo el tiempo que David vivió en la fortaleza.

Un día el profeta Gad dijo a David: «Deja la fortaleza y vuelve a la tierra de Judá». Entonces David fue al bosque de Haret.

Las noticias de su llegada a Judá pronto alcanzaron a Saúl. En ese momento, el rey estaba sentado debajo de un árbol de tamarisco en la colina de Guibeá, con su lanza en la mano y rodeado de sus oficiales.

—¡Escuchen bien, hombres de Benjamín! —les gritó Saúl a sus oficiales al oír las noticias—. ¿Acaso ese hijo de Isaí les ha prometido a cada uno de ustedes campos y viñedos? ¿Les ha prometido a todos hacerlos generales y capitanes de su ejército? ¿Es por eso que han conspirado contra mí? Pues ninguno de ustedes me avisó cuando mi propio hijo hizo un pacto solemne con ese hijo de Isaí. Ni siquiera sienten lástima por mí. ¡Imagínense! ¡Mi propio hijo incita al hijo de Isaí para que me mate, tal como está tratando de hacer hoy mismo!

Entonces Doeg el edomita, que se encontraba entre los hombres de Saúl, habló:

—Cuando estaba en Nob, vi al hijo de Isaí hablando con el sacerdote Ahimelec, hijo de Ahitob. Ahimelec consultó al Señor por él. Luego le dio alimento y la espada de Goliat el filisteo.

Entonces el rey Saúl inmediatamente mandó traer a Ahimelec y a toda su familia, quienes servían como sacerdotes en Nob. Cuando llegaron, Saúl le gritó:

—¡Escúchame, hijo de Ahitob!

—¿Qué quiere, mi rey? —le preguntó Ahimelec.

—¿Por qué han conspirado contra mí, tú y ese hijo de Isaí? —le preguntó Saúl—. ¿Por qué le diste alimento y una espada? ¿Por qué consultaste a Dios por él? ¿Por qué lo instigaste a matarme, como está tratando de hacer hoy mismo?

—Pero señor —respondió Ahimelec—, ¿hay alguien entre todos sus siervos que sea tan fiel como su yerno David? ¡Él es el capitán de su escolta y un miembro altamente honrado de su casa! Por cierto, ¡esta no fue la primera vez que consulté a Dios por él! Que el rey no me acuse a mí y a mi familia de este asunto, porque yo no sabía nada de un complot en contra de usted.

—¡Ahimelec, ten por seguro que morirás junto con toda tu familia! —gritó el rey.

Y le ordenó a su escolta:

—¡Maten a estos sacerdotes del Señor, porque son aliados de David y conspiradores con él! ¡Ellos sabían que él huía de mí, pero no me lo dijeron!

Pero los hombres de Saúl se negaron a matar a los sacerdotes del Señor. Entonces Saúl le dijo a Doeg:

—Hazlo tú.

Así que ese día Doeg el edomita los atacó y los mató: ochenta y cinco sacerdotes en total que aún llevaban puestas sus vestiduras sacerdotales. Después se dirigió a Nob, la ciudad de los sacerdotes, y mató a las familias de los sacerdotes —hombres y mujeres, niños y recién nacidos— y a todo el ganado, burros, ovejas y cabras.

Solamente Abiatar, uno de los hijos de Ahimelec, escapó y huyó a donde estaba David. Cuando le dijo que Saúl había matado a los sacerdotes del Señor, David exclamó:

—¡Lo sabía! Cuando vi a Doeg el edomita allí ese día, estaba seguro de que se lo contaría a Saúl. Ahora soy responsable de la muerte de toda la familia de tu padre. Quédate aquí conmigo, no tengas miedo; te protegeré con mi propia vida, porque la misma persona quiere matarnos a los dos.

Un día le llegaron noticias a David de que los filisteos estaban en la ciudad de Keila robando el grano de los campos de trillar. Entonces David le preguntó al Señor:

—¿Debo ir y atacarlos?

—Sí, ve y salva a Keila —le dijo el Señor.

Pero los hombres de David le dijeron:

—Tenemos miedo incluso aquí en Judá. ¡De ninguna manera queremos ir a Keila para luchar contra todo el ejército filisteo!

Así que David consultó de nuevo al Señor, y de nuevo el Señor respondió: «Desciende a Keila, porque yo te ayudaré a conquistar a los filisteos».

Entonces David y sus hombres fueron a Keila. Mataron a los filisteos, tomaron todos sus animales y rescataron a la gente de la ciudad. Cuando Abiatar, hijo de Ahimelec, huyó a donde estaba David en Keila, se llevó consigo el efod.

Pronto Saúl se enteró de que David estaba en Keila. «¡Excelente! —exclamó—. ¡Ya lo tenemos! Dios me lo entregó en mis manos, porque se ha quedado atrapado en una ciudad amurallada». Entonces Saúl movilizó a todo su ejército para marchar hacia Keila y sitiar a David y a sus hombres.

Pero David se enteró de los planes de Saúl y le dijo a Abiatar el sacerdote que trajera el efod para consultar con el Señor. Entonces David oró:

—Oh Señor, Dios de Israel, he oído que Saúl piensa venir a Keila y destruirla porque yo estoy aquí. ¿Me traicionarán los líderes de Keila y me entregarán a él? ¿Y de verdad vendrá Saúl, como me han informado? Oh Señor, Dios de Israel, te ruego que me digas.

Y el Señor le dijo:

—Él vendrá.

De nuevo David preguntó:

—¿Me traicionarán los líderes de Keila a mí y a mis hombres para entregarnos a Saúl?

Y el Señor le contestó:

—Sí, ellos los traicionarán.

Entonces David y sus hombres —ahora cerca de seiscientos— salieron de Keila y comenzaron a deambular por toda la región. Pronto llegó la noticia a Saúl de que David había escapado, por lo que decidió no ir a Keila.

David se refugió en unas fortalezas que había en el desierto y en la zona montañosa de Zif. Saúl lo perseguía día tras día, pero Dios no permitió que Saúl lo encontrara.

✢

Un día, cerca de Hores, David recibió la noticia de que Saúl estaba camino a Zif para buscarlo y matarlo. Jonatán fue a buscar a David y lo animó a que permaneciera firme en su fe en Dios. «No tengas miedo —le aseguró Jonatán—, ¡mi padre nunca te encontrará! Tú vas a ser el rey de Israel, y yo voy a estar a tu lado, como mi padre bien lo sabe». Luego los dos renovaron su pacto solemne delante del Señor. Después Jonatán regresó a su casa, mientras que David se quedó en Hores.

Pero los hombres de Zif fueron a Saúl en Guibeá y traicionaron a David.

—Sabemos dónde se esconde David —le dijeron—. Está en las fortalezas de Hores en la colina de Haquila, que está en la parte sur de Jesimón. Descienda cuando esté listo, oh rey, ¡y lo atraparemos y se lo entregaremos!

—¡Que el Señor los bendiga! —les dijo Saúl—. ¡Por fin alguien se preocupa por mí! Vayan y verifiquen dónde se está quedando y quién lo ha visto allí, porque sé que es muy astuto. Descubran sus escondites y vuelvan cuando estén seguros. Después yo iré con ustedes. Y si está en la región, lo rastrearé, ¡aunque tenga que buscar en cada escondite de Judá!

Entonces los hombres de Zif regresaron a su casa antes de que se fuera Saúl.

Mientras tanto, David y sus hombres se trasladaron al desierto de Maón, en el valle de Arabá, al sur de Jesimón. Cuando David se enteró de que Saúl y sus hombres lo estaban buscando, se internó aún más en el desierto hasta llegar a la roca grande, y permaneció allí en el desierto de Maón. Pero Saúl andaba tras él en el desierto.

Saúl y David se encontraban en lados opuestos de una montaña. Justo cuando Saúl y sus hombres comenzaban a cercar a David y a sus hombres, le llegó un mensaje urgente al rey que le informaba que los filisteos nuevamente asaltaban a Israel. Entonces Saúl dejó de perseguir a David y regresó para luchar contra los filisteos. Desde entonces, el lugar donde David acampó se llama Roca de Escape. Después David fue a vivir a las fortalezas de En-gadi.

Después de que Saúl regresó de pelear contra los filisteos, se le informó que David se había ido al desierto de En-gadi. Entonces Saúl escogió a tres mil soldados selectos de todo Israel y fue en busca de David y de sus hombres cerca de los peñascos de las cabras salvajes.

En el lugar donde el camino pasaba por algunos rediles, Saúl entró en una cueva para hacer sus necesidades. ¡Pero resultó que David y sus hombres estaban escondidos más adentro de esa misma cueva!

«¡Ahora es tu oportunidad! —los hombres le susurraron a David—. Hoy el Señor te dice: "Te aseguro que pondré a tu enemigo en tu poder, para que hagas con él lo que desees"». Entonces David se le acercó sigilosamente y cortó un pedazo del borde del manto de Saúl.

Pero comenzó a remorderle la conciencia por haber cortado el manto de Saúl, y les dijo a sus hombres: «Que el Señor me libre de hacerle tal cosa a mi señor el rey. No debo atacar al ungido del Señor, porque el Señor mismo lo ha elegido». Entonces David contuvo a sus hombres y no les permitió que mataran a Saúl.

Después de que Saúl saliera de la cueva para seguir su camino, David salió y le gritó:

—¡Mi señor el rey!

Cuando Saúl miró hacia atrás, David se inclinó hasta el suelo delante de él. Entonces le gritó a Saúl:

—¿Por qué le hace caso a la gente que dice que quiero hacerle daño? Este mismo día puede ver con sus propios ojos que no es verdad. Pues el Señor lo puso a mi merced allí en la cueva, y algunos de mis hombres me dijeron que lo matara, pero yo le perdoné la vida. Pues dije: "Nunca le haré daño al rey; él es el ungido del Señor". Mire, padre mío, lo que tengo en mi mano. ¡Es un pedazo del borde de su manto! Yo lo corté, pero no lo maté. Esto prueba que no intento hacerle daño y que no he pecado contra usted, aun cuando usted me ha estado persiguiendo para matarme.

»Que el Señor juzgue entre nosotros. Tal vez el Señor lo castigue por lo que intenta hacer, pero yo nunca le haré daño. Como dice el antiguo proverbio: "De la gente malvada, provienen las malas acciones". Así que puede estar seguro de que nunca le haré daño. De todas formas, ¿a quién trata de atrapar el rey de Israel? ¿Debería pasar tiempo persiguiendo a alguien que no vale más que un perro muerto o una sola pulga? Por lo tanto, que el Señor juzgue quién de nosotros tiene la razón y que castigue al culpable. ¡Él es mi defensor y me rescatará de su poder!

Cuando David terminó de hablar, Saúl le respondió:

—¿Realmente eres tú, David, hijo mío?

Enseguida comenzó a llorar y le dijo a David:

—Eres mejor persona que yo, porque has devuelto bien por mal. Es cierto, has sido increíblemente bondadoso conmigo hoy, porque cuando el Señor me puso en un lugar donde pudiste haberme matado, no lo hiciste. ¿Quién otro dejaría ir a su enemigo cuando lo tiene en su poder? Que el Señor te recompense bien por la bondad que hoy me has demostrado. Ahora me doy cuenta de que ciertamente tú serás el rey, y de que el reino de Israel prosperará bajo tu gobierno. Júrame, entonces, por el Señor, que cuando esto suceda, ¡no matarás a mi familia ni destruirás a mis descendientes!

Entonces David le prometió esto a Saúl con un juramento. Después Saúl volvió a su casa, pero David y sus hombres regresaron a su fortaleza.

Murió Samuel, y todo Israel se reunió para su funeral. Lo enterraron en su casa en Ramá.

Luego David bajó al desierto de Maón. Había un hombre rico de Maón que tenía propiedades cerca de la ciudad de Carmelo. Tenía tres mil ovejas y mil cabras, y era el tiempo de la esquila. Este hombre se llamaba Nabal, y su esposa, Abigail, era una mujer sensata y hermosa. Pero Nabal, descendiente de Caleb, era grosero y mezquino en todos sus asuntos.

Cuando David se enteró de que Nabal esquilaba sus ovejas, envió a diez de sus hombres jóvenes a Carmelo con el siguiente mensaje para Nabal: «¡Paz y prosperidad para ti, para tu familia y para todo lo que posees! Me dicen que es el tiempo de la esquila. Mientras tus pastores estuvieron entre nosotros cerca de Carmelo, nunca les hicimos daño y nunca se les robó nada. Pregunta a tus propios hombres, y te dirán que es cierto. Así que, ¿podrías ser bondadoso con nosotros, ya que hemos venido en tiempo de celebración? Por favor, comparte con nosotros y con tu amigo David las provisiones que tengas a la mano». Los hombres le dieron este mensaje a Nabal en nombre de David y esperaron la respuesta.

«¿Quién es ese tipo David? —les dijo Nabal con desdén—. ¿Quién se cree que es este hijo de Isaí? En estos días hay muchos siervos que se escapan de sus amos. ¿Debo tomar mi pan, mi agua y la carne que destacé para mis esquiladores y dárselos a un grupo de bandidos que viene de quién sabe dónde?».

De modo que los hombres de David regresaron y le dijeron lo que Nabal había dicho. «¡Tomen sus espadas!», respondió David mientras se ceñía la suya. Enseguida David salió con cuatrocientos hombres, mientras doscientos se quedaron cuidando las pertenencias.

Entre tanto, uno de los siervos de Nabal fue a decirle a Abigail: «David envió mensajeros desde el desierto para saludar a nuestro amo, pero él les respondió con insultos. Estos hombres nos trataron muy bien y nunca sufrimos ningún daño de parte de ellos. Nada nos fue robado durante todo el tiempo que estuvimos con ellos. De hecho, día y noche fueron como un muro de protección para nosotros y nuestras ovejas. Es necesario que usted lo sepa y decida qué hacer, porque habrá problemas para nuestro amo y toda la familia. ¡Nabal tiene tan mal genio que no hay nadie que pueda hablarle!».

Sin perder tiempo, Abigail juntó doscientos panes, dos cueros llenos de vino, cinco ovejas destazadas y preparadas, treinta y seis litros de trigo tostado, cien racimos de pasas y doscientos pasteles de higo. Lo cargó todo en burros y les dijo a sus siervos: «Vayan adelante y dentro de poco los seguiré». Pero no le dijo a su esposo Nabal lo que estaba haciendo.

Así que, montada en un burro, Abigail entraba a un barranco de la montaña cuando vio a David y a sus hombres acercándose a ella. En ese momento, David decía: «¡De nada sirvió ayudar a este tipo! Protegimos sus rebaños en el desierto y ninguna de sus posesiones se perdió o fue robada. Pero él me devolvió mal por bien. ¡Que Dios me castigue y me mate si tan solo un hombre de su casa queda con vida mañana por la mañana!».

Cuando Abigail vio a David, enseguida bajó de su burro y se inclinó ante él hasta el suelo. Cayó a sus pies y le dijo:

—Toda la culpa es mía en este asunto, mi señor. Por favor, escuche lo que tengo que decir. Sé que Nabal es un hombre perverso y de mal genio; por favor, no le haga caso. Es un necio, como significa su nombre. Pero yo ni siquiera vi a los hombres que usted envió.

»Ahora, mi señor, tan cierto como que el SEÑOR vive y que usted vive, ya que el SEÑOR impidió que usted matara y tomara venganza por su propia mano, que todos sus enemigos y los que intenten hacerle daño sean tan malditos como lo es Nabal. Aquí tengo un regalo que yo, su sierva, le he traído a usted y a sus hombres. Le ruego que me perdone si lo he ofendido en alguna manera. El SEÑOR seguramente lo recompensará con una dinastía duradera, porque pelea las batallas del SEÑOR y no ha hecho mal en toda su vida.

»Aun cuando lo persigan aquellos que buscan su muerte, su vida estará a salvo al cuidado del SEÑOR su Dios, ¡segura en su bolsa de tesoros! ¡Pero la vida de sus enemigos desaparecerá como piedras lanzadas por una honda! Cuando el SEÑOR haya hecho todo lo que prometió y lo haya hecho líder de Israel, que esta no sea una sombra en su historial. Entonces su conciencia no tendrá que llevar la pesada carga de derramamiento de sangre y venganza innecesarios. Y cuando el SEÑOR haya hecho estas grandes cosas para usted, por favor, ¡acuérdese de mí, su sierva!

David le respondió a Abigail:

—¡Alabado sea el Señor, Dios de Israel, quien hoy te ha enviado a mi encuentro! ¡Gracias a Dios por tu buen juicio! Bendita seas, pues me has impedido matar y llevar a cabo mi venganza con mis propias manos. Juro por el Señor, Dios de Israel, quien me ha librado de hacerte daño, que si no te hubieras apresurado a venir a mi encuentro, mañana por la mañana ninguno de los hombres de Nabal habría quedado con vida.

Entonces David aceptó su regalo y le dijo:

—Vuelve a tu casa en paz. Escuché lo que dijiste y no mataremos a tu esposo.

Cuando Abigail llegó a su casa, encontró a Nabal dando una gran fiesta digna de un rey. Estaba muy borracho, así que no le dijo nada sobre su encuentro con David hasta el amanecer del día siguiente. Por la mañana, cuando Nabal estaba sobrio, su esposa le contó lo que había sucedido. Como consecuencia tuvo un derrame cerebral y quedó paralizado en su cama como una piedra. Unos diez días más tarde, el Señor lo hirió y murió.

Cuando David oyó que Nabal había muerto, dijo: «Alabado sea el Señor, que vengó el insulto que recibí de Nabal y me impidió que tomara venganza por mí mismo. Nabal recibió el castigo por su pecado». Después David envió mensajeros a Abigail pidiéndole que fuera su esposa.

Cuando los mensajeros llegaron a Carmelo, le dijeron a Abigail:

—David nos ha enviado para que la llevemos a fin de que se case con él.

Entonces ella se inclinó al suelo y respondió:

—Yo, su sierva, estaría encantada de casarme con David. ¡Aun estaría dispuesta a ser una esclava y lavar los pies de sus siervos!

Así que enseguida se preparó, llevó a cinco de sus siervas como asistentes, se montó en su burro, y fue con los mensajeros de David. Y se convirtió en su esposa. David también se casó con Ahinoam de Jezreel, así que las dos fueron sus esposas. Mientras tanto, Saúl había dado a su hija Mical, esposa de David, a un hombre de Galim llamado Palti, hijo de Lais.

Ahora bien, algunos hombres de Zif fueron a Guibeá para decirle a Saúl: «David está escondido en la colina de Haquila, que tiene vista a Jesimón».

Entonces Saúl escogió a tres mil de los soldados selectos de Israel y salió con ellos a perseguir a David en el desierto de Zif. Saúl acampó junto al camino que está al lado de la colina de Haquila, cerca de Jesimón, donde David se escondía. Cuando David se enteró de que Saúl había venido al desierto a perseguirlo, envió espías para verificar la noticia de su llegada.

Cierta noche, David pasó desapercibido al campamento de Saúl para echar un vistazo. Saúl y Abner, hijo de Ner, el comandante del ejército, dormían dentro del círculo formado por sus guerreros, todos bien dormidos.

—¿Quién se ofrece a ir conmigo al campamento? —preguntó David a Ahimelec el hitita y a Abisai, hijo de Sarvia, hermano de Joab.

—Yo voy contigo —contestó Abisai.

Entonces David y Abisai fueron directo al campamento de Saúl y lo encontraron dormido, con su lanza clavada en tierra junto a su cabeza. Abner y los soldados estaban dormidos alrededor de él.

—¡Esta vez, sin duda alguna, Dios te ha entregado a tu enemigo! —le susurró Abisai a David—. Déjame que lo clave en la tierra con un solo golpe de mi lanza; ¡no hará falta darle dos!

—¡No! —dijo David—. No lo mates. Pues ¿quién quedará inocente después de atacar al ungido del Señor? Seguro que el Señor herirá a Saúl algún día, o morirá de viejo o en batalla. ¡El Señor me libre de que mate al que él ha ungido! Pero toma su lanza y la jarra de agua que están junto a su cabeza y ¡luego vámonos de aquí!

Entonces David mismo tomó la lanza y la jarra de agua que estaban cerca de la cabeza de Saúl. Luego él y Abisai escaparon sin que nadie los viera ni despertara, porque el Señor hizo que los hombres de Saúl cayeran en un sueño profundo.

David subió la colina del lado opuesto del campamento hasta que estuvo a una distancia segura. Luego les gritó a los soldados y a Abner hijo de Ner:

—¡Despiértate, Abner!

—¿Quién es? —preguntó Abner.

—Bueno, Abner, eres un gran hombre, ¿verdad? —se burló David—. En todo Israel, ¿dónde hay uno que sea tan poderoso como tú? Entonces, ¿por qué no protegiste a tu amo, el rey, cuando alguien entró a matarlo? ¡Eso no está nada bien! Juro por el Señor que tú y tus hombres merecen morir, ¡porque no protegiste a tu amo, el ungido del Señor! ¡Mira a tu alrededor! ¿Dónde están la lanza del rey y la jarra de agua que estaban junto a su cabeza?

Saúl reconoció la voz de David y gritó:

—¿Eres tú, David, hijo mío?

Y David contestó:

—Sí, mi señor el rey. ¿Por qué me persigue? ¿Qué hice? ¿Qué delito cometí? Pero ahora que mi señor el rey escuche a su siervo. Si el Señor lo ha incitado en mi contra, entonces que él acepte mi ofrenda. Pero si esto es solo un plan humano, entonces que los que estén involucrados sean malditos por el Señor. Pues me han expulsado de mi hogar, y ya no puedo vivir entre el pueblo del Señor y han dicho: "Ve, rinde culto a dioses paganos". ¿Debo morir en tierra extranjera, lejos de la presencia del Señor? ¿Por qué el rey de Israel ha salido a buscar a una sola pulga? ¿Por qué me persigue como a una perdiz en las montañas?

Entonces Saúl confesó:

—He pecado. Hijo mío, vuelve a casa, y ya no trataré de hacerte daño, porque hoy has valorado mi vida. He sido un tonto, y he estado muy, pero muy equivocado.

—Aquí está su lanza, oh rey —dijo David—. Permita que uno de sus jóvenes venga por ella. El Señor da su propia recompensa por hacer el bien y por ser leal, y yo rehusé matarlo, aun cuando el Señor lo puso en mi poder, porque usted es el ungido del Señor. Ahora que el Señor valore mi vida, así como hoy yo he valorado la suya. Que él me rescate de todas mis dificultades.

Y Saúl le dijo a David:

—Bendiciones sobre tu vida, David, hijo mío. Harás muchas acciones heroicas y seguramente te irá bien en todo lo que hagas.

Luego David se fue, y Saúl regresó a su casa.

+

Pero David seguía pensando: «Algún día Saúl me va a atrapar. Lo mejor que puedo hacer es escapar y vivir entre los filisteos. Entonces Saúl dejará de buscarme en el territorio israelita, y por fin estaré a salvo».

Así que David tomó a sus seiscientos hombres y fue y se unió a Aquis, hijo de Maoc, rey de Gat. David y sus hombres, junto con sus familias, se establecieron allí con Aquis en Gat. David llevó consigo a sus dos esposas: Ahinoam de Jezreel y Abigail, la viuda de Nabal de Carmelo. Pronto le llegó a Saúl la noticia de que David había huido a Gat, así que dejó de perseguirlo.

Cierto día, David le dijo a Aquis: «Si te parece bien, preferimos vivir en una de las ciudades que están en el campo en lugar de vivir aquí en la ciudad real».

Entonces Aquis le dio la ciudad de Siclag (que hasta el día de hoy pertenece a los reyes de Judá), y vivieron allí entre los filisteos un año y cuatro meses.

David y sus hombres pasaban su tiempo asaltando a los gesureos, a los gerzitas y a los amalecitas, pueblos que desde los tiempos antiguos vivían cerca de Shur, hacia la tierra de Egipto. David no dejaba ni a una sola persona con vida en los pueblos que atacaba. Tomaba las ovejas, las cabras, el ganado, los burros, los camellos y la ropa, antes de volver a casa para ver al rey Aquis.

—¿Dónde atacaste hoy? —le preguntaba Aquis.

Y David respondía:

—Atacamos al sur de Judá, a los jerameelitas y a los ceneos.

Nadie quedaba con vida que pudiera ir a Gat y contar dónde él había estado de verdad. Esto sucedía una y otra vez mientras vivía entre los filisteos. Aquis le creía a David y pensaba: «A estas alturas el pueblo de Israel lo debe odiar amargamente. ¡Ahora tendrá que quedarse aquí y servirme para siempre!».

Por ese tiempo, los filisteos reunieron sus ejércitos para ir a la guerra contra Israel. El rey Aquis le dijo a David:
—Se espera que tú y tus hombres salgan conmigo a la batalla.
—¡Muy bien! —acordó David—. Ahora comprobarás tú mismo lo que podemos hacer.
Después Aquis le dijo a David:
—Te haré mi guardaespaldas personal de por vida.
Durante ese tiempo, Samuel había muerto y todo Israel había hecho duelo por él. Fue enterrado en Ramá, su ciudad natal. Saúl había expulsado del territorio de Israel a todos los médiums y a todos los que consultaban los espíritus de los muertos.
Los filisteos montaron su campamento en Sunem, y Saúl reunió a todo el ejército de Israel y acampó en Gilboa. Cuando Saúl vio al inmenso ejército filisteo, tuvo miedo y se aterrorizó. Entonces le preguntó al Señor qué debía hacer, pero el Señor rehusó contestarle ya fuera por sueños o por sorteo sagrado o por medio de los profetas. Así que Saúl les dijo a sus consejeros:
—Busquen a una mujer que sea médium, para ir y preguntarle qué hacer.
Sus consejeros le respondieron:
—Hay una médium en Endor.
Entonces Saúl se disfrazó con ropa común en lugar de ponerse las vestiduras reales y fue a la casa de la mujer por la noche, acompañado de dos de sus hombres.
—Tengo que hablar con un hombre que ha muerto —le dijo—. ¿Puedes invocar a su espíritu para mí?
—¿Está tratando de que me maten? —preguntó la mujer—. Usted sabe que Saúl ha expulsado a todos los médiums y a todos los que consultan los espíritus de los muertos. ¿Por qué me tiende una trampa?
Pero Saúl le hizo un juramento en el nombre del Señor y le prometió:
—Tan cierto como que el Señor vive, nada malo te pasará por hacerlo.
Finalmente, la mujer dijo:
—Bien, ¿el espíritu de quién quiere que invoque?
—Llama a Samuel —respondió Saúl.
Cuando la mujer vio a Samuel, gritó:
—¡Me engañó! ¡Usted es Saúl!
—No tengas miedo —le dijo el rey—. ¿Qué es lo que ves?
—Veo a un dios subiendo de la tierra —dijo ella.
—¿Qué aspecto tiene? —preguntó Saúl.
—Es un hombre anciano envuelto en un manto —le contestó ella.

Saúl se dio cuenta de que era Samuel, y se postró en el suelo delante de él.

—¿Por qué me molestas, llamándome a regresar? —le preguntó Samuel a Saúl.

—Porque estoy en graves dificultades —contestó Saúl—. Los filisteos están en guerra conmigo y Dios me ha dejado y no me responde ni por medio de profetas ni por sueños, entonces te llamé para que me digas qué hacer.

Pero Samuel respondió:

—¿Por qué me preguntas a mí, si el Señor te abandonó y se ha vuelto tu enemigo? El Señor ha hecho exactamente lo que dijo que haría. Te ha arrancado el reino y se lo dio a tu rival, David. Hoy el Señor te ha hecho esto porque rehusaste llevar a cabo su ira feroz contra los amalecitas. Además, el Señor te entregará a ti y al ejército de Israel en manos de los filisteos, y mañana tú y tus hijos estarán aquí conmigo. El Señor derribará al ejército de Israel y caerá derrotado.

Entonces Saúl cayó al suelo cuan largo era, paralizado por el miedo a causa de las palabras de Samuel. También estaba desfallecido de hambre, porque no había comido nada en todo el día ni en toda la noche.

Cuando la mujer lo vio tan deshecho, le dijo:

—Señor, obedecí sus órdenes a riesgo de mi vida. Ahora haga lo que digo, y déjeme que le dé algo de comer para que pueda recuperar sus fuerzas para el viaje de regreso.

Pero Saúl se negó a comer. Entonces sus consejeros también le insistieron que comiera. Así que finalmente cedió, se levantó del suelo y tomó asiento.

La mujer había estado engordando un becerro, así que fue con rapidez y lo mató. Tomó un poco de harina, la amasó y horneó pan sin levadura. Entonces les llevó la comida a Saúl y a sus consejeros, y comieron. Después salieron en la oscuridad de la noche.

Todo el ejército filisteo se movilizó en Afec, y los israelitas acamparon junto al manantial de Jezreel. Mientras los gobernantes filisteos dirigían a sus tropas en grupos de cien y de mil, David y sus hombres marcharon por la retaguardia con el rey Aquis. Pero los comandantes filisteos reclamaron:

—¿Qué hacen aquí estos hebreos?

Y Aquis les dijo:

—Este es David, el siervo de Saúl, rey de Israel. Él ha estado conmigo por años, y no he encontrado en él ninguna falta, desde que llegó hasta el día de hoy.

Pero los comandantes filisteos se enojaron.

—¡Envíalo de vuelta a la ciudad que le diste! —le exigieron—. No puede ir con nosotros a la batalla. ¿Y si se vuelve contra nosotros durante la batalla y se convierte en nuestro adversario? ¿Qué mejor manera de reconciliarse con su amo que entregándole nuestras cabezas? ¿No es este el mismo David por quien las mujeres de Israel cantan en sus danzas:

"Saúl mató a sus miles,
 y David, a sus diez miles"?

Así que Aquis finalmente mandó traer a David y le dijo:

—Juro por el Señor que has sido un aliado confiable. Pienso que debes ir conmigo a la batalla, porque no he encontrado una sola falla en ti desde que llegaste hasta el día de hoy. Pero los demás gobernantes filisteos no quieren ni oír hablar del tema. Por favor, no los inquietes y regresa sin llamar la atención.

—¿Qué he hecho para merecer esto? —preguntó David—. ¿Qué ha encontrado en su siervo para que no pueda ir y pelear contra los enemigos de mi señor el rey?

Pero Aquis insistió:

—En lo que a mí respecta, eres tan perfecto como un ángel de Dios. Pero los comandantes filisteos tienen miedo e insisten en que no los acompañen en la batalla. Ahora, levántate temprano en la mañana y vete con tus hombres en cuanto amanezca.

Entonces David y sus hombres regresaron a la tierra de los filisteos, mientras que el ejército filisteo avanzó hasta Jezreel.

Tres días después, cuando David y sus hombres llegaron a su casa en la ciudad de Siclag, encontraron que los amalecitas habían asaltado el Neguev y Siclag; habían destruido Siclag y la habían quemado hasta reducirla a cenizas. Se habían llevado a las mujeres y a los niños y a todos los demás, pero sin matar a nadie.

Cuando David y sus hombres vieron las ruinas y se dieron cuenta de lo que les había sucedido a sus familias, lloraron a más no poder. Las dos esposas de David, Ahinoam de Jezreel y Abigail, la viuda de Nabal de Carmelo, estaban entre los que fueron capturados. David ahora se encontraba en gran peligro, porque todos sus hombres estaban muy resentidos por haber perdido a sus hijos e hijas, y comenzaron a hablar acerca de apedrearlo. Pero David encontró fuerzas en el Señor su Dios.

Entonces le dijo a Abiatar, el sacerdote:

—¡Tráeme el efod!

Así que Abiatar lo trajo y David le preguntó al Señor:

—¿Debo perseguir a esta banda de saqueadores? ¿Los atraparé?

Y el Señor le dijo:

—Sí, persíguelos. Recuperarás todo lo que te han quitado.

De modo que David y sus seiscientos hombres salieron y llegaron al arroyo de Besor. Pero doscientos de ellos estaban demasiado cansados para cruzar el arroyo, por lo que David continuó la persecución con cuatrocientos hombres.

En el camino encontraron a un egipcio en un campo y lo llevaron a David. Le dieron pan para comer y agua para beber. También le dieron parte de un pastel de higos y dos racimos de pasas, porque no había comido ni bebido nada durante tres días y tres noches. Al poco tiempo recobró sus fuerzas.

—¿A quién le perteneces y de dónde vienes? —le preguntó David.

—Soy egipcio, esclavo de un amalecita —respondió—. Mi amo me abandonó hace tres días porque yo estaba enfermo. Regresábamos de asaltar a los ceretos en el Neguev, el territorio de Judá y la tierra de Caleb, y acabábamos de incendiar Siclag.

—¿Me guiarás a esa banda de saqueadores? —preguntó David.

El joven contestó:

—Si haces un juramento en el nombre de Dios que no me matarás ni me devolverás a mi amo, entonces te guiaré a ellos.

Así que guió a David hasta los amalecitas, y los encontraron dispersos por los campos comiendo, bebiendo y bailando con alegría por el enorme botín que habían tomado de los filisteos y de la tierra de Judá. Entonces David y sus hombres se lanzaron contra ellos y los mataron durante toda la noche y durante todo el día siguiente hasta la tarde. Ninguno de los amalecitas escapó, excepto cuatrocientos jóvenes que huyeron en camellos. Así que David recuperó todo lo que los amalecitas habían tomado y rescató a sus dos esposas. No faltaba nada: fuera grande o pequeño, hijo o hija, ni ninguna otra cosa que se habían llevado. David regresó con todo. También recuperó los rebaños y las manadas, y sus hombres los arrearon delante de los demás animales. «¡Este botín le pertenece a David!», dijeron.

Luego David regresó al arroyo de Besor y se encontró con los doscientos hombres que se habían quedado rezagados porque estaban demasiado cansados para seguir con él. Entonces salieron para encontrarse con David y con sus hombres, y David los saludó con alegría. Pero unos alborotadores entre los hombres de David dijeron:

—Ellos no fueron con nosotros, así que no pueden tener nada del botín que recuperamos. Denles sus esposas e hijos y díganles que se vayan.

Pero David dijo:

—¡No, mis hermanos! No sean egoístas con lo que el Señor nos dio. Él nos protegió y nos ayudó a derrotar a la banda de saqueadores que nos atacó. ¿Quién les hará caso cuando hablan así? Compartiremos por partes iguales tanto con los que vayan a la batalla como con los que cuiden las pertenencias.

A partir de entonces, David estableció este dicho como decreto y ordenanza en Israel y hasta el día de hoy todavía se cumple.

Cuando llegó a Siclag, David envió parte del botín a los ancianos de Judá, quienes eran sus amigos. «Esto es un regalo para ustedes —les dijo David—, tomado de los enemigos del Señor».

Los regalos fueron enviados a la gente de las siguientes ciudades que David había visitado: Betel, Ramot-neguev, Jatir, Aroer, Sifmot, Estemoa, Racal, las ciudades de Jerameel, las ciudades de los ceneos, Horma, Corasán, Atac, Hebrón, y a todos los demás lugares que David había visitado con sus hombres.

Ahora bien, los filisteos atacaron a Israel, y los hombres de Israel huyeron ante ellos. Mataron a muchos en las laderas del monte Gilboa. Los filisteos cercaron a Saúl y a sus hijos, y mataron a tres de ellos: Jonatán, Abinadab y Malquisúa. La batalla se intensificó cerca de Saúl, y los arqueros filisteos lo alcanzaron y lo hirieron gravemente.

Con gemidos, Saúl le dijo a su escudero: «Toma tu espada y mátame antes de que estos filisteos paganos lleguen para atravesarme, burlarse de mí y torturarme».

Pero su escudero tenía miedo y no quiso hacerlo. Entonces Saúl tomó su propia espada y se echó sobre ella. Cuando su escudero vio que Saúl estaba muerto, se echó sobre su propia espada y murió junto al rey. Así que Saúl, sus tres hijos, su escudero y sus tropas murieron juntos en ese mismo día.

Cuando los israelitas que se encontraban al otro lado del valle de Jezreel y más allá del Jordán vieron que el ejército israelita había huido y que Saúl y sus hijos estaban muertos, abandonaron sus ciudades y huyeron. Entonces los filisteos entraron y ocuparon sus ciudades.

Al día siguiente, cuando los filisteos salieron a despojar a los muertos, encontraron los cuerpos de Saúl y de sus tres hijos en el monte Gilboa. Entonces le cortaron la cabeza a Saúl y le quitaron su armadura. Luego proclamaron las buenas noticias de la muerte de Saúl en su templo pagano y a la gente en toda la tierra de Filistea. Pusieron su armadura en el templo de Astoret, y colgaron su cuerpo en la muralla de la ciudad de Bet-sán.

Pero cuando el pueblo de Jabes de Galaad se enteró de lo que los filisteos le habían hecho a Saúl, todos los valientes guerreros viajaron toda la noche hasta Bet-sán y bajaron los cuerpos de Saúl y de sus hijos de la muralla. Llevaron los cuerpos a Jabes, donde los incineraron. Luego tomaron los huesos y los enterraron debajo del árbol de tamarisco en Jabes y ayunaron por siete días.

Después de la muerte de Saúl, David regresó de su victoria sobre los amalecitas y pasó dos días en Siclag. Al tercer día llegó un hombre del campamento del ejército de Saúl con sus ropas rasgadas y polvo sobre la cabeza en señal de duelo. El hombre cayó al suelo y se postró delante de David con profundo respeto.

—¿De dónde vienes? —le preguntó David.

—Me escapé del campamento israelita —le respondió el hombre.

—¿Qué sucedió? —preguntó David—. Cuéntame lo que pasó en la batalla.

—Todo nuestro ejército huyó de la batalla —le contó—. Murieron muchos hombres. Saúl y su hijo Jonatán también están muertos.

—¿Cómo sabes que Saúl y Jonatán están muertos? —le insistió David al joven.

El hombre respondió:

—Sucedió que yo estaba en el monte Gilboa, y allí estaba Saúl apoyado en su lanza mientras se acercaban los enemigos en sus carros de guerra. Cuando se dio vuelta y me vio, me gritó que me acercara a él. "¿Qué quiere que haga?", le pregunté y él me contestó: "¿Quién eres?". Le respondí: "Soy un amalecita". Entonces me suplicó: "Ven aquí y sácame de mi sufrimiento, porque el dolor es terrible y quiero morir".

»De modo que lo maté —dijo el amalecita a David—, porque me di cuenta de que no iba a vivir. Luego tomé su corona y su brazalete y se los he traído a usted, mi señor.

Al escuchar las noticias, David y sus hombres rasgaron sus ropas en señal de dolor. Hicieron duelo, lloraron y ayunaron todo el día por Saúl y su hijo Jonatán, también por el ejército del Señor y por la nación de Israel, porque ese día habían muerto a espada.

Luego David le dijo al joven que trajo la noticia:

—¿De dónde eres?

—Soy un extranjero —contestó—, un amalecita que vive en su tierra.

—¿Y cómo no tuviste temor de matar al ungido del Señor? —le preguntó David.

Entonces le ordenó a uno de sus hombres:

—¡Mátalo!

Enseguida el hombre le clavó su espada al amalecita y lo mató, y David dijo:

—Te condenaste a ti mismo al confesar que mataste al ungido del Señor.

David compuso un canto fúnebre por Saúl y Jonatán, y ordenó que se lo enseñaran al pueblo de Judá. Es conocido como el *Cántico del arco* y está registrado en *El libro de Jaser*:

¡Oh Israel, tu orgullo y tu alegría yacen muertos en las colinas!
    ¡Oh, cómo han caído los héroes poderosos!

No lo anuncien en Gat,
  ni lo proclamen en las calles de Ascalón,
o las hijas de los filisteos se alegrarán
  y los paganos se reirán con aires de triunfo.

Oh montes de Gilboa,
  que no caiga sobre ustedes lluvia ni rocío,
  ni haya campos fructíferos que produzcan ofrendas de grano.
Pues fue allí donde se contaminó el escudo de los héroes poderosos;
  el escudo de Saúl ya no será ungido con aceite.
El arco de Jonatán era potente,
  y la espada de Saúl realizó su trabajo mortífero.
Derramaron la sangre de sus enemigos
  y atravesaron a muchos héroes poderosos.

¡Cuán amados y agradables fueron Saúl y Jonatán!
  Estuvieron juntos en la vida y en la muerte.
Eran más rápidos que águilas,
  más fuertes que leones.
Oh mujeres de Israel, lloren por Saúl,
porque él las vistió con lujosas ropas escarlatas,
  con prendas adornadas de oro.

¡Oh, cómo han caído los héroes poderosos en batalla!
  Jonatán yace muerto en las colinas.
¡Cómo lloro por ti, Jonatán, hermano mío!
  ¡Oh, cuánto te amaba!
Tu amor por mí fue profundo,
  ¡más profundo que el amor de las mujeres!

¡Oh, cómo han caído los héroes poderosos!
  Despojados de sus armas, yacen muertos.

Después de esto, David le preguntó al Señor:

—¿Debo regresar a alguna de las ciudades de Judá?

—Sí —respondió el Señor.

—¿A qué ciudad debo ir? —preguntó David.

—A Hebrón —contestó el Señor.

Las dos esposas de David eran Ahinoam de Jezreel y Abigail, la viuda de Nabal de Carmelo. David, sus esposas y los hombres de David junto con sus familias se mudaron a Judá, y se establecieron en las aldeas cercanas a Hebrón. Después llegaron los hombres de Judá y ungieron a David rey del pueblo de Judá.

Cuando David se enteró de que los hombres de Jabes de Galaad habían enterrado a Saúl, les envió el siguiente mensaje: «Que el Señor los bendiga por haber sido tan leales a su señor Saúl y por haberle dado un entierro digno. ¡Que el Señor, a cambio, sea leal a ustedes y los recompense con su amor inagotable! Yo también los recompensaré por lo que han hecho. Ahora que Saúl ha muerto, les pido que sean mis súbditos valientes y leales, igual que el pueblo de Judá, que me ha ungido como su nuevo rey».

Sin embargo, Abner, hijo de Ner, comandante del ejército de Saúl, ya había ido a Mahanaim con Is-boset, hijo de Saúl. Allí proclamó a Is-boset rey de Galaad, de Jezreel, de Efraín, de Benjamín, de la tierra de los gesuritas y del resto de Israel.

+ + +

Is-boset, hijo de Saúl, tenía cuarenta años cuando llegó a ser rey, y gobernó desde Mahanaim dos años. Mientras tanto, el pueblo de Judá permaneció leal a David. David hizo de Hebrón su ciudad capital y gobernó como rey de Judá siete años y medio.

Cierto día, Abner dirigió a las tropas de Is-boset desde Mahanaim a Gabaón. Por el mismo tiempo, Joab, hijo de Sarvia, salió al frente de las tropas de David. Los dos ejércitos se encontraron en el estanque de Gabaón y se sentaron frente a frente en lados opuestos del estanque.

Entonces Abner le sugirió a Joab:

—Propongo que algunos de nuestros guerreros se enfrenten aquí cuerpo a cuerpo delante de nosotros.

—Muy bien —asintió Joab.

Así que se eligieron doce hombres de cada grupo para pelear, doce hombres de Benjamín que representaban a Is-boset, hijo de Saúl, y doce que representaban a David. Cada uno agarró a su oponente del cabello y clavó su espada en el costado del otro, de modo que todos murieron. A partir de entonces, ese lugar en Gabaón se conoce como el Campo de las Espadas.

Ese día se desencadenó una feroz batalla, y las fuerzas de David derrotaron a Abner y a los hombres de Israel.

Joab, Abisai y Asael —los tres hijos de Sarvia— estaban entre las fuerzas de David ese día. Asael podía correr como una gacela y comenzó a correr tras Abner; lo persiguió sin tregua y no se detuvo para nada. Cuando Abner se dio vuelta y lo vio venir, le gritó:

—¿Eres tú, Asael?

—Sí, soy yo —le contestó.

—¡Ve a pelear con otro! —le advirtió Abner—. Enfréntate a uno de los jóvenes y despójalo de sus armas.

Pero Asael siguió persiguiéndolo.

Abner le volvió a gritar:

—¡Vete de aquí! No quiero matarte. ¿Cómo podría dar la cara a tu hermano Joab?

Pero Asael se negó a regresar, entonces Abner le clavó la parte trasera de su lanza en el estómago. La lanza le salió por la espalda y Asael cayó muerto al suelo. Todos los que pasaban por allí se detenían, al ver a Asael tendido muerto.

Cuando Joab y Abisai se enteraron de lo sucedido, salieron a perseguir a Abner. El sol ya se ponía cuando llegaron a la colina de Amma, cerca de Gía en el camino que lleva al desierto de Gabaón. Las tropas de Abner, de la tribu de Benjamín, se reagruparon allí en la cima de la colina para tomar posiciones.

Abner le gritó a Joab:

—¿Es inevitable que nos matemos unos a otros? ¿No te das cuenta de que lo único que produce es amargura? ¿Cuándo vas a ordenar que tus hombres dejen de perseguir a sus hermanos israelitas?

Entonces dijo Joab:

—Si no hubieras hablado, solo Dios sabe lo que habría pasado, porque los habríamos perseguido toda la noche de ser necesario.

De manera que Joab tocó el cuerno de carnero, y sus hombres dejaron de perseguir a las tropas de Israel.

Durante toda esa noche Abner y sus hombres retrocedieron por el valle del Jordán. Cruzaron el río Jordán y viajaron toda la mañana sin detenerse hasta llegar a Mahanaim.

Mientras tanto, Joab y sus hombres también regresaron a casa. Cuando Joab contó sus bajas, descubrió que solo faltaban diecinueve hombres, además de Asael. Pero murieron trescientos sesenta hombres de Abner, todos de la tribu de Benjamín. Joab y sus hombres llevaron el cuerpo de Asael a Belén y lo enterraron en la tumba de su padre. Luego viajaron toda la noche y llegaron a Hebrón al amanecer.

Este fue el comienzo de una larga guerra entre los que eran leales a Saúl y los que eran leales a David. Con el paso del tiempo, David se volvió cada vez más fuerte, mientras que la dinastía de Saúl se iba debilitando.

Estos son los hijos que le nacieron a David en Hebrón:

El mayor fue Amnón, y su madre fue Ahinoam de Jezreel.
El segundo fue Daniel, y su madre fue Abigail, la viuda de Nabal de Carmelo.
El tercero fue Absalón, y su madre fue Maaca, hija de Talmai, rey de Gesur.
El cuarto fue Adonías, y su madre fue Haguit.
El quinto fue Sefatías, y su madre fue Abital.

El sexto fue Itream, y su madre fue Egla, esposa de David.

Todos estos hijos le nacieron a David en Hebrón.

Como la guerra entre la casa de Saúl y la casa de David continuaba, Abner llegó a ser un poderoso líder entre los que eran leales a Saúl. Cierto día Is-boset, hijo de Saúl, acusó a Abner de haberse acostado con una de las concubinas de su padre, una mujer llamada Rizpa, hija de Aja.

Abner se puso furioso. «¿Soy acaso un perro de Judá para que me trates a patadas? —le gritó—. Después de todo lo que hice por tu padre Saúl, por su familia y por sus amigos al no entregarlos a David, ¿es mi recompensa que me culpes por lo de esta mujer? ¡Que Dios me castigue y aun me mate si no hago todo lo posible para ayudar a David a que consiga lo que el SEÑOR le prometió! Voy a tomar el reino de Saúl y entregárselo a David. Voy a establecer el reino de David sobre Israel al igual que sobre Judá, todo el territorio desde Dan en el norte hasta Beerseba en el sur». Is-boset no se atrevió a decir ni una sola palabra más, porque tenía miedo de lo que Abner pudiera hacer.

Entonces Abner envió mensajeros a decirle a David: «¿Acaso no le pertenece a usted toda la tierra? Haga un pacto solemne conmigo y le ayudaré a que todo Israel se ponga de su parte».

«Muy bien —respondió David—, pero no negociaré contigo a menos que cuando vengas me traigas a mi esposa Mical, hija de Saúl».

Además David envió este mensaje a Is-boset, hijo de Saúl: «Devuélveme a mi esposa Mical, pues la compré con la vida de cien filisteos».

Entonces Is-boset quitó a Mical de su marido Palti, hijo de Lais. Palti la siguió hasta Bahurim, llorando todo el camino, por eso Abner le dijo: «¡Regresa a tu casa!». Así que Palti volvió a casa.

Mientras tanto, Abner había consultado con los ancianos de Israel y les dijo: «Desde hace tiempo ustedes han querido hacer a David su rey. ¡Ahora es el momento! Pues el SEÑOR ha dicho: "Yo he elegido a David para que salve a mi pueblo Israel de manos de los filisteos y de sus demás enemigos"». Abner también habló con los hombres de Benjamín. Después se fue a Hebrón para decirle a David que todo el pueblo de Israel y de Benjamín aceptaban apoyarlo.

Cuando Abner y veinte de sus hombres llegaron a Hebrón, David los recibió con un gran banquete. Luego Abner propuso a David: «Déjeme que vaya y convoque a todo Israel a una asamblea para que apoye a mi señor, el rey. Los israelitas harán un pacto con usted para hacerlo su rey, y usted gobernará todo lo que desea su corazón». Así que David despidió a Abner en paz.

Pero justo después que David despidió a Abner en paz, Joab y algunas de las tropas de David regresaron de una incursión y traían un gran botín. Cuando Joab llegó, le dijeron que Abner acababa de visitar al rey y que David lo había enviado en paz.

Entonces Joab fue de prisa a ver al rey y le preguntó: «¿Qué ha hecho usted? ¿Qué pretende al dejar ir a Abner? ¡Sabe perfectamente bien que vino para espiarlo y averiguar todo lo que está haciendo!».

Con eso Joab dejó a David y envió mensajeros para que alcanzaran a Abner y le pidieran que regresara. Ellos lo encontraron junto al pozo de Sira y lo trajeron de regreso, sin que David supiera nada. Cuando Abner llegó de nuevo a Hebrón, Joab lo llevó aparte, a las puertas de la ciudad, como si fuera a hablar en privado con él. Pero lo apuñaló en el estómago y lo mató en venganza por la muerte de su hermano Asael.

Cuando David se enteró, declaró: «Juro por el SEÑOR que yo y mi reino somos inocentes para siempre de este crimen cometido contra Abner, hijo de Ner. Joab y su familia son los culpables. ¡Que la familia de Joab sea maldita! Que nunca falte un hombre de cada generación que padezca de llagas o de lepra, o que camine con muletas, o que muera a espada o que mendigue comida».

Joab y su hermano Abisai mataron a Abner, porque este había matado a su hermano Asael en la batalla de Gabaón.

Entonces David les dijo a Joab y a todos los que estaban con él: «Rásguense la ropa, pónganse tela áspera y hagan duelo por Abner». El rey David en persona caminó detrás del cortejo fúnebre hasta la tumba. Así que enterraron a Abner en Hebrón, y el rey y todo el pueblo lloraron junto a la tumba. Luego el rey cantó este canto fúnebre por Abner:

«¿Acaso tenía que morir Abner como mueren los necios?
Tus manos no estaban atadas;
   tus pies no estaban encadenados.
No, fuiste asesinado,
   víctima de un complot perverso».

Entonces todo el pueblo lloró nuevamente por Abner. David rehusó comer el día del funeral y todos le suplicaban que comiera. Pero David había hecho el siguiente juramento: «Que Dios me castigue y aun me mate si como algo antes de que se ponga el sol».

Esto agradó mucho a los israelitas. De hecho, todo lo que el rey hacía les agradaba. Así que todos en Judá y en Israel comprendieron que David no era responsable de la muerte de Abner.

Después, el rey David les dijo a sus oficiales: «¿No se dan cuenta de que hoy un gran comandante ha caído en Israel? Y aunque soy el rey ungido, estos dos hijos de Sarvia, Joab y Abisai, son demasiado fuertes para que yo los controle. Por eso, que el Señor les dé a estos hombres malignos su paga por sus malas acciones».

Cuando Is-boset, el hijo de Saúl, se enteró de la muerte de Abner en Hebrón, se acobardó y todo Israel quedó paralizado de miedo. Ahora bien, había dos hermanos, Baana y Recab, que eran capitanes de los destacamentos de asalto de Is-boset. Eran hijos de Rimón, un miembro de la tribu de Benjamín que vivía en Beerot. La ciudad de Beerot ahora forma parte del territorio de Benjamín porque los habitantes originarios de Beerot huyeron a Gitaim, donde todavía viven como extranjeros.

(Jonatán, hijo de Saúl, tuvo un hijo llamado Mefiboset, quien quedó lisiado de niño. Cuando Mefiboset tenía cinco años, llegó la noticia desde Jezreel de que Saúl y Jonatán habían muerto en batalla. Al enterarse la niñera, tomó al niño y huyó; pero, con el apuro, se le cayó y quedó lisiado).

Cierto día, Recab y Baana, los hijos de Rimón de Beerot, fueron a la casa de Is-boset cerca del mediodía mientras él dormía la siesta. A la portera, quien había estado zarandeando trigo, le dio sueño y se durmió. Así que Recab y Baana pasaron desapercibidos. Entraron en la casa y encontraron a Is-boset dormido en su cama. Lo golpearon, lo mataron y le cortaron la cabeza. Luego tomaron la cabeza y huyeron durante la noche a través del valle del Jordán. Cuando llegaron a Hebrón le presentaron la cabeza de Is-boset a David y exclamaron:

—¡Mire! Aquí está la cabeza de Is-boset, el hijo de su enemigo Saúl, quien intentó matarlo. ¡El Señor le ha dado hoy a mi señor el rey venganza sobre Saúl y toda su familia!

Pero David les dijo a Recab y a Baana:

—El Señor, quien me salvó de mis enemigos, es mi testigo. Una vez alguien me dijo: "Saúl ha muerto", pensando que me traía buenas noticias. Pero yo lo agarré y lo maté en Siclag. ¡Esa fue la recompensa que le di por sus noticias! ¿Cuánto más debo recompensar a los hombres malignos que mataron a un hombre inocente en su propia casa y mientras estaba en la cama? ¿No debería hacerlos responsables de su sangre y así liberar al mundo de su presencia?

Entonces David ordenó a sus hombres que los mataran, y así lo hicieron. Les cortaron las manos y los pies, y colgaron sus cuerpos junto al estanque de Hebrón. Luego tomaron la cabeza de Is-boset y la enterraron en la tumba de Abner en Hebrón.

Luego todas las tribus de Israel fueron a David en Hebrón y le dijeron: «Somos de la misma sangre. En el pasado, cuando Saúl era nuestro rey, en realidad era usted quien dirigía a las fuerzas de Israel. Y el Señor le dijo: "Tú serás el pastor de mi pueblo Israel; tú serás el líder de Israel"».

De modo que allí en Hebrón el rey David hizo un pacto ante el Señor con todos los ancianos de Israel, y lo ungieron rey de Israel.

✢ ✢ ✢

David tenía treinta años cuando comenzó a reinar, y reinó cuarenta años. Había reinado sobre Judá desde Hebrón siete años y seis meses, y desde Jerusalén reinó sobre todo Israel y Judá por treinta y tres años.

Luego David guió a sus hombres a Jerusalén para pelear contra los jebuseos, los habitantes originarios de esa tierra, que vivían allí. Los jebuseos se mofaban de David: «¡Jamás entrarás aquí! ¡Hasta los ciegos y los cojos pueden impedir que ingreses!». Pues los jebuseos pensaban que estaban a salvo. Pero David tomó la fortaleza de Sión, la que ahora se llama Ciudad de David.

El día del ataque, David les dijo a sus tropas: «Odio a esos jebuseos "cojos" y "ciegos". Todo el que ataque la ciudad, que haga su entrada por el túnel de agua». Este es el origen del dicho: «Ni el ciego ni el cojo pueden entrar en la casa».

Así que David hizo de la fortaleza su casa y la llamó la Ciudad de David. Extendió la ciudad, comenzando desde los terraplenes, y continuó hacia adentro. David se hacía cada vez más poderoso, porque el Señor Dios de los Ejércitos Celestiales estaba con él.

Luego Hiram, rey de Tiro, envió mensajeros a David, junto con madera de cedro, así como carpinteros y canteros, quienes construyeron un palacio para David. Entonces David se dio cuenta de que el Señor lo había confirmado como rey de Israel y que había bendecido su reino por amor a su pueblo Israel.

Después de mudarse de Hebrón a Jerusalén, David tomó más concubinas y esposas, y ellas tuvieron más hijos e hijas. Estos son los nombres de los hijos de David que nacieron en Jerusalén: Samúa, Sobab, Natán, Salomón, Ibhar, Elisúa, Nefeg, Jafía, Elisama, Eliada y Elifelet.

Cuando los filisteos se enteraron de que David había sido ungido rey de Israel, movilizaron todas sus fuerzas para capturarlo; pero le avisaron a David que venían, así que entró en la fortaleza. Los filisteos llegaron y se desplegaron por todo el valle de Refaim. Entonces David le preguntó al Señor:

—¿Debo salir a pelear contra los filisteos? ¿Los entregarás en mis manos?

El Señor le contestó a David:

—Sí, adelante. Te aseguro que te los entregaré.

Entonces David fue a Baal-perazim y allí derrotó a los filisteos. «¡El Señor lo hizo! —exclamó David—. ¡Él irrumpió en medio de mis enemigos como una violenta inundación!». Así que llamó a ese lugar Baal-perazim (que significa «el Señor que irrumpe»). Los filisteos abandonaron allí sus ídolos, y David y sus hombres los confiscaron.

Pero poco tiempo después, los filisteos volvieron y de nuevo se desplegaron en el valle de Refaim. De nuevo David le preguntó al Señor qué debía hacer. «No los ataques de frente —le contestó el Señor—. En cambio, rodéalos y, cerca de los álamos, atácalos por la retaguardia. Cuando oigas un sonido como de pies que marchan en las copas de los álamos, ¡mantente alerta! Esa será la señal de que el Señor va delante de ti para herir de muerte al ejército filisteo». Entonces David hizo lo que el Señor le ordenó e hirió de muerte a los filisteos desde Gabaón hasta Gezer.

✢

Entonces David volvió a reunir a las tropas más selectas de Israel, un total de treinta mil. Y las llevó a Baala de Judá para traer de regreso el arca de Dios, que lleva el nombre del Señor de los Ejércitos Celestiales, quien está entronizado entre los querubines. Así que pusieron el arca de Dios en una carreta nueva y la retiraron de la casa de Abinadab, que estaba en una colina. Uza y Ahío, hijos de Abinadab, guiaban la carreta que cargaba el arca de Dios. Ahío caminaba delante del arca. David y todo el pueblo de Israel celebraban ante el Señor, entonando canciones y tocando todo tipo de instrumentos musicales: liras, arpas, panderetas, castañuelas y címbalos.

Cuando llegaron al campo de trillar de Nacón, los bueyes tropezaron, y Uza extendió la mano para sujetar el arca de Dios. Entonces se encendió el enojo del Señor contra Uza, y Dios lo hirió de muerte debido a lo que hizo. Así fue como Uza murió allí mismo junto al arca de Dios.

Entonces David se enojó porque la ira del Señor se había desatado contra Uza y llamó a ese lugar Fares-uza (que significa «desatarse contra Uza»), nombre que conserva hasta el día de hoy.

Ahora David tenía miedo del Señor y preguntó: «¿Cómo podré regresar el arca del Señor para que esté bajo mi cuidado?». Por lo tanto, David decidió no trasladar el arca del Señor a la Ciudad de David, sino que la llevó a la casa de Obed-edom, en Gat. El arca del Señor permaneció en la casa de Obed-edom por tres meses, y el Señor bendijo a Obed-edom y a los de su casa.

Entonces le dijeron al rey David: «El Señor ha bendecido a los de la casa de Obed-edom y a todo lo que tiene a causa del arca de Dios». Luego

David fue y llevó el arca de Dios de la casa de Obed-edom a la Ciudad de David con gran celebración. Cuando los hombres que llevaban el arca del Señor dieron apenas seis pasos, David sacrificó un toro y un ternero engordado. Y David danzó ante el Señor con todas sus fuerzas, vestido con una vestidura sacerdotal. David y todo el pueblo trasladaron el arca del Señor entre gritos de alegría y toques de cuernos de carnero.

Entonces, cuando el arca del Señor entraba a la Ciudad de David, Mical, hija de Saúl, se asomó por la ventana. Cuando vio que el rey David saltaba y danzaba ante el Señor, se llenó de desprecio hacia él.

Así que trasladaron el arca y la colocaron en su lugar dentro de la carpa especial que David le había preparado. David sacrificó al Señor ofrendas quemadas y ofrendas de paz. Cuando terminó de ofrecer los sacrificios, David bendijo al pueblo en el nombre del Señor de los Ejércitos Celestiales. Después repartió a todos los israelitas que estaban allí reunidos, tanto hombres como mujeres, una hogaza de pan, un pastel de dátiles y un pastel de pasas de uva. Luego todos regresaron a su casa.

Cuando David regresó a su hogar para bendecir a su propia familia, Mical, la hija de Saúl, salió a su encuentro y le dijo indignada:

—¡Qué distinguido se veía hoy el rey de Israel, exhibiéndose descaradamente delante de las sirvientas tal como lo haría cualquier persona vulgar!

David le replicó a Mical:

—¡Estaba danzando delante del Señor, quien me eligió por encima de tu padre y de su familia! Él me designó como el líder de Israel, el pueblo del Señor, y de este modo celebro delante de él. ¡Así es, y estoy dispuesto a quedar en ridículo e incluso a ser humillado ante mis propios ojos! Pero esas sirvientas que mencionaste, ¡de seguro seguirán pensando que soy distinguido!

Y Mical, la hija de Saúl, nunca tuvo hijos en toda su vida.

Una vez que David se instaló en el palacio, y el Señor le dio descanso de los enemigos que lo rodeaban, el rey mandó llamar al profeta Natán.

—Mira —le dijo David—, yo vivo en un hermoso palacio de cedro, ¡mientras que el arca de Dios está allá afuera en una carpa!

Natán le respondió al rey:

—Adelante, haz todo lo que tienes pensado porque el Señor está contigo.

Pero esa misma noche el Señor le dijo a Natán:

«Ve y dile a mi siervo David: "Esto ha declarado el Señor: ¿acaso eres tú el que me debe construir una casa en la que yo viva? Desde el día en que saqué a los israelitas de Egipto hasta hoy, nunca he vivido en una casa. Siempre fui de un lugar a otro con una carpa y un tabernáculo como mi morada. Sin embargo, dondequiera que fui con los israelitas, ni una sola vez me quejé ante los jefes de las tribus de Israel, los pastores de mi pueblo Israel. Nunca les pregunté: '¿Por qué no me han construido una hermosa casa de cedro?'".

»Ahora ve y dile a mi siervo David: "Esto ha declarado el Señor de los Ejércitos Celestiales: te saqué de cuidar ovejas en los pastos y te elegí para que fueras el líder de mi pueblo Israel. He estado contigo dondequiera que has ido y destruí a todos tus enemigos frente a tus propios ojos. ¡Ahora haré que tu nombre sea tan famoso como el de los grandes que han vivido en la tierra! Le daré una patria a mi pueblo Israel y lo estableceré en un lugar seguro donde nunca será molestado. Las naciones malvadas no lo oprimirán como lo hicieron en el pasado, cuando designé jueces para que gobernaran a mi pueblo Israel; y te daré descanso de todos tus enemigos.

»"Además, el Señor declara que construirá una casa para ti, ¡una dinastía de reyes! Pues cuando mueras y seas enterrado con tus antepasados, levantaré a uno de tus hijos de tu propia descendencia y fortaleceré su reino. Él es quien edificará una casa —un templo— para mi nombre, y afirmaré su trono real para siempre. Yo seré su padre, y él será mi hijo. Si peca, lo corregiré y lo disciplinaré con vara, como lo haría cualquier padre. Pero no le retiraré mi favor como lo retiré de Saúl, a quien quité de tu vista. Tu casa y tu reino continuarán para siempre delante de mí, y tu trono estará seguro para siempre"».

Entonces Natán regresó adonde estaba David y repitió todo lo que el Señor le había dicho en la visión.

Entonces el rey David entró y se sentó delante del Señor y oró:

«¿Quién soy yo, oh Señor Soberano, y qué es mi familia para que me hayas traído hasta aquí? Y ahora, Señor Soberano, sumado a todo lo demás, ¡hablas de darle a tu siervo una dinastía duradera! ¿Tratas a todos de esta manera, oh Señor Soberano?

»¿Qué más puedo decirte? Tú sabes cómo es realmente tu siervo, Señor Soberano. Debido a tu promesa y según tu voluntad hiciste todas estas grandes cosas y las diste a conocer a tu siervo.

»¡Qué grande eres, oh Señor Soberano! No hay nadie como tú. ¡Nunca hemos oído de otro Dios como tú! ¿Qué otra nación sobre la tierra es como tu pueblo Israel? ¿Qué otra nación, oh Dios, has redimido de la esclavitud para que sea tu pueblo? Te hiciste un gran nombre cuando redimiste a tu pueblo de Egipto. Realizaste imponentes milagros y expulsaste a las naciones y a los dioses que le impidieron el paso. Hiciste de Israel tu pueblo para siempre y tú, oh Señor, llegaste a ser su Dios.

»Y ahora, oh Señor Dios, yo soy tu siervo; haz lo que prometiste respecto a mí y a mi familia. Confírmalo como una promesa que durará para siempre. Que tu nombre sea honrado para siempre, de modo que todos digan: "¡El Señor de los Ejércitos Celestiales es Dios sobre Israel!". Que la casa de tu siervo David permanezca delante de ti para siempre.

»Oh Señor de los Ejércitos Celestiales, Dios de Israel, yo me he atrevido a elevarte esta oración porque le revelaste todo esto a tu siervo con las siguientes palabras: "Construiré una casa para ti, ¡una dinastía de reyes!". Pues tú eres Dios, oh Señor Soberano; tus palabras son verdad, y le has prometido estas cosas buenas a tu siervo. Ahora que te complazca bendecir la casa de tu siervo para que permanezca para siempre delante de ti. Has hablado, y cuando concedes una bendición a tu siervo, oh Señor Soberano, ¡es una bendición eterna!».

✢

Después David derrotó y sometió a los filisteos al conquistar Gat, su ciudad más grande. David también conquistó la tierra de Moab. Hizo que la gente se acostara en el suelo en una fila y con una soga los midió y los separó por grupos. Ejecutó dos grupos por cada grupo que dejó con vida. Los moabitas a quienes se les perdonó la vida, se convirtieron en súbditos de David y tuvieron que pagarle tributo.

David también destruyó las fuerzas de Hadad-ezer, hijo de Rehob, rey de Soba, cuando Hadad-ezer marchó para fortalecer su control a lo largo del río Éufrates. David capturó mil carros de guerra, siete mil conductores de carros de guerra y veinte mil soldados de infantería. Les lisió los caballos de tiro, excepto los necesarios para cien carros de guerra.

Cuando los arameos de Damasco llegaron para ayudar al rey Hadad-ezer, David mató a veintidós mil de ellos. Luego puso varias guarniciones militares en Damasco, la capital aramea, y los arameos se convirtieron en súbditos de David y le pagaban tributo. Así que el Señor le daba la victoria a David dondequiera que iba.

David llevó a Jerusalén los escudos de oro de los oficiales de Hadad-ezer, junto con una gran cantidad de bronce de las ciudades de Teba y Berotai que pertenecían a Hadad-ezer.

Cuando Toi, rey de Hamat, se enteró de que David había destruido a todo el ejército de Hadad-ezer, envió a su hijo Joram para felicitar al rey David por su exitosa campaña. Hadad-ezer y Toi habían sido enemigos y con frecuencia estaban en guerra. Joram le obsequió a David muchos regalos de plata, de oro y de bronce.

El rey David dedicó todos estos regalos al Señor, así como lo hizo con la plata y el oro de las demás naciones que había derrotado—de Edom, de Moab, de Amón, de Filistea y de Amalec— y de Hadad-ezer hijo de Rehob, rey de Soba.

A raíz de esto, David se volvió muy famoso. Después de su regreso, aniquiló a dieciocho mil edomitas en el valle de la Sal. Puso guarniciones militares por todo Edom, y los edomitas se convirtieron en súbditos de David. Es más, el Señor le daba la victoria a David dondequiera que iba.

De modo que David reinó sobre todo Israel e hizo lo que era justo y correcto para su pueblo. Joab, hijo de Sarvia, era el comandante del ejército; Josafat, hijo de Ahilud, era el historiador del reino. Sadoc, hijo de Ahitob, y Ahimelec, hijo de Abiatar, eran los sacerdotes; Seraías era el secretario de la corte. Benaía, hijo de Joiada, era el capitán de la guardia personal del rey, y los hijos de David servían como líderes sacerdotales.

Cierto día, David preguntó: «¿Hay alguien de la familia de Saúl que aún siga con vida, alguien a quien pueda mostrarle bondad por amor a Jonatán?». Entonces mandó llamar a Siba, un hombre que había sido uno de los siervos de Saúl.

—¿Eres tú Siba? —le preguntó el rey.

—Sí, señor, lo soy —contestó Siba.

Enseguida el rey le preguntó:

—¿Hay alguien de la familia de Saúl que todavía viva? De ser así, quisiera mostrarle la bondad de Dios.

Siba le contestó:

—Sí, uno de los hijos de Jonatán sigue con vida. Está lisiado de ambos pies.

—¿Dónde está? —preguntó el rey.

—En Lo-debar —le contestó Siba—, en la casa de Maquir, hijo de Amiel.

Entonces David mandó a buscarlo y lo sacó de la casa de Maquir. Su nombre era Mefiboset; era hijo de Jonatán y nieto de Saúl. Cuando se presentó ante David, se postró hasta el suelo con profundo respeto.

David dijo:

—¡Saludos, Mefiboset!

Mefiboset respondió:

—Yo soy su siervo.

—¡No tengas miedo! —le dijo David—, mi intención es mostrarte mi bondad por lo que le prometí a tu padre, Jonatán. Te daré todas las propiedades que pertenecían a tu abuelo Saúl, y comerás aquí conmigo, a la mesa del rey.

Mefiboset se inclinó respetuosamente y exclamó:

—¿Quién es su siervo para que le muestre tal bondad a un perro muerto como yo?

Entonces el rey llamó a Siba, el siervo de Saúl, y dijo:

—Le he dado al nieto de tu amo todo lo que pertenecía a Saúl y a su familia. Tú, tus hijos y tus siervos cultivarán la tierra para él, para que produzca alimento para la casa de tu amo. Pero Mefiboset, el nieto de tu amo, comerá aquí, a mi mesa. (Siba tenía quince hijos y veinte siervos).

Siba respondió:

—Sí, mi señor el rey, yo soy su siervo y haré todo lo que me ha ordenado.

A partir de ese momento, Mefiboset comió a la mesa de David, como si fuera uno de los hijos del rey.

Mefiboset tenía un hijo pequeño llamado Mica. A partir de entonces, todos los miembros de la casa de Siba fueron siervos de Mefiboset. Y Mefiboset, quien estaba lisiado de ambos pies, vivía en Jerusalén y comía a la mesa del rey.

Después de un tiempo, murió Nahas, rey de los amonitas, y su hijo Hanún subió al trono. David dijo: «Le mostraré lealtad a Hanún, así como su padre, Nahas, siempre me fue leal». Entonces David envió embajadores a Hanún para expresarle sus condolencias por la muerte de su padre.

Pero cuando los embajadores de David llegaron a la tierra de Amón, los comandantes amonitas le dijeron a Hanún, su amo: «¿Realmente cree que estos hombres vienen para honrar a su padre? ¡No, David los ha enviado a espiar la ciudad para luego venir y conquistarla!». Entonces Hanún tomó presos a los embajadores de David, les afeitó la mitad de la barba, les cortó los mantos a la altura de las nalgas y los envió avergonzados de regreso a David.

Cuando llegó a oídos de David lo que había sucedido, envió mensajeros para decirles a los hombres: «Quédense en Jericó hasta que les crezca la barba y luego regresen». Pues se sentían muy avergonzados de su aspecto.

Cuando el pueblo de Amón se dio cuenta de qué tan seriamente había provocado el enojo de David, los amonitas contrataron a veinte mil soldados arameos de infantería de las tierras de Bet-rehob y Soba, mil del rey de Maaca y doce mil de la tierra de Tob. Cuando David se enteró, envió a Joab con todos sus guerreros a pelear contra ellos. Las tropas amonitas se pusieron en pie de guerra a la entrada de la puerta de la ciudad, mientras los arameos de Soba y Rehob, junto con los hombres de Tob y Maaca, tomaron posiciones para pelear a campo abierto.

Cuando Joab vio que tendría que luchar tanto por el frente como por la retaguardia, eligió a algunas de las tropas selectas israelitas y las puso bajo su propio mando para luchar contra los arameos a campo abierto. Dejó al resto del ejército bajo el mando de su hermano Abisai, quien atacaría a los amonitas. «Si los arameos son demasiado fuertes para mí, entonces ven en mi ayuda —le dijo Joab a su hermano—. Si los amonitas son demasiado fuertes para ti, yo iré en tu ayuda. ¡Sé valiente! Luchemos con valor por nuestro pueblo y por las ciudades de nuestro Dios, y que se haga la voluntad del Señor».

Cuando Joab y sus tropas atacaron, los arameos comenzaron a huir. Al ver que los arameos corrían, los amonitas huyeron de Abisai y retrocedieron a la ciudad. Terminada la batalla, Joab regresó a Jerusalén.

Al darse cuenta los arameos de que no podían contra Israel se reagruparon, y se les unieron tropas adicionales arameas que Hadad-ezer mandó llamar del otro lado del río Éufrates. Estas tropas llegaron a Helam bajo el mando de Sobac, el comandante de las fuerzas de Hadad-ezer.

Cuando David oyó lo que sucedía, movilizó a todo Israel, cruzó el río Jordán y guió al ejército a Helam. Los arameos se pusieron en formación de batalla y lucharon contra David; pero nuevamente los arameos huyeron de los israelitas. Esta vez las fuerzas de David mataron a setecientos conductores de carros de guerra y a cuarenta mil soldados de infantería, entre estos a Sobac, el comandante del ejército. Cuando todos los reyes que estaban aliados con Hadad-ezer vieron que Israel los había derrotado, se rindieron a Israel y se convirtieron en sus súbditos. Después de esto, los arameos tuvieron miedo de ayudar a los amonitas.

+

En la primavera, cuando los reyes suelen salir a la guerra, David envió a Joab y al ejército israelita para pelear contra los amonitas. Destruyeron al ejército amonita y sitiaron la ciudad de Rabá. Sin embargo, David se quedó en Jerusalén.

Una tarde, después del descanso de mediodía, David se levantó de la cama y subió a caminar por la azotea del palacio. Mientras miraba hacia la ciudad, vio a una mujer de belleza singular que estaba bañándose. Luego envió a alguien para que averiguara quién era la mujer y le dijeron: «Es Betsabé, hija de Eliam y esposa de Urías el hitita».

Así que David envió mensajeros para que la trajeran y cuando llegó al palacio, se acostó con ella. Luego ella regresó a su casa. (Betsabé recién había terminado los ritos de purificación posteriores a su período menstrual). Tiempo después, cuando Betsabé descubrió que estaba embarazada, le envió el siguiente mensaje a David: «Estoy embarazada».

Entonces David envió un mensaje a Joab: «Mándame a Urías el hitita». Así que Joab se lo envió. Cuando Urías llegó, David le preguntó cómo estaban Joab y el ejército, y cómo marchaba la guerra. Después le dijo a

Urías: «Ve a tu casa a descansar». David incluso le envió un regalo a Urías apenas este dejó el palacio. Pero Urías no fue a su casa, sino que durmió esa noche a la entrada del palacio con la guardia real.

Al enterarse David de que Urías no había ido a su casa, lo mandó llamar y le preguntó:

—¿Qué pasa? ¿Por qué no fuiste anoche a tu casa después de haber estado fuera por tanto tiempo?

Urías le contestó:

—El arca y el ejército de Israel y el de Judá están viviendo en carpas, y Joab y los hombres de mi señor están acampando a cielo abierto. ¿Cómo podría yo ir a casa para beber, comer y dormir con mi esposa? Juro que jamás haría semejante cosa.

—Está bien, quédate hoy aquí —le dijo David— y mañana puedes regresar al ejército.

Así que Urías se quedó en Jerusalén ese día y el siguiente. David lo invitó a cenar y lo emborrachó. Pero aun así no logró que Urías se fuera a la casa con su esposa, sino que nuevamente se quedó a dormir a la entrada del palacio con la guardia real.

Entonces, a la mañana siguiente, David escribió una carta a Joab y se la dio a Urías para que se la entregara. La carta le daba las siguientes instrucciones a Joab: «Pon a Urías en las líneas del frente, donde la batalla sea más violenta. Luego retrocedan, para que lo maten». Así que Joab asignó a Urías a un lugar cerca de la muralla de la ciudad donde sabía que peleaban los hombres más fuertes del enemigo. Y cuando los soldados enemigos salieron de la ciudad para pelear, Urías el hitita murió junto con varios soldados israelitas.

Luego Joab envió a David un informe de la batalla. Le dijo a su mensajero: «Informa al rey todas las novedades de la batalla. Pero tal vez se enoje y pregunte: "¿Por qué las tropas se acercaron tanto a la ciudad? ¿Acaso no sabían que dispararían desde la muralla? ¿No fue Abimelec, hijo de Gedeón, muerto en Tebes por una mujer que le tiró una piedra de molino desde la muralla? ¿Por qué se acercaron tanto a la muralla?". Entonces dile: "Murió también Urías el hitita"».

Por lo tanto, el mensajero fue a Jerusalén y le dio un informe completo a David.

—El enemigo salió contra nosotros a campo abierto —le dijo—, y cuando los perseguíamos hasta las puertas de la ciudad, los arqueros que estaban en la muralla nos dispararon flechas. Mataron a algunos hombres del rey, entre ellos a Urías el hitita.

—Bien, dile a Joab que no se desanime —dijo David—. ¡La espada devora a este hoy y a aquel mañana! La próxima vez esfuércense más, ¡y conquistarán la ciudad!

Cuando la esposa de Urías se enteró de que su marido había muerto, hizo duelo por él. Una vez cumplido el período de luto, David mandó que la trajeran al palacio, y pasó a ser una de sus esposas. Luego ella dio a luz un hijo. Pero el Señor estaba disgustado con lo que David había hecho.

Por lo tanto, el Señor envió al profeta Natán para que le contara a David la siguiente historia:

—Había dos hombres en cierta ciudad; uno era rico y el otro, pobre. El hombre rico poseía muchas ovejas, y ganado en cantidad. El pobre no tenía nada, solo una pequeña oveja que había comprado. Él crió esa ovejita, la cual creció junto con sus hijos. La ovejita comía del mismo plato del dueño y bebía de su vaso, y él la acunaba como a una hija. Cierto día llegó una visita a la casa del hombre rico. Pero en lugar de matar un animal de su propio rebaño o de su propia manada, tomó la ovejita del hombre pobre, la mató y la preparó para su invitado.

Entonces David se puso furioso.

—¡Tan cierto como que el Señor vive —juró—, cualquier hombre que haga semejante cosa merece la muerte! Debe reparar el daño dándole al hombre pobre cuatro ovejas por la que le robó y por no haber tenido compasión.

Entonces Natán le dijo a David:

—¡Tú eres ese hombre! El Señor, Dios de Israel, dice: "Yo te ungí rey de Israel y te libré del poder de Saúl. Te di la casa de tu amo, sus esposas y los reinos de Israel y Judá. Y si eso no hubiera sido suficiente, te habría dado más, mucho más. ¿Por qué, entonces, despreciaste la palabra del Señor e hiciste este acto tan horrible? Pues mataste a Urías el hitita con la espada de los amonitas y le robaste a su esposa. De ahora en adelante, tu familia vivirá por la espada porque me has despreciado al tomar a la esposa de Urías para que sea tu mujer".

»Esto dice el Señor: "Por lo que has hecho, haré que tu propia familia se rebele en tu contra. Ante tus propios ojos, daré tus mujeres a otro hombre, y él se acostará con ellas a la vista de todos. Tú lo hiciste en secreto, pero yo haré que esto suceda abiertamente a la vista de todo Israel".

Entonces David confesó a Natán:

—He pecado contra el Señor.

Natán respondió:

—Sí, pero el Señor te ha perdonado, y no morirás por este pecado. Sin embargo, como has mostrado un total desprecio por la palabra del Señor con lo que hiciste, tu hijo morirá.

Después que Natán regresó a su casa, el Señor le envió una enfermedad mortal al hijo que David tuvo con la esposa de Urías. Así que David le suplicó a Dios que perdonara la vida de su hijo, y no comió, y estuvo toda la noche tirado en el suelo. Entonces los ancianos de su casa le rogaban que se levantara y comiera con ellos, pero él se negó.

Finalmente, al séptimo día, el niño murió. Los consejeros de David tenían temor de decírselo. «No escuchaba razones cuando el niño estaba enfermo —se decían—, ¿qué locura hará cuando le digamos que el niño murió?».

Cuando David vio que susurraban entre sí, se dio cuenta de lo que había pasado.

—¿Murió el niño? —preguntó.

—Sí —le contestaron—, ya murió.

De inmediato David se levantó del suelo, se lavó, se puso lociones y se cambió de ropa. Luego fue al tabernáculo a adorar al SEÑOR y después volvió al palacio donde le sirvieron comida y comió.

Sus consejeros estaban asombrados.

—No lo entendemos —le dijeron—. Mientras el niño aún vivía, lloraba y rehusaba comer. Pero ahora que el niño ha muerto, usted terminó el duelo y de nuevo está comiendo.

—Ayuné y lloré —respondió David— mientras el niño vivía porque me dije: "Tal vez el SEÑOR sea compasivo conmigo y permita que el niño viva". Pero ¿qué motivo tengo para ayunar ahora que ha muerto? ¿Puedo traerlo de nuevo a la vida? Un día yo iré a él, pero él no puede regresar a mí.

Luego David consoló a Betsabé, su esposa, y se acostó con ella. Entonces ella quedó embarazada y dio a luz un hijo, y David lo llamó Salomón. El SEÑOR amó al niño y mandó decir por medio del profeta Natán que deberían llamarlo Jedidías (que significa «amado del SEÑOR») como el SEÑOR había ordenado.

Mientras tanto, Joab luchaba contra la ciudad de Rabá, la capital de Amón, y tomó las fortificaciones reales. Entonces Joab envió mensajeros a David para decirle: «He peleado contra Rabá y he capturado el suministro de agua. Ahora traiga al resto del ejército y tome la ciudad; de lo contrario, yo seré quien la conquiste y reciba el reconocimiento por la victoria».

Entonces David reunió al resto del ejército y fue a Rabá, peleó contra la ciudad y la tomó. David quitó la corona de la cabeza del rey y la colocaron sobre la de él. La corona estaba hecha de oro con gemas incrustadas y pesaba treinta y cuatro kilos. Además, David se llevó un enorme botín de la ciudad. También hizo esclavos a los habitantes de Rabá y los forzó a trabajar con sierras, picos y hachas de hierro, y a trabajar en los hornos de ladrillos. Así trató a la gente de todas las ciudades amonitas. Luego David regresó a Jerusalén con todo el ejército.

Ahora bien, Absalón, hijo de David, tenía una hermana muy hermosa llamada Tamar; y Amnón, su medio hermano, se enamoró perdidamente de ella. Amnón se obsesionó tanto con Tamar que se enfermó. Ella era virgen, y Amnón pensó que nunca podría poseerla.

Pero Amnón tenía un amigo muy astuto, su primo Jonadab, quien era hijo de Simea, hermano de David. Cierto día Jonadab le dijo a Amnón:

—¿Cuál es el problema? ¿Por qué debe el hijo de un rey verse tan abatido día tras día?

Entonces Amnón le dijo:

—Estoy enamorado de Tamar, hermana de mi hermano Absalón.

—Bien —dijo Jonadab—, te diré lo que tienes que hacer. Vuelve a la cama y finge que estás enfermo. Cuando tu padre venga a verte, pídele que le permita a Tamar venir y prepararte algo de comer. Dile que te hará sentir mejor si ella prepara los alimentos en tu presencia y te da de comer con sus propias manos.

Entonces Amnón se acostó y fingió estar enfermo. Cuando el rey fue a verlo, Amnón le pidió: «Por favor, deja que mi hermana Tamar venga y me prepare mi comida preferida mientras yo observo, así podré comer de sus manos». Entonces David aceptó la propuesta y envió a Tamar a la casa de Amnón para que le preparara algo de comer.

Cuando Tamar llegó a la casa de Amnón, fue a donde él estaba acostado para que pudiera verla mientras preparaba la masa. Luego le horneó su comida preferida, pero cuando ella le llevó la bandeja, Amnón se negó a comer y les dijo a sus sirvientes: «Salgan todos de aquí». Así que todos salieron.

Entonces él le dijo a Tamar:

—Ahora trae la comida a mi dormitorio y dame de comer aquí.

Tamar le llevó su comida preferida, pero cuando ella comenzó a darle de comer, la agarró y le insistió:

—Ven, mi amada hermana, acuéstate conmigo.

—¡No, hermano mío! —imploró ella—. ¡No seas insensato! ¡No me hagas esto! En Israel no se hace semejante perversidad. ¿Adónde podría ir con mi vergüenza? Y a ti te dirán que eres uno de los necios más grandes de Israel. Por favor, simplemente habla con el rey, y él te permitirá casarte conmigo.

Pero Amnón no quiso escucharla y, como era más fuerte que ella, la violó. De pronto, el amor de Amnón se transformó en odio, y la llegó a odiar aún más de lo que la había amado.

—¡Vete de aquí! —le gruñó.

—¡No, no! —gritó Tamar—. ¡Echarme de aquí ahora es aún peor de lo que ya me has hecho!

Pero Amnón no quiso escucharla. Entonces llamó a su sirviente y le ordenó:

—¡Echa fuera a esta mujer y cierra la puerta detrás de ella!

Así que el sirviente la sacó y cerró la puerta detrás de ella. Tamar llevaba puesta una hermosa túnica larga, como era costumbre en esos días para las hijas vírgenes del rey. Pero entonces, ella rasgó su túnica y echó ceniza sobre su cabeza y, cubriéndose la cara con las manos, se fue llorando.

Su hermano Absalón la vio y le preguntó: «¿Es verdad que Amnón ha estado contigo? Bien, hermanita, quédate callada por ahora, ya que él es tu hermano. No te angusties por esto». Así pues, Tamar vivió como una mujer desconsolada en la casa de su hermano Absalón.

Cuando el rey David se enteró de lo que había sucedido, se enojó mucho. Absalón nunca habló de esto con Amnón, sin embargo, lo odió profundamente por lo que le había hecho a su hermana.

Dos años después, cuando se esquilaban las ovejas de Absalón en Baalhazor, cerca de Efraín, Absalón invitó a todos los hijos del rey a una fiesta. Él fue adonde estaba el rey y le dijo:

—Mis esquiladores ya se encuentran trabajando. ¿Podrían el rey y sus siervos venir a celebrar esta ocasión conmigo?

El rey contestó:

—No, hijo mío. Si fuéramos todos, seríamos mucha carga para ti.

Entonces Absalón insistió, pero aun así el rey dijo que no iría, aunque le dio su bendición.

—Bien —le dijo al rey—, si no puedes ir, ¿por qué no envías a mi hermano Amnón con nosotros?

—¿Por qué a Amnón? —preguntó el rey.

Pero Absalón siguió insistiendo hasta que por fin el rey accedió y dejó que todos sus hijos asistieran, entre ellos Amnón. Así que Absalón preparó un banquete digno de un rey.

Absalón les dijo a sus hombres:

—Esperen hasta que Amnón se emborrache; entonces, a mi señal, ¡mátenlo! No tengan miedo. Yo soy quien da la orden. ¡Anímense y háganlo!

Por lo tanto, cuando Absalón dio la señal, mataron a Amnón. Enseguida los otros hijos del rey montaron sus mulas y huyeron.

Mientras iban de regreso a Jerusalén, a David le llegó este informe: «Absalón mató a todos los hijos del rey, ¡ninguno quedó con vida!». Entonces el rey se levantó, rasgó su túnica y se tiró al suelo. Sus consejeros también rasgaron sus ropas en señal de horror y tristeza.

Pero justo en ese momento, Jonadab el hijo de Simea, hermano de David, llegó y dijo:

—No, no crea que todos los hijos del rey están muertos, ¡solamente

Amnón! Absalón había estado tramando esto desde que Amnón violó a su hermana Tamar. No, mi señor el rey, ¡no todos sus hijos están muertos! ¡Solo murió Amnón!

Mientras tanto, Absalón escapó.

En ese momento, el centinela que estaba sobre la muralla de Jerusalén vio a una multitud descendiendo de una colina por el camino desde el occidente. Entonces corrió y le dijo al rey:

—Veo a una multitud que viene por el camino de Horonaim por la ladera de la colina.

—¡Mire! —le dijo Jonadab al rey—. ¡Allí están! Ya vienen los hijos del rey, tal como dije.

Pronto llegaron, llorando y sollozando. Entonces el rey y todos sus siervos lloraron amargamente con ellos. Y David hizo duelo por su hijo Amnón por muchos días.

Absalón huyó adonde estaba su abuelo Talmai, hijo de Amiud, rey de Gesur. Se quedó en Gesur por tres años. Y el rey David, ya resignado de la muerte de Amnón, anhelaba reencontrarse con su hijo Absalón.

Joab se dio cuenta de cuánto el rey deseaba ver a Absalón. Así que mandó llamar a una mujer de Tecoa que tenía fama de ser muy sabia. Le dijo: «Finge que estás de duelo; ponte ropa de luto y no uses lociones. Actúa como una mujer que ha estado de duelo por mucho tiempo. Entonces ve al rey y dile la historia que te voy a contar». Luego Joab le dijo lo que tenía que decir.

Cuando la mujer de Tecoa se acercó al rey, se inclinó rostro en tierra con profundo respeto y exclamó:

—¡Oh rey, ayúdeme!

—¿Qué problema tienes? —preguntó el rey.

—¡Ay de mí que soy viuda! —contestó ella—. Mi esposo está muerto y mis dos hijos se pelearon en el campo y, como no había nadie que los separara, uno de ellos resultó muerto. Ahora el resto de la familia me exige: "Entréganos a tu hijo y lo ejecutaremos por haber matado a su hermano. No merece heredar la propiedad familiar". Quieren extinguir la única brasa que me queda, y el nombre y la familia de mi esposo desaparecerán de la faz de la tierra.

—Yo me encargo de este asunto —le dijo el rey—. Ve a tu casa, yo me aseguraré de que nadie lo toque.

—¡Oh gracias, mi señor el rey! —le respondió la mujer de Tecoa—. Si lo critican por ayudarme, que la culpa caiga sobre mí y sobre la casa de mi padre, y que el rey y su trono sean inocentes.

—Si alguien se opone —le dijo el rey—, tráemelo. ¡Te aseguro que nunca más volverá a hacerte daño!

Luego ella dijo:

—Por favor, júreme por el Señor su Dios que no dejará que nadie tome venganza contra mi hijo. No quiero más derramamiento de sangre.

—Tan cierto como que el Señor vive —le respondió—, ¡no se tocará ni un solo cabello de la cabeza de tu hijo!

—Por favor, permítame preguntar una cosa más a mi señor el rey —dijo ella.

—Adelante, habla —respondió él.

Ella contestó:

—¿Por qué no hace por el pueblo de Dios lo mismo que prometió hacer por mí? Se ha declarado culpable a sí mismo al tomar esta decisión, porque ha rehusado traer a casa a su propio hijo desterrado. Todos moriremos algún día. Nuestra vida es como agua derramada en el suelo, la cual no se puede volver a juntar. Pero Dios no arrasa con nuestra vida, sino que idea la manera de traernos de regreso cuando hemos estado separados de él.

»He venido a rogarle a mi señor el rey porque la gente me ha amenazado. Me dije: "Tal vez el rey me escuche y nos rescate de los que quieren quitarnos la herencia que Dios nos dio. Sí, mi señor el rey nos devolverá la tranquilidad de espíritu". Sé que usted es como un ángel de Dios que puede distinguir entre lo bueno y lo malo. Que el Señor su Dios esté con usted.

—Tengo que saber algo —le dijo el rey—, y dime la verdad.

—¿Sí, mi señor el rey? —respondió ella.

—¿Joab te incitó a hacer esto?

Y la mujer contestó:

—Mi señor el rey, ¿cómo podría negarlo? Nadie puede esconder nada de usted. Sí, Joab me envió y me dijo qué decir. Lo hizo para que pueda ver el asunto con otros ojos. ¡Pero usted es tan sabio como un ángel de Dios, y comprende todo lo que sucede entre nosotros!

Entonces el rey mandó llamar a Joab y le dijo:

—Está bien, ve y trae de regreso al joven Absalón.

Joab se inclinó rostro en tierra con profundo respeto y dijo:

—Por fin sé que cuento con su favor, mi señor el rey, porque me ha concedido esta petición.

Enseguida Joab fue a Gesur y trajo a Absalón de regreso a Jerusalén. Pero el rey dio esta orden: «Absalón puede ir a su propia casa, pero jamás vendrá a mi presencia». De manera que Absalón no vio al rey.

Absalón era elogiado como el hombre más apuesto de todo Israel. De pies a cabeza era perfecto. Se cortaba el cabello una vez al año, y lo hacía solo porque era muy pesado. ¡El peso de su cabello era de más de dos kilos! Tenía tres hijos y una hija. Su hija se llamaba Tamar, y era muy hermosa.

Absalón vivió dos años en Jerusalén, pero nunca pudo ver al rey. Así que mandó llamar a Joab para pedirle que intercediera por él, pero Joab se negó a ir. Entonces Absalón volvió a enviar por él una segunda vez, pero de nuevo Joab se negó. Finalmente Absalón les dijo a sus siervos: «Vayan y préndanle fuego al campo de cebada de Joab, el que está junto al mío». Entonces fueron y le prendieron fuego al campo tal como Absalón les había mandado.

Entonces Joab fue a la casa de Absalón y le reclamó:

—¿Por qué tus siervos le prendieron fuego a mi campo?

Absalón contestó:

—Porque quería que le preguntaras al rey por qué me trajo de Gesur si no tenía intención de verme. Mejor me hubiera quedado allá. Déjame ver al rey; si me encuentra culpable de algo, entonces que me mate.

De manera que Joab le dijo al rey lo que Absalón había dicho. Por fin el rey mandó llamar a Absalón, quien fue y se inclinó ante el rey, y el rey lo besó.

Después Absalón compró un carruaje y caballos, y contrató a cincuenta guardaespaldas para que corrieran delante de él. Cada mañana se levantaba temprano e iba a la puerta de la ciudad. Cuando la gente llevaba un caso al rey para que lo juzgara, Absalón le preguntaba de qué parte de Israel era, y la persona le mencionaba a qué tribu pertenecía. Entonces Absalón le decía: «Usted tiene muy buenos argumentos a su favor. ¡Es una pena que el rey no tenga disponible a nadie para que los escuche! Qué lástima que no soy el juez; si lo fuera, todos podrían traerme sus casos para que los juzgara, y yo les haría justicia».

Cuando alguien trataba de inclinarse ante él, no lo permitía. En cambio, lo tomaba de la mano y lo besaba. Absalón hacía esto con todos los que venían al rey por justicia, y de este modo se robaba el corazón de todo el pueblo de Israel.

Después de cuatro años, Absalón le dijo al rey:

—Permítame ir a Hebrón a ofrecer un sacrificio al SEÑOR y cumplir un voto que le hice. Pues mientras su siervo estaba en Gesur en Aram, prometí que le ofrecería sacrificio al SEÑOR en Hebrón si me traía de regreso a Jerusalén.

—Está bien —le dijo el rey—. Ve y cumple tu voto.

Así que Absalón se fue a Hebrón. Pero mientras estaba allí, envió mensajeros secretos a todas las tribus de Israel para iniciar una rebelión contra el rey. «Tan pronto como oigan el cuerno de carnero —decía el mensaje—, deben decir: "Absalón ha sido coronado rey en Hebrón"». Absalón llevó consigo a doscientos hombres de Jerusalén como invitados, pero ellos no sabían nada de sus intenciones. Mientras Absalón ofrecía los sacrificios, mandó a buscar a Ahitofel, uno de los consejeros de David que vivía en

Gilo. En poco tiempo muchos más se unieron a Absalón, y la conspiración cobró fuerza.

Pronto llegó un mensajero a Jerusalén para decirle a David: «¡Todo Israel se ha unido a Absalón en una conspiración en su contra!».

—Entonces debemos huir de inmediato, ¡si no será muy tarde! —David dijo a sus hombres—. ¡Apresúrense! Si salimos de Jerusalén antes de que llegue Absalón, tanto nosotros como la ciudad nos salvaremos del desastre.

—Estamos con usted —respondieron sus consejeros—. Haga lo que mejor le parezca.

Entonces el rey salió de inmediato junto con todos los de su casa. No dejó a nadie excepto a diez de sus concubinas para que cuidaran el palacio. Así que el rey y toda su gente salieron a pie, y se detuvieron en la última casa a fin de que los hombres del rey pasaran al frente.

Había seiscientos hombres de Gat que habían venido con David, junto con la guardia personal del rey. Después el rey se dio vuelta y le dijo a Itai, un líder de los hombres de Gat:

—¿Por qué vienes con nosotros? Vuelve al rey Absalón porque tú eres un huésped en Israel, un extranjero en el exilio. Llegaste hace poco, ¿debería forzarte a vagar con nosotros? Ni siquiera sé a dónde iremos. Regresa y llévate contigo a tus parientes, y que el Señor te muestre su amor inagotable y su fidelidad.

Pero Itai le respondió al rey:

—Juro por el Señor y por el rey que iré dondequiera que mi señor el rey vaya, sin importar lo que pase, ya sea que signifique la vida o la muerte.

David respondió:

—Está bien, ven con nosotros.

De modo que Itai y todos sus hombres junto con sus familias lo acompañaron.

Entonces todo el pueblo lloraba a gritos cuando el rey y sus seguidores pasaban. Así que cruzaron el valle de Cedrón y fueron hacia el desierto.

Sadoc y todos los levitas también fueron con él cargando el arca del pacto de Dios. Pusieron el arca de Dios en el suelo, y Abiatar ofreció sacrificios hasta que todos dejaron la ciudad.

Luego el rey le dio instrucciones a Sadoc para que regresara el arca de Dios a la ciudad: «Si al Señor le parece bien —dijo David—, me traerá de regreso para volver a ver el arca y el tabernáculo; pero si él ha terminado conmigo, entonces dejemos que haga lo que mejor le parezca».

El rey también le dijo al sacerdote Sadoc: «Mira, este es mi plan. Tú y Abiatar deben regresar a la ciudad sin llamar la atención junto con tu hijo Ahimaas y con Jonatán, el hijo de Abiatar. Yo me detendré en los vados del río Jordán y allí esperaré tu informe». De este modo Sadoc y Abiatar devolvieron el arca de Dios a la ciudad y allí se quedaron.

Entonces David subió el camino que lleva al monte de los Olivos, llorando mientras caminaba. Llevaba la cabeza cubierta y los pies descalzos en señal de duelo. Las personas que iban con él también se cubrieron la cabeza y lloraban mientras subían el monte. Cuando alguien le dijo a David que su consejero Ahitofel ahora respaldaba a Absalón, David oró: «¡Oh Señor, haz que Ahitofel le dé consejos necios a Absalón!».

Al llegar David a la cima del monte de los Olivos, donde la gente adoraba a Dios, Husai el arquita lo estaba esperando. Husai había rasgado sus ropas y había echado polvo sobre su cabeza en señal de duelo. Pero David le dijo: «Si vienes conmigo solamente serás una carga. Regresa a Jerusalén y dile a Absalón: "Ahora seré tu consejero, oh rey, así como lo fui de tu padre en el pasado". Entonces podrás frustrar y contrarrestar los consejos de Ahitofel. Sadoc y Abiatar, los sacerdotes, estarán allí. Diles todo lo que se está planeando en el palacio del rey, y ellos enviarán a sus hijos Ahimaas y Jonatán para que me cuenten lo que está sucediendo».

Entonces Husai, el amigo de David, regresó a Jerusalén y arribó justo cuando llegaba Absalón.

Cuando David pasó un poco más allá de la cima del monte de los Olivos, Siba, el siervo de Mefiboset, lo estaba esperando. Tenía dos burros cargados con doscientos panes, cien racimos de pasas, cien ramas con frutas de verano y un cuero lleno de vino.

—¿Para qué es todo esto? —le preguntó el rey a Siba.

—Los burros son para que monten los que acompañan al rey —contestó Siba—, y el pan y la fruta son para que coman los jóvenes. El vino es para los que se agoten en el desierto.

—¿Y dónde está Mefiboset, el nieto de Saúl? —le preguntó el rey.

—Se quedó en Jerusalén —contestó Siba—. Dijo: "Hoy recobraré el reino de mi abuelo Saúl".

—En ese caso —le dijo el rey a Siba—, te doy todo lo que le pertenece a Mefiboset.

—Me inclino ante usted —respondió Siba—, que yo siempre pueda complacerlo, mi señor el rey.

Mientras el rey David llegaba a Bahurim, salió un hombre de la aldea maldiciéndolos. Era Simei, hijo de Gera, del mismo clan de la familia de Saúl. Les arrojó piedras al rey, a los oficiales del rey y a los guerreros valientes que lo rodeaban.

—¡Vete de aquí, asesino y sinvergüenza! —le gritó a David—. El Señor te está pagando por todo el derramamiento de sangre en el clan de Saúl. Le robaste el trono, y ahora el Señor se lo ha dado a tu hijo Absalón. Al fin te van a pagar con la misma moneda, ¡porque eres un asesino!

—¿Cómo es posible que este perro muerto maldiga a mi señor el rey? —exclamó Abisai, el hijo de Sarvia—. ¡Déjeme ir y cortarle la cabeza!

—¡No! —dijo el rey—. ¿Quién les pidió su opinión a ustedes, los hijos de Sarvia? Si el Señor le dijo que me maldijera, ¿quiénes son ustedes para detenerlo?

Entonces David les dijo a Abisai y a sus sirvientes:

—Mi propio hijo quiere matarme, ¿acaso no tiene este pariente de Saúl todavía más motivos para hacerlo? Déjenlo en paz y permítanle que maldiga, porque el Señor le dijo que lo hiciera. Y tal vez el Señor vea con cuánta injusticia me han tratado y me bendiga a causa de estas maldiciones que sufrí hoy.

Así que David y sus hombres continuaron por el camino, y Simei les seguía el paso desde un cerro cercano, maldiciendo y tirándole piedras y tierra a David.

El rey y todos los que estaban con él se fatigaron en el camino, así que descansaron cuando llegaron al río Jordán.

Mientras tanto, Absalón y todo el ejército de Israel llegaron a Jerusalén acompañados por Ahitofel. Cuando llegó Husai el arquita, el amigo de David, enseguida fue a ver a Absalón.

—¡Viva el rey! —exclamó—. ¡Viva el rey!

—¿Es esta la forma en que tratas a tu amigo David? —le preguntó Absalón—. ¿Por qué no estás con él?

—Estoy aquí porque le pertenezco al hombre que fue escogido por el Señor y por todos los hombres de Israel —le respondió Husai—. De todos modos, ¿por qué no te serviré? Así como fui el consejero de tu padre, ¡ahora seré tu consejero!

Después Absalón se volvió a Ahitofel y le preguntó:

—¿Qué debo hacer ahora?

—Ve y acuéstate con las concubinas de tu padre —contestó Ahitofel—, porque él las dejó aquí para que cuidaran el palacio. Entonces todo Israel sabrá que has insultado a tu padre más allá de toda esperanza de reconciliación, y el pueblo te dará su apoyo.

Entonces levantaron una carpa en la azotea del palacio para que todos pudieran verla, y Absalón entró y tuvo sexo con las concubinas de su padre.

Absalón siguió el consejo de Ahitofel, tal como lo había hecho David, porque cada palabra que decía Ahitofel parecía tan sabia como si hubiera salido directamente de la boca de Dios.

Entonces Ahitofel dijo a Absalón: «Déjame escoger a doce mil hombres que salgan en busca de David esta noche. Lo alcanzaré cuando esté agotado y desanimado. Él y sus tropas se dejarán llevar por el pánico y todos huirán. Luego mataré solamente al rey y te traeré de regreso a toda la gente, así como una recién casada vuelve a su marido. Después de todo, es la vida de un solo hombre la que buscas. Entonces estarás en paz con todo el pueblo». Este plan les pareció bien a Absalón y a todos los ancianos de Israel.

Pero después Absalón dijo:

—Traigan a Husai el arquita. Veamos lo que él piensa acerca de este plan.

Cuando Husai llegó, Absalón le contó lo que Ahitofel había dicho y le preguntó:

—¿Qué opinas? ¿Debemos seguir el consejo de Ahitofel? Si no, ¿qué sugieres?

—Bueno —le contestó Husai—, esta vez Ahitofel se equivocó. Tú conoces a tu padre y a sus hombres; son guerreros poderosos. En este momento están tan enfurecidos como una osa a la que le han robado sus cachorros. Y recuerda que tu padre es un hombre de guerra con experiencia. Él no pasará la noche con las tropas. Seguramente ya está escondido en algún pozo o en alguna cueva. Y cuando salga y ataque, y mueran unos cuantos de tus hombres, entonces habrá pánico entre tus tropas, y se correrá la voz de que están masacrando a los hombres de Absalón. Así pues hasta los soldados más valientes, aunque tengan el corazón de un león, quedarán paralizados de miedo, porque todo Israel sabe qué poderoso guerrero es tu padre y qué valientes son sus hombres.

»Recomiendo que movilices a todo el ejército de Israel y que llames a los soldados desde tan lejos como Dan al norte y Beerseba al sur. De esa manera tendrás un ejército tan numeroso como la arena a la orilla del mar. Y te aconsejo que tú personalmente dirijas las tropas. Cuando encontremos a David, caeremos sobre él como el rocío que cae sobre la tierra. De este modo ni él ni ninguno de sus hombres quedarán con vida. Y si David llegara a escapar a una ciudad, tú tendrás a todo Israel allí a tu mando. Luego podremos tomar sogas y arrastrar las murallas de la ciudad al valle más cercano, hasta que cada piedra haya sido derribada.

Absalón y todos los hombres de Israel dijeron: «El consejo de Husai es mejor que el de Ahitofel». Pues el Señor había decidido frustrar el consejo de Ahitofel, que en realidad era un plan mejor, ¡para poder traer la calamidad sobre Absalón!

Husai les contó a Sadoc y a Abiatar, los sacerdotes, lo que Ahitofel les había dicho a Absalón y a los ancianos de Israel así como lo que él mismo había aconsejado. «¡Rápido! —les dijo—. Encuentren a David e insístanle que no se quede en los vados del río Jordán esta noche. De inmediato debe cruzar e internarse en el desierto. De lo contrario, morirán, él y todo su ejército».

Jonatán y Ahimaas se habían quedado en En-rogel para no ser vistos al entrar ni al salir de la ciudad. Habían acordado que una sirvienta les llevaría el mensaje que ellos debían darle al rey David. Sin embargo, un muchacho los vio en En-rogel, y se lo contó a Absalón, así que escaparon a toda prisa a Bahurim donde un hombre los escondió dentro de un pozo en su patio. La esposa del hombre puso una tela sobre la boca del pozo y esparció grano encima para que se secara al sol; por eso nadie sospechó que estaban allí.

Cuando llegaron los hombres de Absalón, le preguntaron a la mujer:
—¿Has visto a Ahimaas y a Jonatán?
La mujer contestó:
—Estuvieron aquí, pero cruzaron el arroyo.
Entonces los hombres de Absalón los buscaron sin éxito y regresaron a Jerusalén.

Luego los dos hombres salieron del pozo y se apresuraron a ir donde estaba el rey David. «¡Rápido —le dijeron—, cruce el Jordán esta misma noche!». Y le contaron cómo Ahitofel había aconsejado que lo capturaran y lo mataran. Entonces David y los que estaban con él cruzaron el río Jordán durante la noche, y todos llegaron a la otra orilla antes del amanecer.

Cuando Ahitofel se dio cuenta de que no se había seguido su consejo, ensilló su burro y se fue a su pueblo natal, donde puso sus asuntos en orden y se ahorcó. Murió allí y lo enterraron en la tumba de la familia.

Pronto David llegó a Mahanaim. A estas alturas, Absalón había movilizado a todo el ejército de Israel y estaba guiando a sus tropas a través del río Jordán. Absalón había nombrado a Amasa comandante de su ejército para reemplazar a Joab, quien había sido el comandante bajo David. (Amasa era primo de Joab. Su padre era Jeter, un ismaelita. Su madre, Abigail, hija de Nahas, era hermana de Sarvia, la madre de Joab). Absalón y el ejército israelita armaron el campamento en la tierra de Galaad.

Cuando David llegó a Mahanaim, fue recibido calurosamente por Sobi, hijo de Nahas, que venía de Rabá de los amonitas; por Maquir, hijo de Amiel, de Lo-debar; y por Barzilai de Galaad, que era de Rogelim. Ellos trajeron camillas, ollas de cocina, recipientes para servir, trigo y cebada, harina y grano tostado, frijoles, lentejas, miel, mantequilla, ovejas, cabras y queso para David y los que estaban con él porque dijeron: «Todos ustedes deben estar muy hambrientos, cansados y con sed después de su largo caminar por el desierto».

David entonces reunió a los hombres que estaban con él y nombró generales y capitanes para que los dirigieran. Envió las tropas en tres grupos:

un grupo bajo el mando de Joab; otro bajo el mando del hermano de Joab, Abisai hijo de Sarvia; y el tercero bajo Itai de Gat. Entonces el rey les dijo a sus tropas:

—Yo iré con ustedes.

Pero sus hombres se opusieron terminantemente e insistieron:

—No debe ir. Si tenemos que salir en retirada y huir, aunque maten a la mitad de nosotros no cambiaría nada para las tropas de Absalón; es a usted al que buscan. Usted vale por diez mil de nosotros. Es mejor que se quede aquí en la ciudad y nos envíe ayuda si la necesitamos.

—Si ustedes piensan que ese es el mejor plan, lo seguiré —respondió el rey.

De modo que se quedó al lado de la puerta de la ciudad mientras las tropas marchaban en grupos de cientos y de miles.

Entonces el rey les dio esta orden a Joab, a Abisai y a Itai:

—Por consideración a mí, traten con bondad al joven Absalón.

Y todas las tropas escucharon que el rey daba esta orden a sus comandantes.

Así que comenzó la batalla en el bosque de Efraín, y los hombres de David rechazaron los ataques de las tropas israelitas. Aquel día hubo una gran matanza, y veinte mil hombres perdieron la vida. La batalla se extendió con furor por todo el campo, y perecieron en el bosque más hombres que los que murieron a espada.

Durante la batalla, Absalón se cruzó con algunos hombres de David. Trató de escapar en su mula, pero al pasar cabalgando debajo de un gran árbol, su cabello se enredó en las gruesas ramas. La mula siguió y dejó a Absalón suspendido en el aire. Entonces uno de los hombres de David vio lo que había pasado y le dijo a Joab:

—Vi a Absalón colgando de un gran árbol.

—¿Qué? —preguntó Joab—. ¿Lo viste ahí y no lo mataste? ¡Te hubiera recompensado con diez piezas de plata y un cinturón de héroe!

—No mataría al hijo del rey ni por mil piezas de plata —le respondió el hombre a Joab—. Todos escuchamos lo que el rey les dijo a usted, a Abisai y a Itai: "Por consideración a mí, por favor, perdonen la vida del joven Absalón". Si yo hubiera traicionado al rey y matado a su hijo —y de seguro el rey descubriría quién lo hizo—, usted sería el primero en abandonarme a mi suerte.

—Basta ya de esta tontería —dijo Joab.

Enseguida Joab tomó tres dagas y las clavó en el corazón de Absalón mientras estaba colgado, todavía vivo, del gran árbol. Luego diez jóvenes escuderos de Joab rodearon a Absalón y lo remataron.

Entonces Joab hizo sonar el cuerno de carnero, y sus hombres regresaron de perseguir al ejército de Israel. Arrojaron el cuerpo de Absalón dentro de un hoyo grande en el bosque y encima apilaron un montón de piedras. Y todo Israel huyó a sus hogares.

Mientras aún vivía, Absalón se había erigido a sí mismo un monumento en el valle del Rey, porque dijo: «No tengo hijo que perpetúe mi nombre». Le puso al monumento su propio nombre, y es conocido como el monumento de Absalón hasta el día de hoy.

Después Ahimaas, hijo de Sadoc, dijo:

—Déjeme ir corriendo para darle al rey las buenas noticias: que el Señor lo ha librado de sus enemigos.

—No —le dijo Joab—, no serían buenas noticias para el rey saber que su hijo está muerto. Puedes ser mi mensajero otro día, pero hoy no.

Entonces Joab le dijo a un etíope:

—Ve a decirle al rey lo que has visto.

El hombre se inclinó y se fue corriendo.

Pero Ahimaas continuó rogándole a Joab:

—Pase lo que pase, por favor, deje también que yo vaya.

—¿Para qué quieres ir, hijo mío? —le respondió Joab—. No habrá recompensa por las noticias.

—Estoy de acuerdo, pero igual permítame ir —le suplicó.

Joab finalmente le dijo:

—Está bien, puedes ir.

Entonces Ahimaas tomó el camino más fácil por la llanura y corrió a Mahanaim y llegó antes que el etíope.

Mientras David estaba sentado entre las puertas internas y externas de la ciudad, el centinela subió al techo de la entrada de la muralla. Cuando se asomó, vio a un solo hombre que corría hacia ellos. Desde arriba le gritó la novedad a David, y el rey respondió:

—Si está solo, trae noticias.

Al acercarse el mensajero, el centinela vio que otro hombre corría hacia ellos. Gritó hacia abajo:

—¡Allí viene otro!

El rey respondió:

—También trae noticias.

—El primer hombre corre como Ahimaas, hijo de Sadoc —dijo el centinela.

—Él es un buen hombre y trae buenas noticias —respondió el rey.

Ahimaas le gritó al rey:

—¡Todo está bien!

Se inclinó delante del rey rostro en tierra y dijo:

—Alabado sea el Señor su Dios, quien ha entregado a los rebeldes que se atrevieron a hacerle frente a mi señor el rey.
—¿Qué me dices del joven Absalón? —preguntó el rey—. ¿Está bien?
—Cuando Joab me dijo que viniera, había una gran conmoción —contestó Ahimaas—, pero no supe lo que pasaba.
—Espera aquí —le dijo el rey.
Y Ahimaas se hizo a un lado.
Enseguida el etíope llegó y le dijo:
—Tengo buenas noticias para mi señor el rey. Hoy el Señor lo ha librado de todos los que se rebelaron en su contra.
—¿Qué me dices del joven Absalón? —preguntó el rey—. ¿Se encuentra bien?
Y el etíope contestó:
—¡Que todos sus enemigos, mi señor el rey, ahora y en el futuro, corran con la misma suerte de ese joven!
Entonces el rey se sintió abrumado por la emoción. Subió a la habitación que estaba sobre la entrada y se echó a llorar. Y mientras subía, clamaba: «¡Oh, mi hijo Absalón! ¡Hijo mío, hijo mío Absalón! ¡Si tan solo yo hubiera muerto en tu lugar! ¡Oh Absalón, mi hijo, mi hijo!».
Pronto le llegó a Joab la noticia de que el rey estaba llorando y haciendo duelo por Absalón. A medida que el pueblo se enteraba del profundo dolor del rey por su hijo, la alegría por la victoria se tornaba en profunda tristeza. Ese día todos regresaron sigilosamente a la ciudad, como si estuvieran avergonzados y hubieran desertado de la batalla. El rey se cubrió el rostro con las manos y seguía llorando: «¡Oh, Absalón, hijo mío! ¡Oh, Absalón, hijo mío, hijo mío!».
Entonces Joab fue a la habitación del rey y le dijo: «Hoy salvamos su vida y la de sus hijos e hijas, sus esposas y concubinas. Sin embargo, al actuar de esa forma hace que nos sintamos avergonzados de nosotros mismos. Parece que usted ama a los que lo odian y odia a los que lo aman. Hoy nos ha dejado muy en claro que sus comandantes y sus tropas no significan nada para usted. Pareciera que si Absalón hubiera vivido y todos nosotros estuviéramos muertos, estaría contento. Ahora salga y felicite a sus tropas, porque si no lo hace, le juro por el Señor que ni uno solo de ellos permanecerá aquí esta noche. Entonces quedará peor que antes».
Así que el rey salió y tomó su lugar a las puertas de la ciudad y, a medida que se corría la voz por la ciudad de que él estaba allí, todos iban a él.

Mientras tanto, los israelitas que habían apoyado a Absalón huyeron a sus casas. Y por todas las tribus de Israel había mucha discusión y disputa. La gente decía: «El rey nos rescató de nuestros enemigos y nos salvó de los filisteos, pero Absalón lo echó del país. Ahora Absalón, a quien ungimos para que nos gobernara, está muerto. ¿Por qué no pedirle a David que regrese y sea nuestro rey otra vez?».

Entonces el rey David envió a los sacerdotes Sadoc y Abiatar para que les dijeran a los ancianos de Judá: «¿Por qué son ustedes los últimos en dar la bienvenida al rey en su regreso al palacio? Pues he oído que todo Israel está listo. ¡Ustedes son mis parientes, mi propia tribu, mi misma sangre! ¿Por qué son los últimos en dar la bienvenida al rey?». Además David les pidió que le dijeran a Amasa: «Como eres de mi misma sangre, al igual que Joab, que Dios me castigue y aun me mate si no te nombro comandante de mi ejército en su lugar».

Así que Amasa convenció a todos los hombres de Judá, y ellos respondieron unánimemente. Y le mandaron a decir al rey: «Regrese a nosotros, y traiga de vuelta a todos los que lo acompañan».

Así que el rey emprendió su regreso a Jerusalén. Cuando llegó al río Jordán, la gente de Judá fue hasta Gilgal para encontrarse con él y escoltarlo hasta el otro lado del río. Simei, hijo de Gera, el hombre de Bahurim de Benjamín, se apresuró a cruzar junto con los hombres de Judá para darle la bienvenida al rey David. Otros mil hombres de la tribu de Benjamín estaban con él, entre ellos Siba, el sirviente principal de la casa de Saúl, los quince hijos de Siba y sus veinte sirvientes. Bajaron corriendo hasta llegar al Jordán para recibir al rey. Cruzaron los vados del Jordán para llevar a todos los de la casa del rey al otro lado del río, ayudándolo en todo lo que pudieron.

Cuando el rey estaba a punto de cruzar el río, Simei cayó de rodillas ante él.

—Mi señor el rey, por favor, perdóneme —le rogó—. Olvide la terrible cosa que su siervo hizo cuando usted dejó Jerusalén. Que el rey lo borre de su mente. Estoy consciente de cuánto he pecado. Es por eso que he venido aquí este día, siendo el primero en todo Israel en recibir a mi señor el rey.

Entonces Abisai hijo de Sarvia dijo:

—¡Simei debe morir, porque maldijo al rey ungido por el Señor!

—¿Quién les pidió su opinión a ustedes, hijos de Sarvia? —exclamó David—. ¿Por qué hoy se han convertido en mis adversarios? ¡Este no es un día de ejecución, pues hoy he vuelto a ser el rey de Israel!

Entonces, volviéndose a Simei, David juró:

—Se te perdonará la vida.

Ahora bien, Mefiboset, el nieto de Saúl, descendió de Jerusalén para encontrarse con el rey. No había cuidado sus pies, cortado su barba ni lavado su ropa desde el día en que el rey dejó Jerusalén.

—¿Por qué no viniste conmigo, Mefiboset? —le preguntó el rey.

Mefiboset contestó:

—Mi señor el rey, mi siervo Siba me engañó. Le dije: "Ensilla mi burro para que pueda ir con el rey". Pues como usted sabe, soy lisiado. Siba me calumnió cuando dijo que me negué a venir. Pero sé que mi señor el rey es como un ángel de Dios, así que haga como mejor le parezca. Todos mis parientes y yo solo podíamos esperar la muerte de su parte, mi señor, ¡pero en cambio me honró al permitirme comer a su propia mesa! ¿Qué más puedo pedir?

—Ya dijiste suficiente —respondió David—. He decidido que tú y Siba se dividan tu tierra en partes iguales.

—Désela toda a él —dijo Mefiboset—. ¡Estoy satisfecho con que haya vuelto a salvo, mi señor el rey!

Barzilai de Galaad había descendido de Rogelim para escoltar al rey a cruzar el Jordán. Era muy anciano —tenía ochenta años de edad— y muy rico. Él fue quien proveyó el alimento para el rey durante el tiempo que pasó en Mahanaim.

—Cruza el río conmigo y quédate a vivir en Jerusalén —le dijo el rey a Barzilai—. Y allí me haré cargo de ti.

—No —le respondió—, soy demasiado viejo para ir con el rey a Jerusalén. Ahora tengo ochenta años de edad, y ya no puedo disfrutar de nada. La comida y el vino ya no tienen sabor, tampoco puedo oír las voces de los cantantes. Sería nada más una carga para mi señor el rey. ¡Tan solo cruzar el río Jordán con el rey es todo el honor que necesito! Después déjeme regresar para que muera en mi ciudad, donde están enterrados mi padre y mi madre. Pero aquí está su siervo, mi hijo Quimam; permítale que él vaya con mi señor el rey y que reciba lo que usted quiera darle.

—Muy bien —acordó el rey—. Quimam irá conmigo, y lo ayudaré en cualquier forma que tú quieras; haré por ti cualquier cosa que desees.

Luego toda la gente cruzó el Jordán junto con el rey. Después que David lo hubo bendecido y besado, Barzilai regresó a su propia casa. El rey cruzó el Jordán hacia Gilgal, y llevó a Quimam con él. Todas las tropas de Judá y la mitad de las de Israel escoltaron al rey en su camino.

Pero todos los hombres de Israel se quejaron con el rey:

—Los hombres de Judá se adueñaron del rey y no nos dieron el honor de ayudarlo a usted ni a los de su casa ni a sus hombres a cruzar el Jordán.

Los hombres de Judá respondieron:

—El rey es un pariente cercano. ¿Por qué tienen que enojarse por eso? ¡No hemos tocado la comida del rey ni hemos recibido algún favor especial!

—Pero hay diez tribus en Israel —respondieron los otros—. De modo que tenemos diez veces más derecho sobre el rey que ustedes. ¿Qué derecho tienen de tratarnos con tanto desprecio? ¿Acaso no fuimos nosotros los primeros en hablar de traerlo de regreso para que fuera de nuevo nuestro rey?

La discusión continuó entre unos y otros, y los hombres de Judá hablaron con más dureza que los de Israel.

Sucedió que había un alborotador allí de nombre Seba, hijo de Bicri, un hombre de la tribu de Benjamín. Seba tocó un cuerno de carnero y comenzó a repetir:

«¡Abajo la dinastía de David!
 No nos interesa para nada el hijo de Isaí.
Vamos, hombres de Israel,
 todos a sus casas».

Así que todos los hombres de Israel abandonaron a David y siguieron a Seba, hijo de Bicri. Pero los hombres de Judá se quedaron con su rey y lo escoltaron desde el río Jordán hasta Jerusalén.

Cuando David llegó a su palacio en Jerusalén, tomó a las diez concubinas que había dejado para que cuidaran el palacio y las puso en reclusión. Les proveyó para sus necesidades, pero no volvió a acostarse con ninguna. De modo que cada una de ellas vivió como una viuda hasta que murió.

Luego David le dijo a Amasa: «Moviliza al ejército de Judá dentro de tres días y enseguida preséntate aquí». Así que Amasa salió a notificar a la tribu de Judá, pero le llevó más tiempo del que le fue dado.

Por eso David le dijo a Abisai: «Seba, hijo de Bicri, nos va a causar más daño que Absalón. Rápido, toma a mis tropas y persíguelo antes de que llegue a alguna ciudad fortificada donde no podamos alcanzarlo».

Entonces Abisai y Joab, junto con la guardia personal del rey y todos sus poderosos guerreros salieron de Jerusalén para perseguir a Seba. Al llegar a la gran roca de Gabaón, Amasa les salió al encuentro. Joab llevaba puesta su túnica militar con una daga sujeta a su cinturón. Cuando dio un paso al frente para saludar a Amasa, sacó la daga de su vaina.

«¿Cómo estás, primo mío?», dijo Joab, y con la mano derecha lo tomó por la barba como si fuera a besarlo. Amasa no se dio cuenta de la daga que tenía en la mano izquierda, y Joab se la clavó en el estómago, de manera que sus entrañas se derramaron por el suelo. Joab no necesitó volver a apuñalarlo, y Amasa pronto murió. Joab y su hermano Abisai lo dejaron tirado allí y siguieron en busca de Seba.

Uno de los jóvenes de Joab les gritó a las tropas de Amasa: «Si están a favor de Joab y David, vengan y sigan a Joab». Pero como Amasa yacía bañado en su propia sangre en medio del camino, y el hombre de Joab vio que todos se detenían para verlo, lo arrastró fuera del camino hasta el campo y le echó un manto encima. Con el cuerpo de Amasa quitado de en medio, todos continuaron con Joab a capturar a Seba, hijo de Bicri.

Mientras tanto, Seba recorría todas las tribus de Israel y finalmente llegó a la ciudad de Abel-bet-maaca. Todos los miembros de su propio clan, los bicritas, se reunieron para la batalla y lo siguieron a la ciudad. Cuando llegaron las fuerzas de Joab, atacaron Abel-bet-maaca. Construyeron una rampa de asalto contra las fortificaciones de la ciudad y comenzaron a derribar la muralla. Pero una mujer sabia de la ciudad llamó a Joab y le dijo:

—Escúcheme, Joab. Venga aquí para que pueda hablar con usted.

Cuando Joab se acercó, la mujer le preguntó:

—¿Es usted Joab?

—Sí, soy yo —le respondió.

Entonces ella dijo:

—Escuche atentamente a su sierva.

—Estoy atento —le dijo.

Así que ella continuó:

—Había un dicho que decía: "Si quieres resolver una disputa, pide consejo en la ciudad de Abel". Soy alguien que ama la paz y que es fiel en Israel, pero usted está por destruir una ciudad importante de Israel. ¿Por qué quiere devorar lo que le pertenece al SEÑOR?

Joab contestó:

—¡Créame, no quiero devorar ni destruir su ciudad! Ese no es mi propósito. Lo único que quiero es capturar a un hombre llamado Seba, hijo de Bicri, de la zona montañosa de Efraín, quien se rebeló contra el rey David. Si ustedes me entregan a ese hombre, dejaré a la ciudad en paz.

—Muy bien —respondió la mujer—, arrojaremos su cabeza sobre la muralla.

Enseguida la mujer se dirigió a todo el pueblo con su sabio consejo, y le cortaron la cabeza a Seba y se la arrojaron a Joab. Así que Joab tocó el cuerno de carnero, llamó a sus tropas y se retiraron del ataque. Todos volvieron a sus casas y Joab regresó a Jerusalén para encontrarse con el rey.

Ahora bien, Joab era el comandante del ejército de Israel; Benaía, hijo de Joiada, era el capitán de la guardia personal del rey. Adoniram estaba a cargo del trabajo forzado; Josafat, hijo de Ahilud, era el historiador real. Seva era el secretario de la corte; Sadoc y Abiatar eran los sacerdotes, e Ira, un descendiente de Jair, era el sacerdote personal de David.

Durante el reinado de David hubo un hambre que duró tres años. Entonces David consultó al Señor, y el Señor dijo: «El hambre se debe a que Saúl y su familia son culpables de la muerte de los gabaonitas».

Entonces el rey mandó llamar a los gabaonitas. No formaban parte de Israel, pero eran todo lo que quedaba de la nación de los amorreos. El pueblo de Israel había jurado no matarlos, pero Saúl, en su celo por Israel y Judá, trató de exterminarlos. David les preguntó:

—¿Qué puedo hacer por ustedes? ¿Cómo puedo compensarlos para que ustedes vuelvan a bendecir al pueblo del Señor?

—Bueno, el dinero no puede resolver este asunto entre nosotros y la familia de Saúl —le contestaron los gabaonitas—. Tampoco podemos exigir la vida de cualquier persona de Israel.

—¿Qué puedo hacer entonces? —preguntó David—. Solo díganme, y lo haré por ustedes.

Ellos respondieron:

—Fue Saúl quien planeó destruirnos, para impedir que tengamos un lugar en el territorio de Israel. Así que entréguennos siete hijos de Saúl, y los ejecutaremos delante del Señor en Gabaón en el monte del Señor.

—Muy bien —dijo el rey— lo haré.

Debido al juramento que David y Jonatán habían hecho delante del Señor, el rey le perdonó la vida a Mefiboset, el hijo de Jonatán, nieto de Saúl. Sin embargo, les entregó a los dos hijos de Saúl, Armoni y Mefiboset, cuya madre fue Rizpa la hija de Aja. También les entregó a los cinco hijos de la hija de Saúl, Merab, la esposa de Adriel, hijo de Barzilai de Mehola. Los hombres de Gabaón los ejecutaron en el monte delante del Señor. Los siete murieron juntos al comienzo de la cosecha de la cebada.

Después Rizpa, la hija de Aja y madre de dos de los hombres, extendió una tela áspera sobre una roca y permaneció allí toda la temporada de la cosecha. Ella evitó que las aves carroñeras despedazaran los cuerpos durante el día e impidió que los animales salvajes se los comieran durante la noche. Cuando David supo lo que había hecho Rizpa, la concubina de Saúl, fue a ver a la gente de Jabes de Galaad para recuperar los huesos de Saúl y de su hijo Jonatán. (Cuando los filisteos mataron a Saúl y a Jonatán en el monte Gilboa, la gente de Jabes de Galaad robó sus cuerpos de la plaza pública de Bet-sán donde los filisteos los habían colgado). De esa manera David obtuvo los huesos de Saúl y Jonatán, al igual que los huesos de los hombres que los gabaonitas habían ejecutado.

Luego el rey ordenó que enterraran los huesos en la tumba de Cis, padre de Saúl, en la ciudad de Zela, en la tierra de Benjamín. Después Dios hizo que terminara el hambre en la tierra.

Una vez más los filisteos estaban en guerra con Israel. Y cuando David y sus hombres estaban en lo más reñido de la pelea, a David se le acabaron las fuerzas y quedó exhausto. Isbi-benob era un descendiente de los gigantes; la punta de bronce de su lanza pesaba más de tres kilos, y estaba armado con una espada nueva. Había acorralado a David y estaba a punto de matarlo. Pero Abisai, hijo de Sarvia, llegó al rescate de David y mató al filisteo. Entonces los hombres de David declararon: «¡No volverás a salir con nosotros a la batalla! ¿Por qué arriesgarnos a que se apague la luz de Israel?».

Después hubo otra batalla contra los filisteos en Gob. Mientras peleaban, Sibecai de Husa mató a Saf, otro descendiente de los gigantes.

Durante otra batalla en Gob, Elhanán, hijo de Jair, de Belén, mató al hermano de Goliat de Gat. ¡El asta de su lanza era tan gruesa como un rodillo de telar!

En otra batalla contra los filisteos en Gat, se enfrentaron con un hombre enorme que tenía seis dedos en cada mano y seis en cada pie, veinticuatro dedos en total, que era también descendiente de los gigantes. Pero cuando desafió a los israelitas y se mofó de ellos, lo mató Jonatán, hijo de Simea, hermano de David.

Estos cuatro filisteos eran descendientes de los gigantes de Gat, pero David y sus guerreros los mataron.

David entonó este cántico al Señor el día que el Señor lo rescató de todos sus enemigos y de Saúl. Cantó así:

«El Señor es mi roca, mi fortaleza y mi salvador;
    mi Dios es mi roca, en quien encuentro protección.
Él es mi escudo, el poder que me salva
    y mi lugar seguro.
Él es mi refugio, mi salvador,
    el que me libra de la violencia.
Clamé al Señor, quien es digno de alabanza,
    y me salvó de mis enemigos.

»Las olas de la muerte me envolvieron;
    me arrasó una inundación devastadora.
La tumba me envolvió con sus cuerdas;
    la muerte me tendió una trampa en el camino.
Pero en mi angustia, clamé al Señor;
    sí, clamé a Dios por ayuda.
Él me oyó desde su santuario;
    mi clamor llegó a sus oídos.

»Entonces la tierra se estremeció y tembló;
  se sacudieron los cimientos de los cielos;
  temblaron a causa de su enojo.
De su nariz salía humo a raudales,
  de su boca saltaban violentas llamas de fuego;
  carbones encendidos se disparaban de él.
Abrió los cielos y descendió;
  había oscuras nubes de tormenta debajo de sus pies.
Voló montado sobre un poderoso ser angelical,
  remontándose sobre las alas del viento.
Se envolvió con un manto de oscuridad
  y ocultó su llegada con densas nubes de lluvia.
Un gran resplandor brilló alrededor de él,
  y carbones encendidos se dispararon.
El Señor retumbó desde el cielo;
  la voz del Altísimo resonó.
Disparó flechas y dispersó a sus enemigos;
  destelló su relámpago, y ellos quedaron confundidos.
Luego, a la orden del Señor,
  a la ráfaga de su aliento,
pudo verse el fondo del mar,
  y los cimientos de la tierra quedaron al descubierto.

»Él extendió la mano desde el cielo y me rescató;
  me sacó de aguas profundas.
Me rescató de mis enemigos poderosos,
  de los que me odiaban y eran demasiado fuertes
    para mí.
Me atacaron en un momento de angustia,
  pero el Señor me sostuvo.
Me condujo a un lugar seguro;
  me rescató porque en mí se deleita.
El Señor me recompensó por hacer lo correcto;
  me restauró debido a mi inocencia.
Pues he permanecido en los caminos del Señor;
  no me he apartado de mi Dios para seguir el mal.
He seguido todas sus ordenanzas;
  nunca he abandonado sus decretos.
Soy intachable delante de Dios;
  me he abstenido del pecado.
El Señor me recompensó por hacer lo correcto;
  ha visto mi inocencia.

»Con los fieles te muestras fiel;
   a los íntegros les muestras integridad.
Con los puros te muestras puro,
   pero te muestras astuto con los tramposos.
Rescatas al humilde,
   pero tus ojos observan al orgulloso y lo humillas.
Oh Señor, tú eres mi lámpara;
   el Señor ilumina mi oscuridad.
Con tu fuerza puedo aplastar a un ejército;
   con mi Dios puedo escalar cualquier muro.

»El camino de Dios es perfecto.
   Todas las promesas del Señor demuestran ser verdaderas.
   Él es escudo para todos los que buscan su protección.
Pues, ¿quién es Dios aparte del Señor?
   ¿Quién más que nuestro Dios es una roca sólida?
Dios es mi fortaleza firme,
   y hace perfecto mi camino.
Me hace andar tan seguro como un ciervo,
   para que pueda pararme en las alturas de las montañas.
Entrena mis manos para la batalla;
   fortalece mi brazo para tensar un arco de bronce.
Me has dado tu escudo de victoria;
   tu ayuda me ha engrandecido.
Has trazado un camino ancho para mis pies
   a fin de evitar que resbalen.

»Perseguí a mis enemigos y los destruí;
   no paré hasta verlos derrotados.
Los consumí;
   los herí de muerte para que no pudieran levantarse;
   cayeron debajo de mis pies.
Me has armado de fuerza para la batalla;
   has sometido a mis enemigos debajo de mis pies.
Pusiste mi pie sobre su cuello;
   destruí a todos los que me odiaban.
Buscaron ayuda, pero nadie fue a rescatarlos.
   Hasta clamaron al Señor, pero él se negó a responder.
Los molí tan fino como el polvo de la tierra;
   los pisoteé en la cuneta como lodo.

»Me diste la victoria sobre los que me acusaban.
   Me preservaste como gobernante de naciones;
   ahora me sirve gente que ni siquiera conozco.

Naciones extranjeras se arrastran ante mí;
    en cuanto oyen hablar de mí, se rinden.
Todas pierden el valor
    y salen temblando de sus fortalezas.

»¡El Señor vive! ¡Alabanzas a mi Roca!
    ¡Exaltado sea Dios, la Roca de mi salvación!
Él es el Dios que da su merecido a los que me dañan;
    él derriba a las naciones y las pone bajo mi control,
    y me libra de mis enemigos.
Tú me mantienes seguro, lejos del alcance de mis enemigos;
    me salvas de violentos oponentes.
Por eso, oh Señor, te alabaré entre las naciones;
    cantaré alabanzas a tu nombre.
Le das grandes victorias a tu rey;
    le muestras inagotable amor a tu ungido,
    a David y a todos sus descendientes para siempre».

Estas son las últimas palabras de David:

«David, hijo de Isaí;
    David, el hombre que fue elevado tan alto;
David, el hombre ungido por el Dios de Jacob;
    David, el dulce salmista de Israel, declara:

»El Espíritu del Señor habla por medio de mí;
    sus palabras están en mi lengua.
El Dios de Israel habló,
    la Roca de Israel me dijo:
"El que gobierna con justicia
    y gobierna en el temor de Dios,
es como la luz de la mañana al amanecer,
    como una mañana sin nubes,
como el brillar del sol
    sobre la hierba nueva después de la lluvia".

»¿Acaso no es a mi familia que Dios ha elegido?
    Sí, ha hecho un pacto eterno conmigo.
Su pacto está arreglado y asegurado hasta el último detalle;
    él garantizará mi seguridad y mi éxito.
Pero los que no conocen a Dios son como espinos que se desechan,
    porque desgarran la mano que los toca.
Se deben usar herramientas de hierro para cortarlos;
    serán completamente consumidos por fuego».

Estos son los nombres de los guerreros más valientes de David. El primero era Jasobeam el hacmonita, quien era el líder de los Tres, los tres guerreros más valientes entre los hombres de David. Una vez utilizó su lanza para matar a ochocientos guerreros enemigos en una sola batalla.

El siguiente en rango entre los Tres era Eleazar, hijo de Dodai, un descendiente de Ahoa. Una vez Eleazar y David juntos les hicieron frente a los filisteos cuando todo el ejército israelita había huido. Siguió matando a filisteos hasta que se le cansó la mano para levantar su espada, y ese día el Señor le dio una gran victoria. ¡El resto del ejército regresó recién a la hora de recoger el botín!

El siguiente en rango era Sama, hijo de Age, de Arar. Cierta vez los filisteos se reunieron en Lehi y atacaron a los israelitas en un campo lleno de lentejas. El ejército israelita huyó, pero Sama no cedió terreno en medio del campo e hizo retroceder a los filisteos. Así que el Señor le dio una gran victoria.

Cierta vez durante la cosecha, cuando David estaba en la cueva de Adulam, el ejército filisteo estaba acampado en el valle de Refaim. Los Tres (que formaban parte de los Treinta, un grupo selecto entre los hombres de guerra de David) descendieron a la cueva para encontrarse con él. En aquel tiempo, David se alojaba en la fortaleza, y un destacamento filisteo había ocupado la ciudad de Belén.

David les comentó a sus hombres un vivo deseo: «¡Ah, cómo me gustaría tomar un poco de esa buena agua del pozo que está junto a la puerta de Belén!». Entonces los Tres atravesaron las líneas filisteas, sacaron agua del pozo junto a la puerta de Belén y se la llevaron a David. Pero David rehusó tomarla, en cambio la derramó como ofrenda al Señor. «¡No permita el Señor que la beba! —exclamó—. Esta agua es tan preciosa como la sangre de estos hombres que arriesgaron la vida para traérmela». De manera que David no la tomó. Estos son ejemplos de las hazañas de los Tres.

Abisai, hijo de Sarvia, hermano de Joab, era el líder de los Treinta. En una ocasión usó su lanza para matar a trescientos guerreros enemigos en una sola batalla. Fue por hazañas como esta que se hizo tan famoso como los Tres. Abisai era el comandante y el más famoso de los Treinta aunque no era uno de los Tres.

Estaba también Benaía, hijo de Joiada, un valiente guerrero de Cabseel, quien hizo muchas proezas heroicas, entre ellas mató a dos campeones de Moab. En otra ocasión, en un día de mucha nieve, Benaía persiguió a un león hasta un hoyo y lo mató. Otra vez, armado solamente con un palo, mató a un imponente guerrero egipcio que estaba armado con una lanza. Benaía arrebató la lanza de la mano del egipcio y lo mató con ella. Hazañas como estas hicieron a Benaía tan famoso como los Tres, los guerreros más valientes. Recibió más honores que los demás miembros de los Treinta, aunque no era uno de los Tres. Además David lo nombró capitán de su escolta.

Los demás miembros de los Treinta incluían a:

Asael, hermano de Joab;
Elhanán, hijo de Dodo, de Belén;
Sama de Harod;
Elica, hijo de Harod;
Heles de Pelón;
Ira, hijo de Iques, de Tecoa;
Abiezer de Anatot;
Sibecai de Husa;
Salmón de Ahoh;
Maharai de Netofa;
Heled, hijo de Baana, de Netofa;
Itai, hijo de Ribai, de Guibeá (de la tierra de Benjamín);
Benaía de Piratón;
Hurai de Nahale-gaas;
Abi-albón de Arabá;
Azmavet de Bahurim;
Eliaba de Saalbón;
los hijos de Jasén;
Jonatán, hijo de Sage, de Arar;
Ahíam, hijo de Sarar, de Arar;
Elifelet, hijo de Ahasbai, de Maaca;
Eliam, hijo de Ahitofel, de Gilo;
Hezro de Carmelo;
Paarai de Arba;
Igal, hijo de Natán, de Soba;
Bani de Gad;
Selec de Amón;
Naharai de Beerot, escudero de Joab, hijo de Sarvia;
Ira de Jatir;
Gareb de Jatir;
Urías el hitita.

En total eran treinta y siete.

Una vez más el enojo del Señor ardió contra Israel, y provocó que David les hiciera daño al levantar un censo. «Ve y cuenta a las personas de Israel y Judá», le dijo el Señor.

Entonces el rey les dijo a Joab y a los comandantes del ejército:

—Hagan un censo de todas las tribus de Israel, desde Dan en el norte hasta Beerseba en el sur, para que yo sepa cuánta gente hay.

Pero Joab le respondió al rey:

—¡Que el Señor su Dios le dé vida para ver cien veces más personas de las que hay ahora! ¿Pero por qué, mi señor el rey, quiere usted hacer tal cosa?

Sin embargo, el rey insistió en que levantaran el censo, así que Joab y los comandantes del ejército salieron y contaron al pueblo de Israel. Primero cruzaron el Jordán y acamparon en Aroer, al sur de la ciudad en el valle, en dirección a Gad. Luego fueron a Jazer, después a Galaad en la tierra de Tahtim-hodsi y a Danjaán y hasta Sidón. Luego llegaron a la fortaleza de Tiro y a todas las ciudades de los heveos y los cananeos. Finalmente, fueron al sur de Judá, aun hasta Beerseba.

Habiendo recorrido toda la tierra durante nueve meses y veinte días, regresaron a Jerusalén. Joab informó el número de personas al rey. Había en Israel ochocientos mil guerreros competentes que podían manejar una espada, y además quinientos mil en Judá.

Pero después de haber levantado el censo, a David le comenzó a remorder la conciencia, y le dijo al Señor: «He pecado grandemente por haber hecho este censo. Señor, te ruego que perdones mi culpa por haber cometido esta tontería».

A la mañana siguiente, la palabra del Señor vino al profeta Gad, quien era el vidente de David, y le dio este mensaje: «Ve y dile a David: "Esto dice el Señor: te doy tres opciones; escoge uno de estos castigos, y yo te lo impondré"».

De modo que Gad fue a ver a David y le preguntó:

—¿Vas a elegir tres años de hambre en toda la tierra, o tres meses de huir de tus enemigos, o tres días de una terrible plaga por todo el país? Piénsalo bien y decide qué respuesta debo darle al Señor, quien me envió.

—¡Estoy en una situación desesperada! —le respondió David a Gad—. Mejor que caigamos nosotros en las manos del Señor, porque su misericordia es grande, y que no caiga yo en manos humanas.

Por lo tanto, el Señor mandó una plaga sobre Israel esa mañana que duró tres días. Un total de setenta mil personas murieron en toda la nación, desde Dan en el norte hasta Beerseba en el sur. Sin embargo, cuando el ángel se disponía a destruir Jerusalén, el Señor desistió y le dijo al ángel de la muerte: «¡Detente! ¡Ya es suficiente!». En ese momento el ángel del Señor estaba junto al campo de trillar de Arauna el jebuseo.

Cuando David vio al ángel, le dijo al Señor: «¡Soy yo el que pecó e hizo el mal! Pero estas personas son tan inocentes como ovejas, ¿qué han hecho? Que tu enojo caiga sobre mí y mi familia».

Ese día, Gad fue a ver a David y le dijo: «Sube y edifica un altar al Señor en el campo de trillar de Arauna el jebuseo».

Así que David subió para hacer lo que el Señor le había ordenado. Cuando Arauna vio al rey y a sus hombres acercándose, salió y se inclinó ante el rey rostro en tierra.

—¿Por qué ha venido, mi señor el rey? —preguntó Arauna.

David le contestó:

—Vine a comprar tu campo de trillar y a edificar allí un altar al Señor, para que él detenga la plaga.

—Tómelo, mi señor el rey, y úselo como usted quiera —le respondió Arauna a David—. Aquí hay bueyes para la ofrenda quemada, y puede usar los tablones de trillar y los yugos de los bueyes como leña para hacer un fuego sobre el altar. Le daré todo a usted, su majestad, y que el Señor su Dios acepte su sacrificio.

Pero el rey le respondió a Arauna:

—No, insisto en comprarlo; no le presentaré ofrendas quemadas al Señor mi Dios que no me hayan costado nada.

De modo que David le pagó cincuenta piezas de plata por el campo de trillar y por los bueyes.

Allí David edificó un altar al Señor y sacrificó ofrendas quemadas y ofrendas de paz. Y el Señor contestó la oración que hizo por la tierra, y se detuvo la plaga que azotaba a Israel.

✦

El rey David era ya muy anciano y, por más frazadas que le ponían, no podía entrar en calor. Así que sus consejeros le dijeron: «Busquemos una joven virgen que lo atienda y lo cuide, mi señor; dormirá en sus brazos y le quitará el frío».

Entonces buscaron una muchacha hermosa por toda la tierra de Israel y encontraron a Abisag, de Sunem, y se la llevaron al rey. La joven era muy hermosa; cuidaba al rey y lo atendía, pero el rey no tuvo relaciones sexuales con ella.

Por ese tiempo, Adonías, hijo de David, cuya madre era Haguit, comenzó a jactarse diciendo: «Voy a proclamarme rey». Así que consiguió carros de guerra con sus conductores y reclutó cincuenta hombres para que corrieran delante de él. Ahora bien, su padre, el rey David, jamás lo había disciplinado, ni siquiera le preguntaba: «¿Por qué haces esto o aquello?». Adonías había nacido después de Absalón y era muy apuesto.

Adonías se apoyó en Joab, hijo de Sarvia, y en el sacerdote Abiatar, y ellos aceptaron ayudarlo a llegar a ser rey. Sin embargo, el sacerdote Sadoc y Benaía, hijo de Joiada, junto con el profeta Natán, Simei, Rei y la guardia personal de David se negaron a ayudar a Adonías.

Adonías se dirigió a la peña de Zohélet, cerca del manantial de En-rogel, y allí sacrificó ovejas, ganado y terneros engordados. Invitó a todos sus hermanos —los demás hijos del rey David— y a todos los funcionarios reales de Judá; pero no invitó al profeta Natán, ni a Benaía, ni a la guardia personal del rey, ni a su hermano Salomón.

Entonces Natán fue a ver a Betsabé, la madre de Salomón, y le preguntó: «¿No te has enterado de que el hijo de Haguit, Adonías, se proclamó rey, y nuestro señor David ni siquiera lo sabe? Si deseas salvar tu vida y la de tu hijo Salomón, sigue mi consejo. Ve ya mismo a ver al rey David y dile: "Mi señor el rey, ¿acaso no me hiciste un juramento cuando me dijiste: 'Definitivamente tu hijo Salomón será el próximo rey y se sentará en mi trono'? Entonces, ¿por qué Adonías se ha proclamado rey?". Y mientras tú aún estés hablando con el rey, yo llegaré y confirmaré todo lo que le has dicho».

Entonces Betsabé entró en la habitación del rey (David era ya muy viejo y Abisag lo cuidaba) y se inclinó ante él.

—¿En qué te puedo ayudar? —le preguntó el rey.

Ella le contestó:

—Mi señor, usted hizo un juramento delante del Señor su Dios cuando me dijo: "Te aseguro que tu hijo Salomón será el próximo rey y se sentará en mi trono". Sin embargo, Adonías se proclamó rey, y mi señor el rey ni siquiera se ha enterado. Ha sacrificado gran cantidad de ganado, terneros engordados y ovejas, y ha invitado a todos los hijos del rey a la celebración. También invitó al sacerdote Abiatar y a Joab, comandante del ejército, pero no invitó a su siervo Salomón. Y ahora, mi señor el rey, todo Israel está esperando que usted anuncie quién será el próximo rey. Si no toma alguna medida, mi hijo Salomón y yo seremos tratados como criminales en cuanto mi señor el rey haya muerto.

Mientras ella aún hablaba con el rey, llegó el profeta Natán. Los funcionarios del rey le informaron: «El profeta Natán está aquí y quiere verlo».

Entonces Natán entró y se inclinó ante el rey con el rostro en tierra y le preguntó al rey: «Mi señor el rey, ¿ya has decidido que sea Adonías el próximo rey que se siente en tu trono? Hoy él sacrificó gran cantidad de ganado, terneros engordados y ovejas, e invitó a todos los hijos del rey a la celebración. También invitó a los comandantes del ejército y al sacerdote Abiatar. Ahora están festejando y bebiendo con él, y gritan: "¡Que viva el rey Adonías!"; pero a mí no me invitó, ni al sacerdote Sadoc, ni a Benaía, ni a tu siervo Salomón. ¿Acaso mi señor el rey ha hecho esto sin informar a ninguno de sus funcionarios acerca de quién sería el próximo rey?».

Entonces el rey David respondió: «¡Llamen a Betsabé!». Así que Betsabé volvió a entrar y se quedó de pie delante del rey, y el rey repitió su juramento:

—Tan cierto como que el Señor vive y me ha rescatado de todo peligro, tu hijo Salomón será el próximo rey y se sentará en mi trono este mismo día, tal como te lo juré delante del Señor, Dios de Israel.

Entonces Betsabé se inclinó ante el rey con el rostro en tierra y exclamó:

—¡Que viva por siempre mi señor, el rey David!

Entonces el rey David ordenó: «Llamen al sacerdote Sadoc, al profeta Natán y a Benaía, hijo de Joiada». Cuando ellos llegaron a la presencia del rey, él les dijo:

—Lleven a Salomón y a mis funcionarios hasta el manantial de Gihón. Salomón irá montado en mi mula. Una vez allí, el sacerdote Sadoc y el profeta Natán lo ungirán rey de Israel. Hagan sonar el cuerno de carnero y griten: "¡Que viva el rey Salomón!". Luego escóltenlo de regreso, y él se sentará en mi trono. Él me sucederá en el trono, porque yo lo he nombrado para que sea gobernante de Israel y de Judá.

—¡Amén! —respondió Benaía, hijo de Joiada—. Que el Señor, Dios de mi señor el rey, ordene que así sea. Que el Señor esté con Salomón así como ha estado contigo, mi señor el rey, ¡y que engrandezca el reino de Salomón aún más que el suyo!

Entonces el sacerdote Sadoc y el profeta Natán junto con Benaía, hijo de Joiada, y la guardia personal del rey llevaron a Salomón hasta el manantial de Gihón; y Salomón iba montado en la mula que pertenecía al rey David. Allí el sacerdote Sadoc tomó de la carpa sagrada el frasco de aceite de oliva, y ungió a Salomón con el aceite. Luego hicieron sonar el cuerno de carnero, y toda la gente gritó: «¡Que viva el rey Salomón!». Toda la multitud siguió a Salomón hasta Jerusalén, tocando flautas y gritando de alegría. La celebración estaba tan alegre y estruendosa que el sonido hacía temblar la tierra.

Adonías y sus invitados escucharon la celebración y los gritos casi al terminar el banquete. Cuando Joab oyó el sonido del cuerno de carnero, preguntó: «¿Qué está pasando? ¿Por qué hay tanto alboroto en la ciudad?».

No había terminado de hablar, cuando llegó Jonatán, hijo del sacerdote Abiatar.

—Entra —le dijo Adonías—, porque eres un hombre bueno. Seguramente traes buenas noticias.

—¡Para nada! —respondió Jonatán—. ¡Nuestro señor, el rey David, acaba de proclamar rey a Salomón! El rey lo envió al manantial de Gihón con el sacerdote Sadoc, el profeta Natán, y Benaía, hijo de Joiada, e iban protegidos por la guardia personal del rey. Montaron a Salomón en la mula del rey y Sadoc y Natán lo ungieron rey en el manantial de Gihón. Acaban de regresar, y toda la ciudad está celebrando y festejando. Por eso hay tanto ruido. Es más, ahora mismo Salomón está sentado en el trono real como rey, y todos los funcionarios reales han ido a felicitar al rey David y a decirle: "¡Que su Dios aumente la fama de Salomón aún más que la suya, y que engrandezca el reinado de Salomón aún más que el suyo!". Entonces el rey inclinó la cabeza en adoración mientras estaba en su cama y dijo: "Alabado sea el Señor, Dios de Israel, quien el día de hoy ha escogido a un sucesor que se siente en mi trono mientras yo aún vivo para presenciarlo".

Entonces todos los invitados de Adonías, presos del pánico, saltaron de la mesa del banquete y se dispersaron velozmente. Adonías tuvo miedo de Salomón, por lo que corrió a la carpa sagrada y se agarró de los cuernos del altar. Pronto llegó a Salomón la noticia de que Adonías, por temor, se había agarrado de los cuernos del altar y rogaba: «¡Que el rey Salomón jure hoy que no me matará!».

Salomón respondió: «Si él demuestra ser leal, no se le tocará un pelo de la cabeza; pero si causa problemas, morirá». Entonces el rey Salomón mandó llamar a Adonías, y lo bajaron del altar. Adonías llegó y se inclinó respetuosamente ante el rey Salomón, quien lo despidió diciéndole: «Vete a tu casa».

Cuando ya se acercaba el momento de morir, el rey David le dio el siguiente encargo a su hijo Salomón:

«Yo voy camino al lugar donde todos partirán algún día. Ten valor y sé hombre. Cumple los requisitos del Señor tu Dios y sigue todos sus caminos. Obedece los decretos, los mandatos, las ordenanzas y las leyes que están escritos en la ley de Moisés, para que tengas éxito en todo lo que hagas y dondequiera que vayas. Si lo haces, el Señor cumplirá la promesa que me hizo cuando me dijo: "Si tus descendientes viven como debe ser y me siguen fielmente, con todo el corazón y con toda el alma, siempre habrá uno de ellos en el trono de Israel".

»Además, tú ya sabes lo que me hizo Joab, hijo de Sarvia, cuando mató a mis dos comandantes del ejército: a Abner, hijo de Ner, y a Amasa, hijo de Jeter. Él fingió que fue un acto de guerra, pero estábamos en tiempo de paz, con lo cual manchó con sangre inocente su cinto y sus sandalias. Haz con él lo que mejor te parezca, pero no permitas que envejezca y vaya a la tumba en paz.

»Sé bondadoso con los hijos de Barzilai, de Galaad. Haz que sean invitados permanentes en tu mesa, porque ellos me cuidaron cuando yo huía de tu hermano Absalón.

»Acuérdate de Simei, hijo de Gera, el hombre de Bahurim de la tribu de Benjamín. Él me maldijo con una maldición terrible cuando yo escapaba hacia Mahanaim. Cuando vino a verme al río Jordán, yo le juré por el

Señor que no lo mataría; pero ese juramento no lo hace inocente. Tú eres un hombre sabio y sabrás cómo darle una muerte sangrienta».

Luego David murió y fue enterrado con sus antepasados en la Ciudad de David. David reinó en Israel durante cuarenta años, siete de ellos en Hebrón y treinta y tres en Jerusalén.

☩ ☩ ☩

Salomón lo sucedió y se sentó en el trono de David, su padre, y su reino se estableció firmemente.

Cierto día Adonías, cuya madre era Haguit, fue a ver a Betsabé, la madre de Salomón.
—¿Vienes en son de paz? —le preguntó Betsabé.
—Sí —contestó él—, vengo en paz. Quiero pedirte un favor.
—¿De qué se trata? —le preguntó ella.
Él contestó:
—Como sabes, el reino me correspondía a mí; todo Israel quería que yo fuera el siguiente rey. Pero todo cambió, y el reino pasó a mi hermano porque el Señor así lo quiso. Ahora solo tengo un favor que pedirte, no me lo niegues.
—¿De qué se trata? —preguntó ella.
Él contestó:
—Habla con el rey Salomón de mi parte, porque yo sé que él hará cualquier cosa que tú le pidas. Dile que me permita casarme con Abisag, la muchacha de Sunem.
—Está bien —respondió Betsabé—. Le hablaré al rey por ti.
Entonces Betsabé fue a ver al rey para hablarle en nombre de Adonías. El rey se levantó de su trono para recibirla y se inclinó ante ella. Cuando volvió a sentarse en su trono, ordenó que trajeran un trono para su madre, y ella se sentó a la derecha del rey.
—Tengo un pequeño favor que pedirte —le dijo ella—. Espero que no me lo niegues.
—¿De qué se trata, madre mía? —preguntó el rey—. Tú sabes que no te lo negaré.
—Entonces permite que tu hermano Adonías se case con Abisag, la muchacha de Sunem —contestó ella.
—¿Cómo es posible que tú me pidas que entregue a Abisag en matrimonio a Adonías? —preguntó el rey Salomón—. ¡Sería lo mismo que pedirme que le dé el reino! Tú sabes que él es mi hermano mayor y que tiene de su lado al sacerdote Abiatar y a Joab, hijo de Sarvia.

Entonces el rey Salomón hizo un juramento delante del Señor diciendo:

—Que Dios me hiera e incluso me mate si Adonías no ha sellado su destino con esta petición. El Señor me ha confirmado y me ha puesto en el trono de David, mi padre; él ha establecido mi dinastía, tal como lo prometió. Por lo tanto, ¡tan cierto como que el Señor vive, Adonías morirá hoy mismo!

Entonces el rey Salomón le ordenó a Benaía, hijo de Joiada, que lo ejecutara; y Adonías murió.

Luego el rey dijo al sacerdote Abiatar: «Regresa a tu casa, en Anatot. Mereces morir, pero no voy a matarte ahora porque tú cargaste el arca del Señor Soberano para David, mi padre, y estuviste con él en todas sus dificultades». De ese modo Salomón expulsó a Abiatar del cargo de sacerdote del Señor, y así se cumplió la profecía que el Señor había dado en Silo acerca de los descendientes de Elí.

Joab no se había unido anteriormente a la rebelión de Absalón, pero sí se había sumado a la rebelión de Adonías. Así que, al enterarse de la muerte de Adonías, corrió a la carpa sagrada del Señor y se agarró de los cuernos del altar. Cuando se lo informaron al rey, Salomón mandó a Benaía, hijo de Joiada, a ejecutarlo.

Benaía fue a la carpa sagrada del Señor y le dijo a Joab:

—¡El rey te ordena que salgas!

Pero Joab respondió:

—No, aquí moriré.

Entonces Benaía regresó a ver al rey y le informó lo que Joab había dicho.

«Haz lo que él pide —respondió el rey—. Mátalo allí, junto al altar, y entiérralo. Así se borrará de la familia de mi padre la culpa de los asesinatos sin sentido que cometió Joab. El Señor le cobrará las muertes de dos hombres que eran más justos y mejores que él, ya que mi padre no sabía nada de las muertes de Abner, hijo de Ner, comandante del ejército de Israel, y de Amasa, hijo de Jeter, comandante del ejército de Judá. Que Joab y sus descendientes sean por siempre culpables de la sangre de ellos, y que el Señor conceda paz a David, a sus descendientes, a su dinastía y a su trono para siempre».

Entonces Benaía, hijo de Joiada, volvió a la carpa sagrada y mató a Joab, y fue enterrado junto a su casa en el desierto. Después, el rey nombró comandante del ejército a Benaía en lugar de Joab, y puso al sacerdote Sadoc en lugar de Abiatar.

Luego el rey mandó llamar a Simei y le dijo:

—Construye una casa aquí en Jerusalén y vive en ella pero no salgas de la ciudad por ningún motivo. Pues el día que salgas y pases el valle de Cedrón, ciertamente morirás, y tu sangre volverá sobre tu propia cabeza.

Simei respondió:

—Tu sentencia es justa; haré todo lo que mi señor el rey mande.
Por lo tanto, Simei vivió en Jerusalén un largo tiempo.

Sin embargo, tres años después, dos esclavos de Simei se fugaron a Gat, donde reinaba Aquis, hijo de Maaca. Cuando Simei supo dónde estaban, ensilló su burro y fue a Gat a buscarlos. Una vez que los encontró, los llevó de regreso a Jerusalén.

Salomón se enteró de que Simei había salido de Jerusalén, que había ido a Gat y regresado. Así que el rey lo mandó llamar y le preguntó: «¿No te hice jurar por el Señor y te advertí que no salieras a ninguna parte, o de lo contrario, morirías? Y tú respondiste: "La sentencia es justa; haré lo que mandes". Entonces, ¿por qué no cumpliste tu juramento al Señor ni obedeciste mi orden?».

El rey también le dijo: «Seguramente recordarás todas las maldades que le hiciste a mi padre David. Que ahora el Señor traiga todo ese mal sobre tu cabeza; pero que yo, el rey Salomón, reciba las bendiciones del Señor, y que siempre haya un descendiente de David sentado en este trono, en presencia del Señor». Entonces, por orden del rey, Benaía, hijo de Joiada, llevó a Simei afuera y lo mató.

De ese modo, el reino quedó afianzado en manos de Salomón.

Salomón hizo una alianza con el faraón, rey de Egipto, y se casó con una de sus hijas. Se la llevó a vivir a la Ciudad de David mientras terminaba de construir su palacio, el templo del Señor y la muralla que rodeaba la ciudad. En ese tiempo, el pueblo de Israel sacrificaba sus ofrendas en los lugares de culto de la región, porque todavía no se había construido un templo en honor al nombre del Señor.

Salomón amaba al Señor y seguía todos los decretos de su padre David; sin embargo, él también ofrecía sacrificios y quemaba incienso en los lugares de culto de la región. El más importante de esos lugares de culto se encontraba en Gabaón; así que el rey fue allí y sacrificó mil ofrendas quemadas. Esa noche, el Señor se le apareció a Salomón en un sueño y Dios le dijo:

—¿Qué es lo que quieres? ¡Pídeme, y yo te lo daré!

Salomón contestó:

—Tú mostraste gran y fiel amor hacia tu siervo David, mi padre, un hombre transparente y leal, quien te fue fiel. Hoy sigues mostrándole este gran y fiel amor al darle un hijo que se siente en su trono.

»Ahora, oh Señor mi Dios, tú me has hecho rey en lugar de mi padre, David, pero soy como un niño pequeño que no sabe por dónde ir. Sin embargo, aquí estoy en medio de tu pueblo escogido, ¡una nación tan grande y numerosa que no se puede contar! Dame un corazón comprensivo para que pueda gobernar bien a tu pueblo, y sepa la diferencia entre el bien y el mal. Pues, ¿quién puede gobernar por su propia cuenta a este gran pueblo tuyo?

Al Señor le agradó que Salomón pidiera sabiduría. Así que le respondió:

—Como pediste sabiduría para gobernar a mi pueblo con justicia y no has pedido una larga vida, ni riqueza, ni la muerte de tus enemigos, ¡te concederé lo que me has pedido! Te daré un corazón sabio y comprensivo, como nadie nunca ha tenido ni jamás tendrá. Además, te daré lo que no me pediste: riquezas y fama. Ningún otro rey del mundo se comparará a ti por el resto de tu vida. Y si tú me sigues y obedeces mis decretos y mis mandatos como lo hizo tu padre David, también te daré una larga vida.

Entonces Salomón se despertó y se dio cuenta de que había sido un sueño. Volvió a Jerusalén, se presentó delante del arca del pacto del Señor y allí sacrificó ofrendas quemadas y ofrendas de paz. Luego invitó a todos sus funcionarios a un gran banquete.

Tiempo después, dos prostitutas fueron a ver al rey para resolver un asunto. Una de ellas comenzó a rogarle: «Ay, mi señor, esta mujer y yo vivimos en la misma casa. Ella estaba conmigo en la casa cuando yo di a luz a mi bebé. Tres días después, ella también tuvo un bebé. Estábamos las dos solas y no había nadie más en la casa.

»Ahora bien, su bebé murió durante la noche porque ella se acostó encima de él. Luego ella se levantó a la medianoche y sacó a mi hijo de mi lado mientras yo dormía; puso a su hijo muerto en mis brazos y se llevó al mío a dormir con ella. A la mañana siguiente, cuando quise amamantar a mi hijo, ¡el bebé estaba muerto! Pero cuando lo observé más de cerca, a la luz del día, me di cuenta de que no era mi hijo».

Entonces la otra mujer interrumpió:

—Claro que era tu hijo, y el niño que está vivo es el mío.

—¡No! —dijo la mujer que habló primero—, el niño que está vivo es el mío y el que está muerto es el tuyo.

Así discutían sin parar delante del rey.

Entonces el rey dijo: «Aclaremos los hechos. Las dos afirman que el niño que está vivo es suyo, y cada una dice que el que está muerto pertenece a la otra. Muy bien, tráiganme una espada». Así que le trajeron una espada.

Luego dijo: «¡Partan al niño que está vivo en dos, y denle la mitad del niño a una y la otra mitad a la otra!».

Entonces la verdadera madre del niño, la que lo amaba mucho, gritó: «¡Oh no, mi señor! ¡Denle el niño a ella, pero, por favor, no lo maten!».

En cambio, la otra mujer dijo: «Me parece bien, así no será ni tuyo ni mío; ¡divídanlo entre las dos!».

Entonces el rey dijo: «No maten al niño; dénselo a la mujer que desea que viva, ¡porque ella es la madre!».

Cuando el pueblo se enteró de la decisión que había tomado el rey, todos en Israel quedaron admirados porque reconocieron la sabiduría que Dios le había dado para impartir justicia.

+

Salomón ya gobernaba todo Israel, y sus altos funcionarios eran los siguientes:

Azarías, hijo de Sadoc, era el sacerdote.
Elihoref y Ahías, hijos de Sisa, eran secretarios de la corte.
Josafat, hijo de Ahilud, era el historiador de la realeza.
Benaía, hijo de Joiada, era el comandante del ejército.
Sadoc y Abiatar eran sacerdotes.
Azarías, hijo de Natán, estaba a cargo de los gobernadores regionales.
Zabud, hijo de Natán, era sacerdote y consejero de confianza del rey.
Ahisar era el administrador de los bienes del palacio.
Adoniram, hijo de Abda, estaba a cargo del trabajo forzado.

Salomón también tenía doce gobernadores regionales sobre todo Israel, quienes eran responsables de proveer el alimento para los miembros de la casa del rey. A cada uno de ellos le tocaba suministrar los víveres para un mes del año. Los nombres de los doce gobernadores eran los siguientes:

Ben-hur, en la zona montañosa de Efraín.
Ben-decar, en Macaz, Saalbim, Bet-semes y Elón-bet-hanán.
Ben-hesed, en Arubot, que incluía Soco y toda la tierra de Hefer.
Ben-abinadab, en todo Nafot-dor. (Él estaba casado con Tafat, una de las hijas de Salomón).
Baana, hijo de Ahilud, en Taanac y Meguido, en todo Bet-sán, cerca de Saretán, abajo de Jezreel, y en todo el territorio que va desde Bet-sán hasta Abel-mehola, y hasta Jocmeam.
Ben-geber, en Ramot de Galaad, incluidas las ciudades de Jair (que llevan ese nombre por Jair, de la tribu de Manasés), situadas en Galaad, y en Argob, región de Basán, la cual incluía sesenta ciudades grandes y fortificadas, con barrotes de bronce en sus puertas.
Ahinadab, hijo de Iddo, en Mahanaim.
Ahimaas, en Neftalí. (Él estaba casado con Basemat, otra hija de Salomón).
Baana, hijo de Husai, en Aser y en Alot.
Josafat, hijo de Parúa, en Isacar.

Simei, hijo de Ela, en Benjamín.

Geber, hijo de Uri, en la tierra de Galaad, incluidos los territorios del rey Sehón, de los amorreos, y del rey Og, de Basán.

También había un gobernador para la tierra de Judá.

La gente de Judá y de Israel era tan numerosa como la arena a la orilla del mar. Todos estaban muy satisfechos y tenían suficiente para comer y beber. El rey Salomón gobernaba todos los reinos desde el río Éufrates, en el norte, hasta la tierra de los filisteos y la frontera con Egipto, en el sur. Los pueblos conquistados le enviaban impuestos y le sirvieron durante toda su vida.

La cantidad de alimento que se requería a diario en el palacio de Salomón era: ciento cincuenta canastas de harina selecta y trescientas canastas de harina gruesa, también diez bueyes de los corrales de engordar, veinte reses alimentadas con pasto, cien ovejas o cabras, además de ciervos, gacelas, corzos, y aves de corral de primera calidad.

El dominio de Salomón se extendía por todos los reinos al occidente del río Éufrates, desde Tifsa hasta Gaza, y había paz en todas sus fronteras. Durante la vida de Salomón, los habitantes de Judá e Israel vivieron en paz y con seguridad. Desde Dan, en el norte, hasta Beerseba, en el sur, cada familia tenía su propia casa con jardín.

Salomón tenía cuatro mil establos para los caballos que tiraban sus carros de guerra y doce mil caballos.

Los gobernadores regionales proveían sin falta el alimento para el rey Salomón y su corte; cada uno se aseguraba de que no faltara nada durante el mes que se le había asignado. También llevaban suficiente cebada y paja para los caballos reales en los establos.

Dios le dio a Salomón muchísima sabiduría y gran entendimiento, y un conocimiento tan vasto como la arena a la orilla del mar. De hecho, su sabiduría superaba la de todos los sabios del Oriente y la de los sabios de Egipto. Era más sabio que cualquier otro, entre ellos Etán, el ezraíta, y los hijos de Mahol: Hemán, Calcol y Darda. Su fama se extendía por todas las naciones vecinas. Compuso unos tres mil proverbios y escribió mil cinco canciones. Podía hablar con autoridad acerca de todo tipo de plantas, desde el gran cedro del Líbano hasta el diminuto hisopo que crece en las grietas de las paredes. También era versado en materia de animales, aves, reptiles y peces. Y los reyes de todas las naciones enviaban a sus embajadores a escuchar la sabiduría de Salomón.

Hiram, rey de Tiro, siempre había sido un amigo fiel del rey David. Cuando Hiram se enteró de que Salomón, hijo del rey David, era el nuevo rey de Israel, envió embajadores a felicitarlo.

Entonces Salomón le respondió a Hiram con el siguiente mensaje:

«Tú sabes que mi padre, David, no pudo construir un templo para honrar el nombre del Señor su Dios, debido a la cantidad de guerras que le hicieron las naciones vecinas. No podía construir hasta que el Señor le diera la victoria sobre todos sus enemigos. Sin embargo, ahora el Señor mi Dios me ha dado paz en todo el territorio; no tengo enemigos, y todo marcha bien. Así que tengo planeado construir un templo para honrar el nombre del Señor mi Dios, tal como él le había indicado a mi padre David. Pues el Señor le dijo: "Tu hijo, a quien yo pondré en tu trono, construirá el templo para honra de mi nombre".

»En consecuencia, ordena, por favor, que se corten cedros del Líbano para mí. Permite que mis hombres trabajen junto a los tuyos, y yo pagaré a tus hombres el salario que tú pidas. Como bien sabes, ¡no hay nadie por aquí que sepa cortar la madera como ustedes, los sidonios!».

Cuando Hiram recibió el mensaje de Salomón, se puso muy contento y dijo: «Alabado sea hoy el Señor por haberle dado a David un hijo sabio para que sea rey de la gran nación de Israel». Así que le envió la siguiente respuesta a Salomón:

«He recibido tu mensaje y te proporcionaré toda la madera de cedro y de ciprés que necesites. Mis siervos llevarán los troncos desde las montañas del Líbano hasta el mar Mediterráneo y los pondrán en forma de balsas para que floten a lo largo de la costa hacia el lugar que tú decidas. Luego desarmaremos las balsas para que ustedes puedan llevarse los troncos. Puedes pagarme proveyendo alimentos para mi casa».

Entonces Hiram proporcionó toda la madera de cedro y ciprés que Salomón quiso. Salomón le enviaba, a cambio, un pago anual de 100.000 canastas de trigo para su casa y 420.000 litros de aceite de oliva puro. El Señor le dio sabiduría a Salomón tal como se lo había prometido. Así que Hiram y Salomón formaron una alianza de paz.

Luego el rey Salomón impuso trabajo forzado a treinta mil trabajadores de todo Israel. Los envió al Líbano en turnos de diez mil por mes, de modo que cada hombre estuviera un mes en el Líbano y dos meses en casa. Adoniram estaba a cargo de estos trabajadores. Salomón también tenía setenta mil obreros, ochenta mil cortadores de piedra en la zona montañosa y tres mil seiscientos capataces para supervisar el trabajo. Por orden del rey, ellos extrajeron grandes bloques de piedra de la mejor calidad y les dieron forma para hacer los cimientos del templo. Hombres de la ciudad de Gebal ayudaron a los constructores de Salomón y de Hiram a preparar la madera y la piedra para el templo.

✢

Fue a mediados de la primavera, en el mes de *zif*, durante el cuarto año de su reinado, que Salomón comenzó a construir el templo del Señor. Habían pasado cuatrocientos ochenta años desde el día en que el pueblo de Israel fue rescatado de su esclavitud en la tierra de Egipto.

El templo que el rey Salomón construyó para el Señor medía veintisiete metros y medio de largo, nueve metros de ancho y catorce metros de alto. La antesala que estaba al frente del templo medía nueve metros de ancho, coincidía con la anchura total del templo, y se proyectaba cuatro metros y medio hacia el frente. Salomón también hizo ventanas angostas y empotradas por todo el templo.

A los costados del edificio y en la parte trasera, construyó un complejo de habitaciones contra las paredes exteriores del templo. El complejo era de tres pisos: el piso de abajo tenía un ancho de dos metros con treinta centímetros; el piso de en medio, dos metros con ochenta centímetros; y el piso de arriba, tres metros con veinte centímetros. Las habitaciones estaban unidas a las paredes del templo mediante vigas apoyadas en cornisas que sobresalían de las paredes; de modo que las vigas no estaban insertadas dentro de las paredes mismas.

Las piedras que se usaron en la construcción del templo se labraban en las canteras, de modo que no hubo ruido de martillo, ni de hacha, ni de ninguna otra herramienta de hierro en el lugar de la obra.

La entrada al piso de abajo estaba en el lado sur del templo. Había una escalera de caracol para subir al piso de en medio, y otro tramo de escaleras entre el piso de en medio y el piso de arriba. Una vez terminada la estructura del templo, Salomón puso un techo de vigas y tablas de cedro. Como ya se dijo, construyó un complejo de habitaciones a los lados del edificio, unidas a las paredes del templo mediante vigas de cedro. Cada piso del complejo tenía una altura de dos metros con treinta centímetros.

Entonces el Señor le dio el siguiente mensaje a Salomón: «En cuanto a este templo que estás construyendo, si tú sigues todos mis decretos y ordenanzas y obedeces todos mis mandatos, yo cumpliré por medio de ti la promesa que le hice a tu padre, David. Viviré entre los israelitas y nunca abandonaré a mi pueblo Israel».

Así que Salomón terminó de construir el templo. Todo el interior, desde el piso hasta el techo, estaba recubierto con paneles de madera. Recubrió las paredes y el techo con paneles de cedro y para el piso utilizó tablas de ciprés. Salomón separó un espacio para el santuario interior —el Lugar Santísimo— al fondo del templo. Tenía nueve metros de profundidad y estaba recubierto con cedro desde el piso hasta el techo. El salón principal del templo, fuera del Lugar Santísimo, medía dieciocho metros de largo.

En todo el templo las paredes de piedra estaban recubiertas con madera de cedro, y el recubrimiento estaba decorado con tallas de calabazas y flores abiertas.

Salomón preparó el santuario interior al fondo del templo, donde luego se colocaría el arca del pacto del Señor. Este santuario interior medía nueve metros de largo, nueve metros de ancho y nueve metros de alto. Salomón revistió el interior con oro macizo; también revistió el altar, que estaba hecho de cedro. Luego revistió el resto del interior del templo con oro macizo y fabricó cadenas de oro para proteger la entrada al Lugar Santísimo. Así terminó de revestir con oro todo el templo, incluido el altar que pertenecía al Lugar Santísimo.

Hizo, además, dos querubines con madera de olivo silvestre y los puso en el santuario interior; cada uno medía cuatro metros con sesenta centímetros de alto. La distancia entre las puntas de las alas de cada querubín era de cuatro metros con sesenta centímetros, y cada ala medía dos metros con treinta centímetros de largo. Ambos querubines eran exactamente iguales en forma y tamaño, y cada uno medía cuatro metros con sesenta centímetros de alto. Salomón los puso en el santuario interior del templo, uno al lado del otro, con las alas extendidas, de modo que las alas interiores se tocaban en el centro de la sala y las exteriores se extendían hasta las paredes; y a ambos querubines los revistió de oro.

Salomón decoró todas las paredes del santuario interior y del salón principal con tallas de querubines, palmeras y flores abiertas; y revistió de oro el piso de ambos salones.

Para la entrada del santuario interior, hizo puertas de dos hojas de madera de olivo silvestre, y los marcos tenían forma pentagonal. Estas puertas estaban decoradas con tallas de querubines, palmeras y flores abiertas. Las puertas, con las decoraciones de querubines y palmeras, estaban revestidas de oro.

Luego, en las puertas, hizo marcos cuadrangulares de madera de olivo silvestre para la entrada del templo. Había dos puertas plegables de madera de ciprés, y cada puerta tenía bisagras para replegarse hacia atrás. Estas puertas estaban decoradas con tallas de querubines, palmeras y flores abiertas. Todas las tallas estaban revestidas de oro de manera uniforme.

Las paredes del atrio interior estaban construidas de modo que había una hilera de vigas de cedro entre cada tres hileras de piedra labrada.

Los cimientos del templo del Señor se echaron a mediados de la primavera, en el mes de *zif*, durante el cuarto año del reinado de Salomón. Terminaron de construir todo el edificio hasta los últimos detalles a mediados del otoño, en el mes de *bul*, a los once años de su reinado. Así que la construcción del templo duró siete años.

Salomón también edificó su propio palacio, y le llevó trece años terminar la construcción.

Uno de los edificios de Salomón se llamaba Palacio del Bosque del Líbano. Medía cuarenta y seis metros de largo, veintitrés metros de ancho y catorce metros de alto. Había cuatro filas de columnas de cedro, sobre las cuales se apoyaban grandes vigas también de cedro. El techo del salón era de cedro. Encima de las vigas que estaban sobre las columnas había cuarenta y cinco cuartos laterales, dispuestos en tres niveles de quince cuartos cada uno. En cada extremo del largo salón había tres filas de ventanas unas frente a otras. Todas las puertas y sus postes tenían marcos rectangulares y estaban dispuestas en grupos de tres, unas frente a otras.

Salomón también construyó el Salón de las Columnas, el cual tenía veintitrés metros de largo y catorce metros de ancho. En el frente había un pórtico, con una especie de cubierta sostenida por columnas.

Además, Salomón construyó la sala del trono, conocida como el Salón de Justicia, donde se sentaba a oír los asuntos legales. El salón estaba recubierto con paneles de cedro desde el piso hasta el techo. Las habitaciones privadas de Salomón rodeaban un patio que estaba detrás de este salón, y estaban construidas de la misma forma. También construyó habitaciones privadas del mismo estilo para la hija del faraón, con quien se había casado.

Desde los cimientos hasta los aleros, todos los edificios estaban hechos con enormes bloques de piedra de primera calidad, cortados con sierra y terminados a las medidas exactas en cada uno de sus lados. Algunos de estos enormes bloques que se usaron para los cimientos tenían una longitud de cuatro metros y medio; y otros, de tres metros y medio. Los bloques de piedra de primera calidad que se usaron para las paredes también fueron cortados a medida, y allí también se utilizaron vigas de cedro. Las paredes del gran atrio se construyeron de tal forma que había una hilera de vigas de cedro por cada tres hileras de piedra acabada, igual que las paredes del atrio interior del templo del Señor, con su antesala.

El rey Salomón pidió que un hombre llamado Huram viniera desde Tiro. Este hombre era israelita solo por parte de su madre, una viuda de la tribu de Neftalí, y su padre había sido un artesano del bronce en Tiro. Huram tenía mucha habilidad y talento para hacer todo tipo de trabajo en bronce, y aceptó ir para hacer toda la obra de metal para el rey Salomón.

Huram fundió dos columnas de bronce, cada una tenía ocho metros con treinta centímetros de alto y cinco metros y medio de circunferencia. Para la parte superior de las columnas, fundió capiteles de bronce, cada uno tenía dos metros con treinta centímetros de alto. Cada capitel estaba decorado con siete conjuntos de enrejado y cadenas entrelazadas. También rodeó el enrejado con dos filas de granadas, para decorar los capiteles en la parte superior de las columnas. Los capiteles de las columnas que estaban dentro de la antesala tenían forma de lirios, y medían un metro con ochenta centímetros de alto. Los capiteles sobre las dos columnas estaban rodeados con doscientas granadas ubicadas en dos filas al lado de la superficie redondeada, junto al enrejado. Huram puso las columnas a la entrada del templo, una hacia el sur y la otra hacia el norte. A la del sur la llamó Jaquín, y a la del norte, Boaz. Los capiteles de las columnas tenían forma de lirios. Así quedó terminado el trabajo de las columnas.

Luego Huram fundió un enorme tazón redondo, que medía cuatro metros con sesenta centímetros de borde a borde, llamado el Mar. Tenía dos metros con treinta centímetros de profundidad y trece metros con ochenta centímetros de circunferencia. Por debajo del borde, estaba rodeado por dos hileras de calabazas decorativas. Había unas veinte calabazas por cada metro de la circunferencia, que se habían fundido como parte del tazón.

El Mar estaba colocado sobre una base formada por doce bueyes de bronce que miraban hacia fuera. Tres miraban hacia el norte, tres hacia el occidente, tres hacia el sur y tres hacia el oriente; y el Mar estaba asentado sobre ellos. El grosor del Mar era de unos ocho centímetros, su borde era acampanado como una copa y se parecía a una flor de nenúfar. Tenía capacidad para unos cuarenta y dos mil litros de agua.

Huram también hizo diez carretas de bronce para llevar agua; cada una medía un metro con ochenta centímetros de largo, lo mismo de ancho, y tenía una altura de un metro con cuarenta centímetros. Las carretas estaban construidas con paneles laterales asegurados con travesaños. Tanto los paneles como los travesaños estaban decorados con tallas de leones, bueyes y querubines. Por encima y por debajo de los bueyes y leones había como adorno una guirnalda. Cada carreta tenía cuatro ruedas de bronce con sus ejes también de bronce. En las esquinas contaban con unos soportes para los tazones de bronce; estos soportes estaban decorados a cada lado con tallas de guirnaldas. En la parte superior de cada carreta había un marco redondo para el tazón. Ese marco sobresalía cuarenta y seis centímetros por encima de la carreta, como un pedestal redondo; la abertura del marco medía sesenta y nueve centímetros de lado a lado y estaba decorada por fuera con tallas de guirnaldas. Los paneles de las carretas eran cuadrados, no redondos. Debajo de los paneles había cuatro ruedas conectadas a ejes que se habían fundido en una sola pieza con la carreta. Las ruedas tenían sesenta y nueve centímetros de diámetro y eran semejantes a ruedas de carruajes. Los ejes, los rayos, los bordes y los cubos se fundieron con bronce derretido.

Cada una de las cuatro esquinas de las carretas tenía un agarradero, que también se había fundido en una sola pieza con la carreta. A lo largo de la parte superior de cada carreta había un borde que medía veintitrés centímetros de ancho. Los soportes de las esquinas y los paneles laterales se fundieron en unidad en una sola pieza con la carreta. Los paneles y los soportes de las esquinas estaban decorados con tallas de querubines, leones y palmeras, colocados según el espacio disponible, y había guirnaldas por todos lados. Las diez carretas para llevar agua eran del mismo tamaño y fueron hechas iguales, pues cada una fue fundida en el mismo molde.

Huram también hizo diez tazones de bronce más pequeños, uno para cada carreta. Cada tazón medía un metro con ochenta centímetros de diámetro y tenía capacidad para ochocientos cuarenta litros de agua. Puso cinco carretas en el lado sur del templo y cinco en el lado norte. El gran tazón de bronce llamado el Mar fue ubicado cerca de la esquina suroriental del templo. También hizo los lavamanos, las palas y los tazones que se necesitaban.

Finalmente Huram terminó todo el trabajo que el rey Salomón le había asignado que hiciera para el templo del Señor:

> las dos columnas;
> los dos capiteles con forma de tazón en la parte superior de las columnas;
> las dos redes de cadenas entrelazadas que decoraban los capiteles;
> las cuatrocientas granadas que colgaban de las cadenas sobre los capiteles (dos filas de granadas por cada red de cadenas que decoraban los capiteles sobre las columnas);
> las diez carretas para llevar agua que sostenían los diez tazones;
> el Mar y los doce bueyes que lo sostenían;
> y los recipientes para la ceniza, las palas y los tazones.

Huram hizo todos estos objetos de bronce bruñido para el templo del Señor, tal como le había indicado el rey Salomón. El rey mandó que se fundieran en moldes de barro en el valle del Jordán, entre Sucot y Saretán. Salomón no pesó los utensilios porque eran muchos; el peso del bronce no se pudo medir.

Salomón también hizo todo el mobiliario para el templo del Señor:

> el altar de oro;
> la mesa de oro para el pan de la Presencia;
> los candelabros de oro macizo, cinco en el sur y cinco en el norte, frente al Lugar Santísimo;
> las decoraciones de flores, las lámparas y las tenazas, todo de oro;
> los cuencos pequeños, las despabiladeras para las lámparas, los tazones, los cucharones y los recipientes para quemar incienso, todo de oro macizo;
> y las puertas para las entradas al Lugar Santísimo y al salón principal del templo, con el frente revestido de oro.

Así terminó el rey Salomón todo su trabajo para el templo del Señor. Luego trajo todos los obsequios que su padre David había consagrado —la plata, el oro y los diversos objetos— y los guardó en los tesoros del templo del Señor.

+

Entonces Salomón mandó llamar a los ancianos de Israel y a todos los jefes de las tribus —los líderes de las familias patriarcales de los israelitas— para que fueran a Jerusalén. Ellos debían trasladar el arca del pacto del Señor desde su sitio en la Ciudad de David, también conocida como Sión, hasta el templo. Así que todos los hombres de Israel se reunieron ante el rey Salomón durante el Festival de las Enramadas, que se celebra anualmente a comienzos del otoño, en el mes de *etanim*.

Una vez que estaban presentes todos los ancianos de Israel, los sacerdotes levantaron el arca. Los sacerdotes y los levitas trasladaron el arca del Señor, junto con la carpa especial y todos los objetos sagrados que había en ella. Delante del arca, el rey Salomón y toda la comunidad de Israel sacrificaron ovejas, cabras y ganado, ¡en tal cantidad que fue imposible llevar la cuenta!

Luego los sacerdotes llevaron el arca del pacto del Señor al santuario interior del templo —el Lugar Santísimo— y la colocaron bajo las alas de los querubines. Los querubines extendían sus alas por encima del arca y formaban una especie de cubierta sobre el arca y las varas para transportarla. Estas varas eran tan largas que los extremos podían verse desde el Lugar Santo, que está delante del Lugar Santísimo, pero no desde afuera; y allí permanecen hasta el día de hoy. Lo único que había dentro del arca eran las dos tablas de piedra que Moisés había colocado en ella en el monte Sinaí, donde el Señor hizo un pacto con los israelitas cuando partieron de la tierra de Egipto.

Al salir los sacerdotes del Lugar Santo, una densa nube llenó el templo del Señor. Los sacerdotes no pudieron seguir con la celebración a causa de la nube, porque la gloriosa presencia del Señor llenaba el templo del Señor.

Entonces Salomón oró: «Oh Señor, tú dijiste que habitarías en una densa nube de oscuridad. Ahora te he construido un templo glorioso, ¡un lugar donde podrás habitar para siempre!».

Luego el rey se dio vuelta hacia toda la comunidad de Israel, que estaba de pie ante él, y después de bendecir al pueblo, dijo: «Alabado sea el Señor, Dios de Israel, quien cumplió la promesa que le hizo a mi padre David; pues le dijo a mi padre: "Desde el día en que saqué de Egipto a mi pueblo Israel, nunca escogí una ciudad de ninguna de las tribus de Israel como el sitio donde se construyera un templo para honrar mi nombre; pero he elegido a David para que sea rey de mi pueblo Israel"».

Después Salomón dijo: «Mi padre David quería construir este templo para honrar el nombre del Señor, Dios de Israel; pero el Señor le dijo: "Tú querías construir el templo para honrar mi nombre; tu intención es buena, pero no serás tú quien lo haga. Será uno de tus hijos quien construirá el templo para honrarme".

»Ahora el Señor ha cumplido la promesa que hizo, porque he llegado a ser rey en lugar de mi padre y ocupo el trono de Israel, tal como el Señor lo prometió. He construido este templo para honrar el nombre del Señor, Dios de Israel. Además he preparado un lugar allí para el arca, la cual contiene el pacto que el Señor hizo con nuestros antepasados cuando los sacó de Egipto».

Luego Salomón, de pie ante el altar del Señor y frente a toda la comunidad de Israel, levantó las manos al cielo y oró:

«Oh Señor, Dios de Israel, no hay Dios como tú arriba en el cielo ni abajo en la tierra. Tú cumples tu pacto y muestras amor inagotable a quienes andan delante de ti de todo corazón. Has cumplido tu promesa a tu siervo David, mi padre. Pronunciaste esa promesa con tu boca y hoy la has cumplido con tus propias manos.

»Ahora, oh Señor, Dios de Israel, lleva a cabo la otra promesa que le hiciste a tu siervo David, mi padre, cuando le dijiste: "Si tus descendientes cuidan su comportamiento y me siguen con fidelidad, así como tú lo has hecho, siempre habrá uno de ellos sentado en el trono de Israel". Ahora, oh Dios de Israel, cumple esta promesa que le hiciste a tu siervo David, mi padre.

»¿Pero es realmente posible que Dios habite en la tierra? Ni siquiera los cielos más altos pueden contenerte, ¡mucho menos este templo que he construido! Sin embargo, escucha mi oración y mi súplica, oh Señor mi Dios. Oye el clamor y la oración que tu siervo te eleva hoy. Que noche y día tus ojos estén sobre este templo, este lugar del cual tú has dicho: "Mi nombre estará allí". Que siempre oigas las oraciones que elevo hacia este lugar. Que atiendas las peticiones humildes y fervientes de mi parte y de tu pueblo Israel cuando oremos hacia este lugar. Sí, óyenos desde el cielo donde tú vives y, cuando nos escuches, perdona.

»Si alguien agravia a otra persona y se le exige que haga juramento de inocencia ante tu altar en este templo, oye entonces desde el cielo y juzga entre tus siervos, entre el acusador y el acusado. Castiga al culpable según su merecido y absuelve al inocente debido a su inocencia.

»Si tu pueblo Israel cae derrotado ante sus enemigos por haber pecado contra ti, pero luego vuelve a ti y reconoce tu nombre y eleva oraciones a ti en este templo, oye entonces desde el cielo y perdona el pecado de tu pueblo Israel, y hazlo volver a esta tierra que diste a sus antepasados.

»Si los cielos se cierran y no hay lluvia porque tu pueblo ha pecado contra ti, y si luego ellos oran hacia este templo y reconocen tu nombre y se apartan de sus pecados, porque tú los has castigado, oye entonces desde el cielo y perdona los pecados de tus siervos, tu pueblo Israel. Enséñales a seguir el camino correcto y envía lluvia sobre tu tierra, la tierra que diste a tu pueblo como su preciada posesión.

»Si hay hambre en la tierra, o pestes, o plagas en los cultivos, o ataques de langostas u orugas, o si los enemigos de tu pueblo invaden el territorio y sitian las ciudades —cualquiera sea el desastre o la enfermedad que ocurra—; si luego tu pueblo Israel ora por sus dificultades con las manos levantadas hacia este templo, oye entonces desde el cielo donde vives y perdona. Haz con tu pueblo según merecen sus acciones, porque solo tú conoces el corazón de cada ser humano. Entonces ellos te temerán mientras vivan en la tierra que diste a nuestros antepasados.

»En el futuro, los extranjeros que no pertenezcan a tu pueblo Israel oirán de ti. Vendrán de tierras lejanas a causa de tu nombre, porque oirán de tu gran nombre, de tu mano fuerte y de tu brazo poderoso. Cuando ellos oren en dirección a este templo, oye entonces desde el cielo donde vives y concédeles lo que te pidan. De esa forma, todos los habitantes de la tierra llegarán a conocerte y a temerte, igual que tu pueblo Israel. También sabrán que este templo que he construido honra tu nombre.

»Si tu pueblo sale a donde tú lo envías a luchar contra sus enemigos, y si ora al Señor en dirección a esta ciudad que has escogido y hacia este templo que yo he construido para honrar tu nombre, oye entonces desde el cielo sus oraciones y defiende su causa.

»Si ellos pecan contra ti (¿y quién nunca ha pecado?), tal vez te enojes con ellos y permitas que sus enemigos los conquisten y los lleven cautivos a su tierra, ya sea cerca o lejos. Sin embargo, tal vez en esa tierra, donde estén desterrados, se vuelvan a ti arrepentidos y oren así: "Hemos pecado, hemos hecho lo malo y hemos actuado de manera perversa". Si ellos se vuelven a ti con todo el corazón y con toda el alma en tierra de sus enemigos, y oran en dirección a la tierra que diste a sus antepasados —hacia esta ciudad que escogiste y hacia este templo que he construido para honrar tu nombre—, oye entonces sus oraciones y su petición desde el cielo donde vives, y defiende su causa. Perdona a tu pueblo que ha pecado contra ti. Perdona todas las ofensas que haya cometido en tu contra. Haz que sus captores le tengan compasión, porque es tu pueblo —tu posesión más preciada— que sacaste de Egipto, ese horno para fundir hierro.

»Que tus ojos estén abiertos a mis peticiones y a las peticiones de tu pueblo Israel. Que los oigas y les respondas cada vez que clamen a ti. Pues cuando sacaste a nuestros antepasados de Egipto, oh Señor Soberano, le dijiste a tu siervo Moisés que habías apartado a Israel de todas las demás naciones de la tierra, para que fuera tu posesión más preciada».

Cuando Salomón terminó de elevar estas oraciones y peticiones al Señor, se puso de pie frente al altar del Señor, donde estaba arrodillado con las manos levantadas al cielo. De pie bendijo en voz alta a toda la congregación de Israel diciendo:

«Alabado sea el Señor, quien ha dado descanso a su pueblo Israel, tal como lo prometió. No ha faltado ni una sola palabra de todas las promesas maravillosas que hizo mediante su siervo Moisés. Que el Señor nuestro Dios esté con nosotros como estuvo con nuestros antepasados; que nunca nos deje ni nos abandone. Que ponga en nosotros el deseo de hacer su voluntad en todo y de obedecer todos los mandatos, los decretos y las ordenanzas que dio a nuestros antepasados. Y que esta oración que hice en la presencia del Señor esté delante de él continuamente, de día y de noche, para que el Señor nuestro Dios haga justicia conmigo y con su pueblo Israel, según las necesidades de cada día. Entonces gente de todo el mundo sabrá que el Señor es el único Dios y que no hay otro. Que ustedes sean totalmente fieles al Señor nuestro Dios; que siempre obedezcan sus decretos y mandatos, tal como lo están haciendo hoy».

Luego el rey y todo Israel junto con él ofrecieron sacrificios al Señor. Salomón presentó al Señor una ofrenda de paz de veintidós mil cabezas de ganado y ciento veinte mil ovejas y cabras. Así el rey y todo el pueblo de Israel dedicaron el templo del Señor.

Ese mismo día, el rey consagró la parte central del atrio que está delante del templo del Señor. Allí presentó las ofrendas quemadas, las ofrendas de grano y la grasa de las ofrendas de paz, porque el altar de bronce que está en la presencia del Señor era demasiado pequeño para tantas ofrendas quemadas, ofrendas de grano y la grasa de las ofrendas de paz.

Entonces Salomón y todo Israel celebraron el Festival de las Enramadas en presencia del Señor nuestro Dios. Se había reunido una gran multitud desde lugares tan lejanos como Lebo-hamat, en el norte, y el arroyo de Egipto, en el sur. La celebración continuó catorce días en total: siete días para la dedicación del altar y siete días para el Festival de las Enramadas.

Una vez terminado el festival, Salomón despidió al pueblo. Ellos bendijeron al rey y regresaron a sus casas llenos de alegría y muy contentos, porque el Señor había sido bueno con su siervo David y con su pueblo Israel.

Así que Salomón terminó de construir el templo del Señor y también el palacio real. Llevó a cabo todo lo que había pensado hacer. Entonces el Señor se le apareció a Salomón por segunda vez, como lo había hecho en Gabaón. El Señor le dijo:

> «He oído tu oración y lo que me pediste. He apartado este templo para que sea santo, este lugar que has construido, donde mi nombre será honrado para siempre. Lo vigilaré sin cesar, porque es muy preciado a mi corazón.
>
> »En cuanto a ti, si me sigues con integridad y rectitud como lo hizo tu padre David y obedeces todos mis mandatos, decretos y ordenanzas, entonces estableceré tu dinastía en el trono de Israel para siempre. Pues a tu padre David le prometí: "Siempre habrá uno de tus descendientes en el trono de Israel".
>
> »Sin embargo, si tú o tus descendientes me abandonan y desobedecen los mandatos y los decretos que les he dado, y sirven y rinden culto a otros dioses, entonces desarraigaré a Israel de la tierra que le he dado. Rechazaré este templo que hice santo para honrar mi nombre. Haré que Israel sea objeto de burla y de ridículo entre las naciones; y aunque ahora este templo sea imponente, todos los que pasen por allí quedarán horrorizados y darán un grito ahogado a causa del horror. Preguntarán: "¿Por qué habrá hecho el Señor cosas tan terribles a esta tierra y a este templo?".
>
> »Y la respuesta será: "Porque los israelitas abandonaron al Señor su Dios, quien sacó a sus antepasados de Egipto, y rindieron culto a otros dioses y se inclinaron ante ellos. Por esa razón el Señor les envió tantas calamidades"».

✢

Salomón tardó veinte años en construir el templo del Señor y su propio palacio real. Al cabo de ese tiempo, Salomón le dio a Hiram, rey de Tiro, veinte ciudades en la tierra de Galilea. (Hiram había provisto toda la madera de cedro y de ciprés y todo el oro que Salomón había pedido). Sin embargo, cuando Hiram llegó desde Tiro para ver las ciudades que Salomón le había dado, no le gustaron nada. «¿Qué clase de ciudades son estas, hermano?», le preguntó. Por eso Hiram llamó a esa región Cabul (que significa «sin ningún valor»), y así se conoce hasta el día de hoy. Sin embargo, Hiram le pagó a Salomón cuatro mil kilos de oro.

Este es el relato del trabajo forzado que el rey Salomón impuso para la construcción del templo del Señor, el palacio real, los terraplenes, la muralla de Jerusalén y las ciudades de Hazor, Meguido y Gezer. (El faraón, rey de Egipto, había atacado y conquistado Gezer, mató a la población cananea e incendió la ciudad. Luego se la dio a su hija como regalo de bodas cuando ella se casó con Salomón. Así que Salomón reconstruyó la ciudad de Gezer). También fortificó las ciudades de Bet-horón de abajo, Baalat y Tamar, en el desierto que está dentro de su tierra. Construyó ciudades como centros de almacenamiento así como ciudades para sus carros de guerra y sus caballos. Construyó todo lo que quiso en Jerusalén, en el Líbano y por todo su reino.

En esa tierra todavía había habitantes que no eran israelitas, entre los cuales se encontraban amorreos, hititas, ferezeos, heveos y jebuseos. Todos ellos eran descendientes de las naciones que el pueblo de Israel no había destruido por completo. Entonces Salomón los obligó a servir como esclavos, y hasta el día de hoy son trabajadores forzados; pero Salomón no obligó a ningún israelita para el trabajo forzado, sino que los puso a su servicio como soldados, funcionarios de gobierno, oficiales y capitanes en su ejército, y comandantes y conductores de sus carros de guerra. Salomón designó a quinientos cincuenta de ellos para que supervisaran a los trabajadores de sus diversos proyectos.

Salomón trasladó a su esposa, la hija del faraón, de la Ciudad de David al palacio nuevo que le había edificado; luego construyó los terraplenes.

Tres veces al año Salomón presentaba ofrendas quemadas y ofrendas de paz sobre el altar que había construido para el Señor. También quemaba incienso al Señor. Finalmente terminó el trabajo de construir el templo.

El rey Salomón también construyó una flota de barcos en Ezión-geber, un puerto cerca de Elat en la tierra de Edom, a la orilla del mar Rojo. Hiram envió tripulaciones de marineros expertos para navegar los barcos junto con los hombres de Salomón. Navegaron hasta Ofir y regresaron con unas catorce toneladas de oro, que entregaron a Salomón.

Cuando la reina de Saba se enteró de la fama de Salomón, fama que honraba el nombre del Señor, fue a visitarlo para ponerlo a prueba con preguntas difíciles. Llegó a Jerusalén con un gran séquito de asistentes y una enorme caravana de camellos cargados con especias, grandes cantidades de oro y piedras preciosas. Cuando se presentó ante Salomón, habló con él acerca de todo lo que ella tenía en mente. Salomón tenía respuestas para todas sus preguntas; nada le resultaba demasiado difícil de explicar. Cuando la reina de Saba se dio cuenta de lo sabio que era Salomón y vio el palacio que él había construido, quedó atónita. También estaba asombrada por la comida que se servía en las mesas del rey, por la forma en que estaban organizados sus funcionarios y la ropa espléndida que usaban, por los coperos y por las ofrendas quemadas que ofrecía Salomón en el templo del Señor.

Entonces la reina exclamó: «¡Todo lo que oí en mi país acerca de tus logros y de tu sabiduría es cierto! Yo no creía lo que se dijo hasta que llegué aquí y lo vi con mis propios ojos. De hecho, ¡lo que había oído no refleja ni la mitad! Tu sabiduría y prosperidad superan ampliamente lo que me habían dicho. ¡Qué feliz debe estar tu pueblo! ¡Qué privilegio para tus funcionarios estar aquí en tu presencia día tras día, escuchando tu sabiduría! Alabado sea el Señor tu Dios, quien se deleita en ti y te ha puesto en el trono de Israel. Debido al amor eterno del Señor por Israel, él te ha hecho rey para que puedas gobernar con justicia y rectitud».

Luego le regaló al rey cuatro mil kilos de oro, grandes cantidades de especias y de piedras preciosas. Nunca más entraron en el reino tantas especias como las que la reina de Saba le regaló al rey Salomón.

(Además, los barcos de Hiram trajeron oro desde Ofir, y también abundantes cargamentos de madera de sándalo rojo y piedras preciosas. Con el sándalo, el rey construyó barandas para el templo del Señor y para el palacio real, e hizo liras y arpas para los músicos. Nunca antes ni después hubo tanta cantidad de madera de sándalo).

El rey Salomón le dio a la reina de Saba todo lo que ella pidió, además de todos los regalos de costumbre que ya le había entregado con tanta generosidad. Luego ella y todos sus acompañantes regresaron a su tierra.

Cada año Salomón recibía unas veintitrés toneladas de oro, sin contar los ingresos adicionales que recibía de mercaderes y comerciantes, de todos los reyes de Arabia y de los gobernadores de la tierra.

El rey Salomón fabricó doscientos escudos grandes de oro labrado a martillo; cada uno pesaba casi siete kilos. También hizo trescientos escudos más pequeños de oro labrado a martillo; cada uno pesaba casi dos kilos. El rey colocó los escudos en el Palacio del Bosque del Líbano.

Luego el rey hizo un gran trono, decorado con marfil y revestido de oro fino. El trono tenía seis escalones y un respaldo redondeado. A cada lado del asiento había apoyabrazos, y a cada lado del trono había una figura de león de pie. Había también otros doce leones, uno en cada extremo de los seis escalones. ¡No había trono en todo el mundo que pudiera compararse con el de Salomón!

Todas las copas del rey Salomón eran de oro macizo, igual que todos los utensilios en el Palacio del Bosque del Líbano. No estaban hechos de plata porque en los tiempos de Salomón la plata no se consideraba de valor.

El rey tenía una flota de barcos mercantes de Tarsis que navegaba con la flota de Hiram. Una vez cada tres años, los barcos regresaban cargados de oro, plata, marfil, simios y pavos reales.

De modo que Salomón llegó a ser más rico y más sabio que cualquier otro rey de la tierra. Gente de todas las naciones lo visitaba para consultarlo y escuchar la sabiduría que Dios le había dado. Año tras año, cada visitante le llevaba regalos de plata y oro, ropa, armas, especias, caballos y mulas.

Salomón acumuló gran cantidad de carros de guerra y caballos; tenía mil cuatrocientos carros y doce mil caballos. Los colocó en las ciudades designadas para guardar los carros y también cerca de él en Jerusalén. El rey hizo que en Jerusalén la plata fuera tan abundante como las piedras. Además, la valiosa madera de cedro era tan común como la higuera sicómoro que crece en las colinas de Judá. Los caballos de Salomón se importaban de Egipto y de Cilicia; los mercaderes del rey los adquirían en Cilicia a precio de mercado. En ese tiempo, un carro egipcio costaba seiscientas piezas de plata, y los caballos se vendían a ciento cincuenta piezas de plata. Después los exportaban a los reyes de los hititas y a los reyes de Aram.

✢

Ahora bien, el rey Salomón amó a muchas mujeres extranjeras. Además de la hija del faraón, se casó con mujeres de Moab, de Amón, de Edom, de Sidón y de los hititas. El Señor había instruido claramente a los israelitas cuando les dijo: «No se casen con ellas, porque les desviarán el corazón hacia sus dioses». Sin embargo, Salomón se empecinó en amarlas. En total, tuvo setecientas esposas de cuna real y trescientas concubinas. En efecto, ellas apartaron su corazón del Señor.

Cuando Salomón ya era anciano, ellas le desviaron el corazón para que rindiera culto a otros dioses en lugar de ser totalmente fiel al Señor su Dios, como lo había sido David su padre. Salomón rindió culto a Astoret, la diosa de los sidonios, y a Moloc, el detestable dios de los amonitas. De ese modo, Salomón hizo lo malo a los ojos del Señor; se negó a seguir al Señor en forma total y absoluta, como lo había hecho David, su padre.

Incluso construyó un santuario pagano para Quemos, el detestable dios de Moab, y otro para Moloc, el detestable dios de los amonitas, en el monte de los Olivos al oriente de Jerusalén. Salomón construyó esos santuarios para que todas sus esposas extranjeras quemaran incienso e hicieran sacrificios a sus dioses.

El Señor estaba muy enojado con Salomón, porque su corazón se había apartado del Señor, Dios de Israel, quien se le había aparecido dos veces. Le había advertido a Salomón específicamente que no rindiera culto a otros dioses, pero Salomón no hizo caso al mandato del Señor. En consecuencia, el Señor le dijo: «Ya que no has cumplido mi pacto y has desobedecido mis decretos, ciertamente te arrancaré el trono y se lo daré a uno de tus siervos; pero por amor a tu padre David, no lo haré mientras vivas, sino que le quitaré el trono a tu hijo. Y aun así, no le quitaré el reino entero; lo dejaré ser rey de una tribu por amor a mi siervo David y por amor a Jerusalén, mi ciudad escogida».

Entonces el Señor levantó a Hadad, el edomita, quien era miembro de la familia real de Edom, para que fuera adversario de Salomón. Sucedió que años atrás, David había derrotado a Edom, y Joab, el comandante del ejército, se había quedado para enterrar a unos soldados de Israel que habían muerto en batalla. Mientras estaban allí, mataron a todos los varones de Edom. Joab y el ejército de Israel se quedaron durante seis meses hasta que acabaron con todos.

Sin embargo, Hadad y unos cuantos funcionarios de la corte de su padre lograron escapar y se dirigieron a Egipto. (Hadad era apenas un niño en ese tiempo). Salieron de Madián y se fueron a Parán, donde otros se les unieron. Luego viajaron a Egipto y se presentaron ante el faraón, quien les dio casa, comida y tierras. El faraón se encariñó con Hadad y le dio en matrimonio a su cuñada, la hermana de la reina Tahpenes. Ella le dio un hijo, a quien llamaron Genubat. Tahpenes lo crió en el palacio del faraón entre los propios hijos del faraón.

Cuando le llegó la noticia a Hadad en Egipto de que tanto David como su comandante Joab habían muerto, le dijo al faraón:

—Permíteme regresar a mi país.

—¿Por qué? —le preguntó el faraón—. ¿Qué te falta aquí que deseas regresar a tu tierra?

—Nada —contestó él—, pero aun así, te pido que me dejes regresar.

Dios también levantó a Rezón, hijo de Eliada, como adversario de Salomón. Rezón había huido de su amo, el rey Hadad-ezer de Soba, y había llegado a ser el líder de una banda de rebeldes. Después de que David venció a Hadad-ezer, Rezón y sus hombres huyeron a Damasco, donde él llegó a ser rey. Rezón fue enemigo a muerte de Israel por el resto del reinado de Salomón y generó conflictos como lo había hecho Hadad. Rezón odió a Israel profundamente y siguió reinando en Aram.

Otro líder rebelde fue Jeroboam, hijo de Nabat, uno de los propios funcionarios de Salomón. Provenía de la ciudad de Sereda, en Efraín, y su madre era una viuda llamada Zerúa.

Esta es la historia que explica su rebelión: Salomón estaba reconstruyendo los terraplenes y reparando las murallas de la ciudad de su padre David. Jeroboam era un joven muy capaz. Cuando Salomón vio lo diligente que era, lo puso a cargo de los trabajadores de las tribus de Efraín y Manasés, los descendientes de José.

Cierto día, mientras Jeroboam salía de Jerusalén, el profeta Ahías de Silo se encontró con él en el camino. Ahías tenía puesto un manto nuevo. Los dos estaban solos en un campo cuando Ahías tomó el manto nuevo que llevaba puesto y lo rompió en doce pedazos. Luego le dijo a Jeroboam: «Toma diez de estos pedazos, porque el SEÑOR, Dios de Israel, dice: "¡Estoy a punto de arrancar el reino de manos de Salomón y te daré a ti diez de las tribus! Pero le dejaré una tribu a Salomón por amor a mi siervo David y por amor a Jerusalén, la ciudad que he escogido entre todas las tribus de Israel. Pues Salomón se ha apartado de mí y rindió culto a Astoret, diosa de los sidonios; a Quemos, dios de Moab; y a Moloc, dios de los amonitas. Salomón no ha seguido mis caminos ni ha hecho lo que me agrada. Tampoco ha obedecido mis decretos y ordenanzas como lo hizo su padre David.

»"Sin embargo, no le quitaré todo el reino a Salomón por ahora. Por amor a mi siervo David, a quien yo escogí y quien obedeció mis mandatos y decretos, mantendré a Salomón como líder el resto de sus días, pero le quitaré el reino a su hijo y te daré a ti diez de las tribus. Su hijo tendrá una tribu para que los descendientes de David, mi siervo, sigan reinando y, como una lámpara, brillen en Jerusalén, la ciudad que he escogido para que sea el lugar para mi nombre. Te pondré a ti en el trono de Israel, y gobernarás todo lo que tu corazón desee. Si prestas atención a lo que te digo y sigues mis caminos y haces todo lo que yo considero correcto, y si obedeces mis decretos y mandatos, como lo hizo mi siervo David, entonces siempre estaré contigo. Estableceré una dinastía duradera para ti, como lo hice con David, y te entregaré Israel. Por causa del pecado de Salomón, castigaré a los descendientes de David, aunque no para siempre"».

Salomón intentó matar a Jeroboam, pero él huyó a Egipto, donde reinaba Sisac, y se quedó allí hasta la muerte de Salomón.

Los demás acontecimientos del reinado de Salomón, con todos sus logros y su sabiduría, están registrados en *El libro de los hechos de Salomón*. Salomón gobernó en Jerusalén a todo Israel durante cuarenta años. Cuando murió, lo enterraron en la Ciudad de David, la cual llevaba ese nombre por su padre. Luego su hijo Roboam lo sucedió en el trono.

✢ ✢ ✢

Roboam fue a Siquem, donde todo Israel se había reunido para proclamarlo rey. Cuando Jeroboam, hijo de Nabat, se enteró de esto, regresó de Egipto, donde había huido para escapar del rey Salomón. Entonces los líderes de Israel mandaron a llamar a Jeroboam, y él junto con toda la asamblea de Israel fueron a hablar con Roboam.

—Su padre fue un amo muy duro —le dijeron—. Alivie los trabajos tan pesados y los impuestos tan altos que su padre impuso sobre nosotros. Entonces seremos sus leales súbditos.

Roboam les respondió:

—Denme tres días para pensarlo; luego regresen y les daré una respuesta.

Entonces el pueblo se retiró.

Después el rey Roboam consultó el asunto con los ancianos que habían sido consejeros de su padre Salomón.

—¿Qué me aconsejan ustedes? —les preguntó—. ¿Cómo debo responder a este pueblo?

Los consejeros ancianos contestaron:

—Si hoy se pone al servicio de este pueblo y les da una respuesta favorable, ellos siempre serán sus leales súbditos.

Sin embargo, Roboam rechazó el consejo de los ancianos y pidió, en cambio, la opinión de los jóvenes que se habían criado con él y que ahora eran sus consejeros.

—¿Qué me aconsejan ustedes? —les preguntó—. ¿Cómo debo responder a esta gente que me pide que alivie las cargas que impuso mi padre?

Los jóvenes contestaron:

—Así debería responder a esos que se quejan de todo y que quieren una carga más liviana: "¡Mi dedo meñique es más grueso que la cintura de mi padre! Es cierto que mi padre les impuso cargas pesadas, ¡pero yo las haré aún más pesadas! ¡Mi padre los golpeaba con látigos, pero yo los azotaré con escorpiones!".

Tres días después, Jeroboam y toda la gente regresaron para conocer la decisión de Roboam, tal como el rey había ordenado. Entonces Roboam habló con dureza al pueblo porque rechazó el consejo de los ancianos y siguió el consejo de los más jóvenes. Así que le dijo al pueblo: «Mi padre les impuso cargas pesadas, ¡pero yo las haré aún más pesadas! Mi padre los golpeaba con látigos, ¡pero yo los azotaré con escorpiones!».

Por lo tanto, el rey no prestó atención al pueblo. Este giro en la historia ocurrió por voluntad del Señor, porque cumplía el mensaje que el Señor le había dado a Jeroboam, hijo de Nabat, por medio del profeta Ahías de Silo.

Cuando todos los israelitas se dieron cuenta de que el rey no iba a hacerles caso, respondieron:

«¡Abajo la dinastía de David!
No nos interesa para nada el hijo de Isaí.
¡Regresa a tu casa, Israel!

Y tú, David, ¡cuida de tu propia casa!».

Entonces el pueblo de Israel regresó a casa; pero Roboam siguió gobernando a los israelitas que vivían en las ciudades de Judá.

Luego el rey Roboam envió a Adoniram, quien estaba a cargo del trabajo forzado, a restaurar el orden, pero el pueblo de Israel lo apedreó a muerte. Cuando el rey Roboam se enteró, enseguida subió a su carro de guerra y huyó a Jerusalén. Hasta el día de hoy, las tribus del norte de Israel se han negado a ser gobernadas por un descendiente de David.

Cuando los israelitas supieron que Jeroboam había regresado de Egipto, convocaron una asamblea y lo nombraron rey de todo Israel. Así que solo la tribu de Judá permaneció fiel a la familia de David.

Cuando Roboam llegó a Jerusalén, movilizó a los hombres de Judá y a la tribu de Benjamín —ciento ochenta mil guerreros selectos— para pelear contra los hombres de Israel y recuperar el reino.

Ahora bien, Dios le dijo a Semaías, hombre de Dios: «Diles a Roboam, hijo de Salomón, rey de Judá, y también a toda la gente de Judá y de Benjamín y a todo el resto del pueblo: "Esto dice el Señor: 'No peleen contra sus parientes, los israelitas. ¡Regrese cada uno a su casa, porque lo que ha sucedido es obra mía!'"». Entonces ellos obedecieron el mensaje del Señor y cada uno volvió a su casa, tal como el Señor había ordenado.

Jeroboam fortificó la ciudad de Siquem, en la región montañosa de Efraín, la que llegó a ser su capital. Tiempo después, también fortificó la ciudad de Peniel.

Jeroboam pensó: «Si no tengo cuidado, el reino volverá a la dinastía de David. Cuando este pueblo vaya a Jerusalén para ofrecer sacrificios en el templo del Señor, ellos volverán a ser leales al rey Roboam de Judá; a mí me matarán y a él lo nombrarán rey en mi lugar».

Entonces, siguiendo la recomendación de sus consejeros, el rey hizo dos becerros de oro. Después dijo a la gente: «Para ustedes es muy complicado ir hasta Jerusalén a adorar. Miren, israelitas, ¡estos son los dioses que los sacaron de Egipto!».

Jeroboam colocó uno de los ídolos con forma de becerro en Betel y al otro lo puso en Dan, es decir, en ambos extremos de su reino. Esto llegó a ser un gran pecado, porque la gente rendía culto a ídolos y viajaba hasta Dan, al norte, para rendir culto al becerro que estaba allí.

Además, Jeroboam construyó edificios en el mismo sitio de los santuarios paganos y consagró sacerdotes de entre la gente común, es decir, personas que no pertenecían a la tribu sacerdotal de Leví. También instituyó un festival religioso en Betel, que se celebraba el día quince del octavo mes, y que era una imitación del Festival de las Enramadas en Judá. Allí, en Betel, Jeroboam ofrecía sacrificios a los becerros que había hecho, y nombró sacerdotes para los santuarios paganos que había construido. Así que el día quince del octavo mes, una fecha que él mismo había designado, Jeroboam ofreció sacrificios sobre el altar de Betel. Él instituyó un festival religioso para Israel y subió al altar a quemar incienso.

Por mandato del Señor, un hombre de Dios de la región de Judá fue a Betel y llegó en el momento que Jeroboam se acercaba al altar para quemar incienso. Luego, por mandato del Señor, el hombre de Dios gritó: «¡Oh altar, altar! Esto dice el Señor: "En la dinastía de David nacerá un niño llamado Josías, quien sacrificará sobre ti a los sacerdotes de los santuarios paganos que vienen aquí a quemar incienso, y sobre ti se quemarán huesos humanos"». Ese mismo día, el hombre de Dios dio una señal para demostrar que su mensaje era verdadero y dijo: «El Señor ha prometido dar una señal: este altar se partirá en dos, y sus cenizas se derramarán en el suelo».

Cuando Jeroboam oyó al hombre de Dios hablar contra el altar de Betel, el rey lo señaló con el dedo y gritó: «¡Detengan a ese hombre!»; pero al instante, la mano del rey se paralizó en esa posición, y no podía moverla. En ese mismo momento, se produjo una enorme grieta en el altar y las cenizas se desparramaron, tal como el hombre de Dios había predicho en el mensaje que recibió del Señor.

Entonces el rey clamó al hombre de Dios: «¡Te ruego que le pidas al Señor tu Dios que me restaure la mano!». Así que el hombre de Dios oró al Señor, y la mano quedó restaurada y el rey pudo moverla otra vez.

Después el rey dijo al hombre de Dios:

—Ven al palacio conmigo, come algo y te daré un regalo.

Pero el hombre de Dios le dijo al rey:

—Aunque me dieras la mitad de todo lo que posees, no iría contigo. No comería ni bebería nada en este lugar, porque el Señor me ordenó: "No comas ni bebas nada mientras estés allí y no regreses a Judá por el mismo camino".

Así que salió de Betel y volvió a su casa por otro camino.

Sucedió que había un profeta anciano que vivía en Betel y sus hijos fueron a contarle lo que el hombre de Dios había hecho en Betel ese día. También le contaron a su padre lo que el hombre le había dicho al rey. El profeta anciano les preguntó: «¿Por dónde se fue?». Así que ellos le mostraron a su padre el camino que el hombre de Dios había tomado. «¡Rápido, ensillen el burro!», les dijo el anciano. Enseguida le ensillaron el burro y se montó.

Entonces salió cabalgando en busca del hombre de Dios y lo encontró sentado debajo de un árbol grande. El profeta anciano le preguntó:

—¿Eres tú el hombre de Dios que vino de Judá?

—Sí, soy yo —le contestó.

Entonces le dijo al hombre de Dios:

—Acompáñame a mi casa y come algo.

—No, no puedo —respondió—. No se me permite comer ni beber nada en este lugar, porque el Señor me dio este mandato: "No comas ni bebas nada mientras estés allí y no regreses a Judá por el mismo camino".

Sin embargo, el profeta anciano le dijo:

—Yo también soy profeta, como tú. Y un ángel me dio este mandato de parte del Señor: "Llévalo a tu casa para que coma y beba algo".

Pero el anciano le estaba mintiendo. Así que regresaron juntos, y el hombre de Dios comió y bebió en la casa del profeta.

Mientras estaban sentados a la mesa, vino un mandato del Señor al profeta anciano, quien le gritó al hombre de Dios de Judá: «Esto dice el Señor: "Has desafiado la palabra del Señor y desobedecido el mandato que el Señor tu Dios te dio. Regresaste a este lugar para comer y beber donde él te dijo que no comieras ni bebieras. Por eso, tu cuerpo no será enterrado en la tumba de tus antepasados"».

Cuando el hombre de Dios terminó de comer y beber, el profeta anciano ensilló su propio burro y se lo dio, y el hombre de Dios siguió su camino. Mientras viajaba, le salió al paso un león y lo mató. Su cuerpo quedó tirado en el camino, y tanto el burro como el león estaban junto al cadáver. Unas personas que pasaban por allí, al ver el cuerpo tirado en el camino y al león parado junto a él, fueron a dar la noticia a Betel, donde vivía el profeta anciano.

Cuando el profeta oyó la noticia, dijo: «Es el hombre de Dios que desobedeció el mandato del Señor. El Señor cumplió su palabra al hacer que el león lo atacara y lo matara».

Luego el profeta dijo a sus hijos: «Ensíllenme un burro». Así que ellos ensillaron un burro y él salió y encontró el cuerpo tirado en el camino. El burro y el león todavía estaban parados junto al cadáver, pues el león no se había comido el cuerpo ni había atacado al burro. Entonces el profeta cargó el cuerpo del hombre de Dios sobre el burro y lo llevó de regreso a la ciudad para hacer duelo por su muerte y enterrarlo. Puso el cuerpo en su propia tumba y clamó con profundo dolor: «¡Ay, hermano mío!».

Después el profeta dijo a sus hijos: «Cuando yo muera, entiérrenme en la tumba donde está enterrado el hombre de Dios. Pongan mis huesos al lado de los suyos. Pues el mensaje que el Señor le dijo que proclamara contra el altar de Betel y contra los santuarios paganos en las ciudades de Samaria, ciertamente se cumplirá».

A pesar de esto, Jeroboam no abandonó sus caminos perversos. Continuó seleccionando sacerdotes de entre la gente común y nombraba a cualquiera que quisiera ser sacerdote de los santuarios paganos. Esto fue un gran pecado y, como consecuencia, la dinastía de Jeroboam fue totalmente eliminada de la faz de la tierra.

En ese tiempo, Abías, hijo de Jeroboam, se enfermó gravemente. Por eso Jeroboam le dijo a su esposa: «Disfrázate para que nadie se dé cuenta de que eres mi esposa y ve a ver al profeta Ahías en Silo, el hombre que me dijo que yo sería rey. Llévale de regalo diez hogazas de pan, algunos pasteles y un frasco de miel, y pregúntale qué le sucederá al niño».

Entonces la esposa de Jeroboam fue a la casa de Ahías en Silo. El hombre ya era anciano y no podía ver; pero el Señor le había dicho: «La esposa de Jeroboam vendrá aquí haciéndose pasar por otra persona. Ella te preguntará acerca de su hijo, porque está muy enfermo. Dale la respuesta que yo te doy».

Así que, cuando Ahías oyó los pasos de la mujer en la puerta, le dijo: «¡Entra, esposa de Jeroboam! ¿Por qué te haces pasar por otra persona?». Luego dijo: «Tengo malas noticias para darte. Llévale a Jeroboam, tu esposo, este mensaje del Señor, Dios de Israel: "Yo te saqué de entre la gente común y te hice gobernador de mi pueblo Israel. Le arranqué el reino a la familia de David y te lo entregué a ti; pero tú no has sido como mi siervo David, quien obedeció mis mandatos y me siguió con todo el corazón y siempre hizo lo que yo quería. Tú has hecho cosas más malignas que todos los que vivieron antes de ti. Te has hecho otros dioses y me has enfurecido con tus becerros de oro. Como me has dado la espalda, traeré desastre sobre tu dinastía y destruiré a cada uno de tus descendientes varones, tanto esclavos como libres, en todo Israel. Consumiré tu dinastía real como se quema la basura, hasta que toda haya desaparecido. A los miembros de la familia de Jeroboam que mueran en la ciudad, se los comerán los perros y a los que mueran en el campo se los comerán los buitres. Yo, el Señor, he hablado"».

Después Ahías le dijo a la esposa de Jeroboam: «Regresa a tu casa y cuando entres en la ciudad, el niño morirá. Todo Israel llorará su muerte y lo enterrará. Él será el único miembro de tu familia que tendrá un entierro apropiado, porque este niño es lo único bueno que ve el Señor, Dios de Israel, en toda la familia de Jeroboam.

»Además, el Señor levantará un rey sobre Israel que destruirá a la familia de Jeroboam. Esto sucederá hoy, ¡ahora mismo! Luego el Señor sacudirá a Israel como la corriente agita los juncos. Él desarraigará a los israelitas de esta buena tierra que les dio a sus antepasados y los esparcirá más allá del río Éufrates, porque ellos han enfurecido al Señor con los postes que levantaron para rendir culto a la diosa Asera. Él abandonará a Israel, debido a que Jeroboam pecó e hizo que Israel pecara con él».

Entonces la esposa de Jeroboam regresó a Tirsa, y el niño murió en el momento que ella atravesaba la puerta de su casa. Todo Israel lo enterró y lloró su muerte, tal como el Señor había prometido por medio del profeta Ahías.

Los demás acontecimientos del reinado de Jeroboam, con todas sus guerras y la forma en que él gobernó, están registrados en *El libro de la historia de los reyes de Israel*. Jeroboam reinó veintidós años en Israel. Cuando Jeroboam murió, su hijo Nadab lo sucedió en el trono.

+ + +

Mientras tanto, Roboam, hijo de Salomón, reinaba en Judá. Tenía cuarenta y un años cuando subió al trono y reinó diecisiete años en Jerusalén, la ciudad que el Señor había elegido entre todas las tribus de Israel como el lugar para honrar su nombre. La madre de Roboam era una mujer amonita que se llamaba Naama.

Durante el reinado de Roboam, los habitantes de Judá hicieron lo malo a los ojos del Señor, y provocaron su enojo con los pecados que cometieron, pues eran aún peores que los pecados de sus antepasados. También se construyeron santuarios paganos y levantaron columnas sagradas y postes dedicados a la diosa Asera en cada colina alta y debajo de todo árbol frondoso. Hasta había prostitutos y prostitutas de los santuarios paganos por todo el territorio. La gente imitó las prácticas detestables de las naciones paganas que el Señor había expulsado de la tierra del paso de los israelitas.

En el quinto año del reinado de Roboam, el rey Sisac de Egipto subió y atacó Jerusalén. Saqueó los tesoros del templo del Señor y del palacio real; robó todo, incluso todos los escudos de oro que Salomón había hecho. Tiempo después, el rey Roboam los reemplazó con escudos de bronce y los confió al cuidado de los comandantes de la guardia, quienes protegían la entrada del palacio real. Cada vez que el rey iba al templo del Señor, los guardias llevaban los escudos y luego los devolvían al cuarto de guardia.

Los demás acontecimientos del reinado de Roboam y todo lo que él hizo están registrados en *El libro de la historia de los reyes de Judá*. Hubo guerra constante entre Roboam y Jeroboam. Cuando Roboam murió, lo enterraron junto a sus antepasados en la Ciudad de David. Su madre fue una mujer amonita llamada Naama. Luego su hijo Abiam lo sucedió en el trono.

+ + +

Abiam comenzó a gobernar Judá en el año dieciocho del reinado de Jeroboam en Israel. Reinó en Jerusalén tres años. Su madre se llamaba Maaca, y era nieta de Absalón.

Abiam cometió los mismos pecados que había cometido su padre antes de él, y no fue fiel al Señor su Dios como lo había sido su antepasado David; pero por amor a David, el Señor su Dios permitió que sus descendientes siguieran gobernando —brillando como una lámpara—, y le dio un hijo a Abiam para que reinara en Jerusalén después de él. Pues David había hecho lo que era agradable a los ojos del Señor y obedeció los mandatos del Señor durante toda su vida, menos en el asunto de Urías el hitita.

Hubo guerra entre Abiam y Jeroboam durante todo el reinado de Abiam.

Los demás acontecimientos del reinado de Abiam y todo lo que él hizo están registrados en *El libro de la historia de los reyes de Judá*. Hubo guerra constante entre Abiam y Jeroboam. Cuando Abiam murió, lo enterraron en la Ciudad de David. Luego su hijo Asa lo sucedió en el trono.

+ + +

Asa comenzó a gobernar Judá en el año veinte del reinado de Jeroboam en Israel. Reinó en Judá cuarenta y un años. Su abuela era Maaca, nieta de Absalón.

Asa hizo lo que era agradable a los ojos del Señor, igual que su antepasado David. Expulsó de la tierra a los prostitutos y prostitutas de los santuarios paganos, y se deshizo de todos los ídolos que habían hecho sus antepasados. Hasta quitó a su abuela Maaca de su puesto de reina madre, porque ella había hecho un poste obsceno dedicado a la diosa Asera. Derribó el poste obsceno y lo quemó en el valle de Cedrón. Aunque no se quitaron los santuarios paganos, el corazón de Asa se mantuvo totalmente fiel al Señor durante toda su vida. Llevó al templo del Señor la plata, el oro y los diversos objetos que él y su padre habían dedicado.

Hubo guerra constante entre Asa, rey de Judá, y Baasa, rey de Israel. El rey Baasa, de Israel, invadió Judá y fortificó Ramá, para que nadie pudiera entrar ni salir del territorio del rey Asa en Judá.

En respuesta, Asa tomó toda la plata y todo el oro que quedaban en los tesoros del templo del Señor y del palacio real, y encargó a unos de sus funcionarios que le enviaran todo a Ben-adad, hijo de Tabrimón, hijo de Hezión, rey de Aram, que gobernaba en Damasco, junto con el siguiente mensaje:

«Hagamos un tratado, tú y yo, como hicieron tu padre y mi padre. Mira, te envío de regalo plata y oro. Rompe el tratado con el rey Baasa de Israel, para que me deje en paz».

Ben-adad aceptó la propuesta del rey Asa y envió a los comandantes de su ejército a atacar las ciudades de Israel. Ellos conquistaron las ciudades de Ijón, Dan, Abel-bet-maaca, toda Cineret y toda la tierra de Neftalí. Apenas Baasa de Israel se enteró de lo que ocurría, abandonó el proyecto de fortificar Ramá y se retiró a Tirsa. Entonces el rey Asa mandó una orden por todo Judá mediante la cual exigía que toda persona, sin excepción, ayudara a transportar las piedras de construcción y la madera que Baasa estaba usando para fortificar Ramá. Asa empleó esos mismos materiales para fortificar la ciudad de Geba en Benjamín y la ciudad de Mizpa.

Los demás acontecimientos del reinado de Asa —el alcance de su poder, todo lo que hizo y los nombres de las ciudades que construyó— están registrados en *El libro de la historia de los reyes de Judá*. En su vejez se enfermó de los pies. Cuando Asa murió, lo enterraron con sus antepasados en la Ciudad de David.

Luego Josafat, hijo de Asa, lo sucedió en el trono.

✢ ✢ ✢

Nadab, hijo de Jeroboam, comenzó a gobernar Israel en el segundo año del reinado de Asa, rey de Judá; y reinó en Israel dos años. Él hizo lo malo a los ojos del Señor y siguió el ejemplo de su padre; continuó con los pecados que Jeroboam hizo cometer a Israel.

Tiempo después, Baasa, hijo de Ahías, de la tribu de Isacar, conspiró contra Nadab y lo asesinó mientras Nadab y el ejército de Israel sitiaban la ciudad filistea de Gibetón. Baasa mató a Nadab en el tercer año del reinado de Asa, rey de Judá, y lo sucedió en el trono de Israel.

En cuanto subió al poder, Baasa masacró a todos los descendientes del rey Jeroboam, para que nadie de la familia real quedara con vida, tal como el Señor había prometido acerca de Jeroboam por medio del profeta Ahías de Silo. Así ocurrió porque Jeroboam había provocado el enojo del Señor, Dios de Israel, con los pecados que había cometido y los que hizo cometer a Israel.

Los demás acontecimientos del reinado de Nadab y todo lo que él hizo están registrados en *El libro de la historia de los reyes de Israel*.

+ + +

Hubo guerra constante entre el rey Asa de Judá y el rey Baasa de Israel. Baasa, hijo de Ahías, comenzó a gobernar todo Israel en el tercer año del reinado de Asa, rey de Judá; y Baasa reinó en Tirsa veinticuatro años. Él hizo lo malo a los ojos del Señor y siguió el ejemplo de Jeroboam; continuó con los pecados que Jeroboam hizo cometer a Israel.

El Señor le dio el siguiente mensaje al rey Baasa mediante el profeta Jehú, hijo de Hananí: «Yo te levanté del polvo para hacerte gobernar a mi pueblo Israel, pero tú seguiste el mal ejemplo de Jeroboam. Has provocado mi enojo al hacer pecar a mi pueblo Israel. Así que ahora yo te destruiré a ti y a tu familia, tal como destruí a los descendientes de Jeroboam, hijo de Nabat. A los miembros de la familia de Baasa que mueran en la ciudad se los comerán los perros, y a los que mueran en el campo se los comerán los buitres».

Los demás acontecimientos del reinado de Baasa y el alcance de su poder están registrados en *El libro de la historia de los reyes de Israel*. Cuando Baasa murió, lo enterraron en Tirsa. Luego su hijo Ela lo sucedió en el trono.

El mensaje del Señor contra Baasa y su familia, por el profeta Jehú, hijo de Hananí, se dio porque Baasa había hecho lo malo a los ojos del Señor (igual que la familia de Jeroboam), y también porque Baasa había destruido a la familia de Jeroboam. Los pecados de Baasa provocaron el enojo del Señor.

+ + +

Ela, hijo de Baasa, comenzó a gobernar Israel en el año veintiséis del reinado de Asa, rey de Judá; y reinó en la ciudad de Tirsa dos años.

Zimri, que era el comandante de la mitad de los carros de guerra del rey, tramó un plan para matarlo. Cierto día en Tirsa, Ela se emborrachaba en la casa de Arsa, el supervisor del palacio; y entró Zimri, lo hirió y lo mató. Este hecho sucedió durante el año veintisiete del reinado de Asa, rey de Judá. Luego, Zimri lo sucedió en el trono.

En cuanto subió al poder, Zimri mató a toda la familia real de Baasa; no dejó con vida ni siquiera a un solo hijo varón. Incluso mató a los parientes lejanos y a los amigos. De esa forma, Zimri eliminó la dinastía de Baasa, tal como había prometido el Señor por medio del profeta Jehú. Esto sucedió debido a los pecados que Baasa y su hijo Ela habían cometido y también por los pecados que hicieron cometer a Israel. Con sus ídolos inútiles, provocaron el enojo del Señor, Dios de Israel.

Los demás acontecimientos del reinado de Ela y todo lo que él hizo están registrados en *El libro de la historia de los reyes de Israel*.

☩ ☩ ☩

Zimri comenzó a gobernar Israel en el año veintisiete del reinado de Asa, rey de Judá, pero su reinado en Tirsa duró solamente siete días.

En ese entonces, el ejército de Israel atacaba la ciudad filistea de Gibetón. Cuando los soldados se enteraron de que Zimri había traicionado y asesinado al rey, ese mismo día escogieron a Omri, el comandante del ejército, para que fuera el nuevo rey de Israel. Entonces Omri llevó a todo el ejército de Israel desde Gibetón a Tirsa, la capital de Israel, para atacarla. Cuando Zimri vio que la ciudad había sido tomada, entró en la ciudadela del palacio, estando él adentro le prendió fuego y murió entre las llamas. Pues él también había hecho lo malo a los ojos del Señor. Zimri siguió el ejemplo de Jeroboam en cuanto a todos los pecados que Jeroboam había cometido y que hizo cometer a Israel.

Los demás acontecimientos del reinado de Zimri y su acto de conspiración están registrados en *El libro de la historia de los reyes de Israel*.

☩ ☩ ☩

Resulta que los habitantes de Israel se dividieron en dos facciones. La mitad de la gente intentaba proclamar rey a Tibni, hijo de Ginat, mientras que la otra mitad apoyaba a Omri; pero los partidarios de Omri vencieron a los partidarios de Tibni. Entonces Tibni fue asesinado y Omri lo sucedió en el trono.

Omri comenzó a gobernar Israel en el año treinta y uno del reinado de Asa, rey de Judá. Reinó doce años en total, seis de ellos en Tirsa.

Después Omri compró, por sesenta y ocho kilos de plata, la colina que ahora es conocida como Samaria a su dueño Semer. Construyó una ciudad sobre la colina y la llamó Samaria, en honor a Semer.

Sin embargo, Omri hizo lo malo a los ojos del Señor, peor aún que todos los reyes anteriores. Siguió el ejemplo de Jeroboam, hijo de Nabat, en cuanto a todos los pecados que Jeroboam había cometido y que hizo cometer a Israel. Con sus ídolos inútiles, el pueblo provocó el enojo del Señor, Dios de Israel.

Los demás acontecimientos del reinado de Omri, el alcance de su poder y todo lo que él hizo están registrados en *El libro de la historia de los reyes de Israel*. Cuando Omri murió, lo enterraron en Samaria. Luego su hijo Acab lo sucedió en el trono de Israel.

+ + +

Acab, hijo de Omri, comenzó a gobernar Israel en el año treinta y ocho del reinado de Asa, rey de Judá; y reinó en Samaria veintidós años. Sin embargo, Acab, hijo de Omri, hizo lo malo a los ojos del Señor, peor aún que todos los reyes anteriores. Y como si fuera poco haber seguido el ejemplo pecaminoso de Jeroboam, se casó con Jezabel, hija del rey Et-baal, de los sidonios, y comenzó a inclinarse y a rendir culto a Baal. Primero construyó un templo y un altar para Baal en Samaria. Luego levantó un poste dedicado a la diosa Asera. Acab hizo más para provocar el enojo del Señor, Dios de Israel, que cualquier otro de los reyes anteriores de Israel.

Fue durante su reinado que Hiel, un hombre de Betel, reconstruyó Jericó. Poner los cimientos le costó la vida a su hijo mayor, Abiram; terminar la obra y colocar las puertas le costó la vida a su hijo menor, Segub. Todo esto sucedió de acuerdo con el mensaje de parte del Señor acerca de Jericó transmitido por Josué, hijo de Nun.

+

Ahora bien, Elías, quien era de Tisbé en Galaad, le dijo al rey Acab: «Tan cierto como que el Señor vive, el Dios de Israel —a quien sirvo—, no habrá rocío ni lluvia durante los próximos años, ¡hasta que yo dé la orden!».

Después el Señor le dijo a Elías: «Vete al oriente y escóndete junto al arroyo de Querit, cerca de su desembocadura en el río Jordán. Bebe del arroyo y come lo que te den los cuervos, porque yo les he ordenado que te lleven comida».

Entonces Elías hizo lo que el Señor le dijo y acampó junto al arroyo de Querit, al oriente del Jordán. Los cuervos le llevaban pan y carne por la mañana y por la noche, y él bebía del arroyo. Sin embargo, poco después, el arroyo se secó porque no había llovido en ninguna parte del reino.

Luego el Señor dijo a Elías: «Vete a vivir a la aldea de Sarepta, que está cerca de la ciudad de Sidón. Yo le he ordenado a una viuda de allí que te alimente».

Elías se dirigió a Sarepta y, cuando llegó a las puertas del pueblo, vio a una viuda juntando leña y le dijo:

—Por favor, ¿podrías traerme un poco de agua en una taza?

Mientras ella iba a buscarle el agua, la llamó y dijo:

—También tráeme un bocado de pan.

Pero ella respondió:

—Le juro por el Señor su Dios que no tengo ni un pedazo de pan en la casa. Solo me queda un puñado de harina en el frasco y un poquito de aceite en el fondo del jarro. Estaba juntando algo de leña para preparar una última comida, después mi hijo y yo moriremos.

Entonces Elías le dijo:

—¡No tengas miedo! Sigue adelante y haz exactamente lo que acabas de decir, pero primero cocina un poco de pan para mí. Luego, con lo que te sobre, prepara la comida para ti y tu hijo. Pues el Señor, Dios de Israel dice: "Siempre habrá harina y aceite de oliva en tus recipientes, ¡hasta que el Señor mande lluvia y vuelvan a crecer los cultivos!".

Así que ella hizo lo que Elías le dijo, y ella, su familia y Elías comieron durante muchos días. Siempre había suficiente harina y aceite de oliva en los recipientes, tal como el Señor lo había prometido por medio de Elías.

Tiempo después, el hijo de la mujer se enfermó. Cada día empeoraba y finalmente murió. Entonces ella le dijo a Elías:

—¡Ay, hombre de Dios! ¿Qué me ha hecho usted? ¿Ha venido aquí para señalarme mis pecados y matar a mi hijo?

Pero Elías contestó:

—Dame a tu hijo.

Entonces tomó el cuerpo del niño de los brazos de la madre, lo cargó por las escaleras hasta la habitación donde él estaba alojado y lo puso sobre la cama. Después Elías clamó al Señor: «Oh Señor mi Dios, ¿por qué le has traído desgracia a esta viuda que me abrió su casa, al provocar la muerte de su hijo?».

Entonces Elías se tendió sobre el niño tres veces y clamó al Señor: «¡Oh Señor mi Dios, te ruego que le devuelvas la vida a este niño!». El Señor oyó la oración de Elías, ¡y la vida volvió al niño, y revivió! Entonces Elías bajó al niño de la habitación en el piso de arriba y se lo entregó a su madre.

—¡Mira —le dijo—, tu hijo vive!

Entonces la mujer le dijo a Elías:

—Ahora estoy convencida de que usted es un hombre de Dios y que de verdad el Señor habla por medio de usted.

Más tarde, durante el tercer año de la sequía, el Señor dijo a Elías: «Preséntate ante el rey Acab y dile que ¡pronto enviaré lluvia!». Entonces Elías fue a ver al rey Acab.

Mientras tanto, el hambre se hizo muy intensa en Samaria. Por eso Acab mandó llamar a Abdías, quien estaba a cargo del palacio. (Abdías era un fiel seguidor del Señor. Cierta vez, cuando Jezabel intentaba matar a todos los profetas del Señor, Abdías escondió a cien de ellos en dos cuevas; metió a cincuenta profetas en cada cueva y les dio comida y agua). Acab le dijo a Abdías: «Tenemos que revisar todos los manantiales y los valles del reino, y ver si podemos encontrar pasto suficiente para salvar por lo menos algunos de mis caballos y de mis mulas». Entonces se repartieron el territorio; Acab se fue solo por un lado, y Abdías se fue solo por otro camino.

Mientras Abdías iba caminando, de pronto vio que Elías se le acercaba. Abdías lo reconoció enseguida y se postró hasta el suelo ante él.

—¿De verdad eres tú, mi señor Elías? —preguntó.

—Sí, soy yo —contestó Elías—. Ahora ve y dile a tu amo: "Elías está aquí".

—¡Ay, señor! —protestó Abdías—, ¿qué daño te he hecho para que me mandes a morir a manos de Acab? Te juro por el Señor tu Dios que el rey te ha buscado en cada nación y reino de la tierra, desde un extremo hasta el otro ha procurado encontrarte. Cada vez que alguien le afirmaba: "Elías no está aquí", el rey Acab obligaba al rey de esa nación a jurar que había dicho la verdad. Y ahora tú me dices: "Ve y dile a tu amo: 'Elías está aquí'". Apenas yo te deje, el Espíritu del Señor te llevará a quién sabe dónde y cuando Acab llegue aquí y no te encuentre, me matará. Te recuerdo que toda mi vida he sido un fiel siervo del Señor. ¿No te han contado, señor mío, de cuando Jezabel intentaba matar a los profetas del Señor? Yo escondí a cien de ellos en dos cuevas y les di comida y agua. Y ahora tú me dices: "Ve y dile a tu amo: 'Elías está aquí'". Si yo hago esto, señor, sin duda Acab me matará.

Pero Elías dijo:

—Te juro por el Señor Todopoderoso, en cuya presencia estoy, que hoy mismo me presentaré ante Acab.

Entonces Abdías fue a decirle a Acab que había aparecido Elías, así que Acab fue a encontrarse con él. Cuando Acab vio a Elías, exclamó:

—¿Así que realmente eres tú, el alborotador de Israel?

—Yo no le he causado ningún problema a Israel —respondió Elías—. Tú y tu familia son los alborotadores, porque se negaron a obedecer los mandatos del Señor y, en cambio, han rendido culto a las imágenes de Baal. Ahora, convoca a todo Israel para que se reúna conmigo en el monte Carmelo, junto con los cuatrocientos cincuenta profetas de Baal y los cuatrocientos profetas de Asera, a quienes Jezabel mantiene.

Entonces Acab convocó a todos los israelitas y a los profetas al monte Carmelo. Elías se paró frente a ellos y dijo: «¿Hasta cuándo seguirán indecisos, titubeando entre dos opiniones? Si el Señor es Dios, ¡síganlo! Pero si Baal es el verdadero Dios, ¡entonces síganlo a él!». Sin embargo, la gente se mantenía en absoluto silencio.

Entonces Elías les dijo: «Yo soy el único profeta del Señor que queda, pero Baal tiene cuatrocientos cincuenta profetas. Ahora traigan dos toros. Los profetas de Baal pueden escoger el toro que quieran; que luego lo corten en pedazos y lo pongan sobre la leña de su altar, pero sin prenderle fuego. Yo prepararé el otro toro y lo pondré sobre la leña del altar, y tampoco le prenderé fuego. Después, invoquen ustedes el nombre de su dios, y yo invocaré el nombre del Señor. El dios que responda enviando fuego sobre la madera, ¡ese es el Dios verdadero!»; y toda la gente estuvo de acuerdo.

Así que Elías dijo a los profetas de Baal: «Empiecen ustedes, porque son muchos. Escojan uno de los toros, prepárenlo e invoquen el nombre de su dios; pero no le prendan fuego a la leña».

Entonces ellos prepararon uno de los toros y lo pusieron sobre el altar. Después invocaron el nombre de Baal desde la mañana hasta el mediodía, gritando: «¡Oh Baal, respóndenos!»; pero no hubo respuesta alguna. Entonces se pusieron a bailar, cojeando alrededor del altar que habían hecho.

Cerca del mediodía, Elías comenzó a burlarse de ellos. «Tendrán que gritar más fuerte —se mofaba—, ¡sin duda que es un dios! ¡Tal vez esté soñando despierto o quizá esté haciendo sus necesidades! ¡Seguramente salió de viaje o se quedó dormido y necesita que alguien lo despierte!».

Así que ellos gritaron más fuerte y, como acostumbraban hacer, se cortaron con cuchillos y espadas hasta quedar bañados en sangre. Gritaron disparates toda la tarde hasta la hora del sacrificio vespertino, pero aún no había respuesta, ni siquiera se oía un solo sonido.

Entonces Elías llamó a la gente: «¡Vengan acá!». Así que todos se juntaron a su alrededor, mientras él reparaba el altar del Señor que estaba derrumbado. Tomó doce piedras, una para representar a cada tribu de Israel y usó las piedras para reconstruir el altar en el nombre del Señor. Luego cavó una zanja alrededor del altar con capacidad suficiente para quince litros de agua. Apiló la leña sobre el altar, cortó el toro en pedazos y puso los pedazos sobre la madera.

Luego dijo: «Llenen cuatro jarras grandes con agua y echen el agua sobre la ofrenda y la leña».

Una vez que lo hicieron, les dijo: «¡Háganlo de nuevo!». Cuando terminaron, les dijo: «¡Háganlo por tercera vez!». Así que hicieron lo que les dijo, y el agua corría alrededor del altar, tanto que hasta colmó la zanja.

A la hora que solía hacerse el sacrificio vespertino, el profeta Elías caminó hacia el altar y oró: «Oh Señor, Dios de Abraham, de Isaac y de Jacob, demuestra hoy que tú eres Dios en Israel y que yo soy tu siervo;

demuestra que yo he hecho todo esto por orden tuya. ¡Oh Señor, respóndeme! Respóndeme para que este pueblo sepa que tú, oh Señor, eres Dios y que tú los has hecho volver a ti».

Al instante, el fuego del Señor cayó desde el cielo y consumió el toro, la leña, las piedras y el polvo. ¡Hasta lamió toda el agua de la zanja! Cuando la gente vio esto, todos cayeron rostro en tierra y exclamaron: «¡El Señor, él es Dios! ¡Sí, el Señor es Dios!».

Entonces Elías ordenó: «Atrapen a todos los profetas de Baal. ¡No dejen que escape ninguno!». Entonces los agarraron a todos, y Elías los llevó al valle de Cisón y allí los mató.

Luego Elías dijo a Acab: «Vete a comer y a beber algo, porque oigo el rugido de una tormenta de lluvia que se acerca».

Entonces Acab fue a comer y a beber. Elías, en cambio, subió a la cumbre del monte Carmelo, se inclinó hasta el suelo y oró con la cara entre las rodillas.

Luego le dijo a su sirviente:

—Ve y mira hacia el mar.

Su sirviente fue a mirar, y regresó donde estaba Elías y le dijo:

—No vi nada.

Siete veces le dijo Elías que fuera a ver. Finalmente, la séptima vez, su sirviente le dijo:

—Vi una pequeña nube, como del tamaño de la mano de un hombre, que sale del mar.

Entonces Elías le gritó:

—Corre y dile a Acab: "Sube a tu carro y regresa a tu casa. ¡Si no te apuras, la lluvia te detendrá!".

Poco después el cielo se oscureció de nubes. Se levantó un fuerte viento que desató un gran aguacero, y Acab partió enseguida hacia Jezreel. Entonces el Señor le dio una fuerza extraordinaria a Elías, quien se sujetó el manto con el cinturón y corrió delante del carro de Acab todo el camino, hasta la entrada de Jezreel.

Cuando Acab llegó a su casa, le contó a Jezabel todo lo que Elías había hecho, incluso la manera en que había matado a todos los profetas de Baal. Entonces Jezabel le mandó este mensaje a Elías: «Que los dioses me hieran e incluso me maten si mañana a esta hora yo no te he matado, así como tú los mataste a ellos».

Elías tuvo miedo y huyó para salvar su vida. Se fue a Beerseba, una ciudad de Judá, y dejó allí a su sirviente. Luego siguió solo todo el día hasta llegar al desierto. Se sentó bajo un solitario árbol de retama y pidió morirse: «Basta ya, Señor; quítame la vida, porque no soy mejor que mis antepasados que ya murieron».

Entonces se acostó y durmió debajo del árbol. Mientras dormía, un ángel lo tocó y le dijo: «¡Levántate y come!». Elías miró a su alrededor, y cerca de su cabeza había un poco de pan horneado sobre piedras calientes y un jarro de agua. Así que comió y bebió, y volvió a acostarse.

Entonces el ángel del Señor regresó, lo tocó y le dijo: «Levántate y come un poco más, de lo contrario, el viaje que tienes por delante será demasiado para ti».

Entonces se levantó, comió y bebió, y la comida le dio fuerza suficiente para viajar durante cuarenta días y cuarenta noches hasta llegar al monte Sinaí, la montaña de Dios. Allí llegó a una cueva, donde pasó la noche.

Entonces el Señor le dijo a Elías:

—¿Qué haces aquí, Elías?

—He servido con gran celo al Señor Dios Todopoderoso —respondió Elías—; pero el pueblo de Israel ha roto su pacto contigo, derribó tus altares y mató a cada uno de tus profetas. Yo soy el único que queda con vida, y ahora me buscan para matarme a mí también.

El Señor le dijo:

—Sal y ponte de pie delante de mí, en la montaña.

Mientras Elías estaba de pie allí, el Señor pasó, y un viento fuerte e impetuoso azotó la montaña. La ráfaga fue tan tremenda que las rocas se aflojaron, pero el Señor no estaba en el viento. Después del viento hubo un terremoto, pero el Señor no estaba en el terremoto. Pasado el terremoto hubo un incendio, pero el Señor no estaba en el incendio. Y después del incendio hubo un suave susurro. Cuando Elías lo oyó, se cubrió la cara con su manto, salió y se paró a la entrada de la cueva.

Entonces una voz le dijo:

—¿Qué haces aquí, Elías?

Él volvió a responder:

—He servido con gran celo al Señor Dios Todopoderoso; pero el pueblo de Israel ha roto su pacto contigo, derribó tus altares y mató a cada uno de tus profetas. Yo soy el único que queda con vida, y ahora me buscan para matarme a mí también.

Entonces el Señor le dijo:

—Regresa por el mismo camino que viniste y sigue hasta el desierto de Damasco. Cuando llegues allí, unge a Hazael para que sea rey de Aram. Después unge a Jehú, nieto de Nimsi, para que sea rey de Israel; y unge a Eliseo, hijo de Safat, de la tierra de Abel-mehola, para que tome tu lugar como mi profeta. ¡A cualquiera que escape de Hazael, Jehú lo matará; y a los que escapen de Jehú, Eliseo los matará! Sin embargo, preservaré a otros siete mil en Israel, ¡quienes nunca se han inclinado ante Baal ni lo han besado!

Entonces Elías fue y encontró a Eliseo, hijo de Safat, arando un campo.

Había doce pares de bueyes en el campo, y Eliseo araba con el último par. Elías se acercó a él, le echó su manto sobre los hombros y siguió caminando. Eliseo dejó los bueyes donde estaban, salió corriendo detrás de Elías y le dijo:

—Deje que primero me despida de mis padres con un beso y luego iré con usted.

Elías respondió:

—Regresa, pero piensa en lo que te hice.

Entonces Eliseo regresó a donde estaban sus bueyes y los mató. Con la madera del arado hizo una fogata para asar la carne. Repartió la carne asada entre la gente del pueblo, y todos comieron. Después se fue con Elías como su ayudante.

✢

Por ese tiempo, Ben-adad, rey de Aram, movilizó a su ejército con el apoyo de treinta y dos reyes aliados, sus carros de guerra y sus caballos. Sitiaron Samaria, la capital de Israel, y lanzaron ataques contra la ciudad. Ben-adad envió mensajeros a la ciudad para que transmitieran el siguiente mensaje al rey Acab de Israel: «Ben-adad dice: "¡Tu plata y tu oro son míos, igual que tus esposas y tus mejores hijos!"».

«Está bien, mi señor el rey —respondió el rey de Israel—. ¡Todo lo que tengo es tuyo!».

Pronto los mensajeros de Ben-adad regresaron y dijeron: «Ben-adad dice: "Ya te he exigido que me des tu plata, tu oro, tus esposas y tus hijos; pero mañana a esta hora, enviaré a mis funcionarios a registrar tu palacio y las casas de tus funcionarios. ¡Se llevarán todo lo que más valoras!"».

Entonces Acab mandó llamar a todos los ancianos del reino y les dijo:

—¡Miren cómo este hombre está causando problemas! Ya accedí a su exigencia de darle mis esposas, mis hijos, mi plata y mi oro.

—No cedas ante ninguna otra de sus exigencias —le aconsejaron todos los ancianos y todo el pueblo.

Así que Acab dijo a los mensajeros de Ben-adad: «Díganle esto a mi señor el rey: "Te daré todo lo que pediste la primera vez, pero no puedo aceptar tu última exigencia"». Entonces los mensajeros le llevaron la respuesta a Ben-adad.

Con eso Ben-adad le envió otro mensaje a Acab, que decía: «Que los dioses me hieran e incluso me maten si de Samaria queda polvo suficiente para darle un puñado a cada uno de mis soldados».

El rey de Israel le envió esta respuesta: «Un guerrero que está preparándose con su espada para salir a pelear no debería presumir como un guerrero que ya ganó».

Ben-adad y los otros reyes recibieron la respuesta de Acab mientras bebían en sus carpas. «¡Prepárense para atacar!», ordenó Ben-adad a sus oficiales. Entonces se prepararon para atacar la ciudad.

Entonces un profeta fue a ver a Acab, rey de Israel, y le dijo:
—Esto dice el Señor: "¿Ves todas esas fuerzas enemigas? Hoy las entregaré en tus manos. Así sabrás que yo soy el Señor".
—¿Cómo lo hará? —preguntó Acab.
El profeta contestó:
—Esto dice el Señor: "Lo harán las tropas de los comandantes provinciales".
—¿Debemos atacar nosotros primero? —preguntó Acab.
—Sí —contestó el profeta.
Entonces Acab reunió a las tropas de los doscientos treinta y dos comandantes de las provincias. Luego llamó al resto del ejército de Israel, unos siete mil hombres. Cerca del mediodía, mientras Ben-adad y los treinta y dos reyes aliados aún estaban en sus carpas bebiendo hasta emborracharse, el primer contingente, formado por las tropas de los comandantes provinciales, avanzó desde la ciudad.

Mientras se acercaban, la patrulla de avanzada que había mandado Ben-adad le informó:
—Unas tropas avanzan desde Samaria.
—Tráiganlos vivos —ordenó Ben-adad—, ya sea que vengan en son de paz o de guerra.

Ahora bien, los comandantes de las provincias de Acab junto con todo el ejército habían salido a pelear. Cada soldado israelita mató a su oponente arameo, y de pronto todo el ejército arameo sintió pánico y huyó. Los israelitas persiguieron a los arameos, pero el rey Ben-adad y algunos de sus conductores de carros escaparon a caballo. Sin embargo, el rey de Israel destruyó el resto de los caballos y carros de guerra y masacró a los arameos.

Después el profeta le dijo al rey Acab: «Prepárate para otro ataque; empieza a planificar desde ahora, porque el rey de Aram regresará la próxima primavera».

Después de la derrota, los oficiales de Ben-adad le dijeron: «Los dioses de los israelitas son dioses de las montañas, por eso ganaron; pero podemos vencerlos fácilmente en las llanuras. ¡Solo que esta vez reemplaza a los reyes con generales! Recluta otro ejército como el que perdiste. Consíguenos la misma cantidad de caballos, carros de guerra y hombres, y nosotros pelearemos contra los israelitas en las llanuras. Sin duda los venceremos». Así que el rey Ben-adad hizo lo que ellos le sugirieron.

La primavera siguiente, llamó al ejército arameo y avanzó contra Israel, pero esta vez en Afec. Entonces Israel reunió a su ejército, montó líneas de abastecimiento y salió a pelear. Pero el ejército de Israel parecía dos pequeños rebaños de cabras en comparación con el inmenso ejército arameo, ¡que llenaba la campiña!

Entonces el hombre de Dios fue a ver al rey de Israel y le dijo: «Esto dice el Señor: "Los arameos han dicho: 'El Señor es un dios de las montañas y no de las llanuras'. Así que derrotaré a este gran ejército por ti. Entonces sabrás que yo soy el Señor"».

Los dos ejércitos acamparon, uno frente al otro, durante siete días. El séptimo día comenzó la batalla. En un solo día los israelitas mataron a cien mil soldados arameos de infantería. El resto huyó a la ciudad de Afec, pero la muralla les cayó encima y mató a otros veintisiete mil de ellos. Ben-adad huyó a la ciudad y se escondió en un cuarto secreto.

Los oficiales de Ben-adad le dijeron: «Hemos oído, señor, que los reyes de Israel son compasivos. Entonces pongámonos tela áspera alrededor de la cintura y sogas en la cabeza en señal de humillación, y rindámonos ante el rey de Israel. Tal vez así le perdone la vida».

Entonces se pusieron tela áspera y sogas, y fueron a ver al rey de Israel, a quien le suplicaron:

—Su siervo Ben-adad dice: "Le ruego que me perdone la vida".

El rey de Israel respondió:

—¿Todavía vive? ¡Él es mi hermano!

Los hombres tomaron la respuesta como una buena señal y, aprovechando esas palabras, enseguida le respondieron:

—¡Sí, su hermano Ben-adad!

—¡Vayan a traerlo! —les dijo el rey de Israel.

Cuando Ben-adad llegó, Acab lo invitó a subir a su carro de guerra. Ben-adad le dijo:

—Te devolveré las ciudades que mi padre le quitó a tu padre, y puedes establecer lugares de comercio en Damasco, como hizo mi padre en Samaria.

Entonces Acab le dijo:

—Te dejaré en libertad con estas condiciones.

Así que hicieron un nuevo tratado y Ben-adad quedó en libertad.

Mientras tanto, el Señor le ordenó a un miembro del grupo de profetas que le dijera a otro: «¡Golpéame!»; pero el hombre se negó a golpearlo. Entonces el profeta le dijo: «Como no obedeciste la voz del Señor, un león te matará apenas te separes de mí». Cuando el hombre se fue, sucedió que un león lo atacó y lo mató.

Luego el profeta se dirigió a otro hombre y le dijo: «¡Golpéame!». Así que el hombre lo golpeó y lo hirió.

El profeta se puso una venda en los ojos para que no lo reconocieran y se quedó junto al camino, esperando al rey. Cuando el rey pasó, el profeta lo llamó:

—Señor, yo estaba en lo más reñido de la batalla, cuando de pronto un hombre me trajo un prisionero y me dijo: "Vigila a este hombre; si por alguna razón se te escapa, ¡pagarás con tu vida o con una multa de treinta y cuatro kilos de plata!"; pero mientras yo estaba ocupado en otras cosas, ¡el prisionero desapareció!

—Bueno, fue tu culpa —respondió el rey—. Tú mismo has firmado tu propia sentencia.

Enseguida el profeta se quitó la venda de los ojos, y el rey lo reconoció como uno de los profetas. El profeta le dijo:

—Esto dice el Señor: "Por haberle perdonado la vida al hombre que yo dije que había que destruir ahora tú morirás en su lugar, y tu pueblo morirá en lugar de su pueblo".

Entonces el rey de Israel volvió a su casa en Samaria, enojado y de mal humor.

✢

Había un hombre llamado Nabot, de Jezreel, que era dueño de un viñedo ubicado en Jezreel al lado del palacio de Acab, rey de Samaria. Cierto día Acab le dijo a Nabot:

—Ya que tu viñedo está tan cerca de mi palacio, me gustaría comprarlo para usarlo como huerta. A cambio te daré un viñedo mejor, o bien, si prefieres, te pagaré con dinero.

Pero Nabot respondió:

—El Señor me libre de entregar la herencia que me dejaron mis antepasados.

Entonces Acab regresó a su casa enojado y de mal humor por la respuesta de Nabot, y se acostó de cara a la pared y no quiso comer.

—¿Qué te pasa? —le preguntó su esposa Jezabel—. ¿Por qué estás tan disgustado que no quieres comer nada?

—Le pedí a Nabot que me vendiera su viñedo, incluso le ofrecí canjeárselo por otro mejor, ¡pero no quiso! —le contestó Acab.

—¿Acaso no eres tú el rey de Israel? —preguntó Jezabel—. Levántate y come algo, no te preocupes por eso. ¡Yo te conseguiré el viñedo de Nabot!

Entonces ella escribió cartas en nombre de Acab, las selló con el sello del rey y las envió a los ancianos y a los demás líderes de la ciudad donde vivía Nabot. En esas cartas daba la siguiente orden: «Convoquen a todos los ciudadanos a que se reúnan para tener un tiempo de ayuno y denle a Nabot un lugar de honor. Luego, sienten a dos sinvergüenzas frente a él que lo acusen de maldecir a Dios y al rey. Después sáquenlo y mátenlo a pedradas».

Así que los ancianos y los demás líderes de la ciudad siguieron las instrucciones que Jezabel había escrito en las cartas. Proclamaron ayuno y pusieron a Nabot en un lugar prominente ante la gente. Luego llegaron los dos sinvergüenzas y se sentaron frente a él. Entonces acusaron a Nabot ante todos los presentes diciendo: «Este hombre maldijo a Dios y al rey». Entonces arrastraron a Nabot hasta sacarlo de la ciudad y lo mataron a pedradas. Después los líderes de la ciudad mandaron a decirle a Jezabel: «Nabot fue apedreado hasta morir».

En cuanto Jezabel oyó la noticia, le dijo a Acab: «¿Recuerdas el viñedo que Nabot no quería venderte? Bueno, pues, ¡ahora es tuyo! ¡Nabot está muerto!». Entonces Acab bajó de inmediato al viñedo de Nabot para tomarlo en posesión.

Pero el SEÑOR dijo a Elías: «Ve a encontrarte con el rey Acab de Israel, que gobierna en Samaria. Estará en Jezreel, en el viñedo de Nabot, adueñándose de él. Dale el siguiente mensaje: "Esto dice el SEÑOR: '¿No te bastó con matar a Nabot? ¿También tienes que robarle? Por lo que has hecho, ¡los perros lamerán tu sangre en el mismo lugar donde lamieron la sangre de Nabot!'"».

—Así que, enemigo mío, ¡me has encontrado! —le dijo Acab a Elías.

—Sí —contestó Elías—, te encontré porque te has vendido para hacer lo malo a los ojos del SEÑOR. Por eso ahora el SEÑOR dice: "Traeré calamidad sobre ti y te consumiré. ¡Destruiré a cada uno de tus descendientes varones, tanto esclavos como libres, en todo Israel! Voy a destruir a tu familia como lo hice con la familia de Jeroboam, hijo de Nabat, y con la familia de Baasa, hijo de Ahías, ¡porque me hiciste enojar mucho e hiciste pecar a Israel!".

»En cuanto a Jezabel, el SEÑOR dice: "Los perros se comerán el cuerpo de Jezabel en la parcela de Jezreel".

»A los miembros de la familia de Acab que mueran en la ciudad, se los comerán los perros, y a los que mueran en el campo se los comerán los buitres.

(Nunca nadie se entregó tanto a hacer lo que es malo a los ojos del SEÑOR como Acab, bajo la influencia de su esposa Jezabel. La peor infamia que cometió fue rendir culto a ídolos tal como habían hecho los amorreos, pueblo que el SEÑOR había expulsado de la tierra del paso de los israelitas).

Sin embargo, cuando Acab escuchó este mensaje, rasgó su ropa, se vistió de tela áspera e hizo ayuno. Hasta dormía vestido de tela áspera y andaba de luto.

Entonces Elías recibió otro mensaje del SEÑOR: «¿Viste cómo Acab se ha humillado ante mí? Por haberse humillado, no haré lo que prometí mientras él viva, sino que traeré la desgracia sobre sus hijos. Destruiré su dinastía».

+

Durante tres años no hubo guerra entre Aram e Israel; pero al tercer año, el rey Josafat de Judá fue a visitar a Acab, rey de Israel. Durante la visita, el rey de Israel dijo a sus funcionarios: «¿Se dan cuenta de que la ciudad de Ramot de Galaad nos pertenece? ¡Sin embargo, no hemos hecho nada por recuperarla de manos del rey de Aram!».

Entonces se dirigió a Josafat y le preguntó:

—¿Saldrás conmigo a la batalla para recuperar Ramot de Galaad?

—¡Por supuesto! —contestó Josafat al rey de Israel—. Tú y yo somos como uno solo. Mis tropas son tus tropas y mis caballos son tus caballos.

Entonces agregó:

—Pero primero averigüemos qué dice el Señor.

Así que el rey de Israel convocó a los profetas, unos cuatrocientos en total, y les preguntó:

—¿Debo ir a pelear contra Ramot de Galaad o desistir?

Todos ellos contestaron:

—¡Sí, adelante! El Señor dará la victoria al rey.

Pero Josafat preguntó:

—¿Acaso no hay también un profeta del Señor aquí? Debemos hacerle la misma pregunta.

El rey de Israel contestó a Josafat:

—Hay un hombre más que podría consultar al Señor por nosotros, pero lo detesto. ¡Nunca me profetiza nada bueno, solo desgracias! Se llama Micaías, hijo de Imla.

—¡Un rey no debería hablar de esa manera! —respondió Josafat—. Escuchemos lo que tenga que decir.

De modo que el rey de Israel llamó a uno de sus funcionarios y le dijo:

—¡Rápido! Trae a Micaías, hijo de Imla.

El rey Acab de Israel y Josafat, rey de Judá, vestidos con sus vestiduras reales, estaban sentados en sus respectivos tronos en el campo de trillar que está cerca de la puerta de Samaria. Todos los profetas de Acab profetizaban allí, delante de ellos. Uno de los profetas llamado Sedequías, hijo de Quenaana, hizo unos cuernos de hierro y proclamó:

—Esto dice el Señor: ¡Con estos cuernos cornearás a los arameos hasta matarlos!

Todos los demás profetas estaban de acuerdo.

—Sí —decían—, sube a Ramot de Galaad y saldrás vencedor, porque ¡el Señor dará la victoria al rey!

Mientras tanto, el mensajero que había ido a buscar a Micaías le dijo:

—Mira, todos los profetas le prometen victoria al rey. Ponte tú también de acuerdo con ellos y asegúrale que saldrá vencedor.

Pero Micaías respondió:

—Tan cierto como que el Señor vive, solo diré lo que el Señor me indique.

Cuando Micaías se presentó ante el rey, Acab le preguntó:

—Micaías, ¿debemos ir a pelear contra Ramot de Galaad o desistir?

Micaías le respondió con sarcasmo:

—¡Sí, sube y saldrás vencedor, porque el Señor dará la victoria al rey!

Pero el rey le respondió con dureza:

—¿Cuántas veces tengo que exigirte que solo me digas la verdad cuando hables de parte del Señor?

Entonces Micaías le dijo:

—En una visión, vi a todo Israel disperso por los montes, como ovejas sin pastor, y el Señor dijo: "Han matado a su amo. Envíalos a sus casas en paz".

—¿No te dije? —exclamó el rey de Israel a Josafat—. Nunca me profetiza otra cosa que desgracias.

Micaías continuó diciendo:

—¡Escucha lo que dice el Señor! Vi al Señor sentado en su trono, rodeado por todos los ejércitos del cielo, a su derecha y a su izquierda. Entonces el Señor dijo: "¿Quién puede seducir a Acab para que vaya a pelear contra Ramot de Galaad y lo maten?".

»Hubo muchas sugerencias, hasta que finalmente un espíritu se acercó al Señor y dijo: "¡Yo puedo hacerlo!".

»"¿Cómo lo harás?", preguntó el Señor.

»El espíritu contestó: "Saldré e inspiraré a todos los profetas de Acab para que hablen mentiras".

»"Tendrás éxito —dijo el Señor—, adelante, hazlo".

»Así que, como ves, el Señor ha puesto un espíritu de mentira en la boca de todos tus profetas, porque el Señor ha dictado tu condena.

Entonces Sedequías, hijo de Quenaana, se acercó a Micaías y le dio una bofetada.

—¿Desde cuándo el Espíritu del Señor salió de mí para hablarte a ti? —le reclamó.

Y Micaías le contestó:

—¡Ya lo sabrás, cuando estés tratando de esconderte en algún cuarto secreto!

«¡Arréstenlo! —ordenó el rey de Israel—. Llévenlo de regreso a Amón, el gobernador de la ciudad, y a mi hijo Joás. Denles la siguiente orden de parte del rey: "¡Metan a este hombre en la cárcel y no le den más que pan y agua hasta que yo regrese sano y salvo de la batalla!"».

Pero Micaías respondió: «¡Si tú regresas a salvo, eso significará que el Señor no habló por medio de mí!». Entonces dirigiéndose a los que estaban alrededor, agregó: «¡Todos ustedes, tomen nota de mis palabras!».

Entonces Acab, rey de Israel, y Josafat, rey de Judá, dirigieron a sus ejércitos contra Ramot de Galaad. El rey de Israel dijo a Josafat: «Cuando entremos en la batalla, yo me disfrazaré para que nadie me reconozca, pero tú ponte tus vestiduras reales». Así que el rey de Israel se disfrazó, y ambos entraron en la batalla.

Mientras tanto, el rey de Aram había dado las siguientes órdenes a sus treinta y dos comandantes de carros de guerra: «Ataquen solo al rey de Israel. ¡No pierdan tiempo con nadie más!». Entonces, cuando los comandantes arameos de los carros vieron a Josafat en sus vestiduras reales, comenzaron a perseguirlo. «¡Allí está el rey de Israel!», gritaban; pero cuando Josafat gritó, los comandantes de los carros se dieron cuenta de que no era el rey de Israel y dejaron de perseguirlo.

Sin embargo, un soldado arameo disparó una flecha al azar hacia las tropas israelitas e hirió al rey de Israel entre las uniones de su armadura. «¡Da la vuelta y sácame de aquí! —dijo Acab entre quejas y gemidos al conductor de su carro—. ¡Estoy gravemente herido!».

La encarnizada batalla se prolongó todo ese día, y el rey permaneció erguido en su carro frente a los arameos. La sangre de su herida corría hasta llegar al piso del carro, y al atardecer, murió. Justo cuando se ponía el sol, este clamor recorrió las filas israelitas: «¡Estamos perdidos! ¡Sálvese quien pueda!».

Así que el rey murió, y llevaron su cuerpo a Samaria, donde lo enterraron. Después lavaron su carro junto al estanque de Samaria y llegaron los perros y lamieron su sangre en el lugar donde se bañaban las prostitutas, tal como el Señor lo había anunciado.

Los demás acontecimientos del reinado de Acab y todo lo que él hizo —incluso la historia del palacio de marfil y las ciudades que construyó— están registrados en *El libro de la historia de los reyes de Israel*. Así que Acab murió y su hijo Ocozías lo sucedió en el trono.

✢ ✢ ✢

Josafat, hijo de Asa, comenzó a gobernar Judá durante el cuarto año del reinado de Acab, rey de Israel. Josafat tenía treinta y cinco años cuando subió al trono y reinó en Jerusalén veinticinco años. Su madre era Azuba, hija de Silhi.

Josafat fue un buen rey, quien siguió el ejemplo de su padre Asa. Hizo lo que era agradable a los ojos del Señor. Sin embargo, durante su reinado no quitó todos los santuarios paganos, y la gente siguió ofreciendo sacrificios y quemando incienso allí. Josafat también hizo la paz con el rey de Israel.

Los demás acontecimientos del reinado de Josafat, el alcance de su poder y las guerras que hizo están registrados en *El libro de la historia de los reyes de Judá*. Expulsó de la tierra a los demás prostitutos y prostitutas de los santuarios paganos, quienes seguían con sus prácticas desde los días de su padre Asa.

(En ese tiempo no había rey en Edom sino solo un regente).

Josafat también construyó una flota de barcos mercantes para que navegaran hasta Ofir en busca de oro; pero los barcos nunca llegaron a zarpar porque naufragaron en su propio puerto de Ezión-geber. En una oportunidad, Ocozías, hijo de Acab, le propuso a Josafat: «Deja que mis hombres naveguen con los tuyos en los barcos»; pero Josafat rechazó la propuesta.

Cuando Josafat murió, lo enterraron con sus antepasados en la Ciudad de David. Después su hijo Yoram lo sucedió en el trono.

✢ ✢ ✢

Ocozías, hijo de Acab, comenzó a gobernar Israel en el año diecisiete del reinado de Josafat en Judá; reinó en Samaria dos años. Él hizo lo malo a los ojos del Señor al seguir el ejemplo de su padre y de su madre y también el ejemplo de Jeroboam, hijo de Nabat, quien había hecho pecar a Israel. Ocozías sirvió a Baal y le rindió culto, con lo que provocó el enojo del Señor, Dios de Israel, tal como lo había hecho su padre.

Después de la muerte del rey Acab, la nación de Moab se rebeló contra Israel.

Cierto día Ocozías, el nuevo rey de Israel, se cayó por la reja de la ventana de una habitación en el piso superior de su palacio en Samaria y quedó gravemente herido. Entonces envió mensajeros al templo de Baal-zebub, dios de Ecrón, para que consultaran si iba a recuperarse.

Entonces el ángel del Señor le dijo a Elías, quien era de Tisbé: «Ve y enfrenta a los mensajeros del rey de Samaria, y pregúntales: "¿Acaso no hay Dios en Israel? ¿Por qué recurren a Baal-zebub, dios de Ecrón, a consultarle si el rey va a recuperarse? Por lo tanto, esto dice el Señor: nunca te levantarás de la cama donde estás; ten por seguro que morirás"». Entonces Elías fue a transmitirles el mensaje.

Cuando los mensajeros regresaron, el rey les preguntó:

—¿Por qué volvieron tan pronto?

Ellos contestaron:

—Se nos cruzó un hombre y nos dijo que regresáramos y le diéramos este mensaje al rey: "Esto dice el Señor: '¿Acaso no hay Dios en Israel? ¿Por qué mandas hombres a preguntarle a Baal-zebub, dios de Ecrón, si vas a recuperarte? Por eso que hiciste, nunca te levantarás de la cama donde estás; ten por seguro que morirás'".

—¿Qué hombre les dijo eso? —preguntó el rey—. ¿Cómo era?

Y ellos contestaron:

—Era un hombre velludo y tenía un cinto de cuero en la cintura.

—¡Elías de Tisbé! —exclamó el rey.

Entonces envió a un capitán del ejército con cincuenta soldados para que lo arrestaran. Lo encontraron sentado en la cima de una colina, y el capitán le dijo:

—Hombre de Dios, el rey te ordena que vengas con nosotros.

Elías respondió al capitán:

—Si yo soy un hombre de Dios, ¡que caiga fuego del cielo y te destruya a ti y a tus cincuenta hombres!

Enseguida cayó fuego del cielo y los mató a todos.

Entonces el rey envió a otro capitán con otros cincuenta hombres, y el capitán dijo a Elías:

—Hombre de Dios, el rey te exige que bajes de inmediato.

Elías respondió:

—Si yo soy un hombre de Dios, ¡que caiga fuego del cielo y te destruya a ti y a tus cincuenta hombres!

Y de nuevo el fuego de Dios cayó del cielo y los mató a todos.

Por tercera vez, el rey envió a un capitán con cincuenta hombres; pero esta vez el capitán subió a la colina, se arrodilló ante Elías y le suplicó:

—Hombre de Dios, por favor, perdone mi vida y también la vida de estos cincuenta siervos suyos. Sabemos que cayó fuego del cielo y destruyó a los primeros dos grupos; pero ahora, ¡le ruego que me perdone la vida!

Entonces el ángel del Señor dijo a Elías: «Desciende con él y no le tengas miedo». Así que Elías se levantó y fue con el capitán a ver al rey.

Así que Elías dijo al rey: «Esto dice el Señor: "¿Por qué enviaste mensajeros a Baal-zebub, dios de Ecrón, a preguntarle si te recuperarías? ¿Acaso no hay Dios en Israel para contestar tu pregunta? Ahora, porque hiciste esto, nunca te levantarás de la cama donde estás; ten por seguro que morirás"».

Así que Ocozías murió como el Señor lo había anunciado por medio de Elías. Dado que Ocozías no tenía ningún hijo que reinara en su lugar, su hermano Joram lo sucedió en el trono. Esto ocurrió en el segundo año del reinado de Yoram, hijo de Josafat, rey de Judá.

Los demás acontecimientos del reinado de Ocozías y todo lo que él hizo están registrados en *El libro de la historia de los reyes de Israel*.

+ + +

Cuando el Señor estaba por llevarse a Elías al cielo en un torbellino, Elías y Eliseo estaban en camino desde Gilgal. Y Elías le dijo a Eliseo:

—Quédate aquí, porque el Señor me dijo que fuera a Betel.

Eliseo respondió:

—Tan cierto como que el Señor vive y que tú vives, ¡nunca te dejaré!

Así que descendieron juntos a Betel.

El grupo de profetas de Betel se acercó a Eliseo para preguntarle:

—¿Sabías que hoy el Señor se llevará a tu amo?

—Claro que lo sé —contestó Eliseo—, ¡pero no digan nada!

Entonces Elías le dijo a Eliseo:

—Quédate aquí, porque el Señor me dijo que fuera a Jericó.

Pero Eliseo le respondió de nuevo:

—Tan cierto como que el Señor vive y que tú vives, ¡nunca te dejaré!

Así que continuaron juntos a Jericó.

Después el grupo de profetas de Jericó se acercó a Eliseo para preguntarle:

—¿Sabías que hoy el Señor se llevará a tu amo?

—Claro que lo sé —contestó Eliseo—, ¡pero no digan nada!

Entonces Elías le dijo a Eliseo:

—Quédate aquí, porque el Señor me dijo que fuera al río Jordán.

Pero una vez más, Eliseo respondió:

—Tan cierto como que el Señor vive y que tú vives, ¡nunca te dejaré!

Así que siguieron juntos.

Cincuenta hombres del grupo de profetas también fueron y observaron de lejos cuando Elías y Eliseo se detuvieron junto al río Jordán. Luego Elías dobló su manto y con él golpeó el agua. ¡El río se dividió en dos y ambos cruzaron sobre tierra seca!

Cuando llegaron al otro lado, Elías le dijo a Eliseo:

—Dime qué puedo hacer por ti antes de ser llevado.

Y Eliseo respondió:

—Te pido que me permitas heredar una doble porción de tu espíritu y que llegue a ser tu sucesor.

—Has pedido algo difícil —respondió Elías—. Si me ves en el momento en que sea llevado de tu lado, recibirás lo que pediste; pero si no me ves, no lo recibirás.

Mientras iban caminando y conversando, de pronto apareció un carro de fuego, tirado por caballos de fuego. Pasó entre los dos hombres y los separó, y Elías fue llevado al cielo por un torbellino. Eliseo lo vio y exclamó: «¡Padre mío! ¡Padre mío! ¡Veo los carros de Israel con sus conductores!». Mientras desaparecían de su vista, rasgó su ropa en señal de angustia.

Entonces Eliseo tomó el manto de Elías, el cual se había caído cuando fue llevado, y regresó a la orilla del río Jordán. Golpeó el agua con el manto de Elías y exclamó: «¿Dónde está el Señor, Dios de Elías?». Entonces el río se dividió en dos y Eliseo lo cruzó.

Cuando el grupo de profetas de Jericó vio desde lejos lo que había sucedido, exclamaron: «¡El espíritu de Elías reposa sobre Eliseo!». Enseguida salieron a su encuentro y se inclinaron hasta el suelo delante de él.

—Señor —le dijeron—, usted tan solo dé la orden y cincuenta de nuestros hombres más fuertes buscarán a su amo por todo el desierto. Tal vez el Espíritu del Señor lo haya dejado en alguna montaña o en algún valle.

—No —respondió Eliseo—, no los manden.

Pero ellos insistieron tanto que él, avergonzado, finalmente aceptó:

—Está bien —les dijo—, mándenlos.

Así que cincuenta hombres buscaron a Elías durante tres días, pero no lo encontraron. Eliseo aún estaba en Jericó cuando los hombres regresaron. «¿Acaso no les dije que no fueran?», preguntó.

Cierto día, los líderes de la ciudad de Jericó fueron a visitar a Eliseo.

—Tenemos un problema, señor —le dijeron—. Como puedes ver, esta ciudad está situada en un entorno agradable, pero el agua es mala y la tierra no produce.

Eliseo dijo:

—Tráiganme un recipiente nuevo y pónganle sal.

Así que se lo llevaron y Eliseo fue hasta el manantial que suministraba el agua a la ciudad, le echó la sal y dijo: «Esto dice el Señor: "Yo he purificado el agua, ya no causará muerte ni esterilidad"». Desde entonces el agua quedó pura, tal como dijo Eliseo.

Después Eliseo salió de Jericó y subió a Betel. Mientras iba por el camino, unos muchachos de la ciudad comenzaron a burlarse y a reírse de él. «¡Vete de aquí, viejo calvo! —gritaban—. ¡Vete de aquí, viejo calvo!». Eliseo se dio la vuelta, los miró y los maldijo en el nombre del Señor. Entonces dos osos salieron del bosque y atacaron a cuarenta y dos de ellos. De allí, Eliseo fue al monte Carmelo y finalmente regresó a Samaria.

✛ ✛ ✛

Joram, hijo de Acab, comenzó a gobernar Israel durante el año dieciocho del reinado de Josafat en Judá y reinó en Samaria doce años. Joram hizo lo malo a los ojos del Señor, aunque no tanto como su padre y su madre.

Por lo menos derribó la columna sagrada de Baal que su padre había levantado. Sin embargo, continuó con los pecados que Jeroboam, hijo de Nabat, había cometido e hizo cometer al pueblo de Israel.

✢

Mesa, rey de Moab, se dedicaba a la cría de ovejas. Acostumbraba pagar al rey de Israel un tributo anual de cien mil corderos y la lana de cien mil carneros; pero después de la muerte de Acab, el rey de Moab se rebeló contra el rey de Israel. Entonces el rey Joram sin demora reunió al ejército de Israel y marchó desde Samaria. Ya en camino, envió este mensaje a Josafat, rey de Judá: «El rey de Moab se ha rebelado contra mí. ¿Saldrás conmigo a la batalla contra él?».

Josafat le respondió: «¡Por supuesto! Tú y yo somos como uno; mis tropas son tus tropas y mis caballos son tus caballos». Entonces preguntó: «¿Qué camino tomaremos?».

Joram contestó: «Atacaremos desde el desierto de Edom».

El rey de Edom y sus tropas también se unieron a ellos, y los tres ejércitos dieron un rodeo a través del desierto durante siete días; pero no había agua para los hombres ni para los animales.

—¿Qué haremos ahora? —clamó el rey de Israel—. El Señor nos ha traído a los tres aquí para que el rey de Moab nos derrote.

Pero el rey Josafat de Judá preguntó:

—¿Acaso no hay ningún profeta del Señor con nosotros? Si es así, podemos preguntarle al Señor por medio de él qué debemos hacer.

Uno de los oficiales del rey Joram respondió:

—Eliseo, hijo de Safat, está entre nosotros. Él era el ayudante personal de Elías.

—Sí, el Señor habla por medio de él —dijo Josafat.

Así que el rey de Israel, el rey Josafat de Judá y el rey de Edom fueron a consultar a Eliseo.

—¿Por qué has venido a verme a mí? —preguntó Eliseo al rey de Israel—. ¡Busca a los profetas paganos de tu padre y de tu madre!

Pero Joram, rey de Israel, dijo:

—¡No! ¿Acaso no ha sido el Señor quien nos trajo a los tres reyes aquí para que el rey de Moab nos derrote?

Eliseo respondió:

—Tan cierto como que el Señor Todopoderoso vive, a quien sirvo, si no fuera por el respeto que le tengo al rey Josafat de Judá, no perdería el tiempo hablando contigo. Ahora, tráiganme a alguien que sepa tocar el arpa.

Mientras tocaban el arpa, el poder del Señor vino sobre Eliseo, quien dijo:

—Esto dice el Señor: "¡Este valle seco se llenará de lagunas! Ustedes no verán viento ni lluvia, dice el Señor, pero este valle se llenará de agua. Habrá suficiente para ustedes, para su ganado y para los demás animales; pero eso es algo muy sencillo para el Señor, ¡porque él les dará la victoria sobre el ejército de Moab! Ustedes conquistarán las mejores ciudades de Moab, incluso las que están fortificadas. Cortarán todos los árboles buenos, taparán todos los manantiales y con piedras arruinarán toda la tierra productiva".

Al día siguiente, como a la hora que se ofrecía el sacrificio matutino, ¡de repente apareció agua! Fluía desde Edom, y pronto hubo agua por todos lados.

Mientras tanto, cuando los moabitas se enteraron de que los tres ejércitos marchaban contra ellos, movilizaron a todos los hombres que tenían edad suficiente para ceñirse una espada, y tomaron posiciones a lo largo de la frontera. Ahora bien, cuando se levantaron a la mañana siguiente, el sol se reflejaba en el agua de tal forma que a los moabitas les pareció ver rojo, como si fuera sangre. «¡Es sangre! —exclamaban—. ¡Seguro los tres ejércitos se atacaron mutuamente y se mataron unos a otros! ¡Hombres de Moab, vamos a recoger el botín!».

Sin embargo, cuando los moabitas llegaron al campamento de los israelitas, el ejército de Israel se levantó y los atacó hasta que se dieron la vuelta y huyeron. Las tropas de Israel los persiguieron hasta dentro de la tierra de Moab, destruyendo todo lo que encontraban a su paso. Destruyeron las ciudades, cubrieron con piedras toda la tierra productiva, taparon todos los manantiales y cortaron todos los árboles buenos. Lo último que quedaba en pie era Kir-hareset con sus murallas de piedra, pero algunos hombres con hondas la rodearon y la atacaron.

Cuando el rey de Moab vio que estaba perdiendo la batalla, salió con setecientos de sus espadachines en un intento desesperado por penetrar en las filas enemigas que estaban cerca del rey de Edom, pero fracasaron. Después el rey de Moab tomó a su hijo mayor, el heredero al trono, y lo sacrificó como una ofrenda quemada sobre la muralla. En consecuencia, hubo un gran enojo contra Israel y los israelitas se retiraron y regresaron a su tierra.

✢

Cierto día, la viuda de un miembro del grupo de profetas fue a ver a Eliseo y clamó:

—Mi esposo, quien te servía, ha muerto, y tú sabes cuánto él temía al Señor; pero ahora ha venido un acreedor y me amenaza con llevarse a mis dos hijos como esclavos.

—¿Cómo puedo ayudarte? —preguntó Eliseo—. Dime, ¿qué tienes en tu casa?

—No tengo nada, solo un frasco de aceite de oliva —contestó ella.

Entonces Eliseo le dijo:

—Pídeles a tus amigos y vecinos que te presten todas las jarras vacías que puedan. Luego ve a tu casa con tus hijos y cierra la puerta. Vierte en las jarras el aceite de oliva que tienes en tu frasco y cuando se llenen ponlas a un lado.

Entonces ella hizo lo que se le indicó. Sus hijos le traían las jarras y ella las llenaba una tras otra. ¡Pronto todas las jarras estaban llenas hasta el borde!

—Tráeme otra jarra —le dijo a uno de sus hijos.

—¡Ya no hay más! —le respondió.

Al instante, el aceite de oliva dejó de fluir.

Cuando ella le contó al hombre de Dios lo que había sucedido, él le dijo: «Ahora vende el aceite de oliva y paga tus deudas; tú y tus hijos pueden vivir de lo que sobre».

Cierto día, Eliseo fue a la ciudad de Sunem y una mujer rica que vivía allí le insistió que fuera a comer a su casa. Después, cada vez que él pasaba por allí, se detenía en esa casa para comer algo.

Entonces la mujer le dijo a su esposo: «Estoy segura de que este hombre que pasa por aquí de vez en cuando es un santo hombre de Dios. Construyamos un pequeño cuarto en el techo para él y pongámosle una cama, una mesa, una silla y una lámpara. Así tendrá un lugar dónde quedarse cada vez que pase por aquí».

Cierto día, Eliseo regresó a Sunem y subió a ese cuarto para descansar. Entonces le dijo a su sirviente, Giezi: «Dile a la mujer sunamita que quiero hablar con ella». Cuando ella llegó, Eliseo le dijo a Giezi: «Dile: "Agradecemos tu amable interés por nosotros. ¿Qué podemos hacer por ti? ¿Quieres que te recomendemos con el rey o con el comandante del ejército?"».

«No —contestó ella—, mi familia me cuida bien».

Más tarde, Eliseo le preguntó a Giezi:

—¿Qué podemos hacer por ella?

—Ella no tiene hijos —contestó Giezi—, y su esposo ya es anciano.

—Llámala de nuevo —le dijo Eliseo.

La mujer regresó y se quedó de pie en la puerta mientras Eliseo le dijo:

—El año que viene, por esta fecha, ¡tendrás un hijo en tus brazos!

—¡No, señor mío! —exclamó ella—. Hombre de Dios, no me engañes así ni me des falsas esperanzas.

Efectivamente, la mujer pronto quedó embarazada y al año siguiente, por esa fecha, tuvo un hijo, tal como Eliseo le había dicho.

Cierto día, el niño, ya más grande, salió a ayudar a su padre en el trabajo con los cosechadores, y de repente gritó: «¡Me duele la cabeza! ¡Me duele la cabeza!».

Su padre le dijo a uno de sus sirvientes: «Llévalo a casa, junto a su madre».

Entonces el sirviente lo llevó a su casa, y la madre lo sostuvo en su regazo; pero cerca del mediodía, el niño murió. Ella lo subió y lo recostó sobre la cama del hombre de Dios; luego cerró la puerta y lo dejó allí. Después le envió un mensaje a su esposo: «Mándame a uno de los sirvientes y un burro para que pueda ir rápido a ver al hombre de Dios y luego volver enseguida».

—¿Por qué ir hoy? —preguntó él—. No es ni festival de luna nueva ni día de descanso.

Pero ella dijo:

—No importa.

Entonces ensilló el burro y le dijo al sirviente: «¡Apúrate! Y no disminuyas el paso a menos que yo te lo diga».

Cuando ella se acercaba al hombre de Dios, en el monte Carmelo, Eliseo la vio desde lejos y le dijo a Giezi: «Mira, allí viene la señora de Sunem. Corre a su encuentro y pregúntale: "¿Están todos bien, tú, tu esposo y tu hijo?"».

«Sí —contestó ella—, todo está bien».

Sin embargo, cuando ella se encontró con el hombre de Dios en la montaña, se postró en el suelo delante de él y se agarró de sus pies. Giezi comenzó a apartarla, pero el hombre de Dios dijo: «Déjala. Está muy angustiada, pero el Señor no me ha dicho qué le pasa».

Entonces ella dijo: «¿Acaso yo te pedí un hijo, señor mío? ¿Acaso no te dije: "No me engañes ni me des falsas esperanzas"?».

Enseguida Eliseo le dijo a Giezi: «¡Prepárate para salir de viaje, toma mi vara y vete! No hables con nadie en el camino. Ve rápido y pon la vara sobre el rostro del niño».

Pero la madre del niño dijo: «Tan cierto como que el Señor vive y que usted vive, yo no regresaré a mi casa a menos que usted venga conmigo». Así que Eliseo volvió con ella.

Giezi se adelantó apresuradamente y puso la vara sobre el rostro del niño, pero no pasó nada. No daba señales de vida. Entonces regresó a encontrarse con Eliseo y le dijo: «El niño sigue muerto».

En efecto, cuando Eliseo llegó, el niño estaba muerto, acostado en la cama del profeta. Eliseo entró solo, cerró la puerta tras sí y oró al Señor. Después se tendió sobre el cuerpo del niño, puso su boca sobre la boca del niño, sus ojos sobre sus ojos y sus manos sobre sus manos. Mientras se tendía sobre él, ¡el cuerpo del niño comenzó a entrar en calor! Entonces

Eliseo se levantó, caminó de un lado a otro en la habitación, y se tendió nuevamente sobre el niño. ¡Esta vez el niño estornudó siete veces y abrió los ojos!

Entonces Eliseo llamó a Giezi y le dijo: «¡Llama a la madre del niño!». Cuando ella entró, Eliseo le dijo: «¡Aquí tienes, toma a tu hijo!». Ella cayó a los pies de Eliseo y se inclinó ante él llena de gratitud. Después tomó a su hijo en brazos y lo llevó abajo.

Eliseo regresó a Gilgal, y había hambre en la tierra. Cierto día, mientras un grupo de profetas estaba sentado frente a él, le dijo a su sirviente: «Pon una olla grande al fuego y prepara un guisado para el resto del grupo».

Entonces uno de los jóvenes fue al campo a recoger hierbas y regresó con el bolsillo lleno de calabazas silvestres. Las cortó en tiras y las puso en la olla, sin darse cuenta de que eran venenosas. Sirvieron un poco del guisado a los hombres, quienes después de comer uno o dos bocados, gritaron: «¡Hombre de Dios, este guisado está envenenado!». Así que no quisieron comerlo.

Eliseo les dijo: «Tráiganme un poco de harina». Entonces la arrojó en la olla y dijo: «Ahora está bien, sigan comiendo». Y ya no les hizo daño.

Otro día, un hombre de Baal-salisa le trajo al hombre de Dios un saco de grano fresco y veinte panes de cebada que había preparado con el primer grano de su cosecha. Entonces Eliseo dijo:

—Dénselo a la gente para que coma.

—¿Qué? —exclamó el sirviente—. ¿Alimentar a cien personas solo con esto?

Pero Eliseo reiteró:

—Dénselo a la gente para que coma, porque esto dice el SEÑOR: "¡Todos comerán, y hasta habrá de sobra!".

Cuando se lo dieron a la gente, hubo suficiente para todos y sobró, tal como el SEÑOR había prometido.

El rey de Aram sentía una gran admiración por Naamán, el comandante del ejército, porque el SEÑOR le había dado importantes victorias a Aram por medio de él; pero a pesar de ser un poderoso guerrero, Naamán padecía de lepra.

En ese tiempo, los saqueadores arameos habían invadido la tierra de Israel, y entre sus cautivos se encontraba una muchacha a quien habían entregado a la esposa de Naamán como criada. Cierto día, la muchacha le dijo a su señora: «Si mi amo tan solo fuera a ver al profeta de Samaria; él lo sanaría de su lepra».

Entonces Naamán le contó al rey lo que había dicho la joven israelita.

«Ve a visitar al profeta —le dijo el rey de Aram—. Te daré una carta de presentación para que se la lleves al rey de Israel».

Entonces Naamán emprendió viaje y llevaba de regalo trescientos cuarenta kilos de plata, sesenta y ocho kilos de oro, y diez mudas de ropa. La carta para el rey de Israel decía: «Mediante esta carta presento a mi siervo Naamán. Quiero que lo sanes de su lepra».

Cuando el rey de Israel leyó la carta, horrorizado, rasgó sus vestiduras y dijo: «¿Acaso soy Dios para dar vida y quitarla? ¿Por qué este hombre me pide que sane a alguien con lepra? Creo que solo busca pelear conmigo».

Sin embargo, cuando Eliseo, hombre de Dios, supo que el rey de Israel había rasgado sus vestiduras en señal de aflicción, le envió este mensaje: «¿Por qué estás tan disgustado? Envíame a Naamán, así él sabrá que hay un verdadero profeta en Israel».

Entonces Naamán fue con sus caballos y carros de guerra y esperó frente a la puerta de la casa de Eliseo; pero Eliseo le mandó a decir mediante un mensajero: «Ve y lávate siete veces en el río Jordán. Entonces tu piel quedará restaurada, y te sanarás de la lepra».

Naamán se enojó mucho y se fue muy ofendido. «¡Yo creí que el profeta iba a salir a recibirme! —dijo—. Esperaba que él moviera su mano sobre la lepra e invocara el nombre del Señor su Dios ¡y me sanara! ¿Acaso los ríos de Damasco —el Abaná y el Farfar— no son mejores que cualquier río de Israel? ¿Por qué no puedo lavarme en uno de ellos y sanarme?». Así que Naamán dio media vuelta y salió enfurecido.

Sus oficiales trataron de hacerle entrar en razón y le dijeron: «Señor, si el profeta le hubiera pedido que hiciera algo muy difícil, ¿usted no lo habría hecho? Así que en verdad debería obedecerlo cuando sencillamente le dice: "¡Ve, lávate y te curarás!"». Entonces Naamán bajó al río Jordán y se sumergió siete veces, tal como el hombre de Dios le había indicado. ¡Y su piel quedó tan sana como la de un niño, y se curó!

Después Naamán y todo su grupo regresaron a buscar al hombre de Dios. Se pararon ante él, y Naamán le dijo:

—Ahora sé que no hay Dios en todo el mundo, excepto en Israel. Así que le ruego que acepte un regalo de su siervo.

Pero Eliseo respondió:

—Tan cierto como que el Señor vive, a quien yo sirvo, no aceptaré ningún regalo.

Aunque Naamán insistió en que aceptara el regalo, Eliseo se negó. Entonces Naamán le dijo:

—Está bien, pero permítame, por favor, cargar dos de mis mulas con tierra de este lugar, y la llevaré a mi casa. A partir de ahora, nunca más presentaré ofrendas quemadas o sacrificios a ningún otro dios que no sea el Señor. Sin embargo, que el Señor me perdone en una sola cosa: cuando mi amo, el rey, vaya al templo del dios Rimón para rendirle culto y se apoye en mi brazo, que el SEÑOR me perdone cuando yo también me incline.

—Ve en paz —le dijo Eliseo.

Así que Naamán emprendió el regreso a su casa.

Ahora bien, Giezi, el sirviente de Eliseo, hombre de Dios, se dijo a sí mismo: «Mi amo no debería haber dejado ir al arameo sin aceptar ninguno de sus regalos. Tan cierto como que el SEÑOR vive, yo iré tras él y le sacaré algo». Entonces Giezi salió en busca de Naamán.

Cuando Naamán vio que Giezi corría detrás de él, bajó de su carro de guerra y fue a su encuentro.

—¿Está todo bien? —le preguntó Naamán.

—Sí —contestó Giezi—, pero mi amo me mandó a decirle que acaban de llegar dos jóvenes profetas de la zona montañosa de Efraín; y él quisiera treinta y cuatro kilos de plata y dos mudas de ropa para ellos.

—Por supuesto, llévate el doble de la plata —insistió Naamán.

Así que le dio dos mudas de ropa, amarró el dinero en dos bolsas y mandó a dos de sus sirvientes para que le llevaran los regalos. Cuando llegaron a la ciudadela, Giezi tomó los regalos de mano de los sirvientes y despidió a los hombres. Luego entró en su casa y escondió los regalos.

Cuando entró para ver a su amo, Eliseo le preguntó:

—¿Adónde fuiste, Giezi?

—A ninguna parte —le contestó él.

Pero Eliseo le preguntó:

—¿No te das cuenta de que yo estaba allí en espíritu cuando Naamán bajó de su carro de guerra para ir a tu encuentro? ¿Acaso es momento de recibir dinero y ropa, olivares y viñedos, ovejas y ganado, sirvientes y sirvientas? Por haber hecho esto, tú y todos tus descendientes sufrirán la lepra de Naamán para siempre.

Cuando Giezi salió de la habitación, estaba cubierto de lepra; su piel se puso blanca como la nieve.

Cierto día, el grupo de profetas fue a ver a Eliseo para decirle:

—Como puedes ver, este lugar, donde nos reunimos contigo es demasiado pequeño. Bajemos al río Jordán, donde hay bastantes troncos. Allí podemos construir un lugar para reunirnos.

—Me parece bien —les dijo Eliseo—, vayan.

—Por favor, ven con nosotros —le dijo uno de ellos.

—Está bien, iré —contestó él.

Entonces Eliseo fue con ellos. Una vez que llegaron al Jordán, comenzaron a talar árboles; pero mientras uno de ellos cortaba un árbol, la cabeza de su hacha cayó al río.

—¡Ay, señor! —gritó—. ¡Era un hacha prestada!

—¿Dónde cayó? —preguntó el hombre de Dios.

Cuando le mostró el lugar, Eliseo cortó un palo y lo tiró al agua en ese mismo sitio. Entonces la cabeza del hacha salió a flote.

—Agárrala —le dijo Eliseo.

Y el hombre extendió la mano y la tomó.

+

Cada vez que el rey de Aram entraba en guerra con Israel, consultaba con sus funcionarios y les decía: «Movilizaremos nuestras fuerzas en tal y tal lugar».

Sin embargo, de inmediato Eliseo, hombre de Dios, le advertía al rey de Israel: «No te acerques a ese lugar, porque allí los arameos piensan movilizar sus tropas». Entonces el rey de Israel mandaba un aviso al lugar indicado por el hombre de Dios. Varias veces Eliseo le advirtió al rey para que estuviera alerta en esos lugares.

Esa situación disgustó mucho al rey de Aram y llamó a sus oficiales y les preguntó:

—¿Quién de ustedes es el traidor? ¿Quién ha estado informándole al rey de Israel acerca de mis planes?

—No somos nosotros, mi señor el rey —respondió uno de los oficiales—. ¡Eliseo, el profeta de Israel, le comunica al rey de Israel hasta las palabras que usted dice en la intimidad de su alcoba!

—Vayan a averiguar dónde está —les ordenó el rey—, para mandar soldados a capturarlo.

Luego le avisaron: «Eliseo está en Dotán». Así que una noche, el rey de Aram envió un gran ejército con muchos caballos y carros de guerra para rodear la ciudad.

Al día siguiente, cuando el sirviente del hombre de Dios se levantó temprano y salió, había tropas, caballos y carros de guerra por todos lados.

—¡Oh señor! ¿Qué vamos a hacer ahora? —gritó el joven a Eliseo.

—¡No tengas miedo! —le dijo Eliseo—. ¡Hay más de nuestro lado que del lado de ellos!

Entonces Eliseo oró: «Oh Señor, ¡abre los ojos de este joven para que vea!». Así que el Señor abrió los ojos del joven, y cuando levantó la vista vio que la montaña alrededor de Eliseo estaba llena de caballos y carros de fuego.

Cuando el ejército arameo avanzó hacia él, Eliseo rogó: «Oh Señor, haz que ellos queden ciegos». Entonces el Señor los hirió con ceguera, tal como Eliseo había pedido.

Luego Eliseo salió y les dijo: «¡Ustedes vinieron por el camino equivocado! ¡Esta no es la ciudad correcta! Síganme y los llevaré a donde está el hombre que buscan», y los guió a la ciudad de Samaria.

Apenas entraron en Samaria, Eliseo pidió en oración: «Oh Señor, ahora ábreles los ojos para que vean». Entonces el Señor les abrió los ojos, y se dieron cuenta de que estaban en el centro de la ciudad de Samaria.

Cuando el rey de Israel los vio, gritó a Eliseo:

—¿Los mato, padre mío, los mato?

—¡Claro que no! —contestó Eliseo—. ¿Acaso matamos a los prisioneros de guerra? Dales de comer y de beber, y mándalos de regreso a su casa, con su amo.

Entonces el rey hizo un gran banquete para ellos y luego los mandó de regreso a su amo. Después de este incidente, los saqueadores arameos se mantuvieron lejos de la tierra de Israel.

Sin embargo, tiempo después, el rey de Aram reunió a todo su ejército y sitió Samaria. Como consecuencia, hubo mucha hambre en la ciudad. Estuvo sitiada por tanto tiempo que la cabeza de un burro se vendía por ochenta piezas de plata, y trescientos mililitros de estiércol de paloma se vendía por cinco piezas de plata.

Cierto día, mientras el rey de Israel caminaba por la muralla de la ciudad, una mujer lo llamó:

—¡Mi señor el rey, por favor, ayúdeme! —le dijo.

Él le respondió:

—Si el Señor no te ayuda, ¿qué puedo hacer yo? No tengo comida en el granero ni vino en la prensa para darte.

Pero después el rey le preguntó:

—¿Qué te pasa?

Ella contestó:

—Esta mujer me dijo: "Mira, comámonos a tu hijo hoy y mañana nos comeremos al mío". Entonces cocinamos a mi hijo y nos lo comimos. Al día siguiente, yo le dije: "Mata a tu hijo para que nos lo comamos", pero ella lo había escondido.

Cuando el rey oyó esto, rasgó sus vestiduras en señal de desesperación; y como seguía caminando por la muralla, la gente pudo ver que debajo del manto real tenía tela áspera puesta directamente sobre la piel. Entonces el rey juró: «Que Dios me castigue y aun me mate si hoy mismo no separo la cabeza de Eliseo de sus hombros».

Eliseo estaba sentado en su casa con los ancianos de Israel cuando el rey mandó a un mensajero a llamarlo; pero antes de que llegara el mensajero, Eliseo dijo a los ancianos: «Un asesino ya mandó a un hombre a cortarme la cabeza. Cuando llegue, cierren la puerta y déjenlo afuera. Pronto oiremos los pasos de su amo detrás de él».

Mientras Eliseo decía esto, el mensajero llegó, y el rey dijo:

—¡Todo este sufrimiento viene del Señor! ¿Por qué seguiré esperando al Señor?

Eliseo le respondió:

—¡Escucha el mensaje del Señor! Esto dice el Señor: "Mañana, a esta hora, en los mercados de Samaria, siete litros de harina selecta costarán apenas una pieza de plata y catorce litros de grano de cebada costarán apenas una pieza de plata".

El funcionario que atendía al rey le dijo al hombre de Dios:

—¡Eso sería imposible aunque el Señor abriera las ventanas del cielo!

Pero Eliseo le respondió:

—¡Lo verás con tus propios ojos, pero no podrás comer nada de eso!

Sucedió que había cuatro hombres con lepra sentados en la entrada de las puertas de la ciudad. «¿De qué nos sirve sentarnos aquí a esperar la muerte? —se preguntaban unos a otros—. Si nos quedamos aquí, moriremos, pero con el hambre que hay en la ciudad, moriremos de hambre también allá si regresamos. Así que mejor sería ir y entregarnos al ejército arameo. Si ellos nos perdonan la vida, mucho mejor; pero si nos matan, igual habríamos muerto».

Así que, al ponerse el sol, salieron hacia el campamento de los arameos; pero cuando se aproximaron al límite del campamento, ¡no había nadie! Pues el Señor había hecho que el ejército arameo escuchara el traqueteo de carros de guerra a toda velocidad, el galope de caballos y los sonidos de un gran ejército que se acercaba. Por eso se gritaron unos a otros: «¡El rey de Israel ha contratado a los hititas y a los egipcios para que nos ataquen!». Así que se llenaron de pánico y huyeron en la oscuridad de la noche; abandonaron sus carpas, sus caballos, sus burros y todo lo demás, y corrieron para salvar la vida.

Cuando los hombres con lepra llegaron al límite del campamento, fueron de carpa en carpa, comieron y bebieron vino, sacaron plata, oro y ropa, y escondieron todo. Finalmente se dijeron entre ellos: «Esto no está bien. Hoy es un día de buenas noticias, ¡y nosotros no lo hemos dicho a nadie! Si esperamos hasta la mañana, seguro que nos ocurre alguna calamidad. ¡Vamos, regresemos al palacio y contémosle a la gente!».

Así que regresaron a la ciudad e informaron a los porteros lo que había sucedido. «Salimos al campamento arameo —dijeron—, ¡y allí no había nadie! Los caballos y los burros estaban atados, y todas las carpas estaban en orden, ¡pero no había ni una sola persona!». Entonces los porteros gritaron la noticia a la gente del palacio.

El rey se levantó de su cama a la mitad de la noche y dijo a sus oficiales:

—Yo sé lo que pasó. Los arameos saben que estamos muriendo de hambre, por eso abandonaron su campamento y están escondidos en el campo; esperan que salgamos de la ciudad para capturarnos vivos y tomar la ciudad.

Entonces uno de sus oficiales le dijo:

—Deberíamos mandar espías a investigar. Que se lleven cinco de los caballos que quedan. Si les pasa algo, no será peor que si se quedan aquí y mueren con todos nosotros.

Así que prepararon dos carros de guerra con caballos, y el rey envió espías para que averiguaran qué le había sucedido al ejército arameo. Los espías recorrieron todo el camino hasta el río Jordán siguiendo un rastro de prendas y objetos tirados por los arameos cuando huyeron desesperadamente. Luego regresaron y le informaron al rey. Entonces la gente de Samaria salió corriendo y saqueó el campamento de los arameos. Así se cumplió ese día, tal como el Señor había prometido, que se venderían siete litros de harina selecta por una pieza de plata y catorce litros de grano de cebada por una pieza de plata. El rey asignó al funcionario que lo atendía para que controlara a las multitudes en la puerta, pero cuando salieron corriendo, lo atropellaron y lo pisotearon y así el hombre murió.

Así que todo sucedió exactamente como el hombre de Dios lo había predicho cuando el rey fue a verlo a su casa. El hombre de Dios le había dicho al rey: «Mañana, a esta hora, en los mercados de Samaria, siete litros de harina selecta costarán una pieza de plata y catorce litros de grano de cebada costarán una pieza de plata».

El funcionario del rey había respondido: «¡Eso sería imposible aunque el Señor abriera las ventanas del cielo!». Y el hombre de Dios había dicho: «¡Lo verás con tus propios ojos, pero no podrás comer nada de eso!». Y así fue, las multitudes lo aplastaron y murió a la entrada de la ciudad.

Eliseo le había dicho a la madre del niño que él había resucitado: «Toma a tu familia y múdate a algún otro lugar, porque el Señor ha decretado que habrá hambre en Israel durante siete años». Entonces la mujer hizo lo que el hombre de Dios le indicó. Tomó a su familia y se estableció en la tierra de los filisteos por siete años.

Una vez que pasó el hambre, la mujer regresó de la tierra de los filisteos y fue a ver al rey para recuperar su casa y sus tierras. Cuando ella entró, el rey estaba conversando con Giezi, el sirviente del hombre de Dios, y acababa de decirle: «Cuéntame algunas de las grandes cosas que ha hecho Eliseo». Cuando Giezi estaba relatándole al rey la ocasión en que Eliseo le había devuelto la vida a un niño, en ese preciso instante, la madre del niño entró para presentarle al rey la petición de su casa y de sus tierras.

—¡Mire, mi señor el rey! —exclamó Giezi—. ¡Ella es la mujer y este es su hijo, el que Eliseo volvió a la vida!

—¿Es cierto? —le preguntó el rey.

Y ella le contó la historia. Entonces el rey dio instrucciones a uno de sus funcionarios para que la mujer recuperara todo lo que había perdido, incluso el valor de todos los cultivos que se habían cosechado durante su ausencia.

Luego Eliseo fue a Damasco, la capital de Aram, donde el rey Ben-adad estaba enfermo. Cuando alguien le informó al rey que el hombre de Dios había llegado, el rey le dijo a Hazael: «Llévale un regalo al hombre de Dios. Luego dile que le pregunte al Señor: "¿Voy a recuperarme de esta enfermedad?"».

Entonces Hazael cargó cuarenta camellos con los mejores productos de Damasco para regalarle a Eliseo. Fue a verlo y le dijo:

—Tu siervo Ben-adad, rey de Aram, me ha enviado a preguntarte: "¿Voy a recuperarme de esta enfermedad?".

Eliseo contestó:

—Ve y dile: "Ciertamente te recuperarás". ¡Pero la verdad es que el Señor me ha mostrado que morirá!

Eliseo se quedó mirando a Hazael tan fijamente que Hazael se sintió incómodo. Entonces el hombre de Dios se puso a llorar.

—¿Qué pasa, mi señor? —le preguntó Hazael.

—Yo sé las cosas terribles que tú le harás al pueblo de Israel —contestó Eliseo—. ¡Quemarás sus ciudades fortificadas, matarás a sus muchachos a filo de espada, estrellarás a sus niños contra el suelo y abrirás el vientre a sus mujeres embarazadas!

Entonces Hazael le dijo:

—¿Cómo podría un don nadie como yo hacer cosas tan grandes como esas?

Eliseo le contestó:

—El Señor me ha mostrado que tú serás rey de Aram.

Cuando Hazael se despidió de Eliseo y regresó, el rey le preguntó:

—¿Qué te dijo Eliseo?

—Me dijo que es seguro que te recuperarás —contestó Hazael.

Ahora bien, al día siguiente, Hazael agarró una manta, la empapó en agua y se la puso al rey sobre la cara hasta que murió. Entonces Hazael pasó a ser el siguiente rey de Aram.

✛ ✛ ✛

Yoram, hijo del rey Josafat de Judá, comenzó a gobernar Judá durante el quinto año del reinado de Joram, hijo de Acab, rey de Israel. Yoram tenía treinta y dos años cuando subió al trono, y reinó en Jerusalén ocho años. Sin embargo, siguió el ejemplo de los reyes de Israel y fue tan perverso como el rey Acab, porque se había casado con una de las hijas de Acab. Así que Yoram hizo lo malo a los ojos del Señor. El Señor no quiso destruir a Judá porque le había prometido a su siervo David que sus descendientes seguirían gobernando, brillando como una lámpara por siempre.

Durante el reinado de Yoram, los edomitas se rebelaron contra Judá y coronaron a su propio rey. Entonces Yoram marchó con todos sus carros de guerra a atacar la ciudad de Zair. Los edomitas rodearon a Yoram y a los comandantes de sus carros de guerra, pero él los atacó de noche al abrigo de la oscuridad. Sin embargo, el ejército de Yoram lo abandonó y los soldados huyeron a sus casas. Así que Edom ha sido independiente de Judá hasta el día de hoy. La ciudad de Libna también se rebeló por ese mismo tiempo.

Los demás acontecimientos del reinado de Yoram y todo lo que hizo están registrados en *El libro de la historia de los reyes de Judá*. Cuando Yoram murió, lo enterraron con sus antepasados en la Ciudad de David. Luego su hijo Ocozías lo sucedió en el trono.

✣ ✣ ✣

Ocozías, hijo de Yoram, comenzó a gobernar Judá durante el año doce del reinado de Joram, hijo de Acab, rey de Israel.

Ocozías tenía veintidós años cuando subió al trono y reinó en Jerusalén un año. Su madre se llamaba Atalía y era nieta del rey Omri de Israel. Ocozías siguió el mal ejemplo de la familia del rey Acab. Hizo lo malo a los ojos del Señor, igual que la familia de Acab, pues eran parientes políticos.

Ocozías se unió a Joram, hijo de Acab, en su guerra contra el rey Hazael de Aram en Ramot de Galaad. Cuando los arameos hirieron al rey Joram en la batalla, él regresó a Jezreel para recuperarse de las heridas que había recibido en Ramot. Como Joram estaba herido, el rey Ocozías de Judá fue a visitarlo a Jezreel.

Mientras tanto, el profeta Eliseo mandó llamar a un miembro del grupo de profetas. «Prepárate para viajar —le dijo—, y llévate este frasco de aceite de oliva. Ve a Ramot de Galaad, y busca a Jehú, hijo de Josafat, hijo de Nimsi. Llévalo a un cuarto privado, lejos de sus amigos, y derrama el aceite sobre su cabeza. Dile: "Esto dice el Señor: 'Yo te unjo para que seas rey de Israel'". Luego abre la puerta ¡y corre por tu vida!».

Entonces el joven profeta hizo lo que se le indicó y fue a Ramot de Galaad. Cuando llegó, encontró a Jehú sentado junto con otros oficiales del ejército.

—Tengo un mensaje para usted, comandante —le dijo.
—¿Para quién de nosotros? —preguntó Jehú.
—Para usted, comandante —le contestó.

Entonces Jehú dejó a los otros y entró en la casa. Acto seguido, el joven profeta derramó el aceite sobre la cabeza de Jehú y dijo: «Esto es lo que el Señor, Dios de Israel, dice: "Yo te unjo rey del pueblo del Señor, Israel. Tú destruirás a la familia de Acab, tu amo. Así vengaré el asesinato de mis profetas y de todos los siervos del Señor a quienes Jezabel mató. Es preciso que toda la familia de Acab sea aniquilada. Destruiré a cada uno de sus descendientes varones, tanto esclavos como libres, en todo Israel. Destruiré a la familia de Acab así como destruí a las familias de Jeroboam, hijo de Nabat, y de Baasa, hijo de Ahías. Los perros se comerán a Jezabel, la esposa de Acab, en la parcela en Jezreel, y nadie la enterrará"». Enseguida el joven profeta abrió la puerta y salió corriendo.

Jehú regresó a donde estaban los otros oficiales y uno de ellos le preguntó:
—¿Qué quería ese loco? ¿Está todo bien?
—Ya sabes cómo parlotea un hombre de esos —contestó Jehú.
—Estás ocultando algo —le dijeron ellos—, cuéntanos.

Entonces Jehú les contó:
—Él me dijo: "Esto dice el Señor: 'Yo te he ungido para que seas rey de Israel'".

Enseguida ellos tendieron sus mantos sobre las gradas y tocaron el cuerno de carnero mientras gritaban: «¡Jehú es rey!».

Entonces Jehú, hijo de Josafat, hijo de Nimsi, encabezó una conspiración contra el rey Joram. (Joram había estado con el ejército en Ramot de Galaad, defendiendo a Israel contra las fuerzas del rey Hazael de Aram; pero el rey Joram fue herido durante la batalla y regresó a Jezreel para recuperarse). Así que Jehú dijo a sus hombres: «Si ustedes quieren que yo sea rey, no dejen que nadie salga de la ciudad y vaya a Jezreel para informar lo que hemos hecho».

Entonces Jehú subió a un carro de guerra y fue a Jezreel a buscar al rey Joram, quien estaba allí, acostado y herido. El rey Ocozías de Judá también se encontraba allí porque había ido a visitarlo. Cuando el centinela de la torre de Jezreel divisó a Jehú y a sus acompañantes acercándose, gritó a Joram:
—¡Una compañía de soldados se aproxima!
—Manda a un jinete a preguntarles si vienen en son de paz —ordenó el rey Joram.

Así que salió un jinete al encuentro de Jehú y le dijo:
—El rey quiere saber si vienes en son de paz.
—¿Y tú qué sabes de paz? —preguntó Jehú—. ¡Únete a nosotros!

Entonces el centinela gritó al rey: «¡El mensajero llegó hasta ellos, pero no regresa!».

De modo que el rey envió a un segundo jinete, el cual cabalgó hasta donde ellos estaban y les dijo:

—El rey quiere saber si vienen en son de paz.

Y otra vez Jehú respondió:

—¿Y tú qué sabes de paz? ¡Únete a nosotros!

El centinela exclamó: «¡El mensajero llegó hasta ellos, pero tampoco regresa! Debe ser Jehú, el hijo de Nimsi, porque conduce como un loco».

«¡Rápido! ¡Preparen mi carro!», ordenó el rey Joram. Entonces el rey Joram de Israel y el rey Ocozías de Judá salieron en sus carros de guerra a encontrarse con Jehú. Dieron con él en la parcela que había pertenecido a Nabot de Jezreel. El rey Joram preguntó:

—¿Vienes en son de paz, Jehú?

—¿Cómo puede haber paz cuando la idolatría y la brujería de tu madre, Jezabel, están por todas partes? —contestó Jehú.

Entonces el rey Joram, dando vuelta a sus caballos para huir, le gritó a Ocozías: «¡Traición, Ocozías!». Jehú tensó su arco y le disparó a Joram entre los hombros. La flecha le atravesó el corazón, y Joram cayó muerto dentro de su carro.

Luego Jehú le dijo a su oficial, Bidcar: «Arrójenlo en la parcela que perteneció a Nabot de Jezreel. ¿Recuerdas cuando tú y yo íbamos a caballo detrás de su padre, Acab? El SEÑOR declaró este mensaje en su contra cuando dijo: "Juro solemnemente, dice el SEÑOR, que en esta misma parcela le daré su merecido por el asesinato que vi ayer de Nabot y de sus hijos". Así que tírenlo en la propiedad de Nabot, tal como dijo el SEÑOR».

Al ver lo que pasaba, el rey Ocozías de Judá huyó por el camino que lleva a Bet-hagan. Entonces Jehú lo siguió gritando: «¡Dispárenle a él también!». Así que hirieron a Ocozías en su carro de guerra en la cuesta de Gur, cerca de Ibleam. Pudo llegar hasta Meguido, pero allí murió. Sus sirvientes lo llevaron en el carro de guerra hasta Jerusalén, donde lo enterraron junto a sus antepasados, en la Ciudad de David. Ocozías había comenzado a reinar en Judá durante el año once del reinado de Joram, hijo de Acab.

Cuando Jezabel, la reina madre, supo que Jehú había llegado a Jezreel, se pintó los párpados, se arregló el cabello y se sentó frente a una ventana. Cuando Jehú entró por la puerta del palacio, ella le gritó: «¿Has venido en son de paz, asesino? ¡Tú eres igual a Zimri, quien mató a su amo!».

Jehú levantó la vista, la vio en la ventana y gritó: «¿Quién está de mi lado?». Entonces dos o tres eunucos se asomaron a verlo. «¡Tírenla abajo!», gritó Jehú. Así que la arrojaron por la ventana, y su sangre salpicó la pared y los caballos; y Jehú pisoteó el cuerpo de Jezabel con las patas de sus caballos.

Luego Jehú entró al palacio, comió y bebió. Después de un rato dijo: «Que alguien se encargue de enterrar a esa maldita mujer, porque era hija de un rey»; pero cuando fueron a enterrarla, solo encontraron el cráneo, los pies y las manos.

Cuando regresaron y le contaron a Jehú, él declaró: «Eso cumple el mensaje que el Señor dio por medio de su siervo Elías de Tisbé, quien dijo: "Los perros se comerán el cuerpo de Jezabel en la parcela de Jezreel. Sus restos quedarán desparramados como estiércol en la parcela de Jezreel, para que nadie pueda reconocerla"».

Acab tenía setenta hijos que vivían en la ciudad de Samaria. Así que Jehú escribió cartas y las envió a Samaria, a los ancianos y funcionarios de la ciudad y a los tutores de los hijos de Acab. Les escribió: «Los hijos del rey están con ustedes y ustedes tienen a su disposición carros de guerra, caballos, armas y una ciudad fortificada. En cuanto reciban esta carta, escojan al más competente de los hijos de su amo para que sea su rey y prepárense para pelear por la dinastía de Acab».

Entonces se paralizaron de miedo y dijeron: «¡Hemos visto que dos reyes no pudieron contra este hombre! ¿Qué podemos hacer nosotros?».

Así que los administradores del palacio y de la ciudad, junto con los ancianos y con los tutores de los hijos del rey, enviaron el siguiente mensaje a Jehú: «Somos sus sirvientes y haremos todo lo que nos diga. No proclamaremos rey a nadie; haga lo que mejor le parezca».

Jehú respondió con una segunda carta: «Si ustedes están de mi lado y van a obedecerme, tráiganme a Jezreel la cabeza de cada uno de los hijos de su amo mañana, a esta hora». Los setenta hijos del rey estaban al cuidado de los líderes de Samaria, en donde se les había criado desde la niñez. Cuando llegó la carta, los líderes mataron a los setenta hijos del rey; pusieron las cabezas en canastos y se las entregaron a Jehú, quien estaba en Jezreel.

Un mensajero fue a ver a Jehú y le dijo:

—Han traído las cabezas de los hijos del rey.

Entonces Jehú ordenó:

—Apílenlas en dos montones a la entrada de la puerta de la ciudad y déjenlas allí hasta la mañana.

Al día siguiente, Jehú salió y habló a la multitud que se había juntado: «Ustedes no tienen la culpa —les dijo—. Yo soy el que conspiró contra mi amo y lo mató; pero ¿quién mató a todos estos? No tengan duda de que se cumplirá el mensaje que el Señor dio acerca de la familia de Acab. El Señor declaró por medio de su siervo Elías que esto sucedería». Después Jehú mató a los demás parientes de Acab que vivían en Jezreel, a todos sus funcionarios importantes, a sus amigos personales y a sus sacerdotes. Así que a Acab no le quedó ningún descendiente.

Entonces Jehú partió hacia Samaria. En el camino, mientras estaba en Bet-eked de los Pastores, se cruzó con unos parientes del rey Ocozías, de Judá.

—¿Quiénes son ustedes? —les preguntó.

Y ellos contestaron:

—Somos parientes del rey Ocozías. Vamos a visitar a los hijos del rey Acab y a los hijos de la reina madre.

«¡Tráiganlos vivos!», gritó Jehú a sus hombres. Así que los capturaron, cuarenta y dos en total, y los mataron junto al pozo de Bet-eked. No escapó ninguno.

Cuando Jehú salió de allí, encontró a Jonadab, hijo de Recab, quien venía a su encuentro. Después de saludarse, Jehú le dijo:

—¿Me eres tan leal como yo lo soy contigo?

—Sí, lo soy —contestó Jonadab.

—Si lo eres —dijo Jehú—, entonces estréchame la mano.

Jonadab le dio la mano y Jehú lo ayudó a subirse al carro. Luego Jehú le dijo:

—Ven conmigo y verás lo dedicado que soy al Señor.

Y Jonadab lo acompañó en su carro.

Cuando Jehú llegó a Samaria, mató a todos los que quedaban de la familia de Acab, tal como el Señor había prometido por medio de Elías.

Luego Jehú convocó a una reunión a toda la gente de la ciudad y les dijo: «¡La forma en que Acab le rindió culto a Baal no fue nada en comparación con la forma en que yo voy a rendirle culto! Por lo tanto, manden llamar a todos los profetas y a los que veneran a Baal y reúnan a todos sus sacerdotes. Asegúrense de que vengan todos, porque voy a ofrecer un gran sacrificio a Baal. Cualquiera que no venga será ejecutado»; pero el astuto plan de Jehú consistía en destruir a todos los que rendían culto a Baal.

Después Jehú ordenó: «¡Preparen una asamblea solemne para rendir culto a Baal!». Así que lo hicieron. Mandó mensajeros por todo Israel para convocar a los que veneraban a Baal. Asistieron todos —no faltó ninguno— y llenaron el templo de Baal de un extremo al otro. Entonces Jehú le indicó al encargado del guardarropa: «Asegúrate de que todos los que rinden culto a Baal tengan puesto uno de estos mantos». Así que a cada uno de ellos se le dio un manto.

Después Jehú entró al templo de Baal con Jonadab, hijo de Recab, y les dijo a los que veneraban a Baal: «Asegúrense de que aquí no haya nadie que adora al Señor, solo los que rinden culto a Baal». Así que estaban todos adentro del templo para ofrecer sacrificios y ofrendas quemadas. Ahora bien, Jehú había puesto a ochenta de sus hombres fuera del edificio y les había advertido: «Si dejan que alguno se escape, pagarán con su propia vida».

Apenas Jehú terminó de sacrificar la ofrenda quemada, les ordenó a sus guardias y oficiales: «¡Entren y mátenlos a todos! ¡Que no escape nadie!». Así que los guardias y oficiales los mataron a filo de espada y arrastraron los cuerpos fuera. Luego los hombres de Jehú entraron en la fortaleza más recóndita del templo de Baal y sacaron a rastras la columna sagrada que se usaba para rendir culto a Baal y la quemaron. Destrozaron la columna sagrada, demolieron el templo de Baal y lo convirtieron en un baño público; y así quedó hasta el día de hoy.

De esa forma, Jehú destruyó todo rastro del culto a Baal en Israel. Sin embargo, no destruyó los becerros de oro que estaban en Betel y en Dan, con los cuales Jeroboam, hijo de Nabat, había hecho pecar a Israel.

No obstante, el Señor le dijo a Jehú: «Hiciste bien al seguir mis instrucciones de destruir a la familia de Acab. Por lo tanto, tus descendientes serán reyes de Israel hasta la cuarta generación»; pero Jehú no obedeció con todo el corazón la ley del Señor, Dios de Israel. Se negó a abandonar los pecados que Jeroboam hizo cometer a Israel.

Por ese tiempo, el Señor comenzó a reducir el tamaño del territorio de Israel. El rey Hazael conquistó varias regiones del país al oriente del río Jordán, entre ellas, toda la tierra de Galaad, de Gad, de Rubén y de Manasés. El área que conquistó se extendía desde la ciudad de Aroer, cerca del valle del Arnón, hasta tan al norte como Galaad y Basán.

Los otros acontecimientos del reinado de Jehú —todo lo que hizo y todos sus logros— están registrados en *El libro de la historia de los reyes de Israel*.

Cuando Jehú murió, lo enterraron en Samaria; y su hijo Joacaz lo sucedió en el trono. Jehú reinó en Israel desde Samaria durante veintiocho años en total.

✢ ✢ ✢

Cuando Atalía, la madre del rey Ocozías de Judá, supo que su hijo había muerto, comenzó a aniquilar al resto de la familia real; pero Josaba, hermana de Ocozías e hija del rey Yoram, tomó a Joás, el hijo más pequeño de Ocozías, y lo rescató de entre los demás hijos del rey que estaban a punto de ser ejecutados. Puso a Joás y a su nodriza en un dormitorio y lo escondieron de Atalía; por eso el niño no fue asesinado. Joás permaneció escondido en el templo del Señor durante seis años, mientras Atalía gobernaba el país.

En el séptimo año del reinado de Atalía, el sacerdote Joiada mandó llamar al templo del Señor a los comandantes, a los mercenarios cariteos y a los guardias del palacio. Hizo un pacto solemne con ellos y los obligó a hacer un juramento de lealtad allí, en el templo del Señor; luego les mostró al hijo del rey.

Joiada les dijo: «Tienen que hacer lo siguiente: una tercera parte de ustedes, los que están de turno el día de descanso, vigilarán el palacio real; otra tercera parte de ustedes hará guardia en la puerta Sur; y la otra tercera parte lo hará detrás de la guardia del palacio. Los tres grupos vigilarán el palacio. Los dos grupos que no están de turno el día de descanso guardarán al rey en el templo del Señor. Formen una escolta alrededor del rey y tengan sus armas en la mano. Maten a cualquiera que intente penetrar las filas. Quédense junto al rey vaya donde vaya».

Así que los comandantes hicieron todo tal como el sacerdote Joiada les había ordenado. Los comandantes se encargaron de los hombres que se presentaban para su turno ese día de descanso, así como de los que terminaban el suyo. Los llevaron a todos ante el sacerdote Joiada, quien les dio las lanzas y los escudos pequeños que habían pertenecido al rey David y estaban guardados en el templo del Señor. Los guardias del palacio se ubicaron alrededor del rey, con sus armas listas. Formaron una hilera desde el lado sur del templo hasta el lado norte y alrededor del altar.

Entonces Joiada sacó a Joás, el hijo del rey, puso la corona sobre su cabeza y le entregó una copia de las leyes de Dios. Lo ungieron y lo proclamaron rey, y todos aplaudieron y gritaron: «¡Viva el rey!».

Cuando Atalía oyó el ruido que hacían los guardias del palacio y la gente, fue de prisa al templo del Señor para ver qué pasaba. Cuando llegó, vio al recién coronado rey de pie en el lugar de autoridad, junto a la columna, como era la costumbre durante las coronaciones. Los comandantes y los trompetistas lo rodeaban, y gente de todo el reino celebraba y tocaba las trompetas. Cuando Atalía vio todo esto, rasgó su ropa en señal de desesperación y gritó: «¡Traición! ¡Traición!».

Después el sacerdote Joiada ordenó a los comandantes que estaban a cargo de las tropas: «Llévensela a los soldados que están de guardia frente al templo, y maten a cualquiera que intente rescatarla». Pues el sacerdote había dicho: «No deben matarla dentro del templo del Señor». Por eso la agarraron y la llevaron a la puerta por donde los caballos entraban al predio del palacio, y allí la mataron.

Luego Joiada hizo un pacto entre el Señor y el rey y el pueblo, de que serían el pueblo del Señor. También hizo un pacto entre el rey y el pueblo. Así que toda la gente fue al templo de Baal y entre todos lo destruyeron; demolieron los altares, hicieron pedazos los ídolos y mataron a Matán, el sacerdote de Baal, frente a los altares.

El sacerdote Joiada puso guardias en el templo del Señor. Después los comandantes, los mercenarios cariteos, los guardias del palacio y toda la gente del reino escoltaron al rey desde el templo del Señor; pasaron por la puerta de la guardia y entraron al palacio, y el rey se sentó en el trono real. Toda la gente del reino se alegró, y la ciudad estaba tranquila porque Atalía había sido ejecutada en el palacio del rey.

+ + +

Joás tenía siete años cuando subió al trono.

Joás comenzó a gobernar Judá durante el séptimo año del reinado de Jehú en Israel y reinó en Jerusalén cuarenta años. Su madre se llamaba Sibia y era de Beerseba. Durante toda su vida Joás hizo lo que era agradable a los ojos del Señor porque el sacerdote Joiada lo aconsejaba; pero aun así, no destruyó los santuarios paganos, y la gente seguía ofreciendo sacrificios y quemando incienso allí.

Cierto día, el rey Joás dijo a los sacerdotes: «Recojan todo el dinero que se traiga como ofrenda sagrada al templo del Señor, ya sea el pago de una cuota, el de los votos o una ofrenda voluntaria. Los sacerdotes tomarán de este dinero para pagar cualquier reparación que haya que hacer en el templo».

Sin embargo, en el año veintitrés del reinado de Joás, los sacerdotes aún no habían reparado el templo. Entonces el rey Joás mandó llamar a Joiada y a los demás sacerdotes y les preguntó: «¿Por qué no han reparado el templo? Ya no tomen más dinero para sus propias necesidades. De ahora en adelante, todo debe usarse en la reparación del templo». Así que los sacerdotes acordaron no aceptar más dinero de la gente y también estuvieron de acuerdo en que otros tomaran la responsabilidad de reparar el templo.

Luego el sacerdote Joiada tomó un cofre grande, le hizo un agujero en la tapa y lo puso al lado derecho del altar, en la entrada del templo del Señor. Los sacerdotes que cuidaban la entrada ponían dentro del cofre todas las contribuciones de la gente. Cada vez que el cofre se llenaba, el secretario de la corte y el sumo sacerdote contaban el dinero que la gente había traído al templo del Señor y después lo metían en bolsas. Luego entregaban el dinero a los supervisores de la construcción, quienes a su vez lo usaban para pagarle a la gente que trabajaba en el templo del Señor: los carpinteros, los constructores, los albañiles y los picapedreros. También utilizaron el dinero para comprar la madera y la piedra labrada necesarias para reparar el templo del Señor, y pagaron todo tipo de gasto relacionado con la restauración del templo.

El dinero que se traía al templo no se usó para hacer copas de plata ni despabiladeras, tazones, trompetas ni otros objetos de oro o de plata para el templo del Señor. Se asignó a los trabajadores, quienes lo utilizaron para hacer las reparaciones del templo. No fue necesario pedir cuentas de este dinero a los supervisores de la construcción, porque eran hombres honestos y dignos de confianza. Sin embargo, el dinero que se recibió de ofrendas por la culpa y de ofrendas por el pecado no se llevó al templo del Señor. Se le entregó a los sacerdotes para su uso personal.

En esos días, el rey Hazael de Aram entró en guerra contra Gat y la tomó. Luego se dirigió a atacar Jerusalén. Entonces el rey Joás recogió todos los objetos sagrados que Josafat, Yoram y Ocozías —los reyes anteriores de Judá— habían dedicado junto con los que él mismo había dedicado. Después le envió todo a Hazael, junto con el oro que había en los tesoros del templo del Señor y en el palacio real. Como resultado, Hazael suspendió su ataque a Jerusalén.

Los demás acontecimientos del reinado de Joás y todo lo que hizo están registrados en *El libro de la historia de los reyes de Judá*.

Ahora bien, los funcionarios de Joás conspiraron contra él y lo asesinaron en Bet-milo, rumbo a Sila. Los asesinos eran consejeros de confianza: Josacar, hijo de Simeat, y Jozabad, hijo de Somer. Joás fue enterrado con sus antepasados en la Ciudad de David. Luego su hijo Amasías lo sucedió en el trono.

+ + +

Joacaz, hijo de Jehú, comenzó a gobernar Israel durante el año veintitrés del reinado de Joás en Judá; y reinó en Samaria diecisiete años. Él hizo lo malo a los ojos del Señor. Siguió el ejemplo de Jeroboam, hijo de Nabat, y continuó con los pecados que Jeroboam hizo cometer a Israel. Por eso el Señor estaba muy enojado con los israelitas y permitió que el rey Hazael de Aram y su hijo Ben-adad los derrotaran en repetidas ocasiones.

Entonces Joacaz pidió en oración la ayuda del Señor, y el Señor oyó su oración, pues veía la cruel opresión que el rey de Aram ejercía sobre Israel. Así que el Señor envió a un hombre para rescatar a los israelitas de la tiranía de los arameos. Después Israel vivió a salvo otra vez como en tiempos anteriores.

Sin embargo, los israelitas siguieron pecando, siguiendo el mal ejemplo de Jeroboam. También dejaron en pie el poste dedicado a la diosa Asera en Samaria. Finalmente, el ejército de Joacaz quedó reducido a cincuenta conductores de carros de guerra, diez carros de guerra y diez mil soldados de infantería. El rey de Aram había matado a los demás, pisoteándolos como al polvo debajo de sus pies.

Los demás acontecimientos del reinado de Joacaz —todo lo que hizo y el alcance de su poder— están registrados en *El libro de la historia de los reyes de Israel*. Cuando Joacaz murió, lo enterraron en Samaria. Luego su hijo Yoás lo sucedió en el trono.

+ + +

Yoás, hijo de Joacaz, comenzó a gobernar Israel durante el año treinta y siete del reinado de Joás en Judá, y reinó en Samaria dieciséis años. Él hizo lo malo a los ojos del Señor. Se negó a apartarse de los pecados que Jeroboam, hijo de Nabat, hizo cometer a Israel.

Los demás acontecimientos del reinado de Yoás y todo lo que hizo, incluso el alcance de su poder y su guerra contra el rey Amasías de Judá, están registrados en *El libro de la historia de los reyes de Israel*. Cuando Yoás murió, lo enterraron en Samaria con los reyes de Israel. Luego su hijo Jeroboam II lo sucedió en el trono.

+ + +

Cuando Eliseo cayó enfermo de muerte, el rey Yoás de Israel fue a visitarlo y lloró sobre él diciendo:

—¡Padre mío! ¡Padre mío! ¡Veo los carros de Israel con sus conductores!

Eliseo le dijo:

—Consigue un arco y algunas flechas.

Y el rey hizo lo que se le indicó. Luego Eliseo le dijo:

—Pon tu mano sobre el arco.

Eliseo puso sus dos manos sobre las manos del rey. Luego le ordenó:

—Abre la ventana que da al oriente.

Él la abrió, y Eliseo le dijo:

—¡Dispara!

Así que el rey disparó una flecha y Eliseo proclamó:

—Esta es la flecha del Señor, una flecha de victoria sobre Aram, porque tú conquistarás por completo a los arameos en Afec.

Luego Eliseo dijo:

—Ahora levanta las demás flechas y golpéalas contra el piso.

Entonces el rey las tomó y golpeó el piso tres veces; pero el hombre de Dios se enojó con él y exclamó:

—¡Tendrías que haber golpeado el piso cinco o seis veces! Así habrías vencido a Aram hasta destruirlo por completo. Ahora saldrás vencedor solamente tres veces.

Después Eliseo murió y fue enterrado.

Unos grupos de saqueadores moabitas solían invadir el país cada primavera. Cierta vez, mientras unos israelitas enterraban a un hombre, divisaron a una banda de esos saqueadores. Entonces en el apuro arrojaron el cuerpo en la tumba de Eliseo y huyeron; pero en cuanto el cuerpo tocó los huesos de Eliseo, ¡el muerto resucitó y de un salto se puso de pie!

El rey Hazael de Aram había oprimido a Israel durante todo el reinado de Joacaz, pero el SEÑOR tuvo bondad y misericordia de los israelitas y no los destruyó por completo. Tuvo compasión de ellos por el pacto que había hecho con Abraham, Isaac y Jacob; y hasta el día de hoy no los ha destruido por completo ni los ha expulsado de su presencia.

El rey Hazael de Aram murió y su hijo Ben-adad lo sucedió en el trono. Entonces Yoás, hijo de Joacaz, recuperó de manos de Ben-adad, hijo de Hazael, las ciudades que le habían quitado a Joacaz, su padre. Yoás venció a Ben-adad en tres oportunidades y así recuperó las ciudades israelitas.

+ + +

Amasías, hijo de Joás, comenzó a gobernar Judá durante el segundo año del reinado de Yoás en Israel. Amasías tenía veinticinco años cuando subió al trono y reinó en Jerusalén veintinueve años. Su madre se llamaba Joadín y era de Jerusalén. Amasías hizo lo que era agradable a los ojos del SEÑOR, pero no tanto como su antepasado David. Amasías siguió, en cambio, el ejemplo de su padre, Joás. No destruyó los santuarios paganos, y la gente siguió ofreciendo sacrificios y quemando incienso allí.

Cuando Amasías se afianzó en el trono, ejecutó a los funcionarios que habían asesinado a su padre. Sin embargo, no mató a los hijos de los asesinos porque obedeció el mandato del SEÑOR que Moisés había escrito en el libro de la ley: «Los padres no tienen que morir por los pecados de sus hijos, ni los hijos deben morir por los pecados de sus padres. Los que merezcan la muerte serán ejecutados por sus propios delitos».

Amasías también mató a diez mil edomitas en el valle de la Sal. Además, conquistó la ciudad de Sela y le cambió el nombre a Jocteel, como se le conoce hasta el día de hoy.

Cierto día, Amasías envió mensajeros al rey Yoás de Israel, hijo de Joacaz y nieto de Jehú, para transmitirle un desafío: «¡Ven y enfréntate conmigo en batalla!».

Entonces el rey Yoás de Israel respondió a Amasías, rey de Judá, con el siguiente relato: «En las montañas del Líbano, un cardo le envió un mensaje a un poderoso cedro: "Entrega a tu hija en matrimonio a mi hijo"; pero justo en ese momento, un animal salvaje del Líbano pasó por allí, ¡pisó el cardo y lo aplastó!

»Es cierto que has derrotado a Edom y estás orgulloso de eso, pero

¡confórmate con tu victoria y quédate en casa! ¿Para qué causar problemas que solo te traerán calamidad a ti y al pueblo de Judá?».

Sin embargo, Amasías no le hizo caso; entonces Yoás, rey de Israel, movilizó a su ejército contra Amasías, rey de Judá. Los dos ejércitos se pusieron en pie de guerra en Bet-semes, en Judá. El ejército de Israel venció de manera aplastante a Judá, y sus soldados se dispersaron y huyeron a sus casas. En Bet-semes, el rey Yoás de Israel capturó a Amasías, rey de Judá, hijo de Joás y nieto de Ocozías. Después se dirigió a Jerusalén, donde demolió ciento ochenta metros de la muralla de la ciudad, desde la puerta de Efraín hasta la puerta de la Esquina. Se llevó todo el oro y la plata, y todos los objetos del templo del SEÑOR. También se apoderó de los tesoros del palacio real y tomó rehenes; luego regresó a Samaria.

Los demás acontecimientos del reinado de Yoás y todo lo que hizo, incluso el alcance de su poder y su guerra contra Amasías, rey de Judá, están registrados en *El libro de la historia de los reyes de Israel*. Cuando Yoás murió, lo enterraron en Samaria con los reyes de Israel y su hijo Jeroboam II lo sucedió en el trono.

Amasías, rey de Judá, vivió quince años más después de la muerte del rey Yoás de Israel. Los demás acontecimientos del reinado de Amasías están registrados en *El libro de la historia de los reyes de Judá*.

Hubo una conspiración en Jerusalén contra la vida de Amasías, y el rey huyó a Laquis; pero sus enemigos mandaron a unos asesinos tras él, y lo mataron allí. Llevaron su cuerpo a Jerusalén sobre un caballo y lo enterraron con sus antepasados en la Ciudad de David.

Todo el pueblo de Judá había coronado a Uzías, hijo de Amasías, quien tenía dieciséis años de edad, para que reinara en lugar de su padre. Después de la muerte de su padre, Uzías reconstruyó la ciudad de Elat y la restituyó a Judá.

✢ ✢ ✢

Jeroboam II, hijo de Yoás, comenzó a gobernar Israel durante el año quince del reinado de Amasías en Judá, y reinó en Samaria cuarenta y un años. Jeroboam II hizo lo malo a los ojos del SEÑOR. Se negó a apartarse de los pecados que Jeroboam, hijo de Nabat, hizo cometer a Israel. Jeroboam II recuperó los territorios de Israel que estaban entre Lebo-hamat y el mar Muerto, tal como había prometido el SEÑOR, Dios de Israel, por medio del profeta Jonás, hijo de Amitai, profeta de Gat-hefer.

El SEÑOR vio el amargo sufrimiento de todos en Israel, y no había ningún israelita, ni esclavo ni libre, que los ayudara. Como el SEÑOR no había dicho que borraría el nombre de Israel por completo, usó a Jeroboam II, hijo de Yoás, para salvarlos.

Los demás acontecimientos del reinado de Jeroboam II y todo lo que hizo —incluso el alcance de su poder, sus guerras y cómo recuperó para Israel las ciudades de Damasco y Hamat, que habían pertenecido a Judá— están registrados en *El libro de la historia de los reyes de Israel*. Cuando Jeroboam II murió, lo enterraron en Samaria con los reyes de Israel. Luego su hijo Zacarías lo sucedió en el trono.

+ + +

Uzías, hijo de Amasías, comenzó a gobernar Judá durante el año veintisiete del reinado de Jeroboam II, en Israel. Tenía dieciséis años cuando subió al trono y reinó en Jerusalén cincuenta y dos años. Su madre se llamaba Jecolías y era de Jerusalén.

El rey hizo lo que era agradable a los ojos del Señor, así como su padre Amasías. Sin embargo, no destruyó los santuarios paganos, y la gente siguió ofreciendo sacrificios y quemando incienso allí. El Señor hirió al rey con lepra, enfermedad que le duró hasta el día de su muerte; y vivió aislado en una casa aparte. Su hijo Jotam quedó encargado del palacio real y él gobernaba a los habitantes del reino.

Los demás acontecimientos del reinado de Uzías y todo lo que hizo están registrados en *El libro de la historia de los reyes de Judá*. Cuando Uzías murió, lo enterraron con sus antepasados en la Ciudad de David; y su hijo Jotam lo sucedió en el trono.

+ + +

Zacarías, hijo de Jeroboam II, comenzó a gobernar Israel durante el año treinta y ocho del reinado de Uzías en Judá, y reinó en Samaria seis meses. Zacarías hizo lo malo a los ojos del Señor, igual que sus antepasados. Se negó a apartarse de los pecados que Jeroboam, hijo de Nabat, hizo cometer a Israel. Entonces Salum, hijo de Jabes, conspiró contra Zacarías, lo asesinó en público y ocupó el trono en su lugar.

Los demás acontecimientos del reinado de Zacarías están registrados en *El libro de la historia de los reyes de Israel*. Así se cumplió el mensaje que el Señor le había dado a Jehú cuando dijo: «Tus descendientes serán reyes de Israel hasta la cuarta generación».

+ + +

Salum, hijo de Jabes, comenzó a gobernar Israel durante el año treinta y nueve del reinado de Uzías en Judá, y reinó en Samaria solamente un mes. Manahem, hijo de Gadi, llegó a Samaria desde Tirsa, lo asesinó, y ocupó el trono en su lugar.

Los demás acontecimientos del reinado de Salum, incluso su conspiración, están registrados en *El libro de la historia de los reyes de Israel*.

+ + +

En esos días, Manahem destruyó la ciudad de Tapúa y todos sus alrededores hasta Tirsa, porque sus habitantes se negaron a entregar la ciudad. Mató a toda la población y les abrió el vientre a las mujeres embarazadas.

Manahem, hijo de Gadi, comenzó a gobernar Israel durante el año treinta y nueve del reinado de Uzías en Judá, y reinó en Samaria diez años. Manahem hizo lo malo a los ojos del Señor. Durante todo su reinado, se negó a apartarse de los pecados que Jeroboam, hijo de Nabat, hizo cometer a Israel.

Entonces Tiglat-pileser, rey de Asiria, invadió la nación; pero Manahem le pagó treinta y cuatro toneladas de plata con el fin de obtener su apoyo para afianzar su soberanía real. Para conseguir el dinero, Manahem extorsionó a los ricos de Israel obligando a que cada uno le pagara cincuenta piezas de plata al rey de Asiria. Por eso el rey de Asiria dejó de invadir Israel y se retiró del país.

Los demás acontecimientos del reinado de Manahem y todo lo que hizo están registrados en *El libro de la historia de los reyes de Israel*. Cuando Manahem murió, su hijo Pekaía lo sucedió en el trono.

+ + +

Pekaía, hijo de Manahem, comenzó a gobernar Israel durante el año cincuenta del reinado de Uzías en Judá y reinó en Samaria dos años. Pekaía hizo lo malo a los ojos del Señor. Se negó a apartarse de los pecados que Jeroboam, hijo de Nabat, hizo cometer a Israel.

Entonces Peka, hijo de Remalías, comandante del ejército de Pekaía, conspiró contra el rey. Con el apoyo de cincuenta hombres de Galaad, Peka asesinó al rey, y también a Argob y a Arie, en la ciudadela del palacio de Samaria; y Peka ocupó el trono en su lugar.

Los demás acontecimientos del reinado de Pekaía y todo lo que hizo están registrados en *El libro de la historia de los reyes de Israel*.

+ + +

Peka, hijo de Remalías, comenzó a gobernar Israel durante el año cincuenta y dos del reinado de Uzías en Judá, y reinó en Samaria veinte años. Peka hizo lo malo a los ojos del Señor. Se negó a apartarse de los pecados que Jeroboam, hijo de Nabat, hizo cometer a Israel.

Durante el reinado de Peka, el rey Tiglat-pileser de Asiria volvió a atacar a Israel y tomó las ciudades de Ijón, Abel-bet-maaca, Janoa, Cedes y Hazor. También conquistó las regiones de Galaad, Galilea, y todo el territorio de Neftalí; y a los habitantes los llevó cautivos a Asiria. Entonces Oseas, hijo de Ela, conspiró contra Peka y lo asesinó. Oseas comenzó a gobernar Israel durante el año veinte de Jotam, hijo de Uzías.

Los demás acontecimientos del reinado de Peka y todo lo que hizo están registrados en *El libro de la historia de los reyes de Israel*.

+ + +

Jotam, hijo de Uzías, comenzó a gobernar Judá durante el segundo año del reinado de Peka, en Israel. Tenía veinticinco años cuando subió al trono y reinó en Jerusalén dieciséis años. Su madre se llamaba Jerusa y era hija de Sadoc.

Jotam hizo lo que era agradable a los ojos del Señor. Hizo todo lo que había hecho su padre Uzías; pero no destruyó los santuarios paganos, y la gente seguía ofreciendo sacrificios y quemando incienso allí. Él reconstruyó la puerta superior del templo del Señor.

Los demás acontecimientos del reinado de Jotam y todo lo que hizo están registrados en *El libro de la historia de los reyes de Judá*. En esos días, el Señor comenzó a enviar contra Judá al rey Rezín de Aram y al rey Peka de Israel. Cuando Jotam murió, lo enterraron con sus antepasados en la Ciudad de David, y su hijo Acaz lo sucedió en el trono.

+ + +

Acaz, hijo de Jotam, comenzó a gobernar Judá durante el año diecisiete del reinado de Peka en Israel. Acaz tenía veinte años cuando subió al trono y reinó en Jerusalén dieciséis años. Él no hizo lo que era agradable a los ojos del Señor su Dios, como sí lo había hecho su antepasado David. En cambio, siguió el ejemplo de los reyes de Israel, hasta sacrificó a su propio hijo en el fuego. De esta manera, siguió las prácticas detestables de las naciones paganas que el Señor había expulsado de la tierra del paso de los israelitas. Ofreció sacrificios y quemó incienso en los santuarios paganos, en las colinas y debajo de todo árbol frondoso.

Entonces el rey Rezín de Aram y el rey Peka de Israel subieron hacia Jerusalén para atacarla. Sitiaron a Acaz pero no pudieron vencerlo. En esos días, el rey de Edom recuperó la ciudad de Elat para Edom. Expulsó a la gente de Judá y mandó a edomitas a habitar el lugar, y allí viven hasta el día de hoy.

El rey Acaz envió mensajeros a Tiglat-pileser, rey de Asiria, con este mensaje: «Yo soy tu siervo y tu vasallo. Sube a rescatarme de los ejércitos de Aram e Israel, que me atacan». Después Acaz tomó la plata y el oro del templo del Señor y del tesoro del palacio y envió todo como pago al rey de Asiria. Entonces el rey de Asiria atacó Damasco, la capital aramea, se llevó cautivos a sus habitantes y los estableció en Kir. También mató al rey Rezín.

Luego el rey Acaz se dirigió a Damasco a encontrarse con Tiglat-pileser, rey de Asiria. Mientras estaba allí, observó detenidamente el altar y le envió un modelo del altar al sacerdote Urías, junto con el diseño bien detallado. Urías siguió las instrucciones del rey y construyó uno igual, y lo tuvo listo antes de que el rey volviera de Damasco. Cuando el rey regresó, inspeccionó el altar e hizo sacrificios sobre él. Presentó una ofrenda quemada y una ofrenda de grano, derramó una ofrenda líquida y roció sobre el altar la sangre de ofrendas de paz.

Luego el rey Acaz quitó el antiguo altar de bronce de su lugar al frente del templo del Señor, entre la entrada y el altar nuevo, y lo colocó en el lado norte del altar nuevo. Le dijo al sacerdote Urías: «Usa el altar nuevo para los sacrificios de las ofrendas quemadas matutinas, la ofrenda de grano vespertina, la ofrenda quemada y la ofrenda de grano del rey, y las ofrendas quemadas de todo el pueblo, así como sus ofrendas de grano y sus ofrendas líquidas. Rocía sobre el altar nuevo la sangre de todas las ofrendas quemadas y todos los sacrificios. El altar de bronce será únicamente para mi uso personal». Así que el sacerdote Urías hizo todo tal como el rey Acaz le ordenó.

Luego el rey quitó los paneles laterales y los tazones de las carretas para llevar agua. También quitó de encima de los bueyes de bronce el gran tazón de bronce llamado el Mar y lo puso sobre el empedrado. Por deferencia al rey de Asiria, también quitó una especie de cubierta que se había construido dentro del palacio para usar los días de descanso, así como la entrada exterior del rey al templo del Señor.

Los demás acontecimientos del reinado de Acaz y todo lo que hizo están registrados en *El libro de la historia de los reyes de Judá*. Cuando Acaz murió, lo enterraron con sus antepasados en la Ciudad de David. Luego su hijo Ezequías lo sucedió en el trono.

✛ ✛ ✛

Oseas, hijo de Ela, comenzó a gobernar Israel durante el año doce del reinado de Acaz en Judá y reinó en Samaria nueve años. Él hizo lo malo a los ojos del Señor, aunque no tanto como los reyes de Israel que gobernaron antes que él.

Salmanasar, rey de Asiria, atacó al rey Oseas, por eso Oseas se vio obligado a pagar un elevado tributo a Asiria. Sin embargo, Oseas dejó de pagar el tributo anual y conspiró contra el rey de Asiria al pedirle a So, rey de Egipto, que lo ayudara a liberarse del poder del rey de Asiria. Cuando el rey de Asiria descubrió la traición, tomó a Oseas por la fuerza y lo metió en la cárcel.

Entonces el rey de Asiria invadió todo el territorio y sitió la ciudad de Samaria durante tres años. Finalmente, en el año nueve del reinado de Oseas, Samaria cayó y los israelitas fueron desterrados a Asiria, donde los establecieron en colonias en la región de Halah, en Gozán junto a la ribera del río Habor, y en las ciudades de los medos.

Semejante desgracia ocurrió a los israelitas porque rindieron culto a otros dioses. Pecaron contra el Señor su Dios, quien los había sacado a salvo de Egipto y los había rescatado del poder del faraón, rey de Egipto. Habían seguido las prácticas de las naciones paganas que el Señor había expulsado de la tierra por delante de ellos, así como las prácticas que los reyes de Israel habían introducido. Los israelitas también habían hecho muchas cosas en secreto, que no eran agradables al Señor su Dios. Se construyeron santuarios paganos en todas las ciudades, desde el puesto de avanzada más pequeño hasta la ciudad amurallada más grande. Levantaron columnas sagradas y postes dedicados a la diosa Asera en la cima de cada colina alta y debajo de todo árbol frondoso. Ofrecieron sacrificios en todas las cumbres de las colinas, tal como lo hacían las naciones que el Señor había expulsado de la tierra por delante de ellos. Así que el pueblo de Israel había hecho muchas cosas perversas, con lo que provocó el enojo del Señor. Efectivamente, rindieron culto a ídolos a pesar de las advertencias específicas que el Señor les hizo repetidamente.

Una y otra vez el Señor envió a sus profetas y videntes para dar a Israel y a Judá la siguiente advertencia: «Apártense de sus malos caminos. Obedezcan mis mandatos y decretos, es decir, toda la ley que les ordené a sus antepasados que obedecieran y que les di a ustedes a través de mis siervos, los profetas».

Sin embargo, los israelitas no quisieron escuchar. Fueron tan tercos como sus antepasados, quienes se negaron a creer en el Señor su Dios. Rechazaron sus decretos y el pacto que él había hecho con sus antepasados, y despreciaron todas sus advertencias. Rindieron culto a ídolos inútiles, por lo cual ellos mismos se volvieron inútiles. Siguieron el ejemplo de las naciones vecinas, desobedeciendo el mandato del Señor de no imitarlas.

Los israelitas rechazaron todos los mandatos del Señor su Dios e hicieron dos becerros de metal. Levantaron un poste dedicado a la diosa Asera y rindieron culto a Baal y veneraron a todas las fuerzas del cielo. Hasta sacrificaron a sus hijos y a sus hijas en el fuego. Consultaron con adivinos, practicaron la hechicería y se entregaron por completo al mal, con lo cual provocaron el enojo del Señor.

Como el Señor estaba muy enojado con los israelitas, los barrió de su presencia. Solo la tribu de Judá quedó en la tierra; pero aun los de Judá se negaron a obedecer los mandatos del Señor su Dios, ya que siguieron las prácticas perversas que Israel había introducido. El Señor rechazó a todos los descendientes de Israel. Los castigó entregándolos a sus agresores hasta expulsar a Israel de su presencia.

Pues cuando el Señor arrancó a Israel del reino de David, los israelitas escogieron a Jeroboam, hijo de Nabat, como su rey; pero Jeroboam alejó a Israel del Señor y lo hizo cometer un gran pecado. Los israelitas persistieron en seguir todos los caminos perversos de Jeroboam. No se apartaron de esos pecados hasta que finalmente el Señor los barrió de su presencia, tal como les habían advertido todos los profetas. En consecuencia, los israelitas fueron desterrados y deportados a Asiria, donde se encuentran hasta el día de hoy.

El rey de Asiria transportó grupos de gente desde Babilonia, Cuta, Ava, Hamat y Sefarvaim, y los reubicó en las ciudades de Samaria en reemplazo del pueblo de Israel. Ellos tomaron posesión de Samaria y habitaron sus ciudades; pero ya que estos colonos extranjeros no adoraban al Señor cuando recién llegaron, el Señor envió leones, que mataron a algunos de ellos.

Por esa razón mandaron un mensaje al rey de Asiria en el cual le decían: «La gente que has mandado a habitar las ciudades de Samaria no conoce las costumbres religiosas del Dios de ese lugar. Él ha enviado leones a destruirlos, porque no lo adoraron como se debe».

Entonces el rey de Asiria ordenó: «Manden de regreso a Samaria a uno de los sacerdotes desterrados; que viva allí y les enseñe a los nuevos residentes las costumbres religiosas del Dios de ese lugar». Entonces uno de los sacerdotes que había sido desterrado de Samaria regresó a Betel y les enseñó a los nuevos residentes cómo adorar al Señor.

Sin embargo, los diversos grupos de extranjeros a la vez siguieron rindiendo culto a sus propios dioses. En todas las ciudades donde habitaban, colocaron sus ídolos en los santuarios paganos que la gente de Samaria había construido. Los que eran de Babilonia rendían culto a ídolos de su dios Sucot-benot; los de Cuta rendían culto a su dios Nergal; los que eran de Hamat rendían culto a Asima; los avitas rendían culto a sus dioses Nibhaz y Tartac; y la gente de Sefarvaim hasta quemaba a sus propios hijos en sacrificio a sus dioses Adramelec y Anamelec.

Los nuevos residentes adoraban al Señor, pero también elegían de entre ellos a cualquiera y lo nombraban sacerdote para que ofreciera sacrificios en los lugares de culto. Aunque adoraban al Señor, seguían tras sus propios dioses según las costumbres religiosas de las naciones de donde provenían. Todo esto sigue igual hasta el día de hoy. Ellos continúan con sus prácticas antiguas en vez de adorar verdaderamente al Señor y obedecer los decretos, las ordenanzas, las instrucciones y los mandatos que él les dio a los descendientes de Jacob, a quien le cambió el nombre por el de Israel.

Pues el Señor hizo un pacto con los descendientes de Jacob y les ordenó: «No rindan culto a otros dioses, ni se inclinen ante ellos, ni los sirvan, ni les ofrezcan sacrificios. En cambio, adoren solo al Señor, quien los sacó de Egipto con gran fuerza y brazo poderoso. Inclínense solo ante él y ofrezcan sacrificios únicamente a él. En todo momento, asegúrense de obedecer los decretos, las ordenanzas, las instrucciones y los mandatos que él escribió para ustedes. No deben rendir culto a otros dioses. No olviden el pacto que hice con ustedes y no rindan culto a otros dioses. Adoren solo al Señor su Dios. Él es quien los librará de todos sus enemigos».

Sin embargo, la gente no quiso escuchar y siguió con sus prácticas antiguas. Así que, si bien los nuevos residentes adoraban al Señor, también rendían culto a sus ídolos; y hasta el día de hoy, sus descendientes hacen lo mismo.

+ + +

Ezequías, hijo de Acaz, comenzó a gobernar Judá durante el tercer año del reinado de Oseas en Israel. Tenía veinticinco años cuando subió al trono y reinó en Jerusalén veintinueve años. Su madre se llamaba Abías, hija de Zacarías. Ezequías hizo lo que era agradable a los ojos del Señor, igual que su antepasado David. Él quitó los santuarios paganos, destrozó las columnas sagradas y derribó los postes dedicados a la diosa Asera. Hizo pedazos la serpiente de bronce que Moisés había hecho, porque la gente de Israel seguía ofreciéndole sacrificios. La serpiente de bronce se llamaba Nehustán.

Ezequías confiaba en el Señor, Dios de Israel. No hubo nadie como él entre todos los reyes de Judá, ni antes ni después de él. Permaneció fiel al Señor en todo y obedeció cuidadosamente todos los mandatos que el Señor le había dado a Moisés. Por eso el Señor estaba con él, y Ezequías tuvo éxito en todo lo que hizo. Se rebeló contra el rey de Asiria y se negó a pagarle tributo. También conquistó a los filisteos hasta la lejana región de Gaza y su territorio, desde el puesto de avanzada más pequeño hasta la ciudad amurallada más grande.

Durante el cuarto año del reinado de Ezequías, que era el séptimo año del reinado de Oseas en Israel, Salmanasar, rey de Asiria, atacó la ciudad de Samaria y comenzó a sitiarla. Tres años después, durante el sexto año del reinado de Ezequías y el noveno año del reinado de Oseas en Israel, Samaria cayó. En ese tiempo, el rey de Asiria desterró a los israelitas a Asiria y los ubicó en colonias en la región de Halah, en Gozán junto a la ribera del río Habor, y en las ciudades de los medos. Pues ellos se negaron a escuchar al Señor su Dios y a obedecerlo. En cambio, violaron su pacto, es decir, todas las leyes que Moisés, siervo del Señor, les había ordenado que obedecieran.

En el año catorce del reinado de Ezequías, Senaquerib, rey de Asiria, atacó las ciudades fortificadas de Judá y las conquistó. Entonces el rey Ezequías envió el siguiente mensaje al rey de Asiria que estaba en Laquis: «Yo he actuado mal. Si tú te retiras, te pagaré cualquier tributo que exijas». Así que el rey de Asiria exigió un pago de más de diez toneladas de plata y una tonelada de oro. Para reunir esta cantidad, el rey Ezequías usó toda la plata que estaba guardada en el templo del Señor y en el tesoro del palacio. Hasta quitó el oro de las puertas del templo del Señor y de los marcos de las puertas que había revestido con oro, y se lo dio todo al rey de Asiria.

Sin embargo, el rey de Asiria mandó desde Laquis a su comandante en jefe, a su comandante de campo y a su jefe del Estado Mayor con un enorme ejército para enfrentar al rey Ezequías en Jerusalén. Los asirios tomaron posición de batalla junto al acueducto que vierte el agua en el estanque superior, cerca del camino que lleva al campo donde se lavan telas. Mandaron llamar al rey Ezequías, pero el rey envió a tres funcionarios a recibirlos: Eliaquim, hijo de Hilcías, administrador del palacio; Sebna, secretario de la corte; y Joa, hijo de Asaf, historiador del reino.

Entonces el jefe del Estado Mayor del rey asirio les dijo que le transmitieran a Ezequías el siguiente mensaje:

«El gran rey de Asiria dice: ¿En qué confías que te da tanta seguridad? ¿Acaso crees que simples palabras pueden sustituir la fuerza y la capacidad militar? ¿Con quién cuentas para haberte rebelado contra mí? ¿Con Egipto? Si te apoyas en Egipto, será como una caña que se quiebra bajo tu peso y te atraviesa la mano. ¡El faraón, rey de Egipto, no es nada confiable!

»Tal vez me digas: "¡Confiamos en el Señor nuestro Dios!"; pero ¿no es él a quien Ezequías insultó? ¿Acaso no fue Ezequías quien derribó sus santuarios y altares, e hizo que todos en Judá y en Jerusalén adoraran solo en el altar que hay aquí, en Jerusalén?

»¡Se me ocurre una idea! Llega a un acuerdo con mi amo, el rey de Asiria. Yo te daré dos mil caballos, ¡si es que puedes encontrar esa cantidad de hombres para que los monten! Con tu pequeño ejército, ¿cómo se te ocurre desafiar siquiera al contingente más débil de las tropas de mi amo, aunque contaras con la ayuda de los carros de guerra y sus conductores de Egipto? Es más, ¿crees que hemos invadido tu tierra sin la dirección del Señor? El Señor mismo nos dijo: "¡Ataquen esta tierra y destrúyanla!"».

Entonces tanto Eliaquim, hijo de Hilcías, como Sebna y Joa le dijeron al jefe del Estado Mayor asirio:

—Por favor, háblanos en arameo porque lo entendemos bien. No hables en hebreo, porque oirá la gente que está sobre la muralla.

Pero el jefe del Estado Mayor de Senaquerib respondió:

—¿Ustedes creen que mi amo les envió este mensaje solo a ustedes y a su amo? Él quiere que todos los habitantes lo oigan porque, cuando sitiemos a esta ciudad, ellos sufrirán junto con ustedes. Tendrán tanta hambre y tanta sed que comerán su propio excremento y beberán su propia orina.

Después el jefe del Estado Mayor se puso de pie y le gritó en hebreo a la gente que estaba sobre la muralla: «¡Escuchen este mensaje del gran rey de Asiria! El rey dice lo siguiente: "No dejen que Ezequías los engañe. Él jamás podrá librarlos de mi poder. No permitan que los haga confiar en el Señor diciéndoles: 'Con toda seguridad el Señor nos librará. ¡Esta ciudad nunca caerá en manos del rey asirio!'.

»"¡No escuchen a Ezequías! El rey de Asiria les ofrece estas condiciones: hagan las paces conmigo; abran las puertas y salgan. Entonces cada uno de ustedes podrá seguir comiendo de su propia vid y de su propia higuera, y bebiendo de su propio pozo. Me encargaré de llevarlos a otra tierra como esta: una tierra de grano y vino nuevo, de pan y viñedos, de olivares y miel. ¡Escojan la vida y no la muerte!

»"No escuchen a Ezequías cuando trate de engañarlos al decir: '¡El Señor nos librará!'. ¿Acaso los dioses de cualquier otra nación alguna vez han salvado a su pueblo del rey de Asiria? ¿Qué les sucedió a los dioses de Hamat y de Arfad? ¿Y qué me dicen de los dioses de Sefarvaim, Hena e Iva? ¿Algún dios libró a Samaria de mi poder? ¿Cuál de los dioses de alguna nación ha podido salvar alguna vez a su pueblo de mi poder? ¿Qué les hace pensar entonces que el Señor puede librar a Jerusalén de mis manos?"».

El pueblo se quedó en silencio y no dijo ni una palabra, porque Ezequías le había ordenado: «No le respondan».

Entonces Eliaquim, hijo de Hilcías, administrador del palacio; Sebna, secretario de la corte; y Joa, hijo de Asaf, historiador del reino, regresaron a donde estaba Ezequías. Desesperados rasgaron su ropa, entraron para ver al rey y le contaron lo que había dicho el jefe del Estado Mayor asirio.

Cuando el rey Ezequías oyó el informe, rasgó su ropa, se vistió de tela áspera y entró al templo del Señor. Enseguida envió a Eliaquim, administrador del palacio; a Sebna, secretario de la corte; y a los principales sacerdotes, todos vestidos de tela áspera, a hablar con el profeta Isaías, hijo de Amoz. Ellos le dijeron: «El rey Ezequías dice: "Hoy es un día de dificultad, insulto y deshonra. Es como cuando un niño está a punto de nacer, pero la madre no tiene fuerzas para dar a luz. Tal vez el Señor tu Dios haya oído al jefe del Estado Mayor asirio, que fue enviado por el rey para desafiar al Dios viviente, y lo castigue por sus palabras. ¡Te rogamos que ores por los que hemos quedado!"».

Una vez que los funcionarios del rey Ezequías le dieron a Isaías el mensaje del rey, el profeta respondió: «Díganle a su amo: "Esto dice el Señor: 'No te alteres por ese discurso blasfemo que han pronunciado contra mí los mensajeros del rey de Asiria. ¡Escucha! Yo mismo actuaré en su contra, y el rey recibirá un mensaje de que lo necesitan en su país. Así que volverá a su tierra, donde haré que lo maten a filo de espada'"».

Mientras tanto, el jefe del Estado Mayor asirio partió de Jerusalén para consultar al rey de Asiria, quien había salido de Laquis y estaba atacando a Libna.

Poco después, el rey Senaquerib recibió la noticia de que el rey Tirhaca de Etiopía iba al frente de un ejército para luchar contra él. Antes de salir al encuentro de sus agresores, envió mensajeros de regreso a Ezequías, en Jerusalén, con el siguiente mensaje:

> «Este mensaje está dirigido al rey Ezequías de Judá. No dejes que tu Dios, en quien confías, te engañe con promesas de que Jerusalén no caerá en manos del rey de Asiria. Tú sabes perfectamente bien lo que han hecho los reyes de Asiria en todos los lugares donde han ido. ¡Han destruido por completo a todo aquel que se ha interpuesto en su camino! ¿Por qué serías tú la excepción? ¿Acaso los dioses de otras naciones las han rescatado, naciones como Gozán, Harán, Resef y el

pueblo de Edén que vivía en Telasar? ¡Mis antecesores los destruyeron a todos! ¿Qué sucedió con el rey de Hamat y el rey de Arfad? ¿Qué les pasó a los reyes de Sefarvaim, de Hena y de Iva?».

Después de recibir la carta de mano de los mensajeros y de leerla, Ezequías subió al templo del Señor y desplegó la carta ante el Señor. En presencia del Señor, el rey hizo la siguiente oración: «¡Oh Señor, Dios de Israel, tú estás entronizado entre los poderosos querubines! Solo tú eres el Dios de todos los reinos de la tierra. Solo tú creaste los cielos y la tierra. ¡Inclínate, oh Señor, y escucha! ¡Abre tus ojos, oh Señor, y mira! Escucha las palabras desafiantes de Senaquerib contra el Dios viviente.

»Es cierto, Señor, que los reyes de Asiria han destruido a todas esas naciones. Han arrojado al fuego a los dioses de esas naciones y los han quemado. ¡Por supuesto que los asirios pudieron destruirlos, pues no eran dioses en absoluto! Eran solo ídolos de madera y de piedra, formados por manos humanas. Ahora, oh Señor nuestro Dios, rescátanos de su poder; así todos los reinos de la tierra sabrán que solo tú, oh Señor, eres Dios».

Después, Isaías, hijo de Amoz, le envió a Ezequías el siguiente mensaje: «Esto dice el Señor, Dios de Israel: "He oído tu oración con respecto al rey Senaquerib de Asiria, y el Señor ha pronunciado estas palabras en su contra:

> »"La hija virgen de Sión
>   te desprecia y se ríe de ti.
> La hija de Jerusalén
>   menea la cabeza con desdén mientras tú huyes.
>
> »"¿A quién has estado desafiando y ridiculizando?
>   ¿Contra quién levantaste la voz?
> ¿A quién miraste con ojos tan arrogantes?
>   ¡Fue al Santo de Israel!
> Por medio de tus mensajeros, has desafiado al Señor.
>   Dijiste: 'Con mis numerosos carros de guerra
> conquisté las montañas más altas,
>   sí, las cimas más remotas del Líbano.
> Corté sus cedros más altos
>   y sus mejores cipreses.
> Alcancé sus rincones más lejanos
>   y exploré sus bosques más espesos.
> Cavé pozos en muchas tierras extranjeras
>   y me refresqué con sus aguas.
> ¡Con la planta de mi pie
>   detuve todos los ríos de Egipto!'.

» "Pero ¿acaso no has oído?
   Yo lo decidí hace mucho tiempo.
Hace mucho que lo planifiqué,
   y ahora lo llevo a cabo.
Yo determiné que tú aplastaras ciudades fortificadas
   y las redujeras a un montón de escombros.
Por eso sus habitantes tienen tan poco poder
   y están tan asustados y confundidos.
Son tan débiles como la hierba,
   tan fáciles de pisotear como tiernos brotes verdes.
Son como hierba que sale en el techo de una casa,
   que se quema antes de poder crecer alta y lozana.

» "Pero a ti te conozco bien:
   sé dónde te encuentras,
y cuándo entras y sales.
   Conozco la forma en que desataste tu furia contra mí.
Por esa furia en mi contra
   y por tu arrogancia, que yo mismo oí,
te pondré mi gancho en la nariz
   y mi freno en la boca.
Te haré regresar
   por el mismo camino por donde viniste"».

Luego Isaías le dijo a Ezequías: «Esta es la prueba de que es cierto lo que digo:

» Este año ustedes solo comerán lo que crezca por sí mismo,
   y el año próximo comerán lo que de eso brote.
Sin embargo, el tercer año, plantarán cultivos y los cosecharán;
   cuidarán de sus viñedos y comerán de su fruto.
Y ustedes, los que quedan en Judá,
   los que han escapado de los estragos del ataque,
echarán raíces en su propio suelo,
   crecerán y prosperarán.
Pues desde Jerusalén se extenderá un remanente de mi pueblo,
   un grupo de sobrevivientes, desde el monte Sión.
¡El ferviente compromiso del Señor de los Ejércitos Celestiales
   hará que esto suceda!

» Y esto dice el Señor acerca del rey de Asiria:

» "Sus ejércitos no entrarán en Jerusalén;
   ni siquiera lanzarán una sola flecha contra ella.

No marcharán fuera de sus puertas con sus escudos
ni levantarán terraplenes contra sus murallas.
El rey regresará a su propia tierra
por el mismo camino por donde vino.
No entrará en esta ciudad,
dice el Señor.
Por mi propia honra y por amor a mi siervo David,
defenderé esta ciudad y la protegeré"».

Esa noche el ángel del Señor fue al campamento asirio y mató a 185.000 soldados. Cuando los asirios que sobrevivieron se despertaron a la mañana siguiente, encontraron cadáveres por todas partes. Entonces Senaquerib, rey de Asiria, levantó campamento y regresó a su propia tierra. Volvió a Nínive, la capital del reino, y allí se quedó.

Cierto día, mientras rendía culto en el templo de su dios Nisroc, sus hijos Adramelec y Sarezer lo mataron a espada. Luego escaparon a la tierra de Ararat, y otro de sus hijos, Esar-hadón, lo sucedió en el trono de Asiria.

+

Por ese tiempo, Ezequías se enfermó gravemente, y el profeta Isaías, hijo de Amoz, fue a visitarlo. Le dio al rey el siguiente mensaje: «Esto dice el Señor: "Pon tus asuntos en orden porque vas a morir. No te recuperarás de esta enfermedad"».

Cuando Ezequías oyó el mensaje, volvió su rostro hacia la pared y oró al Señor: «Acuérdate, oh Señor, que siempre te he sido fiel y te he servido con singular determinación, haciendo siempre lo que te agrada»; y el rey se echó a llorar amargamente.

Sin embargo, antes de que Isaías saliera del patio central, recibió este mensaje de parte del Señor: «Regresa y dile a Ezequías, el líder de mi pueblo: "Esto dice el Señor, Dios de tu antepasado David: 'He oído tu oración y he visto tus lágrimas. Voy a sanarte y en tres días te levantarás de la cama e irás al templo del Señor. Te añadiré quince años más de vida y te rescataré del rey de Asiria junto con esta ciudad. Defenderé esta ciudad por mi propia honra y por amor a mi siervo David'"».

Entonces Isaías dijo: «Preparen un ungüento de higos». Así que los sirvientes de Ezequías untaron el ungüento sobre la llaga, ¡y Ezequías se recuperó!

Mientras tanto, Ezequías le había preguntado a Isaías:

—¿Qué señal dará el Señor como prueba de que me sanará y en tres días iré al templo del Señor?

Isaías contestó:

—Esta es la señal del Señor para demostrar que cumplirá lo que ha prometido: ¿te gustaría que la sombra del reloj solar se adelantara diez gradas o que se atrasara diez gradas?

—La sombra siempre se mueve hacia adelante —respondió Ezequías—, así que eso sería fácil. Mejor haz que retroceda diez gradas.

Entonces el profeta Isaías le pidió al Señor que lo hiciera, ¡y el Señor hizo retroceder diez gradas la sombra del reloj solar de Acaz!

Poco tiempo después, Merodac-baladán, hijo de Baladán, rey de Babilonia, le envió saludos a Ezequías junto con un regalo, porque se enteró de que Ezequías había estado muy enfermo. Ezequías recibió a los enviados de Babilonia y les mostró todo lo que había en sus casas del tesoro: la plata, el oro, las especias y los aceites aromáticos. También los llevó a conocer su arsenal, ¡y les mostró todo lo que había en sus tesoros reales! No hubo nada, ni en el palacio ni en el reino, que Ezequías no les mostrara.

Entonces el profeta Isaías fue a ver al rey Ezequías y le preguntó:

—¿Qué querían esos hombres? ¿De dónde vinieron?

Ezequías contestó:

—Vinieron de la lejana tierra de Babilonia.

—¿Qué vieron en tu palacio? —preguntó Isaías.

—Lo vieron todo —contestó Ezequías—. Les mostré todo lo que poseo, todos mis tesoros reales.

Entonces Isaías dijo a Ezequías:

—Escucha este mensaje del Señor: "Se acerca el tiempo cuando todo lo que hay en tu palacio —todos los tesoros que tus antepasados han acumulado hasta ahora— será llevado a Babilonia. No quedará nada, dice el Señor. Algunos de tus hijos serán llevados al destierro. Los harán eunucos que servirán en el palacio del rey de Babilonia".

Entonces Ezequías dijo a Isaías:

—Este mensaje que me has dado de parte del Señor es bueno.

Pues el rey pensaba: «Por lo menos habrá paz y seguridad mientras yo viva».

Los demás acontecimientos del reinado de Ezequías —entre ellos el alcance de su poder y cómo construyó un estanque y cavó un túnel para llevar agua a la ciudad— están registrados en *El libro de la historia de los reyes de Judá*. Ezequías murió, y su hijo Manasés lo sucedió en el trono.

+ + +

Manasés tenía doce años cuando subió al trono y reinó en Jerusalén cincuenta y cinco años. Su madre era Hepsiba. Él hizo lo malo a los ojos del Señor y siguió las prácticas detestables de las naciones paganas que el

Señor había expulsado de la tierra del paso de los israelitas. Reconstruyó los santuarios paganos que su padre Ezequías había destruido. Construyó altares para Baal y levantó un poste dedicado a la diosa Asera, tal como lo había hecho el rey Acab de Israel. También se inclinó ante todos los poderes de los cielos y les rindió culto.

Construyó altares paganos dentro del templo del Señor, el lugar sobre el cual el Señor había dicho: «Mi nombre permanecerá en Jerusalén para siempre». Construyó estos altares para todos los poderes de los cielos en ambos atrios del templo del Señor. Manasés también sacrificó a su propio hijo en el fuego. Practicó la hechicería, la adivinación y consultó a los médiums y a los videntes. Hizo muchas cosas perversas a los ojos del Señor y con eso provocó su enojo.

Incluso Manasés hizo una imagen tallada de la diosa Asera y la colocó en el templo, en el mismo lugar donde el Señor les había dicho a David y a su hijo Salomón: «Mi nombre será honrado para siempre en este templo y en Jerusalén, la ciudad que he escogido entre todas las tribus de Israel. Si los israelitas se aseguran de obedecer mis mandatos —todas las leyes que mi siervo Moisés les dio—, yo no los expulsaré de esta tierra que les di a sus antepasados». Sin embargo, la gente se negó a escuchar, y Manasés los llevó a cometer cosas aún peores que las que habían hecho las naciones paganas que el Señor había destruido cuando el pueblo de Israel entró en la tierra.

Luego el Señor dijo por medio de sus siervos, los profetas: «El rey Manasés de Judá ha hecho muchas cosas detestables. Es aún más perverso que los amorreos, quienes vivían en esta tierra antes que Israel. Él hizo que la gente de Judá pecara con sus ídolos. Entonces esto es lo que el Señor, Dios de Israel, dice: traeré tanto desastre sobre Jerusalén y Judá que los oídos de quienes lo oigan se estremecerán de horror. Juzgaré a Israel con el mismo criterio que usé para juzgar a Samaria y con la misma medida que usé con la familia de Acab. Barreré por completo a la gente de Jerusalén como cuando uno limpia un plato y lo pone boca abajo. Incluso rechazaré al remanente de mi pueblo que haya quedado y los entregaré como botín a sus enemigos. Pues han cometido gran maldad a mis ojos y me han hecho enojar desde que sus antepasados salieron de Egipto».

Manasés también asesinó a mucha gente inocente, a tal punto que Jerusalén se llenó de sangre inocente de un extremo a otro. Eso fue además del pecado que hizo cometer a los habitantes de Judá, al inducirlos a hacer lo malo a los ojos del Señor.

Los demás acontecimientos del reinado de Manasés y todo lo que él hizo, entre ellos los pecados que cometió, están registrados en *El libro de la historia de los reyes de Judá*. Cuando Manasés murió, lo enterraron en el jardín del palacio, el jardín de Uza. Luego su hijo Amón lo sucedió en el trono.

+ + +

Amón tenía veintidós años cuando subió al trono y reinó en Jerusalén dos años. Su madre se llamaba Mesulemet y era hija de Haruz, de Jotba. Él hizo lo malo a los ojos del Señor, tal como su padre Manasés. Siguió el ejemplo de su padre al rendirles culto a los mismos ídolos que su padre había venerado. Abandonó al Señor, Dios de sus antepasados, y se negó a andar en los caminos del Señor.

Tiempo después, los propios funcionarios de Amón conspiraron contra él y lo asesinaron en su palacio; pero los habitantes del reino mataron a todos los que habían conspirado contra el rey Amón y luego proclamaron rey a su hijo Josías.

Los demás acontecimientos del reinado de Amón y lo que hizo están registrados en *El libro de la historia de los reyes de Judá*. Fue enterrado en su tumba en el jardín de Uza. Luego su hijo Josías lo sucedió en el trono.

+ + +

Josías tenía ocho años cuando subió al trono y reinó en Jerusalén treinta y un años. Su madre se llamaba Jedida y era hija de Adaía, de Boscat. Él hizo lo que era agradable a los ojos del Señor y siguió el ejemplo de su antepasado David; no se apartó de lo que era correcto.

Durante el año dieciocho de su reinado, el rey Josías envió al templo del Señor a Safán, hijo de Azalía y nieto de Mesulam, secretario de la corte. Le dijo: «Ve a ver al sumo sacerdote Hilcías y pídele que cuente el dinero que los porteros han recaudado de la gente en el templo del Señor. Confía este dinero a los hombres que fueron designados para supervisar la restauración del templo del Señor. Así ellos podrán usarlo para pagar a los trabajadores que repararán el templo. Tendrán que contratar carpinteros, constructores y albañiles. También haz que compren toda la madera y la piedra labrada que se necesite para reparar el templo; pero no les exijas a los supervisores de la construcción que lleven cuenta del dinero que reciben, porque son hombres honestos y dignos de confianza».

El sumo sacerdote Hilcías le dijo a Safán, secretario de la corte: «¡He encontrado el libro de la ley en el templo del Señor!». Entonces Hilcías le dio el rollo a Safán, y él lo leyó.

Safán fue a ver al rey y le informó: «Tus funcionarios han entregado el dinero recaudado en el templo del Señor a los trabajadores y a los supervisores del templo». Safán también dijo al rey: «El sacerdote Hilcías me entregó un rollo». Así que Safán se lo leyó al rey.

Cuando el rey oyó lo que estaba escrito en el libro de la ley, rasgó su ropa en señal de desesperación. Luego dio las siguientes órdenes a Hilcías, el sacerdote; a Ahicam, hijo de Safán; a Acbor, hijo de Micaías; a Safán, secretario de la corte y a Asaías, consejero personal del rey: «Vayan al templo y consulten al Señor por mí, por el pueblo y por toda la gente de Judá. Pregunten acerca de las palabras escritas en este rollo que se encontró. Pues el gran enojo del Señor arde contra nosotros, porque nuestros antepasados no obedecieron las palabras de este rollo. No hemos estado haciendo todo lo que dice que debemos hacer».

Entonces el sacerdote Hilcías, Ahicam, Acbor, Safán y Asaías se dirigieron al Barrio Nuevo de Jerusalén para consultar a la profetisa Hulda. Ella era la esposa de Salum, hijo de Ticva, hijo de Harhas, el encargado del guardarropa del templo.

Ella les dijo: «¡El Señor, Dios de Israel, ha hablado! Regresen y díganle al hombre que los envió: "Esto dice el Señor: 'Traeré desastre sobre esta ciudad y sobre sus habitantes. Todas las palabras escritas en el rollo que el rey de Judá leyó se cumplirán, pues los de mi pueblo me han abandonado y han ofrecido sacrificios a dioses paganos. Estoy muy enojado con ellos por todo lo que han hecho. Mi enojo arderá contra este lugar y no se apagará'".

»Vayan a ver al rey de Judá, quien los envió a buscar al Señor, y díganle: "Esto dice el Señor, Dios de Israel, acerca del mensaje que acabas de escuchar: 'Estabas apenado y te humillaste ante el Señor al oír lo que yo pronuncié contra esta ciudad y sus habitantes, que esta tierra sería maldita y quedaría desolada. Rasgaste tu ropa en señal de desesperación y lloraste delante de mí, arrepentido. Ciertamente te escuché, dice el Señor. Por eso, no enviaré el desastre que he prometido hasta después de que hayas muerto y seas enterrado en paz. Tú no llegarás a ver la calamidad que traeré sobre esta ciudad'"».

De modo que llevaron su mensaje al rey.

Entonces el rey convocó a todos los ancianos de Judá y de Jerusalén. Luego subió al templo del Señor junto con todos los habitantes de Judá y de Jerusalén, acompañado por los sacerdotes y los profetas: toda la gente, desde el menos importante hasta el más importante. Allí el rey les leyó todo el libro del pacto, que se había encontrado en el templo del Señor. El rey tomó su lugar de autoridad junto a la columna y renovó el pacto en presencia del Señor. Se comprometió a obedecer al Señor cumpliendo sus mandatos, leyes y decretos con todo el corazón y con toda el alma. De esa manera, confirmó todas las condiciones del pacto que estaban escritas en el rollo, y toda la gente se comprometió con el pacto.

Seguidamente el rey dio instrucciones al sumo sacerdote Hilcías, a los sacerdotes de segundo rango y a los porteros del templo para que quitaran del templo del Señor todos los objetos que se usaban para rendir culto a Baal, a Asera y a todos los poderes de los cielos. El rey hizo quemar todas estas cosas fuera de Jerusalén, en las terrazas del valle de Cedrón, y llevó las cenizas a Betel. Eliminó a los sacerdotes idólatras, que habían sido nombrados por los reyes anteriores de Judá, porque ofrecían sacrificios en los santuarios paganos por todo el territorio de Judá y hasta en los alrededores de Jerusalén. También ofrecían sacrificios a Baal, al sol, a la luna, a las constelaciones y a todos los poderes de los cielos. El rey quitó del templo del Señor el poste dedicado a la diosa Asera y lo llevó fuera de Jerusalén, al valle de Cedrón, donde lo quemó. Luego molió las cenizas del poste hasta hacerlas polvo y tiró el polvo sobre las tumbas de la gente. También derribó las habitaciones de los prostitutos y las prostitutas de los santuarios paganos ubicados dentro del templo del Señor, donde las mujeres tejían mantos para el poste dedicado a la diosa Asera.

Josías trasladó a Jerusalén a todos los sacerdotes que vivían en otras ciudades de Judá. También profanó los santuarios paganos donde habían ofrecido sacrificios, desde Geba hasta Beerseba. Destruyó los santuarios que estaban a la entrada de la puerta de Josué, gobernador de Jerusalén. Esta puerta estaba situada a la izquierda de la puerta principal de la entrada a la ciudad. A los sacerdotes que habían servido en los santuarios paganos no se les permitió servir en el altar del Señor en Jerusalén, pero se les dio permiso para comer pan sin levadura con los otros sacerdotes.

Después el rey profanó el altar de Tofet en el valle de Ben-hinom, a fin de que nunca más nadie lo usara para sacrificar a un hijo o una hija en el fuego como ofrenda a Moloc. También quitó de la entrada del templo del Señor las estatuas de caballos que los reyes anteriores de Judá habían dedicado al sol, las cuales estaban cerca de las habitaciones del eunuco Natán-melec, un funcionario de la corte. El rey también quemó los carros de guerra dedicados al sol.

Josías derribó los altares que los reyes de Judá habían construido en la azotea del palacio, sobre la habitación de Acaz en el piso de arriba. El rey destruyó los altares que Manasés había construido en los dos atrios del templo del Señor. Los hizo añicos y esparció los pedazos en el valle de Cedrón. El rey también profanó los santuarios paganos que estaban al oriente de Jerusalén y al sur del monte de la Corrupción, donde el rey Salomón de Israel había construido santuarios para Astoret, la diosa detestable de los sidonios; para Quemos, el dios detestable de los moabitas;

y para Moloc, el repugnante dios de los amonitas. Destrozó las columnas sagradas y derribó los postes dedicados a la diosa Asera. Luego profanó estos lugares al esparcir huesos humanos sobre ellos.

El rey también derribó el altar que estaba en Betel, el santuario pagano que Jeroboam, hijo de Nabat, había levantado cuando hizo pecar a Israel. Quemó el santuario y lo molió hasta convertirlo en cenizas, y quemó el poste dedicado a la diosa Asera. Luego Josías se dio vuelta y notó que había varias tumbas en la ladera de la colina. Ordenó que sacaran los huesos y los quemó sobre el altar de Betel para profanarlo. (Todo sucedió tal como lo había anunciado el Señor por medio del hombre de Dios cuando Jeroboam se paró junto al altar durante el festival).

Después Josías se dio vuelta y miró hacia arriba, a la tumba del hombre de Dios que había predicho estas cosas.

—¿Qué es ese monumento que está allí? —preguntó Josías.

Y la gente de la ciudad contestó:

—¡Es la tumba del hombre de Dios que vino desde Judá y predijo precisamente lo que tú acabas de hacer al altar de Betel!

—¡Déjenlo en paz! —respondió Josías—. ¡No molesten sus huesos!

Por lo tanto, no quemaron sus huesos ni los del viejo profeta de Samaria.

Después Josías demolió todas las edificaciones que había en los santuarios paganos de los pueblos de Samaria, tal como lo hizo en Betel. Estas construcciones fueron obra de diversos reyes de Israel y con ellas hicieron enojar mucho al Señor. Por último, el rey ejecutó a los sacerdotes de los santuarios paganos sobre sus propios altares y quemó huesos humanos en los altares para profanarlos. Cuando terminó, volvió a Jerusalén.

Luego el rey Josías emitió la siguiente orden para todo el pueblo: «Ustedes deben celebrar la Pascua para el Señor su Dios, como se exige en este libro del pacto». No se había celebrado una Pascua igual desde la época en que los jueces gobernaban en Israel, ni durante todos los años de los reyes de Israel y de Judá. Sin embargo, en el año dieciocho del reinado de Josías, esta Pascua se celebró en Jerusalén en honor al Señor.

Josías también se deshizo de los médiums y los videntes, de los dioses familiares, de los ídolos, y de todas las demás prácticas detestables, tanto en Jerusalén como por toda la tierra de Judá. Lo hizo en obediencia a las leyes escritas en el rollo que el sacerdote Hilcías había encontrado en el templo del Señor. Nunca antes hubo un rey como Josías, que se volviera al Señor con todo su corazón, con toda su alma y con todas sus fuerzas, obedeciendo todas las leyes de Moisés. Desde entonces nunca más hubo un rey como él.

Aun así, el Señor estaba muy enojado con Judá, debido a todas las perversidades que Manasés había hecho para provocarlo. Pues el Señor dijo: «También expulsaré a Judá de mi presencia, así como expulsé a Israel; y rechazaré a Jerusalén, mi ciudad escogida, y al templo donde debía honrarse mi nombre».

Los demás acontecimientos del reinado de Josías y todos sus logros están registrados en *El libro de la historia de los reyes de Judá*.

Durante el reinado de Josías, el faraón Necao, rey de Egipto, fue al río Éufrates para ayudar al rey de Asiria. El rey Josías y su ejército salieron a enfrentarlo, pero el rey Necao mató a Josías cuando se encontraron en Meguido. Los funcionarios de Josías llevaron su cuerpo en un carro de guerra desde Meguido hasta Jerusalén y lo enterraron en su tumba. Entonces la gente de la nación ungió a Joacaz, hijo de Josías, y lo proclamó el siguiente rey.

+ + +

Joacaz tenía veintitrés años cuando subió al trono y reinó en Jerusalén tres meses. Su madre se llamaba Hamutal y era hija de Jeremías, de Libna. Joacaz hizo lo malo a los ojos del Señor, igual que sus antepasados.

El faraón Necao metió a Joacaz en la cárcel de Ribla, en la tierra de Hamat, para impedir que gobernara en Jerusalén. También exigió que Judá pagara un tributo de tres mil cuatrocientos kilos de plata, y treinta y cuatro kilos de oro.

+ + +

Luego el faraón Necao puso en el trono a Eliaquim, otro de los hijos de Josías, para que reinara en lugar de su padre y le cambió el nombre a Joacim. Joacaz fue llevado a Egipto como prisionero, y allí murió.

Para obtener la plata y el oro que el faraón Necao exigía como tributo, Joacim recaudaba un impuesto de los habitantes de Judá, para el cual les pedía que pagaran en proporción a sus riquezas.

Joacim tenía veinticinco años cuando subió al trono y reinó en Jerusalén once años. Su madre se llamaba Zebuda y era hija de Pedaías, de Ruma. Él hizo lo malo a los ojos del Señor, igual que sus antepasados.

Durante el reinado de Joacim, Nabucodonosor, rey de Babilonia, invadió la tierra de Judá. Joacim se rindió y le pagó tributo durante tres años, pero después se rebeló. Entonces el Señor mandó contra Judá bandas de saqueadores babilonios, arameos, moabitas y amonitas a fin de destruirla, tal como el Señor lo había prometido por medio de sus profetas. Estas calamidades le sucedieron a Judá por orden del Señor. Él había decidido expulsar a Judá de su presencia debido a los muchos pecados de Manasés, quien había llenado Jerusalén con sangre inocente. El Señor no perdonaba eso.

Los demás acontecimientos del reinado de Joacim y todos sus logros están registrados en *El libro de la historia de los reyes de Judá*. Cuando Joacim murió, su hijo Joaquín lo sucedió en el trono.

A partir de entonces, el rey de Egipto no se atrevió a salir más de su país, porque el rey de Babilonia conquistó toda la región que anteriormente pertenecía a Egipto, desde el arroyo de Egipto hasta el río Éufrates.

✢ ✢ ✢

Joaquín tenía dieciocho años cuando subió al trono y reinó en Jerusalén tres meses. Su madre se llamaba Nehusta y era hija de Elnatán, de Jerusalén. Joaquín hizo lo malo a los ojos del Señor, igual que su padre.

Durante el reinado de Joaquín, los oficiales del rey Nabucodonosor de Babilonia subieron contra Jerusalén y la sitiaron. El propio Nabucodonosor llegó a la ciudad durante el sitio. Entonces el rey Joaquín, junto con la reina madre, sus consejeros, sus comandantes y sus oficiales, se rindieron ante los babilonios.

Durante el octavo año de su reinado, Nabucodonosor tomó a Joaquín prisionero. Como el Señor ya había dicho, Nabucodonosor se llevó todos los tesoros del templo del Señor y del palacio real. Sacó todos los objetos de oro que el rey Salomón había puesto en el templo. El rey Nabucodonosor se llevó cautiva a toda la población de Jerusalén —unas diez mil personas en total— incluso a los comandantes y a los mejores soldados, y a los artesanos y a otras personas habilidosas. Solo dejaron en el país a la gente más pobre.

Nabucodonosor llevó cautivo a Babilonia al rey Joaquín, junto con la reina madre, las esposas del rey, sus funcionarios y las personas más influyentes de la sociedad de Jerusalén. También desterró a siete mil de los mejores soldados, y a mil artesanos y a otras personas habilidosas, todos fuertes y aptos para la guerra. Después el rey de Babilonia puso en el trono a Matanías, tío de Joaquín, para que fuera el siguiente rey y le cambió el nombre a Sedequías.

✢ ✢ ✢

Sedequías tenía veintiún años cuando subió al trono y reinó en Jerusalén once años. Su madre se llamaba Hamutal y era hija de Jeremías, de Libna. Sin embargo, Sedequías hizo lo malo a los ojos del Señor, igual que Joacim. Estas cosas sucedieron debido al enojo que el Señor tenía contra la gente de Jerusalén y de Judá, hasta que finalmente los expulsó de su presencia y los envió al destierro.

Sedequías se rebeló contra el rey de Babilonia.

Así que el 15 de enero, durante el noveno año del reinado de Sedequías, Nabucodonosor, rey de Babilonia, dirigió a todo su ejército contra Jerusalén. Rodearon la ciudad y construyeron rampas de asalto contra las murallas. Jerusalén estuvo sitiada hasta el año once del reinado de Sedequías.

Hacia el 18 de julio del año once del reinado de Sedequías, el hambre en la ciudad ya era muy intensa y se había agotado por completo lo último que quedaba de alimento. Entonces abrieron una brecha en la muralla de la ciudad. Como la ciudad estaba rodeada por los babilonios, los soldados esperaron hasta la caída del sol y escaparon por la puerta que está entre las dos murallas detrás del jardín real. Entonces se dirigieron al valle del Jordán.

Sin embargo, las tropas babilónicas persiguieron al rey y lo alcanzaron en las llanuras de Jericó, porque todos sus hombres lo habían abandonado y se habían dispersado. Capturaron al rey y lo llevaron ante el rey de Babilonia, que se encontraba en Ribla, donde dictó sentencia contra Sedequías. Hicieron que Sedequías observara mientras masacraban a sus hijos. Luego le sacaron los ojos, lo ataron con cadenas de bronce y lo llevaron a Babilonia.

El 14 de agosto de ese año, que era el año diecinueve del reinado de Nabucodonosor, llegó a Jerusalén Nabuzaradán, capitán de la guardia y funcionario del rey babilónico. Quemó por completo el templo del Señor, el palacio real y todas las casas de Jerusalén. Destruyó todos los edificios importantes de la ciudad. Después supervisó a todo el ejército babilónico mientras derribaba por completo las murallas de Jerusalén. Entonces Nabuzaradán, capitán de la guardia, se llevó cautivas a las personas que quedaban en la ciudad, a los desertores que habían jurado lealtad al rey de Babilonia y al resto de la población; pero el capitán de la guardia permitió que algunos de los más pobres se quedaran para cuidar los viñedos y los campos.

Los babilonios hicieron pedazos las columnas de bronce que estaban al frente del templo del Señor, las carretas de bronce para llevar agua y el enorme tazón de bronce llamado el Mar, y se llevaron todo el bronce a Babilonia. También se llevaron los recipientes para la ceniza, las palas, las despabiladeras de las lámparas, los cucharones y todos los demás objetos de bronce que se usaban para realizar los sacrificios en el templo. El capitán de la guardia también se llevó los recipientes para quemar incienso y los tazones, y todos los demás objetos de oro puro o de plata.

El peso del bronce de las dos columnas, el Mar y las carretas para llevar agua era tanto que no podía calcularse. Estos objetos se habían hecho para el templo del Señor en tiempos de Salomón. Cada columna tenía ocho metros con treinta centímetros de alto. El capitel de bronce en la parte superior de cada columna era de dos metros con treinta centímetros de alto y estaba decorado alrededor con una red de granadas hecha de bronce.

Nabuzaradán, capitán de la guardia, se llevó consigo como prisioneros al sumo sacerdote Seraías, al sacerdote de segundo rango Sofonías, y a los tres porteros principales. De la gente que seguía escondida en la ciudad, se llevó a un oficial que había estado al mando del ejército judío, a cinco de los consejeros personales del rey, al secretario principal del comandante del ejército, quien estaba a cargo del reclutamiento, y a otros sesenta ciudadanos. Nabuzaradán, capitán de la guardia, los llevó a todos ante el rey de Babilonia, que se encontraba en Ribla. Allí, en Ribla, en la tierra de Hamat, el rey de Babilonia mandó que los ejecutaran a todos. Así que el pueblo de Judá fue expulsado de su tierra y llevado al destierro.

Luego el rey Nabucodonosor nombró gobernador sobre la gente que había dejado en Judá a Gedalías, hijo de Ahicam y nieto de Safán. Cuando todos los comandantes del ejército y sus hombres se enteraron de que el rey de Babilonia había nombrado gobernador a Gedalías, fueron a verlo a Mizpa. En ese grupo estaban Ismael, hijo de Netanías; Johanán, hijo de Carea; Seraías, hijo de Tanhumet el netofatita; Jezanías, hijo del maacateo; y todos sus hombres.

Gedalías les juró que los funcionarios babilónicos no querían hacerles ningún daño. «No les tengan miedo. Vivan en la tierra y sirvan al rey de Babilonia, y todo les irá bien», les prometió.

Después, a mediados del otoño de ese año, Ismael, hijo de Netanías y nieto de Elisama, quien era miembro de la familia real, fue con diez hombres a Mizpa y mató a Gedalías. También mató a todos los judíos y babilonios que estaban con él en Mizpa.

Entonces toda la gente de Judá, desde el menos importante hasta el más importante, junto con los comandantes del ejército, huyeron despavoridos a Egipto, porque tenían miedo de lo que pudieran hacerles los babilonios.

✦ ✦ ✦

En el año treinta y siete del exilio de Joaquín, rey de Judá, Evil-merodac ascendió al trono de Babilonia. El nuevo rey fue bondadoso con Joaquín y lo sacó de la cárcel el 2 de abril de ese año. Le habló con amabilidad y le dio una posición superior a la de los demás reyes exiliados en Babilonia. Le proporcionó a Joaquín ropa nueva para reemplazar la ropa de prisionero y le permitió comer en presencia del rey por el resto de su vida. Así que el rey le dio una ración diaria de comida mientras vivió.

LAS HISTORIAS QUE FORMAN LA GRAN HISTORIA
———— Cómo funciona la Biblia ————

La Biblia es un regalo. El Creador de todas las cosas ha entrado a nuestra historia humana y ha hablado. Obrando a través de todos los autores de los diversos escritos de la Biblia, Dios provee sabiduría para nuestra vida y luz para nuestro camino. Pero su intención principal con la Biblia es invitarnos a participar en su gran historia. Lo que Dios quiere de nosotros, más que cualquier cosa, es que hagamos que la gran obra de restauración y vida nueva descrita en la Biblia sea la historia de nuestra vida también.

La manera adecuada para recibir un regalo como este es llegar a conocer profundamente la Biblia y perdernos en ella precisamente para poder encontrarnos en ella. En otras palabras, lo mejor que podemos hacer con la Biblia es sumergirnos en ella.

El primer paso de este viaje de inmersión es familiarizarnos íntimamente con los libros individuales de la Biblia: los cantos y los relatos, las visiones y las cartas. Estos libros reflejan diferentes tipos de escritura, y cada libro con sus diversas partes debe ser leído y entendido primeramente en sus propios términos. Su *Biblia Inmersión* está diseñada para ayudarle a ver con facilidad qué tipo de escritura se encuentra en cada libro. Esto producirá una mejor experiencia de lectura que le ayudará a leer más y a leer en contexto.

Sin embargo, hay una meta aún mayor que la de entender los libros individuales de la Biblia. En su esencia, la Biblia es la gran narrativa de Dios sobre el mundo y sus intenciones con él. Al leer los libros completos, y luego leerlos como una colección de escritos, descubrimos cómo presenta la Biblia esa gran historia de Dios. El verdadero propósito de la lectura bíblica es que seamos parte de la gran historia. Todas las partes más pequeñas de la Biblia —los Evangelios y los relatos históricos, los proverbios y las profecías— toman su debido lugar y revelan la obra salvadora de Dios.

Al comenzar nuestro viaje y avanzar por las páginas de la Biblia, nos encontraremos con muchos relatos. Las tramas principales y secundarias se combinan para narrar la gran historia de la Biblia. Todos los personajes, las comunidades y los pactos se conjugan para llevar la historia completa a su conclusión adecuada. Es decir, están relacionados entre sí y obran en conjunto para revelar los grandes propósitos de Dios para el mundo. Pero ¿de qué manera se relacionan?

El siguiente panorama de las principales historias que constituyen la gran historia nos ayudará a entender el flujo general de la Biblia. Revelará cómo las diversas historias de la Biblia son en realidad tramas secundarias de la gran historia. A medida que se introduce cada nueva trama secundaria, veremos cómo contribuye a la narrativa en su conjunto, especialmente con relación al relato que la precede inmediatamente.

La Biblia es una historia interconectada, de múltiples capas y Jesús el Mesías está precisamente en el centro de ella. Enviado por el Padre y empoderado por el Espíritu, él es Aquel que, al fin y al cabo, resuelve todas las historias. Él es el hilo conductor —el principio y el fin— que enlaza las distintas partes de las Escrituras. Jesús el Mesías hace posible el final feliz de la gran historia, cumpliendo el gran propósito salvador de Dios para todas las cosas.

1. La historia de Dios y su mundo

En el principio, Dios hizo todo y dijo que todo era muy bueno. Es evidente, por la rica variedad de seres vivos interconectados en el orden creado, que Dios se deleita con el florecimiento de la vida. Este mundo próspero y rebosante de vida le trae gloria a Dios y revela su poder.

Cuando leemos la Biblia en su contexto del antiguo Cercano Oriente, se nos aclaran unos aspectos. El canto de apertura acerca de la creación nos muestra que Dios espera que todo el cosmos sea su templo, su morada. Cuando la Biblia dice que Dios «descansó» el séptimo día, no dice que simplemente dejó de trabajar. En el mundo antiguo, una deidad que «descansaba» lo hacía para residir en el templo. De manera que el nuevo mundo que Dios creó se convierte en su creación-templo, y él gobierna sobre este mismo, dando vida y paz.

Este es el primer relato de la Biblia y constituye el marco de todo lo que ocurre después. La creación de Dios es el escenario para todos los actos de la gran historia de ese momento en adelante. Y el papel que desempeñen otros en esta obra determinará si se cumple o no el plan del Creador para una vida floreciente.

2. La historia de la humanidad

Los seres humanos entran a la historia de la creación de una manera especial. Se les describe como formados de la propia tierra, lo que establece su conexión permanente con el resto de la creación. No obstante, son apartados desde el comienzo con un llamado singular: la mayordomía.

De todas las criaturas, solo los seres humanos son creados a imagen de Dios mismo y deben llevar a cabo la intención de Dios para su creación. Su papel es administrar todas las cosas y contribuir al florecimiento de la vida. La humanidad es el plan de Dios para manejar el mundo. Como sacerdotes en el templo de la creación de Dios, los seres humanos, más que cualquier otra criatura, determinarán el éxito o el fracaso del propósito de Dios para el mundo.

Sin embargo, también hay otras fuerzas en acción. Existe el poder del mal y está en posición de influir en los seres humanos para alejarlos de Dios e interferir con sus objetivos. El pueblo de Dios es atraído hacia la presunción y la rebelión. Esto afecta no solamente su relación con Dios, sino también la forma en que viven en el mundo. A causa del vínculo de la humanidad con el resto de la creación, y su función especial dentro de ella, una gran tragedia entra en el mundo. Así como su propia humanidad se ve torcida hasta deformarse, la culpa, el dolor, la violencia y la muerte comienzan a generar destrucción en toda la buena creación de Dios. Los seres humanos fueron creados para la adoración, para traer gloria al Creador. Pero cuando los seres humanos dirigen su adoración a otra parte, el daño resuena en todo el mundo.

Uno supondría que eso es suficiente para hacer que Dios rechace completamente a los seres humanos. Pero en lugar de eso, Dios promete a Adán y a Eva que continuará obrando en y por medio de los seres humanos. De hecho, quien derrote a los poderes del mal será un descendiente de Eva. Dios vencerá el caos moral del mundo y lo hará en colaboración con la humanidad. En la historia de la Biblia, el destino de la humanidad y del resto de la creación están inseparablemente ligadas.

La pregunta es: ¿cómo hará eso Dios?

3. La historia de Abraham y su familia

El libro de Génesis revela una respuesta asombrosa. Dios restaurará al mundo y traerá bendiciones sobre todas las familias de la tierra a través de un hombre y sus descendientes. Dios llama a Abram (más adelante le cambia el nombre a Abraham) a abandonar su hogar y dirigirse a una tierra nueva y a un futuro nuevo. Por un tiempo, Dios se enfoca en una familia para que esta llegue a ser el medio de traer restauración a todas las familias de la tierra.

De aquí en adelante, las grandes historias de la humanidad y la creación dependerán de lo que ocurra en la trama secundaria de los descendientes de Abraham. La intención de Dios es que esta familia sea un agente de renovación en el mundo. Este plan comienza con las promesas que Dios le hace a Abraham: que lo bendecirá, que convertirá a su familia en una gran nación y que traerá bendición a todas las naciones. A lo largo del tiempo,

Dios realiza con la familia de Abraham una serie de promesas, o acuerdos de pacto. Cada nuevo pacto hace avanzar la historia y aclara más la intención final de Dios.

Temprano en la narrativa, los descendientes de Abraham descienden a Egipto y con el tiempo terminan siendo esclavos allí. Sin embargo, Dios viene a liberarlos y a llevarlos a su propia tierra, un acontecimiento conocido como el éxodo. Este gran acto de liberación se convierte en la plantilla o patrón de todas las acciones de liberación que Dios llevará a cabo en el futuro. (La nación que proviene de los descendientes de Abraham se conoce como Israel, por el nieto de Abraham).

Como parte del éxodo, Dios da la ley a su pueblo por medio del gran líder Moisés, y esta ley se convierte en una parte importante del acuerdo de pacto que Dios hace con Israel. Al revelar sus mandamientos a Israel, Dios espera que Israel sea una luz para las naciones. Dios quiere que su pueblo muestre al resto del mundo en qué consiste vivir bien bajo el gobierno de Dios.

Otro suceso fundamental en el éxodo ocurre cuando la presencia personal de Dios desciende y habita en el tabernáculo (una gran carpa instalada en el centro del campamento de Israel). Este tabernáculo se convierte en la casa de Dios en medio de su pueblo y está llena de símbolos de la tierra y del cielo. En efecto, es un cuadro en miniatura del cosmos que revela el deseo de Dios de limpiar y renovar toda la creación y hacer su morada aquí entre nosotros una vez más.

Dios está presente con su pueblo en su nueva tierra, cumpliendo las promesas que él hizo a través de Moisés. Pero Israel tiene dificultades honrando sus obligaciones del pacto. A lo largo de la historia de Israel, la nación se aleja de Dios una y otra vez. Esas rupturas amenazan al pacto mismo. Dios se comprometió a obrar a través de su pueblo, así que, si ellos fallan en su papel, eso impide el progreso del plan de restauración.

Pero esta historia está llena de las sorpresas de Dios. A lo largo del camino, Dios establece un nuevo pacto con David, el rey de Israel. Dios le asegura a David una dinastía de reyes sobre los cuales se centrarán las promesas y las esperanzas de Israel. Ahora el destino de Israel, como comienzo de la humanidad renovada de Dios, se queda entrelazado con la historia de los reyes.

No obstante, el pueblo de Israel persiste en rechazar el pacto de Dios: adoran ídolos, tratan a los pobres con injusticia y se preocupan únicamente por sí mismos. Finalmente, movido por la ira y la frustración, Dios interviene. Permite que su pueblo sea desterrado y retira su presencia de en medio de ellos. Ahora son otros los que gobiernan sobre la familia de Abraham, y el papel de Israel en la obra divina parece haber desaparecido. Aquí se revela una verdad bíblica clave: no puede haber renovación, para Israel ni para el resto del mundo, hasta que sean resueltos el mal y la injusticia. El juicio es parte de poner las cosas en orden.

El fracaso de Israel es fundamental para la gran historia. Israel fue llamado a ser el medio por el que Dios salvaría al mundo, pero ahora el grupo de rescate necesita ser rescatado. Todo lo que Dios había planeado para su pueblo —y en realidad, para toda la creación— ahora está en duda.

Dios ve todo lo que ha salido mal. Pero la injusticia, la violencia y la muerte no tendrán la última palabra, no en la historia de Dios. Dios tiene otra promesa. A través de sus profetas, Dios trae la visión de un nuevo futuro, uno que está en línea con su propósito original. Establecerá un nuevo pacto, uno que complete y supere todos los pactos anteriores. Dios mismo volverá a su pueblo y lo restaurará, y ellos serán la luz que siempre debieron ser. Así que siguen orando y adorando, y esperan con ansias el cumplimiento de una promesa más.

4. La historia de Jesús el Mesías

Para el primer siglo d. C., Israel ya venía sufriendo bajo gobiernos extranjeros durante siglos. Ahora, bajo el dominio del Imperio romano, el pueblo de Dios está dividido sobre cómo reaccionar. Grupos fanáticos propugnan la rebelión violenta. Muchos maestros y líderes religiosos instan a la gente a seguir con más rigor el modo de vida distintivo determinado por la ley de Dios. Y quienes administran el templo de Jerusalén sobreviven haciendo concesiones con los jefes romanos.

El antiguo profeta de Israel, Isaías, había predicho un tiempo cuando llegaría un mensajero a Jerusalén proclamando la buena noticia de que finalmente Dios está regresando y que su pueblo será salvado. Pero Roma tenía su propia versión de la buena noticia, y no se trataba del Dios de Israel. El evangelio del imperio tenía que ver con las grandes bendiciones que traería su propio líder poderoso, Augusto César. Él es, decían, «un salvador para nosotros y nuestros descendientes, que terminará con la guerra, y pondrá orden en todas partes. El nacimiento del dios Augusto fue para el mundo el comienzo de las buenas noticias que han venido a los hombres por medio de él» (tomado de la Inscripción del Calendario de Priene en Asia Menor, aproximadamente del año 9 a. C.).

En ese contexto, nace un niño en Israel. Es descendiente del rey David, pero viene de una familia humilde. Un ángel habla a su madre, María, antes de su nacimiento. Le dice que su niño es el que fue prometido hace mucho tiempo, que es el muy esperado Mesías, el rey de Israel y Aquel que completará su historia. Es llamativo que el relato de las Escrituras sobre el ministerio de Jesús repite detalles de la historia de Israel.

Antes del éxodo de Israel, el faraón mandó a matar a muchos bebés israelitas, pero el futuro libertador de Israel, el bebé Moisés, escapó de la matanza; de manera similar, el rey Herodes manda a matar a muchos bebés israelitas en su intento de matar a Jesús, pero el niño se salva. La familia de Israel se mudó a Egipto para sobrevivir a una hambruna terrible; la familia de Jesús también sobrevive al mudarse a Egipto. Israel cruzó el río Jordán para entrar a la Tierra Prometida; Jesús es bautizado en el río Jordán antes de iniciar su ministerio en Israel. Israel pasó cuarenta años en el desierto, luchando con las tentaciones; Jesús pasa cuarenta días de ayuno en el desierto, tentado por el diablo. Y así como Israel tuvo doce hijos que dieron origen a las doce tribus, Jesús elige doce hombres para ser sus seguidores más cercanos. En todo esto, Jesús revive aspectos de la historia antigua de Israel, pero con un resultado diferente. Jesús renueva la historia de Israel y revive a Israel, a través de sí mismo.

En su mensaje de apertura al pueblo de Israel, Jesús los llama a ser la luz que siempre estuvieron destinados a ser, a anunciar la Buena Noticia de Dios de que está ocurriendo algo sin precedentes en la historia de Israel. Demuestra con palabras poderosas y hechos milagrosos cómo son las cosas cuando Dios viene como Rey: enseña, corrige y sana. Jesús es ampliamente reconocido como un maestro y poderoso profeta en Israel, pero los líderes religiosos del momento lo ven como un problema nuevo y peligroso. Jesús critica su liderazgo y, con ello, amenaza sus posiciones de poder.

Esa tensión entre Jesús y los líderes religiosos judíos va creciendo hasta que Jesús viaja a Jerusalén para una confrontación final. Sus doce discípulos ahora lo reconocen como el Hijo de David, el Mesías, pero todavía no comprenden su misión. Suponen que Jesús luchará contra sus enemigos y reclamará el trono. Pero Jesús habla de otro tipo de batalla. Dice que su lucha es contra los poderes de oscuridad y el gobernante espiritual de este mundo.

Luego, durante la celebración anual del éxodo, Jesús comparte una última cena de Pascua con sus discípulos. Les explica que su muerte inaugurará el nuevo pacto prometido por los profetas. Es arrestado por los líderes religiosos y entregado a los romanos para su ejecución. Es clavado en una cruz, con un letrero que dice «Este es Jesús, el Rey de los judíos». Realmente parece como que Jesús ha sido derrotado, que después de todo no es ningún rey. Pero tres días después, Jesús es levantado de entre los muertos y se aparece a sus discípulos.

Resulta que Jesús fue a la muerte deliberadamente, como sacrificio por los pecados de la gente. Por medio de su sacrificio, obtiene una asombrosa victoria sobre los poderes espirituales de la oscuridad. Derrota al pecado y a la muerte de una vez —irónicamente, a través de su propia muerte— y los vacía de su poder sobre la humanidad. Entonces confirma su triunfo al resucitar de la muerte. Esta inesperada historia del Mesías de Israel revela el plan a largo plazo de Dios. Todos los pactos anteriores apuntaban a este.

La vida y el ministerio de Jesús reúnen todos los hilos de la narrativa de las Escrituras en una gran historia única y coherente.

5. Todas las historias en una

Vemos entonces que la historia de Jesús no se puede aislar en sí. La Biblia presenta su narrativa como íntimamente ligada a todas las tramas y las tramas secundarias que vinieron antes. Jesús, crucificado y resucitado, es la respuesta de Dios para resolver el fracaso anterior de Israel, la maldad y la muerte de la humanidad, y la maldición bajo la cual sufría toda la creación.

Jesús cumple la historia de Israel y también cumple los propósitos por los cuales fue escogida la familia de Abraham. Es el fiel descendiente de Abraham y el poderoso hijo de David, el Mesías. Es la luz que las naciones han estado anhelando. Gente de toda tribu, nación y comunidad ahora puede unirse a la familia de Abraham por medio de la fe en Jesús el Mesías. Como verdadero israelita, Jesús es también un nuevo Adán, un nuevo comienzo para la raza humana. Ha derrotado a nuestros archienemigos —el pecado y la muerte—, lo cual hace posible que nuestra relación con Dios sea restaurada y nos conduce a la vida que es la vida verdadera. El nuevo pacto en Jesús nos introduce a un nuevo mundo.

Jesús abre la puerta a una verdadera adoración a Dios, y recuperamos nuestra vocación dada por Dios de ser los portadores de su imagen a través de nuestra mayordomía del mundo. Como el nuevo Adán, Jesús reflorece la vida en el mundo. Encarna la nueva creación en su resurrección, abriendo camino para una futura renovación de todo lo que hay en el cielo y en la tierra.

Jesús también inicia una nueva comunidad del pueblo de Dios, la iglesia, creando la humanidad renovada que Dios quiso desde el comienzo. Esta comunidad es el enfoque de la obra de Dios en el camino a una creación completamente restaurada y sanada. El libro de los Hechos y las cartas del Nuevo Testamento registran cómo las primeras iglesias continuaron el ministerio de la venida del reino de Dios que Jesús comenzó. El contexto de este ministerio va cambiando con el tiempo y la ubicación, pero el ministerio en sí sigue siendo el mismo para la familia de Dios: encarnar y proclamar la Buena Noticia de la victoria de Dios a través del Mesías.

En el fondo, la comprensión de la unidad narrativa de las Escrituras no tiene un propósito simplemente informativo. La Biblia es una invitación. Nos invita a unirnos a su gran historia y asumir nuestro papel en la obra continua y redentora de Dios. Leemos la Biblia bien y profundamente para poder aprender la verdadera historia de nuestra vida adentro del marco de la historia más amplia de la obra de Dios en el mundo. Leemos la Biblia para captar la amplitud y el significado cósmico de la victoria de Jesús. Y leemos la Biblia para saber qué implica, para nosotros, seguir a Jesús. El camino de la cruz —el de amor desinteresado y sacrificial— es también nuestro camino. Pero es un camino que también termina en nuestra propia resurrección con el regreso del Mesías.

Sin embargo, lo que ahora sufrimos no es nada comparado con la gloria que él nos revelará más adelante. Pues toda la creación espera con anhelo el día futuro en que Dios revelará quiénes son verdaderamente sus hijos. Contra su propia voluntad, toda la creación quedó sujeta a la maldición de Dios. Sin embargo, con gran esperanza, la creación espera el día en que será liberada de la muerte y la descomposición, y se unirá a la gloria de los hijos de Dios. Pues sabemos que, hasta el día de hoy, toda la creación gime de angustia como si tuviera dolores de parto; y los creyentes también gemimos —aunque tenemos al Espíritu Santo en nosotros como una muestra anticipada de la gloria futura— porque anhelamos que nuestro cuerpo sea liberado del pecado y el sufrimiento. Nosotros también deseamos con una esperanza ferviente que llegue el día en que Dios nos dé todos nuestros derechos como sus hijos adoptivos, incluido el nuevo cuerpo que nos prometió. Recibimos esa esperanza cuando fuimos salvos.

Tomado de la carta de Pablo a los Romanos

El último tema de la crónica bíblica es la vida, el mismo tema que inició la historia. Por medio del poder del Espíritu y la acción del Hijo, la intención del Padre se cumplirá en un nuevo cielo y una nueva tierra.

Introducción a
INMERSIÓN
La Biblia de lectura

Muchas personas se desalientan al leer la Biblia. La extensión y la amplitud (para no mencionar la letra pequeña y las hojas delgadas) intimidan a lectores novatos y experimentados por igual, impidiéndoles a que se sumerjan y buceen en la palabra de Dios. La Biblia en sí misma no es el problema; la forma en que la Biblia viene siendo presentada a los lectores durante generaciones lo es.

Nuestras Biblias por lo general parecen libros de consulta: un recurso para tener sobre un estante y consultar en caso de necesidad. Por eso es que la leemos como un libro de consulta, de vez en cuando y en partes pequeñas. Pero la Biblia es una colección de buenos escritos que nos invitan a leerlos bien... ¡y es la Palabra de Dios! Hoy hay una necesidad urgente de que los cristianos conozcan lo que Dios dice, y la mejor manera de hacerlo es leyendo la Biblia. No obstante, necesitamos entender la Biblia en sus propios términos. Necesitamos familiarizarnos profundamente con libros enteros, leyéndolos en forma completa. Y podemos aprender a leer bien la Biblia si simplemente alteramos algunos de nuestros hábitos actuales de lectura de la Biblia.

Primero, necesitamos aprender a pensar de la Biblia como una colección de escritos de diversas formas literarias conocidas como *géneros literarios*. Cada forma o género literario usado en la Biblia —sea un poema, una narración o una carta— fue elegido porque, junto con las palabras, ayuda a comunicar las verdades de Dios a la gente real. (Vea «Las formas literarias de la Biblia», pág. 303, para mayor explicación de algunos de estos géneros). Un libro completo puede estar compuesto de un único género, o el autor pudo haber escogido varios géneros para relatar una historia. Incluso cuando los libros de la Biblia están compuestos de múltiples compilaciones, como el libro de los Salmos, esos componentes están reunidos de tal manera que dan al libro en su conjunto una unidad global.

Segundo, al reconocer que la Biblia está formada de libros completos que en conjunto nos relatan una historia integral, debemos tratar de entender la enseñanza de la Biblia y vivir a la luz de su historia. Para ayudar a los lectores a entender y leer mejor la Biblia como una colección de libros completos, hemos quitado todos los agregados al texto de la Biblia. Esos agregados, aunque fueron insertados con buenas intenciones, se han ido acumulando a lo largo de los siglos, cambiando la forma en que la gente ve la Biblia y, por lo tanto, también lo que suponen que hay que hacer con ella.

Los capítulos y los versículos no son las unidades originales de la Biblia. Los últimos libros de la Biblia fueron escritos en el primer siglo d. C.; no obstante, la división por capítulos fue agregada en el siglo XIII d. C. y la división por versículos que hoy conocemos apareció a mediados del siglo XVI. De manera que, durante la mayor parte de su historia, la Biblia carecía de capítulos y versículos. Fueron introducidos para que se pudieran organizar las obras de consulta, como los comentarios y las concordancias. Pero si nos basamos en esos agregados posteriores para guiar nuestra lectura de la Biblia, corremos el riesgo de no ver la estructura original y natural de la misma. También nos pone en riesgo de perder el mensaje y el significado de la Biblia. Por esa razón, hemos quitado las indicaciones de versículo y capítulo del texto. (No obstante, hemos incluido una indicación del rango de versículos que abarca cada página, en su parte superior, para facilitar la consulta).

Esta edición también elimina los títulos de sección que se encuentran en la mayoría de las versiones de la Biblia. Tampoco son originales, sino obra de los editores modernos. Esos títulos dan la impresión de que la Biblia está compuesta de breves secciones temáticas, como una enciclopedia. De manera que, al igual que los capítulos y los versículos, nos inducen a tratar la Biblia como una obra de consulta en lugar de una colección de buenos escritos que nos invitan a la lectura. Muchos títulos también arruinan el suspenso que los relatores procuraron generar y utilizar a tal efecto. (Por ejemplo, un título que aparece con frecuencia en el libro de los Hechos anuncia por adelantado algo como «Pedro escapa milagrosamente de la cárcel»).

Por lo tanto, en lugar de títulos de sección, *Inmersión: La Biblia de lectura* utiliza espaciado de línea e indicadores gráficos para reflejar de manera sencilla y elegante la estructura de los libros de la Biblia. Por ejemplo, en la carta conocida como 1 Corintios, Pablo encara doce problemas en la vida de la comunidad en Corinto. En esta edición, espacios dobles entre líneas y una cruz sencilla separan cada enseñanza que Pablo ofrece para cada problema. Separaciones simples de línea indican fases diferentes de los argumentos más extensos que presenta Pablo para apoyar su enseñanza. Espacios triples entre líneas con tres cruces separan la apertura y el cierre de la carta del cuerpo principal del libro. En cambio, los títulos de una Biblia típica dividen 1 Corintios en casi treinta partes. Esas divisiones no indican

INTRODUCCIÓN A INMERSIÓN

en absoluto qué partes hacen referencia al mismo tema o dónde comienza o termina el cuerpo principal de la carta.

Las versiones modernas de la Biblia también incluyen cientos de notas de pie de página y referencias cruzadas a lo largo del texto. Aunque esas herramientas proveen información que puede ser de utilidad en ciertos escenarios, está el peligro de que también nos empujen a tratar la Biblia como un libro de consulta. Estar constantemente yendo y viniendo del texto a las notas es una experiencia muy distinta a la de sumergirnos en la lectura de la Biblia.

Tercero, el orden en el que aparecen los libros es otro factor importante para leer la Biblia bien y en forma integral. Durante la mayor parte de la historia de la Biblia, sus libros no estuvieron ubicados en un orden fijo. En lugar de eso, estuvieron organizados en una gran variedad de posiciones, dependiendo de las necesidades y objetivos de cada presentación. En algunos casos, libros del mismo período de tiempo se ubicaban juntos. En otros, se juntaban libros del mismo género literario. Y en aún otros casos, los libros de la Biblia se organizaron según el orden en que la comunidad los utilizaba en sus reuniones de adoración.

El orden de los libros que conocemos hoy no quedó fijado hasta aproximadamente la época en que se inventó la imprenta en el siglo XV. Este ordenamiento tiene muchas desventajas. Por ejemplo, presenta las cartas de Pablo según la extensión (de la más larga hasta la más corta) en lugar del orden en que las escribió. Además, en ese ordenamiento, los libros de los profetas están divididos en grupos según su extensión, y los libros más cortos están organizados sobre la base de frases que comparten. Esta clasificación saca a los libros de su orden histórico y obliga al lector a ir y volver de un siglo a otro. Y hay muchas otras desventajas similares en lo que conocemos como el orden tradicional.

Esta edición retorna a la larga tradición de la iglesia de organizar los libros de la Biblia de una manera que facilita el cumplimiento de un objetivo específico. Para ayudar a los lectores a profundizar más en la gran historia de la Biblia, ubicamos las cartas de Pablo en su posible orden histórico. Los libros de los profetas están ordenados siguiendo un criterio similar. Además, la colección de libros proféticos se ha ubicado inmediatamente después de la historia de Israel porque los profetas fueron los mensajeros del pueblo de Dios durante el desarrollo de esa historia. Los restantes libros del Primer Testamento, conocidos tradicionalmente como «los Escritos», se ubican después de los profetas y se organizan según el género literario. Las introducciones a los diversos grupos de libros en esta Biblia dan más detalles y explicaciones sobre cómo fueron organizados.

Finalmente, algunos libros completos de la Biblia fueron divididos en partes a lo largo del tiempo. Los libros de Samuel y Reyes eran originalmente un único libro largo, pero se separaron en cuatro partes para que pudieran entrar en los antiguos rollos de papiros. Los libros de Crónicas, Esdras y Nehemías son divisiones similares de una composición originalmente unificada. En esta edición, estos dos libros largos se han vuelto a reunir como Samuel–Reyes y Crónicas–Esdras–Nehemías. Lucas y Hechos fueron escritos como una historia unificada de la vida de Jesús y el nacimiento de la comunidad de seguidores. Esos dos volúmenes fueron separados para que Lucas pudiera ubicarse con los demás Evangelios. Pero, como ambas partes fueron pensadas como una sola, aquí se han reunido como Lucas–Hechos.

Todo esto se presenta en un formato limpio, de columna única, permitiendo que cada una de las unidades básicas de la Biblia se lea como un verdadero libro. Las líneas de la poesía hebrea se pueden captar fácilmente, y los proverbios, cartas y otros géneros se pueden identificar rápidamente. En resumen, *Inmersión: La Biblia de lectura* aprovecha un buen diseño visual para proveer un encuentro más auténtico con las palabras sagradas de Dios.

Es nuestra oración que el efecto combinado de estos cambios en la presentación visual de la Biblia mejore su experiencia de lectura. Creemos que estos cambios le hacen un buen servicio a las Escrituras y permitirán que usted acceda a estos libros en sus propios términos. Después de todo, la meta es dejar que la Biblia sea el libro que Dios inspiró para que realice su poderosa obra en nuestra vida.

LAS FORMAS LITERARIAS DE LA BIBLIA

Así como la Palabra de Dios se vale del lenguaje humano existente, los autores inspirados también utilizan las formas literarias humanas existentes que permiten que las palabras se organicen de formas significativas. Estos diferentes tipos de escritura se conocen como *géneros literarios*.

Hoy la mayoría de nosotros probablemente estamos más familiarizados con el concepto de género gracias a las películas. Al mirar la primera escena de una película, podemos identificar si es un *western*, suspenso, ciencia ficción, una comedia romántica o un documental. Una vez que sabemos qué tipo de película es, estamos en condiciones de suponer qué puede o no puede ocurrir, cómo se desarrollarán posiblemente las cosas, y cómo debemos interpretar lo que se nos presenta. Estas expectativas, creadas por las películas anteriores y respetadas por los cineastas, son como un acuerdo tácito con el público sobre cómo se comunica el mensaje y cómo se lo interpreta.

De igual manera, los autores y los editores de la Biblia, mediante la inspiración de Dios, usaron y respetaron los géneros de su tiempo. Podemos reconocer algunos de esos géneros por su similitud con los que hoy conocemos, pero otros pueden ser menos familiares.

Ya que entender los géneros es fundamental para leer bien la Biblia, describiremos a continuación los tipos clave. Las composiciones que reflejan esos géneros constituyen libros enteros de la Biblia o secciones menores de libros más largos, de manera que algunos de los libros de la Biblia están escritos parcialmente en un género y parcialmente en otro. (Muchos de los géneros presentados aquí se explicarán más en las introducciones de los libros o secciones de la Biblia). Como se indica más adelante, los géneros específicos utilizados en la Biblia se pueden dividir en dos categorías generales de escritura: prosa y poesía.

GÉNEROS EN PROSA

- **Relatos.** Las narraciones, o relatos, entrelazan hechos de una manera que indica que tienen un significado más amplio. Típicamente, un relato sitúa al lector en un lugar y un tiempo y luego introduce un conflicto. Este conflicto se intensifica hasta alcanzar un clímax, seguido de una resolución.

La narrativa es el género más común utilizado en la Biblia, lo que indica que Dios se da a conocer principalmente a través de palabras y acciones en hechos históricos específicos. La Biblia no habla de Dios simplemente en abstracto; sus relatos históricos se modelan intencionalmente para destacar puntos clave acerca de Dios y cómo se relaciona con la gente y el mundo.

La Biblia muestra dos tipos especiales de relatos-dentro-de-relatos. En algunos momentos, una persona relata una historia para ilustrar un punto con respecto a la narración más amplia en la que está la persona. Estos relatos más cortos se conocen como *parábolas* y fueron la herramienta de enseñanza preferida de Jesús. Generalmente describen situaciones de la vida real, pero en ocasiones pueden ser fantásticas, como la parábola de Jotam, en el libro de los Jueces, que se vale de árboles parlantes como personajes. En una narración, la gente también puede relatar *sueños* y *visiones* que han experimentado. En ese caso, no están construyendo una historia sino informando algo que vieron. Este subconjunto de narraciones se expresa por medio de figuras y utiliza símbolos para representar cosas y personas reales.

- **Apocalipsis.** El apocalipsis, que significa «revelación», es un género antiguo estructurado como una narración, pero compuesto completamente de *visiones* que emplean símbolos vívidos que un mensajero celestial le revela a cierta persona. Esas visiones revelan los secretos del mundo espiritual, y con frecuencia, del futuro. El libro del Apocalipsis consta de ese único género, mientras que el libro de Daniel está dividido entre relatos y apocalipsis. Elementos de apocalipsis también aparecen en Isaías, Ezequiel y Zacarías.

- **Cartas.** Aproximadamente un tercio de los libros de la Biblia son cartas escritas originalmente por una persona y destinadas a otra persona o a un grupo. Las cartas en la Biblia siguen la forma de las cartas antiguas y constan de tres partes: la apertura, el cuerpo principal, y el cierre. En la apertura, los autores generalmente dan su nombre, indican a quién o quienes están dirigiendo la carta y expresan unas palabras de agradecimiento u oración. El cuerpo principal trata el asunto de la carta. En el cierre, el autor extiende los saludos, comparte pedidos de oración, y ofrece una oración pidiendo la bendición de Dios para los destinatarios. En la Biblia, las cartas son normalmente una herramienta que los líderes usan para ofrecer su enseñanza acreditada a las comunidades cuando ellos mismos no pueden estar presentes físicamente.

- **Leyes.** También conocidas como mandamientos, las leyes son instrucciones para situaciones específicas para vivir como Dios quiere. Con menor frecuencia, las leyes son afirmaciones de principios generales a seguir. Muchas leyes bíblicas se han reunido en colecciones extensas, pero en ocasiones se ubican dentro de narraciones como parte de la resolución después de un conflicto. A menudo, las instrucciones de Dios se presentan en la Biblia como parte de sus acuerdos de pacto con su pueblo y contribuyen a sus propósitos más amplios de salvación.

- **Sermones.** Son discursos públicos a grupos que se han reunido para adorar o para la celebración de una ocasión especial. Generalmente explican el significado de partes anteriores de la historia bíblica a personas que viven en un momento posterior de la historia. La mayoría de los sermones de la Biblia se encuentran dentro de relatos, pero el libro de los Hebreos comprende cuatro sermones que se reunieron y se enviaron en una misma carta.

    El libro de Deuteronomio es una serie de sermones de Moisés al pueblo de Israel cuando estaban por entrar a la Tierra Prometida. Partes del libro tienen la forma de un *tratado* que los grandes reyes debían hacer con los reyes que les servían. Los diez mandamientos son una versión en miniatura de ese tipo de tratado.

- **Oraciones.** Están dirigidas a Dios y generalmente se ofrecen en un escenario público en la Biblia, aunque en algunas oportunidades son privadas. Pueden incluir alabanzas, agradecimientos, confesiones y pedidos.

- **Listas.** En la Biblia se encuentran muchos tipos de listas. Uno de los tipos más comunes, la *genealogía*, es un registro de los antepasados y los descendientes de una persona. La Biblia también incluye listas de objetos, como ofrendas, materiales de construcción, territorios asignados, lugares de campamento en los viajes, oficiales de la corte, recuentos de población y demás. Las listas en la Biblia no son meramente informativas: generalmente señalan un punto teológico o proveen verificación de que alguien pertenece al pueblo de Dios.

GÉNEROS EN POESÍA

La poesía hebrea no se basa en la repetición del sonido (el ritmo) sino en la repetición del significado. Su unidad esencial, el pareado, presenta un tipo de paralelismo. Una línea afirma algo, la línea siguiente repite, contrasta o elabora el contenido de la primera línea, intensificando su significado. Este rasgo a veces se extiende a un terceto (unidad de tres líneas) para acentuar aún más el énfasis.

La poesía utiliza con frecuencia metáforas y otro lenguaje figurativo para comunicar mensajes con mayor fuerza y emoción.

- **Proverbios.** Son dichos cortos, generalmente de dos líneas de extensión (a veces más largos), que dan lecciones prácticas para la vida en el mundo de Dios. Los proverbios no necesariamente son promesas sobre el resultado de las cosas; principalmente son descripciones de formas sabias de vivir.

- **Cantos.** Son poesía puesta en música. En la Biblia, los cantos se utilizan principalmente para las celebraciones o los duelos (en cual caso se conocen como *lamentos*). Con frecuencia, se encuentran dentro de narraciones, pero algunos libros de la Biblia son colecciones íntegras de cantos.

    Los *Salmos* son cantos utilizados por personas que se reúnen a adorar. La mayoría de las veces, esos cantos están dirigidos a Dios como oraciones con música.

- **Oráculos.** Son mensajes de Dios entregados por profetas. En la Biblia, la mayoría de los oráculos se registran como poesía; originalmente pueden haberse cantado. Algunos oráculos están en prosa, pero incluso esos utilizan un lenguaje simbólico similar al de los sueños y las visiones. La mayoría de los oráculos bíblicos se encuentran dentro de colecciones más largas del mismo profeta; no obstante, el libro de Abdías consiste en un solo oráculo.

- **Diálogo poético.** Utilizado en muchos escritos antiguos, el diálogo poético es una conversación en la que cada participante habla en forma de poesía. En la Biblia, este género se halla únicamente en el libro de Job.

Leer bien la Biblia comienza con reconocer y luego honrar al género de cada libro. Seguir esta práctica ayuda a evitar errores en la interpretación y nos permite descubrir el sentido que los autores de la Biblia quisieron darle originalmente.

NTV: NOTA DE LOS EDITORES

La *Santa Biblia*, Nueva Traducción Viviente (NTV), es fruto de unos diez años de trabajo por parte de más de cincuenta eruditos en las áreas de teología, traducción, estudios lingüísticos, corrección de estilo, corrección de gramática, tipografía y edición. También representa una asociación entre varios ministerios y editoriales como la editorial Tyndale, la Editorial Unilit y la Asociación Luis Palau.

La meta de cualquier tipo de traducción de la Biblia es compartir con los lectores contemporáneos, tan precisamente como sea posible, el significado y el contenido de los textos antiguos en hebreo, arameo y griego. El desafío para nuestros traductores, lingüistas y teólogos fue crear un texto contemporáneo que comunicara el mensaje a los lectores de hoy con la misma claridad, y causara el mismo impacto, que los textos originales comunicaron y causaron a los lectores y oyentes de los tiempos bíblicos. En fin, esta traducción es de fácil lectura y comprensión, y al mismo tiempo comunica con precisión el significado y el contenido de los textos bíblicos originales. La NTV es una traducción ideal para el estudio, para la lectura devocional y para la alabanza.

Creemos que la Nueva Traducción Viviente —que utiliza la erudición más actualizada con un estilo claro y dinámico— comunicará poderosamente la Palabra de Dios a todos los que la lean. Publicamos la NTV pidiendo a Dios en oración que la use para transmitir de una manera impactante su verdad eterna a la iglesia y al mundo.

Los editores

Se puede leer la introducción a la Nueva Traducción Viviente en Internet: www.BibliaNTV.com.

LAS DOCE TRIBUS DE ISRAEL
Y LA CONQUISTA DE CANAÁN

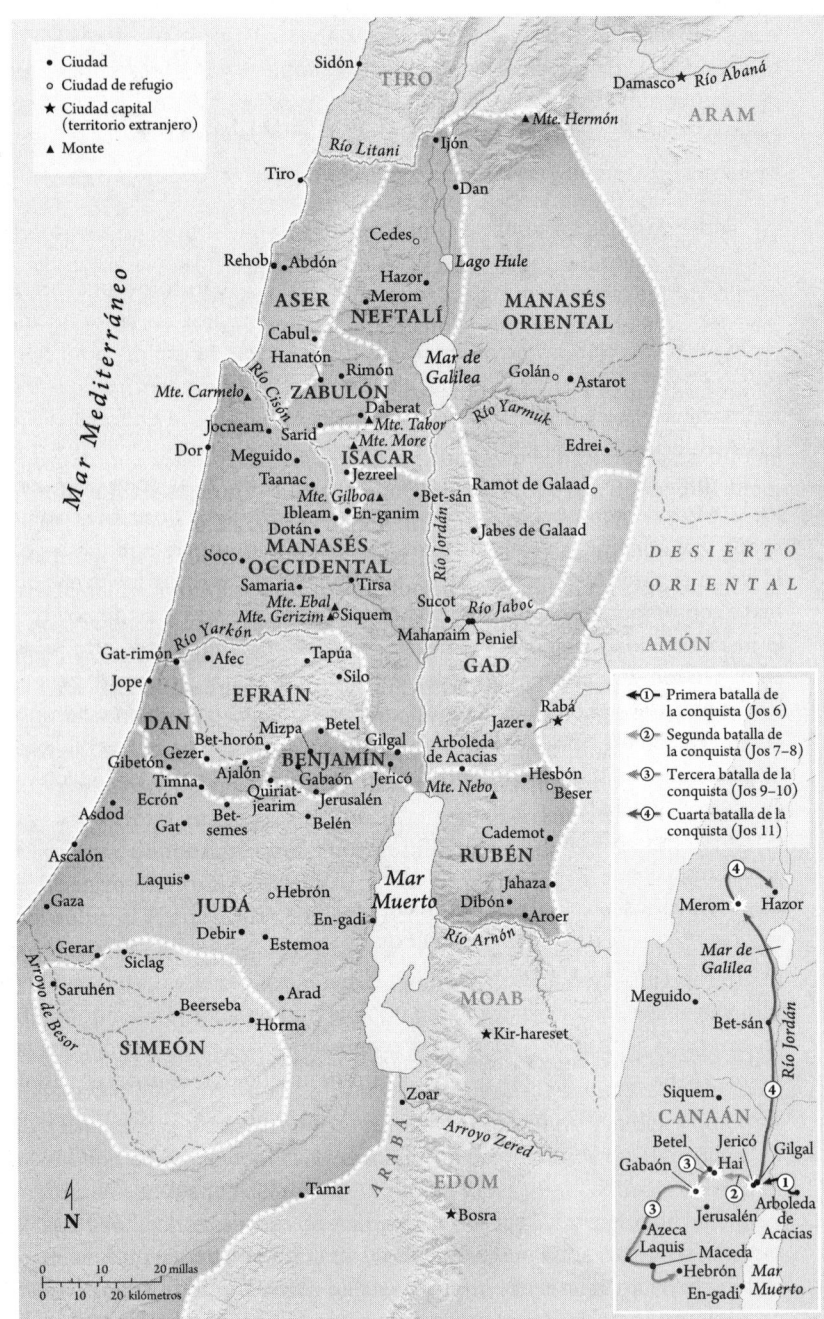

LOS REINOS UNIDO Y DIVIDIDO

LA SERIE DE LA BIBLIA INMERSIÓN

INMERSIÓN: LA BIBLIA DE LECTURA consta de seis volúmenes y presenta cada libro de la Biblia sin las distracciones de los números de capítulo y versículo, los títulos temáticos o las notas de pie de página. Está diseñada para la lectura, especialmente para leer con otros. Al dedicarse a solo dos plazos de ocho semanas por año (en primavera y en otoño), se puede leer toda la Biblia en tres años. Varias herramientas de apoyo en línea también facilitan la lectura en grupo. Entre en este ciclo de tres años de lectura de la *Biblia Inmersión* con sus amigos; luego repítalo, una y otra vez, ¡para toda una vida de conexión bíblica que da y transforma la vida!

Inmersión: Orígenes
Incluye los primeros cinco libros de la Biblia, conocidos como la *Torá* (que significa «instrucción, enseñanza»). Estos libros describen los comienzos de la creación de Dios, la rebelión humana y la familia de Israel: el pueblo que Dios eligió para ser luz para todos los pueblos. Seguimos a la comunidad del pacto desde sus primeros antepasados hasta la época en que estaban a punto de entrar a la Tierra Prometida.

Inmersión: Reinos
Relata la historia de Israel desde la época de su conquista de Canaán (Josué), pasa por su lucha por establecerse en la tierra (Jueces, Rut) y el establecimiento del reino de Israel y termina con un exilio forzoso (Samuel–Reyes). La nación de Israel, comisionada para ser la luz de Dios para todas las naciones, termina dividida y luego cae bajo el dominio extranjero porque rechazó el gobierno de Dios.

Inmersión: Profetas
Presenta los profetas del Primer Testamento en grupos que representan cuatro períodos históricos, comenzando con los que hablaron antes de la caída del reino del norte de Israel (Jonás, Amós, Oseas, Miqueas, Isaías), luego los de antes de la caída del reino del sur (Sofonías, Nahúm, Habacuc), los de la época alrededor de la destrucción de Jerusalén (Jeremías, Abdías, Ezequiel) y, finalmente, los de después del regreso del exilio (Hageo, Zacarías, Joel, Malaquías).

Inmersión: Poetas
Presenta los libros poéticos del Primer Testamento en dos grupos, los cuales separan los libros entre cantos (Salmos, Lamentaciones, Cantar de los Cantares) y escritos sapienciales (Proverbios, Eclesiastés, Job). Estos libros reflejan la fe diaria y pragmática del pueblo de Dios mientras ponían en práctica su relación de pacto con él en adoración y al vivir sabiamente.

Inmersión: Crónicas
Contiene los libros restantes del Primer Testamento: Crónicas–Esdras–Nehemías, Ester y Daniel. Todas estas obras se escribieron después de que el pueblo judío cayera bajo el dominio de imperios extranjeros y fuera dispersado entre las naciones. Esos libros le recuerdan al humillado pueblo de Dios de su identidad y su llamado a representar fielmente a Dios entre las naciones y que todavía hay esperanza para la asolada dinastía de David.

Inmersión: Mesías
Provee un viaje singular guiado a través de todo el Nuevo Testamento. Cada sección principal está anclada en uno de los Evangelios, resaltando la riqueza del testimonio cuádruple de Jesús el Mesías en las Escrituras. Esto genera una lectura renovada del Nuevo Testamento centrada en Cristo.